Bernd Ruland

Das war Berlin

Bernd Ruland

Das war Berlin

Die goldenen Jahre 1918-1933

ERSCHIENEN BEI HESTIA

Zusammenstellung der Berlin-Chronologie
Günter Pössiger

Redaktion der Aktualisierungen
Georg von Turnitz

Der Verlag dankt
Alt-Bundeskanzler Willy Brandt und Herrn Klaus Harpprecht
für die freundliche Erlaubnis zum Abdruck des Auszuges
BEGEGNUNGEN MIT KENNEDY
(Seite 259 bis 269)

2. Auflage 1986

Printed in Austria
© 1972 und 1985 by Hestia Verlag GmbH, Bayreuth
ISBN 3-7770-0290-9
Umschlaggestaltung: Graupner & Partner GmbH, München
Umschlagbild: Archiv für Kunst und Geschichte, Berlin
Satz: Druckhaus Bayreuth
Druck und Bindung: Wiener Verlag, Himberg bei Wien

Meiner Frau Elisabeth,
die Berlinerin ist,
und meinen Kindern Michael und Sylvia,
die Berliner geworden sind.

Kapitel-Übersicht

Stationen der Erinnerung

Ein Vorwort als Liebeserklärung

Als Berlin noch richtig Berlin war . . .

Es war einmal . . .

Durch das Brandenburger Tor flutete der Verkehr einer Weltstadt, die für Besucher und Einwohner die »tollste Stadt der Erde« war, für alle Künstler das Sprungbrett in die Karriere, für Wissenschaftler die Hochburg des Geistes und für jeden, der neue Ideen und etwas zu bieten hatte, das lockende und lohnende Ziel.

Es war einmal: die Zeit, da Berlin noch richtig Berlin und nicht geteilt war. Die Erinnerung an die alte Reichshauptstadt möchte dieses Buch heraufbeschwören.

Es wird so viel über Berlin geredet heute, über diese geteilte Stadt. Es gibt keine Parallele zwischen der Reichshauptstadt von damals und dem halbierten Berlin von heute. Es kann sie nicht geben, weil sich die Verhältnisse und die Situation so gründlich geändert haben, daß jeder Vergleich unfair wäre.

Die alte Metropole an der Spree, die einmal die Hauptstadt Preußens, des Kaiserreiches, der Weimarer Republik und »Groß-Deutschlands« war, galt vor allem in den Jahren von 1918 bis 1933 für alle Besucher als die interessanteste aller Weltstädte.

Die junge Generation kann sich das kaum vorstellen: Berlin war auf jedem Gebiet eine Stadt, die es »in sich hatte«. Vor allem in den zwanziger Jahren war Berlin die Stadt der Superlative – in jeder Beziehung.

Keine andere Stadt der Welt beherbergte auch nur annähernd so viele Nobelpreisträger wie Berlin, und sie wurde als Mekka für viele Gelehrte und Forscher aus allen Erdteilen gepriesen. Keine andere Stadt besaß so berühmte

Ärzte, keine so erfolgreiche Künstler; keine hatte so viele Theater, so viele Konzertsäle, so viele Kabaretts, so viele Museen; keine verfügte über eine so hervorragende Mordkommission, und nirgendwo sonst wurden so viele Filme gedreht, lebten so viele Schriftsteller, gab es so viele Zeitungen.

Es gibt kaum ein Gebiet, auf dem Berlin nicht führend war – sogar als Industriestadt.

☆

Der Autor kam 1930, als Sechzehnjähriger, zum erstenmal nach Berlin und war fasziniert. Er besuchte Oper und Theater, Kinos und viele Sehenswürdigkeiten. Schon damals stand es für ihn fest: du wirst eines Tages für immer nach Berlin gehen.

1932 war er zum zweitenmal in der Reichshauptstadt und schrieb sich nach diesem ausgedehnten Besuch seine Eindrücke in rheinischen Zeitungen von der jugendlich entflammten Seele.

Weitere Reisen an die Spree, als Student und Journalist, folgten. Nach den Olympischen Spielen 1936 hatte er sein Ziel erreicht: er kam als junger Redakteur (»Schriftleiter« hieß das damals) an den *Ullstein Verlag* (der Ende 1937 »arisiert« und in *Deutscher Verlag* umbenannt wurde). Er arbeitete dort zunächst an der von Richard Katz gegründeten *Grünen Post,* der »Urmutter« aller unterhaltenden Wochenzeitschriften, und bald danach an der *BZ am Mittag.*

Nach und nach eroberte er sich Berlin – seine Theater und Kinos, seine Museen und Varietés, seine Vergnügungs- und Bildungsstätten und seine herrliche Umgebung. Vieles von dem, was er sah und erlebte, fand seinen journalistischen Niederschlag.

Während der Wintersaison mußte er sich oft in den Frack werfen; denn es gab keinen großen Ball, den er nicht besuchte, und kaum eine festliche Premiere, an der er nicht – meist beruflich – teilnahm. Er hatte das Glück, daß er sich nur immer schönen Dingen widmen konnte. Jede Politik blieb ihm erspart, und so konnte er sich unbehelligt durch das Dritte Reich mogeln – bis zum bitteren Ende.

Eine gute Fee ließ den Autor während des ganzen Krieges in Berlin bleiben, wo er Ende 1939 als Soldat eingezogen und in die Nachrichtenzentrale des Oberkommandos der Wehrmacht in der Bendlerstraße beordert wurde, in der er bis Mitte April 1945 blieb.

☆

Liebe macht nicht blind. Wirkliche Liebe trübt nicht den Blick, sondern schärft ihn. Die Liebe des Autors zu Berlin erliegt nicht der Gefahr emotionaler Begeisterung, und er hütet sich auch davor, das glanzvolle Berlin von einst durch den Rückblick zu verklären.

Dies ist ein Buch der Erinnerungen. Jean Paul hat recht: »Die Erinnerung ist das einzige Paradies, woraus wir nicht vertrieben werden können.«

Berlin war nicht immer ein Paradies, aber in jedem Fall eine Stadt, von der niemand loskommt, der einmal in ihr gelebt und sich von ihrer unvergeßlichen Vitalität hat mitreißen lassen.

Lassen Sie uns nun gemeinsam aufbrechen in jene Weltstadt an der Spree, von der viele Millionen Menschen mit Hildegard Knef sagen können: »In dieser Stadt kenn' ich mich aus, in dieser Stadt war ich mal zu Haus'.«

BERND RULAND

1. Kapitel

Alle Wege führen nach Berlin

Weltstadt der Superlative

Die Metropole
der unbegrenzten Möglichkeiten

Berlin, Berlin ... Und immer wieder – Berlin.

Keine Zeitung, die nicht täglich irgend etwas über die ehemalige Reichshauptstadt berichtet. Keine Nachrichtensendung des Fernsehens, in der nicht der Name der geteilten Stadt genannt wird. Keine Rundfunknachrichten ohne Meldungen über oder aus der ehemaligen deutschen Metropole.

Berlin-Lösung, Berlin-Problem, Berlin-Gespräche, Berlin-Regelung, Berlin-Verhandlungen, Berlin-Förderung, Berlin-Komplikationen, Berlin-Verträge, Berlin, Berlin ...

Berlin – einst Schauplatz, Brennpunkt und Schmelztiegel deutscher Geschichte. Von 1918 bis 1933 Europas Mittelpunkt für Theater, Musik und Film, für Kunst und Wissenschaft. Auf einigen Gebieten erwies sich Berlin sogar als die heimliche Hauptstadt der Welt.

Für alle Ausländer, die Berlin besuchten – Wissenschaftler, Künstler, Literaten und Touristen –, für die »Provinzler« des Deutschen Reiches, die ihre Hauptstadt bestaunten und manchmal fassungslos bewunderten, und für die »Spree-Athener« selbst, die mächtig stolz auf ihre Heimatstadt waren, stellte sich Berlin – im besten Sinne des Wortes – als »tollste Stadt der Welt« dar. Sogar das berühmte Pariser Nacht- und Vergnügungsleben wurde durch das Berlin der zwanziger Jahre zum »Kleinbetrieb« degradiert.

Berlin – das war die politisch und geistig höchstaufgewühlte Metropole. Nach dem Sturz der Monarchie 1918 erlebte die Reichshauptstadt eine noch nie dagewesene politische und geistige Freiheit. Jeder, der neue Ideen hatte, ging an die Spree. Wer glaubte, etwas Besonderes zu können, fuhr nach Berlin. Die Stadt nahm alle mit offenen Armen auf. Hier wurden alle Richtungen vertreten: in der Politik und in sämtlichen Bereichen der Kunst. Berlin – das war der große Magnet. Wer in den Sog der rastlosen Weltstadt geriet, wurde nicht mehr losgelassen.

Vor allem im Kulturleben herrschte eine Hektik, zeigte sich eine Intensität, entfaltete sich ein Ideenreichtum, wurden alle Beteiligten von einem Experimentierrausch erfaßt. Das alles brachte in den Jahren von 1918 bis 1933 der Stadt ihren legendären Ruf ein.

Maler und Schriftsteller, Musiker und Architekten, Bildhauer und Regisseure erlebten einen Arbeitsrausch, den man fast schon einen »Exzeß des Schaffens« nennen möchte. Und sie alle waren, seit Beginn der Republik, glücklich darüber, daß sie nicht mehr nur in einem kleinen Kreis Gleichgesinnter Widerhall fanden.

In jenen Jahren geschah in Berlin etwas ganz Ungewöhnliches: Auch das Bürgertum, bisher nur der leichten Muse zugetan, wurde durch die Turbulenz, die ausgelöst war, mitgerissen und ließ sich sogar willig den Schock gefallen, den allzu kühne Experimente in allen künstlerischen Bereichen hervorriefen. Auch die Masse hatte schließlich Spaß am Skandal und nahm lebhaften Anteil an allem, was sich ihr bot.

Im Oktober 1924 gab es in der Komischen Oper in der Friedrichstadt an der Weidendammer Brücke eine neue, glanzvolle Premiere. Die »gewaltigste Revue aller Zeiten und Länder« (so die Ankündigung, so auch viele Kritiker), von James Klein, einem der Berliner Revue-Zauberer, geschrieben und inszeniert, trug einen Titel, der exakt zur damaligen Gesamtsituation Berlins paßte: »Das hat die Welt noch nicht gesehn!«

Um den Opernstar Leo Slezak gruppierte sich eine große und vorzügliche Künstlerschar, darunter die Publikumslieblinge (das Wort »Star« gab es damals im deutschen Sprachschatz noch nicht) Lotte Werkmeister und Paul Westermeier. Dazu kamen über 100 Girls und Tänzerinnen aus Berlin, Paris, Madrid und London; außerdem wirbelten über die Bühne 90 Liliputaner und Kinder – ein Riesenaufwand und täglich ausverkauft. Ein solches Massenaufgebot – das hat die Welt noch nicht gesehn!

So vieles geschah in Berlin, was die Welt noch nicht erlebt und gesehen hatte.

Nach dem Ersten Weltkrieg gab es für Berlin – um einen klassischen Vergleich zu verwenden – ein modernes Zeitalter des Perikles. Wenn es heute in West-Berlin oder Ost-Berlin Film-, Theater- oder Opern-Festwochen gibt, dann stellen die alten Berliner mit einem Stolz, in den sich Wehmut mischt, fest: »Det hatten wa früher nich nötich! Da hatten wa det liebe lange Jahr Festwochen!«

Diese Feststellung, so übertrieben sie auch erscheinen mag, ist akkurat richtig.

»Von keinem Ort Deutschlands (einschließlich der rheinhessischen Heimat) war es so schwer, sich zu trennen«, bekennt Carl Zuckmayer in seinen Erinnerungen. »Die Hälfte unseres Lebens blieb dort zurück.«

»Wenn ich an das alte Berlin mit seinem Kulturleben denke, erfaßt mich Wehmut, und ich kann die Tränen nicht unterdrücken«, gestand 1968 eine Frau, die ein Jahr danach, siebenundachtzigjährig, in Hollywood gestorben ist. 30 Jahre lang, bis 1933, hatte ihr Berlin zu Füßen gelegen, und sie war so populär, daß sogar eine Zigarette nach ihr benannt wurde: Fritzi Massary. Sie war mit dem berühmten Komiker Max Pallenberg verheiratet.

Der berühmte Internist Gustav von Bergmann weiß in seiner *Rückschau auf mein Leben* zu berichten: »Trotz der starken beruflichen Inanspruchnahme zog meine Frau und mich das lebhaft pulsierende Berlin immer wieder in seinen Bann. Wir haben am Abend so manchen Empfang bei Botschaftern und Gesandten mitgemacht; vor Augen haben wir heute noch ein farbenprächtiges und elegantes Bild, und wir werden es zum Beispiel nie vergessen, wie der damalige Apostolische Nuntius in Berlin von einem Saal zum anderen schritt, der schlanke, große Mann mit dem ausdrucksvollen Profil. Die katholischen Damen des Diplomatischen Korps drängten sich alle an ihn heran, um den Ring des Bischofs zu küssen, wobei sie tief in die Knie sanken, während er mit großer Würde, aber auch mit reizender menschlicher Herzlichkeit die Botschafterinnen Spaniens oder Brasiliens und viele andere mehr wie gute Bekannte begrüßte. Monsignore Pacelli war schon deshalb in den Berliner Kreisen beliebt, weil er während des Ruhrkonfliktes viele Besuche in den politischen Gefängnissen gemacht hatte und seine Aufgabe überhaupt darin sah, zu helfen und zu mildern, wo es nur irgendwie für ihn durchführbar war. So erschien er auch bei diesen Empfängen buchstäblich als die überragende Persönlichkeit, und für alle, die etwas von diesem Geschehen auch nur nebenher erlebt haben, war es schon ein großer Eindruck, daß er später im Konklave zum Papst gewählt wurde.

Ich übergehe es, daß wir wiederholt beim Außenminister v. Neurath auch im kleinen Kreise eingeladen waren und dabei einflußreiche Persönlichkeiten kennenlernten. Wichtiger als die Erinnerung an so manche ähnliche Gesellschaft erscheint mir die Feststellung, daß Berlin gerade in dieser Zeit künstlerisch Vollkommenes bot. Um diese Zeit beherrschte Max Reinhardt verschiedene Bühnen und verstand es, bedeutende Bühnenkünstler um sich zu versammeln. Wie oft habe ich Joseph Kainz auf der Bühne gesehen oder Agnes Sorma und im Lessingtheater Albert Bassermann; speziell waren es glänzende Aufführungen der sozialen Stücke von Gerhart Hauptmann, die mich schon in meiner Studentenzeit ergriffen hatten und mich nun noch tiefer beeindruckten. Ich werde so manche Abende, wo wir *Die Weber* sahen oder den *Biberpelz,* stets im Gedächtnis behalten, denn es wurde uns der soziale Gedanke auf der Bühne plastisch so nahegebracht in einer Zeit, in der endlich soziale Tendenzen sich sieghaft in Deutschland und anderwärts durchsetzten. Neben der strammen Berufsarbeit, von der ich sprach, und dem Wunsch, in Berlin ein Buch zu schreiben, das die gestörte Funktion in den Vordergrund des Krankheitsgeschehens setzte, waren gerade diese künstlerischen Anregungen, die zum Gesamtbild des geistigen Berlins gehörten, für mich bedeutungsvoll. Man wuchs hier in Berlin förmlich in die großen, zum Teil noch ungelösten Probleme hinein.«

22

Bekenntnisse von Zuckmayer, der Massary und des Arztes von Bergmann: Diese drei mögen hier für Hunderte ähnlicher Äußerungen sprechen. Und doch war – einmal von der Politik ganz abgesehen – nicht alles eitel Lust und Fröhlichkeit.

»Altes, eckiges, liniiertes, zerfilmtes Berlin; unsüße, unbarmherzige, scharfe, gierig-wollende, mit Zähnen und Fäusten das Leben haltende und zwingende Stadt, ich denke liebevoll dein.« So schrieb Alfred Polgar, Schriftsteller, Theaterkritiker und Meister der kleinen Form, schon 1922.

Und heute?

Polgars Wort gilt immer noch. Berlin ist auch ansonsten Berlin geblieben. In Berlin West wie in Berlin Ost die berühmte Schnauze mit Herz: frech und schlagfertig und nie beleidigend; die wache Intelligenz, jede Situation sofort erkennend und meisternd; die Schalkheit, immer bereit, auch aus jeder Misere das Beste zu machen.

So viel wird gesagt und geredet und manchmal zerredet, wenn Berlin das Thema ist – vor allem bei Politikern. Das Wichtigste wird dabei selten erwähnt: Berlin, West und Ost, bildet immer noch die geistige Mitte beider deutschen Staaten, und es ist die Klammer, die sie zusammenhält. Der Bahnhof Friedrichstraße, die Heinrich-Heine-Straße und andere Übergänge haben die Funktion einer Drehtüre übernommen.

Wenn es je wieder ein Zusammenfinden zwischen den Deutschen im Westen und den Deutschen im Osten gibt, kann es nur hier beginnen – in Berlin.

Schon oft sind sich hier West und Ost im Verlaufe der Geschichte begegnet: westliche Lebensfreude und östliche Schwermut; Hugenotten und Russen, die vor der Polizei des Zaren oder den Stürmen der Oktober-Revolution fliehen mußten; der Geist Voltaires und die Humanität Dostojewskijs; Rheinländer und Schlesier; französischer Esprit und slawische Tiefe; westlicher Erfindungsreichtum und östliche Beharrlichkeit.

In diesem polaren Spannungsverhältnis entstand Berlin – diese Stadt, von der sich keiner lösen kann, der einmal in ihr gelebt und gearbeitet hat. Das vielzitierte Heimweh nach dem Kurfürstendamm äußert sich auf mannigfache Weise...

*

Die meisten »echten« Berliner sind nicht an der Spree geboren, und am Schlesischen Bahnhof kamen besonders viele neue Bürger der Reichshauptstadt an: aus Schlesien.

Aus allen Richtungen trafen sie in Berlin ein. Um nur ganz wenige zu nennen: der Berliner Operettenkomponist Walter Kollo (»Wie einst im Mai«) kam aus Neidenburg (Ostpreußen), der Zeichner Heinrich Zille aus Radeburg bei Dresden, der Zuckerbäcker und spätere preußische Hofkonditor Johann George Kranzler aus Wien, der Gastronom Wilhelm Aschinger aus München (daher die blauweißen Farben als Wahrzeichen seiner Lokale), der Likörfabrikant Carl Mampe (»Mampes Gute Stube«) aus Köslin (Pommern).

Von den als Berliner geltenden Schauspielern stammt Heinrich George aus Stettin, Willy Fritsch aus Kattowitz, Werner Krauss aus Gestungshausen (Bayern), Henny Porten aus Magdeburg, die Kabarettistin und »Urberlinerin« Claire Waldoff aus Recklinghausen.

Der Maler und Graphiker Emil Orlik übersiedelte von Prag aus nach Berlin, der Maler Lovis Corinth aus Tapiau (Ostpreußen), der Architekt Paul Wallot (Erbauer des Reichstages) aus dem rheinpfälzischen Oppenheim, der Maler Walter Leistikow (Mitbegründer der Berliner Sezession) aus Bromberg (Posen).

Von den großen Berliner Verlegern wurde – um wieder bei wenigen Beispielen zu bleiben – Leopold Ullstein in Fürth (Bayern) geboren, August Scherl in Düsseldorf, Rudolf Mosse in Grätz bei Wollstein (Posen), Samuel (»S«) Fischer in Liptovsky Mikulás (heutige Tschechoslowakei).

Auch viele der späteren Großindustriellen, deren Unternehmen schließlich Weltgeltung besaßen, wanderten an die Spree: der Eisengießer Victor Robert Schwartzkopff aus

Magdeburg, der Zimmermann August Borsig aus Breslau, der Apothekerlehrling Ernst Schering aus Prenzlau (Uckermark), der Ingenieur Werner von Siemens aus Lenthe bei Hannover.

Es zogen nach Berlin Handwerker und Künstler, Arbeiter, Akademiker und Vertreter aller Berufe. Sie alle, die anonym Gebliebenen und die später Weltberühmten, wurden in Berlin, der wachsenden Weltstadt, mit offenen Armen aufgenommen.

In jenem Elan, mit dem alle sich an die Arbeit machten und den sie offensichtlich nur in Berlin entwickeln konnten, liegt die Erklärung dafür, warum die Stadt so schnell zu ihrer Größe aufstieg...

☆

Noch eine andere Bemerkung scheint mir wichtig, ehe wir aufbrechen, die »tollste Stadt der Welt« auferstehen zu lassen:

In Berlin wird nicht so getan, als sei Deutschland heil geblieben. Nirgendwo sonst zeigt sich so deutlich, daß wir den Krieg verloren haben. Hier kann keiner – wie in anderen Städten der Bundesrepublik – so tun, als sei Deutschland noch intakt. Hier, vor allem an der Mauer – und dort wieder besonders am gespenstisch leeren Potsdamer Platz, der einmal der verkehrsreichste Straßenkreuzungspunkt der Welt war –, wird die Realität deutlich, daß es zwei deutsche Staaten gibt, die nicht nur politisch eigene Wege gehen.

Und wer auf das einsame, leblose und von der Mauer eingeschnürte Brandenburger Tor blickt – durch das früher (Stichtag 6. September 1927) innerhalb von nur 14 Stunden 2300 Omnibusse, fast 21 000 Autos, 9000 Radfahrer, 1100 Motorräder und fast 2000 Pferdegespanne fuhren –, für den bleibt die Vergangenheit auch heute noch verbindliche Verpflichtung.

Jeder Bürger in beiden Teilen Berlins ist – unter verschiedenen politischen Aspekten – stärker als anderswo bis hinein in den Alltag mit den verhängnisvollen Konsequenzen politischen Wahns und Handelns des Dritten Reiches und Unterlassens der vier Siegermächte nach 1945 konfrontiert.

Wo immer man heute in beiden Teilens Berlins geht oder steht oder fährt: immer tauchen für den, der die Reichshauptstadt der zwanziger und dreißiger Jahre gekannt hat, aus Trümmern oder Neubauten, Straßenplätzen oder leeren Flächen Bilder einer versunkenen Welt auf – in der Erinnerung manchmal, vielleicht, verklärt; immer aber, fern jeder Sentimentalität, beglückende und gelegentlich auch bestürzende Visionen einer Reise in die Vergangenheit, die ihre glanzvollen Lichter, aber auch ihre dunklen Schatten bis in unsere Gegenwart wirft: Tag für Tag.

☆

Es gibt keine Muse für den Gesamtbereich der Wissenschaft. Gäbe es aber eine, dann hätte sie Berlin für viele Jahrzehnte zu ihrem Günstling erkoren.

Die 1911 gegründete Kaiser-Wilhelm-Gesellschaft zur Förderung der Wissenschaften mit ihren vielen Instituten, die Preußische Akademie der Wissenschaften mit ihrem breiten Fächer spezieller Aufgaben und die Friedrich-Wilhelms-Universität hatten Weltruhm – die Universität schon während des ganzen 19. Jahrhunderts.

Welche Bedeutung Berlin für die wissenschaftliche Welt besaß, charakterisiert besonders imponierend die Liste der Nobelpreisträger. Von den höchsten Auszeichnungen der Welt, die von 1901 (der ersten Verleihung überhaupt) bis 1915 verliehen wurden, gingen 19 nach Deutschland, das damit an der Spitze lag. Von den 19 Preisträgern hatten 18 zeitweise in Berlin gewirkt oder studiert (vgl. Seite 141).

Von 1918 bis 1939 waren die Berliner Wissenschaftler gleichsam auf den Nobelpreis abonniert (hauptsächlich die Physiker, Chemiker und Mediziner). Von den insgesamt 24 deutschen Preisträgern lehrten und arbeiteten zeitweilig oder ständig 22 in Berlin.

Albert Einstein und Max Planck führen diese stolze Liste an. Die letzten fünf Ausgezeichneten durften freilich auf den Befehl Hitlers den Preis nicht mehr annehmen; er wurde ihnen nach dem Kriege ausgehändigt. Einer allerdings lebte nicht mehr: Carl von Ossietzky (Friedensnobelpreisträger 1936) – er war an den Folgen seines KZ-Aufenthaltes 1938 gestorben.

Die geistigen Leuchtfeuer des Kaiser-Wilhelm-Instituts für Physik waren Albert Einstein und Max Planck. Sie haben Revolution auf ihre Weise gemacht. Hervorgerufen durch diese beiden Wissenschaftler, ging durch das scheinbar so festgefügte Weltbild von Berlin aus ein Beben.

Max Plancks Quantentheorie erschütterte die Grundlagen der Physik, die bisher als die bestgesicherte unter allen Wissenschaften gegolten hatte.

Albert Einsteins Relativitätstheorie stellte die alten Vorstellungen von Zeit und Raum in Frage.

Auch der Weg in das Atomzeitalter begann in Berlin. Im Kaiser-Wilhelm-Institut für Chemie in Berlin-Dahlem gelang Otto Hahn am 17. Dezember 1938 zum erstenmal, was bisher noch keinem Forscher glückte: Uran – das schwerste auf der Erde natürlich vorkommende Element – zu spalten. Die Welt der Physik steht seit jenem Tag am Scheideweg: die Menschheit mit der Atomkraft in ein Inferno zu stürzen oder in eine glückliche Zukunft zu führen.

Das Berliner Großkrankenhaus Charité war das Mekka vieler Mediziner aus allen Erdteilen. Hier wirkten zwei der damals berühmtesten Chirurgen der Welt: August Bier und Ferdinand Sauerbruch. Die Staatsoberhäupter und Industriemagnaten aus aller Herren Länder vertrauten sich hier dem Skalpell der beiden deutschen Professoren an.

An der Friedrich-Wilhelms-Universität lehrten Männer von Weltruf: die Theologen Adolf von Harnack, Hans Lietzmann und Ernst Troeltsch; die Historiker Friedrich Meinecke, Kurt Breysig, Hermann Oncken und Eduard Meyer; die Mediziner Gustav von Bergmann und Richard Siebeck; der Volkswirtschaftler Werner Sombart; der Rechtsphilosoph Rudolf Stammler; der Pädagoge Eduard Spranger; der Anglist Alois Brandl; der Botaniker Adolf Engler; der Sprach- und Altertumsforscher Werner Jaeger und der Literaturhistoriker Julius Petersen. Das sind nur wenige Namen jener Professoren, deren Wirken von Berlin aus die gesamte Kulturwelt erreichte.

Berlin bildete den Sammelpunkt aller Richtungen der bildenden Kunst, von Expressionismus zum Dadaismus, vom Futurismus zum Kubismus. Über allen thronte, gleichsam als ihr »Alterspräsident«, der Impressionist Max Liebermann.

Die Liste der Maler, die in Berlin lebten und wirkten, ist unendlich lang. Hier nur die bekanntesten: Erich Heckel, Max Pechstein, Karl Schmidt-Rottluff, Ernst Ludwig Kirchner, Paul Klee, Max Beckmann, Emil Nolde, George Grosz, Max Liebermann, Max Slevogt, Carl Hofer, Leo von König, Lovis Corinth.

Darsteller des Berliner Volkslebens waren Heinrich Zille, Käthe Kollwitz und Hans Baluschek, die mit ihrem Zeichenstift und ihrem Pinsel auch Sozialkritik übten.

Aus Dresden kam oft der Akademie-Professor Oskar Kokoschka nach Berlin. Hier hielt er populäre Vorträge über Kunst und zeichnete für Herwarth Waldens berühmte Kunstzeitschrift *Sturm*.

Einige Kunsthändler – unter ihnen sind vor allem Alfred Flechtheim und Paul Cassirer (der lange mit der damals schon berühmten Schauspielerin Tilla Durieux verheiratet war) zu nennen – sorgten dafür, daß die Bilder auch unter die Leute kamen. Verglichen mit den Preisen, die heute für die Werke der genannten Maler gezahlt werden, muten die Erlöse von damals wie lächerliche Trinkgelder an.

Von den Bildhauern (darunter auch eine Frau), die während der zwanziger Jahre in Berlin arbeiteten, sind folgende längst in die Kunstgeschichte eingegangen: Hugo Lederer, Georg Kolbe, Ernst Barlach, Rudolf Belling, Wilhelm Lehmbruck, Ludwig Gies, Fritz Klimsch und Renée Sintenis.

Namen – auch auf dem Gebiete der Musik. Paul Hindemith *(Mathis der Maler)* war Professor an der Berliner Musikhochschule, Ferruccio Busoni *(Turandot)* Professor an der Preußischen Akademie der Künste, Franz Schreker *(Der singende Teufel)* Direktor der Musikhochschule.

Es lebten und wirkten außerdem in Berlin: Arnold Schönberg *(Moses und Aaron)*, der mit seinem Zwölftonsystem eine neue Klangwelt erschloß; Ernst Křenek, dessen Jazz-Oper *Jonny spielt auf* Aufsehen erregte; Hans Pfitzner *(Palestrina)*, Emil Nikolaus von Rezniček *(Donna Diana)* und Kurt Weill, der vor allem mit seiner Musik zur *Dreigroschenoper* weltberühmt wurde.

Von den Berliner Operettenkomponisten sind vor allem Paul Lincke und Walter Kollo zu nennen. Daß fast alle Schlagerkomponisten, deren populärste Lieder noch heute zu den Evergreens gehören, in Berlin lebten, versteht sich fast von selbst – von Peter Kreuder bis Franz Grothe, von Werner Richard Heymann bis Friedrich Hollaender und von Rudolf Nelson bis Franz Doelle (um auch hier nur ganz wenige Namen zu nennen).

Auch was die Dirigenten betrifft, erreichte Berlin eine einsame Höhe. Fünf der berühmtesten Dirigenten der Welt begeisterten gleichzeitig das Publikum in der Oper oder in den Konzertsälen: Wilhelm Furtwängler, Erich Kleiber, Otto Klemperer, Bruno Walter und Leo Blech. Und wenn aus Italien Arturo Toscanini als Gast anreiste, waren es in mancher Saison sechs Koryphäen des Taktstockes, die in der Reichshauptstadt das musikfreudige Berliner Publikum zu Beifallsstürmen hinrissen.

Auch die großen Architekten Deutschlands hatten sich in Berlin versammelt: Hans Poelzig, Erich Mendelssohn und Peter Behrens (dessen Assistenten damals die später so berühmten Ludwig Mies van der Rohe, Walter Gropius und Le Corbusier waren), Max und Bruno Taut, Hans Scharoun und Emil Fahrenkamp. Sie alle entwickelten einen neuen Stil und bauten Industrieanlagen, Geschäfts- und Bürohäuser, ganze Siedlungen und Privathäuser. Viele von ihnen gelten noch heute als vorbildlich, und die Bauhistoriker sagen den genannten Architekten nach, durch sie sei von Berlin aus, neben dem Staatlichen Bauhaus in Dessau (»Hochschule für Gestaltung«), die Baugesinnung des zwanzigsten Jahrhunderts ausgegangen.

Die alte Reichsmetropole bildete auch die Stadt der Literaten. Kürschners Literatur-Kalender der zwanziger

Jahre führt auf neun eng bedruckten Seiten die Dichter und Schriftsteller auf, die in Berlin lebten: von Alfred Döblin bis Heinrich Mann, von Erich Kästner bis Carl Zuckmayer, von Christian Morgenstern bis Gottfried Benn, von Hans Fallada bis Erich Maria Remarque. Leipzig galt zwar als Bücherstadt, aber die meisten großen Buchverlage beherbergte Berlin.

Und was das Theater betrifft, so war Berlin gleichsam die Residenz der Musen. Auf dem Höhepunkt des Berliner Theaterlebens der zwanziger Jahre spielten insgesamt 49 Theater – von der Staatsoper Unter den Linden bis zum Theater am Kurfürstendamm; vom Staatstheater am Gendarmenmarkt bis zum Theater am Nollendorfplatz. Hinzu kamen neben der berühmten Philharmonie weitere fünf Konzertsäle, in denen ein ständig wechselndes Programm das musikfreudige Berlin lockte. Und außerdem gab es (Stichtag 1. Januar 1927) elf anspruchsvolle Kabaretts, weitere 18 Tingeltangel-Bühnen und zwei große Varietés.

Wer als Künstler den Stempel »Berlin« trug, hatte die letzten Weihen einer glanzvollen Laufbahn empfangen. Wen das kritische Berliner Publikum als Schauspieler anerkannte, besaß seinen internationalen Marktwert. Wer in Berlin beim Film Karriere machte, wurde in Hollywood mit offenen Armen und Höchstgagen empfangen. Applaus für einen Sänger in Berlin bedeutete, daß er an allen Opernhäusern und auf allen Podien der Welt singen konnte.

In Berlin wurde in allen Künsten experimentiert, manchmal auch revoltiert, fast immer aber etwas Neues geschaffen. »Dieses Berlin war die Heimat all derer, die über die abgegriffene, immer wieder modisch aufgetakelte Rühr-, Amüsier- und Stilbühne hinausstrebten«, bekannte Fritz Kortner. Und der große Schauspieler Alexander Moissi sagte kurz vor seinem Tode: »Berlin war für jeden Schauspieler das Glück seines Lebens.«

Max Reinhardt, Leopold Jeßner, Erwin Piscator, Erich Engel, Viktor Barnowsky, Jürgen Fehling und Karlheinz Martin waren die bekanntesten Regisseure der »Goldenen

Zwanziger« von Berlin, Erik Charell der große Zauberer des Revue-Theaters.

Insgesamt lebten in Berlin rund siebentausend Schauspieler (einschließlich der arrivierten Statisten), die meisten von ihnen arbeiteten gleichzeitig in den Filmateliers.

Außerdem: In der Blütezeit des Films (von 1918 bis 1926 und dann noch einmal mit dem Beginn des Tonfilms) waren achttausend Filmschauspieler und -statisten bei den 37 Filmgesellschaften beschäftigt, die damals in Berlin drehten. Die bekannteste, die heute schon zu einer Legende geworden ist, war die Ufa.

Regisseure wie Ernst Lubitsch, Fritz Lang und Georg Wilhelm Pabst schrieben in Berlin Filmgeschichte.

Der englische Filmhistoriker Paul Rotha urteilt in seiner *Weltgeschichte des Films:* »In der Mitte der zwanziger Jahre war es üblich, sich an den deutschen Filmen zu orientieren. Ein einziger neuer deutscher Spielfilm wog in London die Premiere von zwanzig amerikanischen Großfilmen auf.«

Es ist unmöglich, auch nur annähernd alle Schauspieler zu nennen, deren Namen mit den Berliner Bühnen und mit dem Berliner Film untrennbar verbunden sind. Hier mögen nur wenige für viele stehen: Albert Bassermann, Elisabeth Bergner, Käthe Dorsch, Walter Franck, Heinrich George, Gustaf Gründgens, Oskar Homolka, Emil Jannings, Friedrich Kayssler, Eugen Klöpfer, Fritz Kortner, Werner Krauss, Grete Mosheim, Agnes Straub, Conrad Veidt und Paul Wegener; Gitta Alpar, Michael Bohnen, Fritzi Massary, Heinrich Schlusnus und Richard Tauber.

☆

Berlin war in den zwei Jahrzehnten zwischen den beiden Weltkriegen – um in der Sprache der Stadt zu bleiben – immer »vorneweg«. Um einige wenige Beispiele zu nennen: Schon 1912 wurde hier der Begriff »Einbahnstraße« geprägt; es gab drei von ihnen in der Friedrichstadt. 1921 wurde mit der Avus die erste kreuzungsfreie Autostraße Europas und erste deutsche Rennstrecke eingeweiht,

1922 auf dem Potsdamer Platz der erste Verkehrsturm aufgestellt, gleichzeitig erschienen die ersten Verkehrsampeln
Deutschlands im Berliner Straßenbild. Im selben Jahr
wurden von Berlin aus die ersten Bilder funktelegrafisch
nach den USA übertragen.

Am 29. Oktober 1923 meldete sich zum erstenmale in
Deutschland der Unterhaltungsrundfunk: »Hier Sendestelle Berlin, Voxhaus, Welle 400!«, gesprochen von Alfred
Braun, der schnell zum populärsten Reporter, ja sogar zum
zweitpopulärsten Berliner (nach Hindenburg) aufstieg und
von 1954 bis 1956 der erste Intendant des *Sender Freies
Berlin (SFB)* war. Und schon im Jahre darauf, am
4. Dezember 1924, eröffnete Reichspräsident Friedrich
Ebert die *1. Große Deutsche Funkausstellung Berlin.* Sie
verzeichnete mit 114 109 Besuchern gleich einen Rekord.

1923 wurde in Tempelhof offiziell der Flughafen in
Betrieb genommen, der lange Zeit als der modernste der
Welt galt – vor allem nach den späteren großen Erweite-
rungsbauten. Die offizielle deutsche Verkehrsfliegerei hatte
schon 1919 begonnen – mit alten Militärmaschinen und
Kriegsfliegern am Steuerknüppel, zum Beispiel Ernst Udet.

In der Nacht vom 8. auf den 9. März 1929 begann in
Berlin-Witzleben der deutsche Fernseh-Rundfunk: Dénes
von Mihaly führte einem kleinen, staunenden Publikum
einen ersten Testfilm vor, in dem sich ein Herr eine Zigarette anzündete und Filmdiva Pola Negri ihr schönstes Lächeln zeigte.

Während der *8. Großen Deutschen Funkausstellung
1931* führte Manfred von Ardenne als Weltpremiere, zusammen mit der Firma Loewe, zum erstenmal ein vollelek-
tronisches Fernsehen vor, und schon 1932, während der
nächsten Berliner Funkausstellung, stellte die Firma Telefunken ihren Fernsehempfänger »FE 1« vor. Die Besucher
der Ausstellung konnten Hans Albers und Käthe von Nagy
auf der Mattscheibe in einem zärtlichen Tête-à-tête bestaunen.

Einige Jahre zuvor waren die ersten Raketen-Autos
über die Avus gedonnert, und Berlin war schon 1930 der
»Geburtsort« der ersten Rakete, aus der zehn Jahre später

die »V 2« und nach weiteren zwanzig Jahren schließlich die Mondrakete »Saturn V« entstand.

Von den 16 000 Patenten, die 1945 beim Ausverkauf des deutschen Geistes den Alliierten in die Hände fielen, waren rund 2800 Erfindungen, die von Ingenieuren, Forschern oder auch nur genialen »Bastlern« in Berlin gemacht worden sind.

»Berlin war in Wahrheit eine prometheische Stadt, welche das Feuer aus allen Himmeln holte und es ihren Menschen weitergab«, stellt der Schriftsteller Gustav Hillard fest, der Anfang der zwanziger Jahre als Dramaturg bei Max Reinhardt gearbeitet hat.

Die Reichsmetropole war mit ihren 750 000 Arbeitern (Metallverarbeitung, Elektronik, Feinmechanik, Optik, Bekleidung, Nahrungs- und Genußmittel, Papier, Chemie u. a.) und mit ihren 300 000 Beschäftigten (1927) in fast 68 000 Handwerksbetrieben die größte Industriestadt des Kontinents, und nach London, New York und Chikago hielt sie den vierten Platz auf der Weltrangliste.

86 Prozent der deutschen Konfektion kamen aus Berlin, und der Hausvogteiplatz war das weltweit bekannte Zentrum der Berliner Mode.

52 Prozent aller elektrotechnischen Erzeugnisse und 30 Prozent aller Produkte des grafischen Gewerbes stammten aus der Reichshauptstadt.

In 3150 (!) Bankniederlassungen bewältigten 52 000 Angestellte 1928 mehr als ein Viertel des gesamten deutschen Geld- und Börsenverkehrs.

Venedig und Amsterdam gelten, sehr zu Unrecht, als die Städte mit den meisten Brücken. Berlin stellt ihre Konkurrentinnen in den Schatten: Die Reichshauptstadt besitzt mehr Brücken als Venedig und Amsterdam zusammen und hält 1936 mit 957 Brücken den Rekord als brückenreichste Stadt der Welt. Fast die Hälfte dieser 957 Brücken – nämlich 455 – überqueren Wasserläufe (hauptsächlich Spree und Havel und Kanäle), 375 führen über Straßen, 127 schwingen sich über Bahnanlagen.

Die vielen Superlative und »Rekorde« Berlins erstreckten sich außer denen, die in diesem ersten Kapitel des

Berlin-Berichtes angedeutet wurden, auf zahlreiche Gebiete der Kunst, der Wissenschaft, des Verkehrs, aber auch auf jene Bereiche, die immer wieder Schlagzeilen in der Sensationspresse der Welt machten.

In der Reichshauptstadt gab es die größten Skandale der damaligen Zeit. Es gab Prozesse, die ganz Europa in Atem hielten – vor allem, wenn die Starverteidiger Dr. Dr. Frey und Dr. Alsberg in ihnen auftraten. Es gab rund 60 Ganoven-Organisationen (die legendären Ringvereine), und schließlich konnte sich Berlin rühmen, die schlagkräftigste Mordkommission der Welt zu besitzen. Ihr Chef, Kriminalrat Ernst Gennat, der 1939 starb, gilt noch heute als eine Art Schutzpatron vieler Mordspezialisten.

Die Reichshauptstadt ist auch das Paradies der Zeitungsmacher und -leser. Hier rauscht die Sinfonie der Rotationsmaschinen rund um die Uhr. Die neuesten Nachrichten, die letzten Meldungen, klärende Kommentare, aggressive Leitartikel, kluge Kritiken und die ganze Vielfalt interessanten Lesestoffes – das alles spucken sie Tag und Nacht aus.

In keiner anderen Stadt der Welt wird soviel Papier bedruckt wie in Berlin. 1930 erscheinen 149 Tageszeitungen – von den Weltblättern *Vossische Zeitung* und *Berliner Tageblatt* über die Massenpresse *Berliner Morgenpost* und *Berliner Lokal-Anzeiger* bis hin zum kleinen *Lankwitzer Anzeiger* und den *Dahlemer Nachrichten* (die allerdings, wie einige andere Vorort-Blätter, nur einmal wöchentlich erscheinen).

Wenn man berücksichtigt, daß fast 20 Berliner Zeitungen täglich mit zwei Ausgaben – das Boulevard-Blatt *Tempo* sogar mit drei – erscheinen und bei besonderen Ereignissen zusätzliche Extrablätter hinzukommen, gibt es in Berlin alle zehn Minuten eine neue Zeitung.

Die Reichshauptstadt ist auch der Erscheinungsort so vieler Wochen-, Fach- und Monatszeitschriften, daß die Zahl 3000 zeitweilig überschritten wird. Die Liste beginnt bei der *Berliner Illustrirten* (aus Gründen der Tradition ohne »e«!), die das auflagenstärkste Bilderblatt der Welt ist; sie setzt sich fort mit der *Grünen Post* – der Urmutter aller unterhaltenden Wochenzeitschriften –, mit der *Koralle,* der *Dame* und der *Woche;* sie umfaßt die aggressiv-geistreiche *Weltbühne,* den renommierten *Querschnitt* und die anspruchsvolle *Literarische Welt* ebenso wie das freche Magazin *Uhu.* Die Liste endet bei den Unterhaltungszeitschriften jeglichen Niveaus und den Fachblättern aller nur denkbaren Berufe, den Gazetten aller Richtungen und Meinungen, den Periodika mit der verrücktesten Zielsetzung und der verwirrenden Fülle der Zeitschriften seriöser und skurriler Vereine.

Im Zeitungsviertel mit seinem ganz besonderen Flair residieren auch die großen Drei der Branche: Ullstein, Scherl und Mosse, deren Namen untrennbar mit der Berliner Zeitungsgeschichte verbunden sind. Hier wirkten Männer, deren Wort und Meinung in der ganzen Welt etwas galten, und hier schrieben Kritiker, die der Kunst und vor allem dem Theater neue Wege wiesen und unbestechlich in ihrem Urteil waren.

Wer je als Journalist in einem dieser Großverlage gearbeitet hat, fühlt sich noch heute einem elitären Berufsorden zugehörig . . .

☆

Berlin galt als die »telefonwütigste« Stadt der Welt. Von fast einer halben Million Telefonanschlüssen wurden täglich eine Million dreihunderttausend Gespräche durch die »Quasselstrippe« geführt.

Es gab, es gab, es gab . . .

»Wer das Berlin von 1918 bis 1933 nicht erlebt hat, weiß nicht, was eine Weltstadt alles zu bieten hat – im Guten wie im Bösen«, rundet Egon Erwin Kisch, der berühmte »Rasende Reporter« aus Prag, der von 1921 bis 1933 meist in Berlin lebte und 1948, nach seiner Rückkehr aus Mexiko, in seiner Heimatstadt starb, die Erinnerungen an seine Jahre an der Spree ab.

Und der erste Präsident der Bundesrepublik Deutschland, Theodor Heuss, der viele Jahre seines Lebens in Berlin verbracht hat, schrieb in seinem Essay über die alte

Reichshauptstadt, das er eine »Liebeserklärung an diese schicksalsreiche Stadt« nennt, in bezug auf Berlin: »Liebe ist ohne Dankbarkeit nicht recht vorstellbar.«

☆

Berlin, Berlin ...

Vielgestaltig, hinreißend schön, schillernd und schäumend, berauschend und manchmal entnervend, aber eine Stadt, die jeden packt, der dort lebt oder die Stadt auch nur besucht.

Berlin ...

Das alles lebt und wirkt und arbeitet vor der Kulisse dieser großen Stadt.

1914 hat das eigentliche Berlin – ohne seine Vororte – »nur« 2,4 Millionen Einwohner. Nach dem Ersten Weltkrieg erlebt die Reichshauptstadt durch eine verwaltungsmäßige Großtat, die in dieser Dimension bis heute ohne Beispiel geblieben ist, ihren großen Sprung nach vorn: Sieben Städte (unter ihnen Charlottenburg und Köpenick), 56 Dörfer (zum Beispiel Tempelhof und Pankow) und 29 Gutsbezirke (zu denen – um wieder nur exemplarisch zwei zu nennen – Dahlem und Frohnau gehören) werden am 1. Oktober 1920 eingemeindet und Teile Groß-Berlins. Nach diesem Zuwachs wird die Stadt in 20 Verwaltungsbezirke eingeteilt und hat nun 4,2 Millionen Einwohner.

Jetzt ist die deutsche Metropole in jeder Beziehung eine Weltstadt und nach New York und London die größte Stadt der Welt. Erst zehn Jahre später wird sie von Tokio und Paris überrundet.

Ihre Seen, Flüsse, Kanäle und Parks sorgen für die berühmte Berliner Luft.

Wieso war Berlin zum Nabel der Welt geworden? Was machte den Flair dieser Stadt aus? Lassen wir Max Colpet urteilen, der in seinem Leben viele Städte dieser Welt kennengelernt hat – zu ihren Glanzzeiten und als dieser Glanz verblaßte. Colpet schreibt in seinem Rückblick (*Sag' mir, wo die Jahre sind,* Seite 29): »Dabei war Berlin nie schön im eigentlichen Sinne. Seine Architektur war eher scheußlich, angefangen bei der Gedächtniskirche. Aber das spielte keine Rolle. Man sah darüber hinweg oder machte seine Witze.

Der Grunewald war nicht schöner als der Hyde Park, das Brandenburger Tor nicht imposanter als der Arc de Triomphe und der Funkturm nicht höher als das Empire State Building in New York. Und doch hatte dieses Berlin der zwanziger Jahre eine Atmosphäre, ein Flair, eine Turbulenz, die einmalig war.

Unbeschreiblich war das allgemeine Interesse an allem, was neu und modern war. Selten hat eine junge, heranwachsende Generation so davon profitiert. Doch es hatte nicht nur mit dem Jungsein zu tun, wir genossen eine Freiheit, wie sie selten eine Jugend genossen hat. Ein kleiner erster Erfolg genügte, schon war man gefragt; schon stand das Telefon nicht still – sofern man eines besaß. Und ungeheuer groß war auch die Zahl der Vorbilder – heute würde man ›Idole‹ sagen –, die es vor einem geschafft hatten: Schriftsteller, Komponisten, Maler und Bildhauer.«

☆

Berlin zwischen den beiden Weltkriegen ... Die lauten Straßen und pulsierenden Plätze dieser Weltstadt, ihre stillen Alleen in den Vororten, ihre repräsentativen Bauten, ihre endlosen Häuserreihen ... Der vom Verkehr spiegelnde Asphalt ... Die bunten Plakate der vierhundert Kinos ... Die Lichtkaskaden der Reklame ... Die verführerischen Schaufenster, die animierenden Bars ...

Die fast 16 000 (!) »Pinten«, »Eckkneipen« und »Destillen« mit ihrer meist anheimelnd-verräucherten, gelegentlich anrüchigen, immer aber originellen Atmosphäre ...

Die lockenden Tanzpaläste, in denen Deutschlands beste Kapellen spielten: Feuerwerk der Lebensfreude, Reigen im Charleston-Rhythmus, Jazz-Besessenheit statt längst verklungener Walzer-Seligkeit ...

Die vielen Versuchungen des Nachtlebens von einem bisher in Deutschland unbekannten Raffinement ...

Das aufmunternde Schreien auf den über dreihundert

Sportplätzen, im Sportpalast, auf den Pferderennbahnen und ab 1935 in der Deutschlandhalle.

Der Beifall des Publikums in den Theatern, Konzertsälen und in den Kabaretts, in den beiden Varietés *Scala* und *Wintergarten* mit ihren Weltattraktionen und ihrer Startrampe großer artistischer Sensationsnummern ...

... das alles und noch viel, viel mehr fügt sich zum heiteren Teil des Berlin-Bildes von damals zusammen, dem eine unnachahmliche Mischung aus hauptstädtischem Selbstbewußtsein, Keßheit und Tempo den »letzten Pfiff« verlieh.

Die andere Seite Berlins – das ist die rastlose Arbeit in der unermüdlichen Stadt, das sind die großen Fabriken und die Arbeiterviertel im Norden und Osten mit ihren düsteren Hinterhöfen, deren »Miljöh« Heinrich Zille mit seinem Zeichenstift so trefflich charakterisierte.

Aber ...

Aber zum Berlin von damals – der Reichshauptstadt der zwanziger und dreißiger Jahre – gehören auch Revolution, Inflation und Arbeitslosigkeit mit ihrer Not für hunderttausende Familien in der weltweiten Wirtschaftskrise; gehören die Saal- und Straßenschlachten zwischen Kommunisten und Nationalsozialisten; gehören politische Skandale und Verbrechen.

Dem 30. Januar 1933, dem Reichstagsbrand, der Bücherverbrennung und der großen »Säuberung« folgten alle jene politischen und militärischen Ereignisse im Dritten Reich, die schließlich zum Untergang Berlins führten – den niemand vorauszusehen wagte, als sich die ganze Welt 1936 von den zum »größten Fest aller Zeiten« erhobenen Olympischen Spielen beeindrucken ließ ...

2. Kapitel

Olympia 1936:
»Das größte Fest aller Zeiten«

Goldmedaille für Propaganda

Duell mit Sekt, Musik und Körperkräften

Mit Ärger fing alles an...

Adolf Hitler, Reichskanzler des Deutschen Reiches, wollte zunächst von den XI. Olympischen Spielen, die 1936 in Berlin ausgetragen werden sollten, nichts wissen.

Schon am 13. Mai 1931, lange vor Hitlers Machtantritt, wurden die Olympischen Sommerspiele 1936 auf einer Tagung des Internationalen Olympischen Komitees in Barcelona nach Berlin vergeben.

Der ersten Abstimmung des Komitees folgte eine schriftliche Umfrage bei jenen Mitgliedern, die auf dieser Tagung in Barcelona nicht dabei waren. Die große Mehrheit der 53 stimmberechtigten Nationen im Olympischen Komitee entschied sich für Berlin. Schon einmal, 1912, war die Wahl auf die deutsche Reichshauptstadt gefallen. Aber der Erste Weltkrieg hat es nicht zu den für 1916 geplanten Spielen kommen lassen. Die Jugend der Welt lag sich im mörderischen Kampf gegenüber...

Als die Wahl 1931 für Berlin entschied, dachte noch niemand an einen möglichen Sieg des Nationalsozialismus.

Staatssekretär Dr. Theodor Lewald, von 1919 bis 1933 Präsident des Deutschen Reichsausschusses für Leibesübungen, wurde 1932 zum Reichskommissar für die Olympischen Spiele ernannt. Reichspräsident Paul von Hindenburg hatte diesen Mann für seine Verdienste um den Sport mit dem Adlerschild des Deutschen Reiches ausgezeichnet: mit der höchsten Ehrung, die es in der Weimarer Republik gab.

Lewald war offenbar der Grund dafür, warum Hitler zunächst nichts von den Olympischen Spielen in Deutschland wissen wollte; denn der Mann, der sich dem Sport in Deutschland verschrieben hatte, paßte nicht in das Bild vom »arischen Menschen«: Lewald war »Halbjude«.

Nur so ist es zu verstehen, daß Hitler in völliger Verkennung der Tatsachen die Olympischen Spiele – wie er wörtlich sagte – für »ein vom Judentum inspiriertes Schauspiel« hielt, »das unmöglich in einem nationalsozialistisch regierten Reich abgewickelt werden kann«.

Aber es gelingt dem Reichspropagandaminister Dr. Joseph Goebbels, dem Reichssportführer Hans von Tschammer und Osten und den Mitgliedern des Deutschen Olympischen Komitees – unter ihnen Dr. Carl Diem, von 1913 bis 1933 Generalsekretär des Deutschen Reichsausschusses für Leibesübungen und 1920 Mitbegründer der Deutschen Hochschule für Leibesübungen –, Staatssekretär Dr. Hans Pfundtner vom Reichsinnenministerium und dem Reichsjugendführer Baldur von Schirach, Hitler zu überzeugen.

Der Führer sieht ein, daß sich hier eine Gelegenheit bietet, »der Welt das neue Deutschland vorzustellen«. Er wittert die Chance, mit den vielen »Greuelberichten« (so Goebbels) aufräumen zu können, die im Frühling und Sommer 1933 von der Weltpresse veröffentlicht wurden, und die politische Isolierung zu durchbrechen, in die das Deutsche Reich nach dem Austritt aus dem Völkerbund (19. Oktober 1933) geraten war.

Vor allem Dr. Goebbels erblickt in den Olympischen Spielen ein »Propaganda-Geschenk des Himmels«. Später, nach den Spielen, wird der *Angriff* schreiben:

»Olympia 1936 war nicht zuletzt eine Arbeit des Propagandaministeriums.«

Hitler kann sich den Argumenten seiner Fachleute nicht verschließen. Er gibt nicht nur Anweisung, den zahlreichen Gästen des Auslandes, die zu erwarten sind, den Eindruck eines friedlich gesinnten Deutschland zu vermitteln; er ordnet auch an, daß »der gesamte Staats-, Partei- und Wehrmachtsapparat heranzuziehen ist, um eine perfekte Abwicklung der Spiele zu gewährleisten. Sie sollen das größte Fest aller Zeiten werden.«

Der glanzvolle Ablauf der Spiele, ihre präzise Organisation, bei der auch nicht die geringste Panne passierte, ging als das »Wunder von Berlin« in die Geschichte der Olympischen Spiele ein.

☆

Olympische Spiele in Nazi-Deutschland? In der Welt gibt es zunächst überall Proteste – mit dem Argument, man könne die Spiele nicht in einem Land stattfinden lassen, das an »minderwertige« und »überlegene« Rassen glaubt und von dem man fest überzeugt ist, daß es alles tut, um einen Krieg vorzubereiten. Als sich Hitler von den Rüstungsbeschränkungen der Versailler Verträge lossagt und 1935 die allgemeine Wehrpflicht einführt, mehren sich die Stimmen, die gegen Berlin als Olympiastadt sprechen.

Dann aber setzt sich die Erkenntnis durch, daß Sport nichts mit Politik zu tun hat und daß es unsportlich und unfair ist, dem Deutschen Reich sozusagen im letzten Augenblick die Olympischen Spiele zu entreißen. Kaum einer ahnt freilich zu dieser Zeit, daß vor allem Goebbels die Spiele ausnutzen wird, um den Deutschen einzureden, die Welt habe Hitler und den Nationalsozialismus akzeptiert und suche Freundschaft mit dem deutschen Volk.

Die große Illusion vom ewigen Frieden – unter diese Parole wird Goebbels die Spiele stellen.

Zu Beginn der Spiele, auf einer großen Pressekonferenz in den Berliner Zoo-Festsälen, an der 2500 Journalisten aus der ganzen Welt teilnehmen, weist Goebbels den Gedanken zurück, mit den Olympischen Spielen werde Propaganda für das nationalsozialistische Deutschland getrieben.

»Deutschland ist allerdings gewillt, sich seinen Gästen selbstverständlich von der besten Seite her zu zeigen«, erklärt der Minister. »Das gebietet uns die Höflichkeit, hat jedoch mit politischer Propaganda nichts zu tun. Wir möchten, daß Sie Deutschland so sehen, wie es ist, und wir haben nicht die Absicht, Ihnen Potemkinsche Dörfer vor Augen zu führen.«

Goebbels schlägt den Journalisten einen »Weltpresse-
frieden« vor – ein Wunschtraum, der lebhaft begrüßt wird,
aber nicht zu verwirklichen ist.

Mit dieser großen Friedensidee ist es allerdings nicht
zu vereinbaren, daß die gesamten Deviseneinnahmen des
Olympischen Jahres ausschließlich in die deutsche Rüstung
fließen: Fremde Währungen im Werte von etwa fünfhundert Millionen Reichsmark geben die rund 95 000 ausländischen Besucher aus, die 1936 Berlin und Deutschland besuchen. Besonders großzügig mit dem Geld sind die Touristen aus den USA.

Viele Jahre später, am 12. April 1942, wird Adolf
Hitler in einem seiner berühmten Tischgespräche feststel-
len: »Das Olympiastadion hat uns 77 Millionen gekostet
und eine halbe Milliarde Devisen eingebracht.«

Wenn der Führer vom Olympiastadion spricht, meint
er die ganzen Spiele. Der Fünfhundert-Millionen-Reichs-
mark-Erlös aus fremden Währungen war 1936 eine unge-
heuere Summe (mit etwa vierfacher Kaufkraft gegenüber
der D-Mark 1984).

☆

In dem hügeligen Waldgelände, auf dem schon 1913 das
Deutsche Stadion als Schauplatz für die Olympischen
Spiele 1916 errichtet worden war, entsteht nach den Plänen
von Werner March in knapp zwei Jahren das gesamte
Reichssportfeld mit seinem Olympiastadion für 100 000
Zuschauer (das 71 Millionen Reichsmark gekostet hat) und
der Dietrich-Eckart-Freilichtbühne (heute *Waldbühne*) mit
20 000 Plätzen.

Zum Reichssportfeld gehören außerdem: das Maifeld
als Festplatz für 500 000 Teilnehmer, das vom 76 Meter
hohen Glockenturm überragt wird; das Schwimm- und das
Hockeystadion, der Reiterplatz und die Basketballplätze,
eine Turn- und eine Schwimmhalle, das Polofeld, das Haus
des Deutschen Sports, die Reichsakademie für Leibesübungen und eine große Gaststätte.

Zahlreiche Parkplätze können 24 000 Autos aufnehmen. Große neue U- und neue S-Bahnhöfe mit allem technischen Komfort ermöglichen eine bisher nie dagewesene Zugfolge.

Die Regattabahn von Grünau – im Osten Berlins, wo sich die Dahme zum Langen See weitet – wird zu einer für die ganze Welt vorbildlichen Ruderkampfbahn von zweitausend Meter Länge ausgebaut.

Allein auf dem Reichssportfeld müssen 5 000 000 Kubikmeter Erde bewegt werden, und zeitweise arbeiten 2500 Männer Tag und Nacht. Die Deutschlandhalle – als des Reiches schönster und größter Hallenbau gefeiert – ist schon 1935 eröffnet worden. Hier werden die Olympischen Wettkämpfe im Boxen, Ringen und Gewichtheben ausgetragen.

Etwa vierzehn Kilometer vom Reichssportfeld entfernt – bei Döberitz – plant und baut die Wehrmacht das Olympische Dorf (in dem nach den Spielen eine Infanterieschule untergebracht wird). In 140 einstöckigen Steinhäusern, die von Gartenanlagen umrahmt sind, wohnen die 3941 Männer, die an den Spielen teilnehmen. Jede Nation erhält ihren eigenen Wohnbezirk. Die 328 Mädchen werden in dem neuerrichteten »Kameradschaftshaus« auf dem Reichssportfeld untergebracht.

In den beiden Unterkünften kommt es nach den Spielen zum »größten Handtuch-Diebstahl der Geschichte«: Als Souvenir nimmt jeder Teilnehmer der Spiele eines der bunten Handtücher mit, die mit den Olympischen Ringen geziert sind und die Aufschrift tragen: »Olympische Spiele Berlin 1936«. Über viertausend dieser Andenken sind in den Koffern der Sportler verschwunden.

Alle diese olympischen Bauten stehen unter der Parole: Etwas Schöneres, Großzügigeres und Besseres hat es bisher noch nicht gegeben.

Der französische Botschafter in Berlin, André François-Poncet, schreibt über das Olympiastadion:

»Von innen gesehen, ist es von überragender Schönheit. Breite Zugänge gestatten einer großen Menge (100 000 Menschen) den Eintritt und das Verlassen in wenigen Augenblicken und ohne Gedränge. Das Gebäude ist mit aller

Bequemlichkeit ausgestattet. Die Kleiderablage für die Sportmannschaften, die für die Presse vorgesehenen Einrichtungen, die Restaurants und die Regierungs-Tribüne – das alles läßt nichts zu wünschen übrig. Die rotbraune Farbe des Sandes auf der Bahn, das leuchtende Grün des Rasens, das zarte Grau der Mauern und Stufen bieten ein verführerisch schönes Farbenbild dar.«

Paul Stehlin, der Zweite Luftwaffenattaché der Französischen Botschaft, der mit besonderem Auftrag des Geheimdienstes seines Landes bis zum Ausbruch des Krieges in Berlin weilt, ergänzt seinen Botschafter:

»Im Innern war das eben erst fertiggestellte Stadion inmitten seiner malerischen Umgebung von Wäldern und Seen von atemberaubender Schönheit. Die Proportionen gefielen dem Auge ebenso wie die Harmonie der Farben ...«

☆

Während die baulichen Vorbereitungen auf vollen Touren laufen, werben große Plakate in allen Erdteilen für die Olympischen Spiele in Berlin. Filme und Plaketten, Postkarten und ein Pressedienst in vierzehn Sprachen werden in die Welt verschickt, Flugblätter in Massenauflagen verteilt, Olympia-Schlager komponiert, die viersprachige Zeitschrift *Olympische Spiele* versandt, Olympia-Wochen veranstaltet, Ausstellungen gezeigt. Im Juli 1935 wird in Zeesen bei Berlin die größte Kurzwellenfunkstelle der Welt in Betrieb genommen; sie bricht während der Spiele im Rund-um-die-Uhr-Betrieb alle bisherigen Senderekorde.

Der Kartenverkauf wird so organisiert, daß es nirgendwo Schwierigkeiten gibt. Insgesamt werden 3 769 892 Karten ausgegeben (358 990 davon an Ehrengäste aus der ganzen Welt verschenkt).

Deutschlands beste Verkehrsfachleute kommen in die Reichshauptstadt, um alle Probleme zu lösen. 1936 gibt es in der Stadt fast 120 000 zugelassene Personenkraftwagen. Mindestens noch einmal soviel werden erwartet. Berlin, längst schon an starken Verkehr gewöhnt, erhöht die Zahl seiner 268 Verkehrsampeln um viele neue (im Sommer 1936 werden in München die bisherigen sechs Ampeln auf acht erhöht . . .).

S- und U-Bahn werden mit einer bisher nie dagewesenen Zugfolge auf wichtigen Strecken verkehren: alle 90 Sekunden ein Zug. Das »Ostkreuz«, ohnehin schon meistfrequentierter Bahnhof des Kontinents, wird während der Olympischen Spiele täglich innerhalb von 20 Stunden 1700 Züge abfertigen.

Auch die Unterbringung der Gäste stellt keine Probleme. Die 462 Hotels – darunter die weltberühmten Häuser *Adlon, Bristol, Esplanade* und *Excelsior* –, 6557 Pensionen und Heime und dazu 150 000 Privatquartiere garantieren, daß kein Gast aus der ganzen Welt oder aus Deutschland außerhalb Berlins wohnen muß.

In sämtlichen Zügen, die vor und während der Spiele aus allen Himmelsrichtungen nach Berlin fahren, gehen Beauftragte des Verkehrsamtes von Abteil zu Abteil. Jeder, der noch keine Unterkunft in Berlin hat, erhält auf der Fahrt in die Reichshauptstadt ein Quartier angewiesen. Ähnliches erleben die Autofahrer, die vor der Stadt empfangen und über die besten Wege durch die Olympiastadt zu ihrer Unterkunft beraten werden.

Der Flughafen Tempelhof, auf dem schon 1935 über 190 000 Fluggäste abgefertigt wurden, wird einen in Europa bisher nicht gesehenen Flugverkehr erleben.

André François-Poncet schreibt später in seinen Memoiren:

»Alle Welt ist begeistert von der lückenlosen Organisation, der geschlossenen Ordnung und Disziplin, dem ganzen Fest, das mit verschwenderischer Großzügigkeit aufgezogen ist.«

Der amerikanische Botschafter William E. Dodd ergänzt seinen Kollegen:

»Noch nie habe ich eine so bis ins letzte ausgeklügelte Organisation erlebt.«

Zu dieser Organisation gehört auch der Olympische Fackellauf über die 3054 Kilometer lange Strecke von Olympia bis nach Berlin. Diese Idee stammt ebenso von

Dr. Diem wie die große Olympische Glocke mit der Aufschrift: »Ich rufe die Jugend der Welt.«

Am 20. Juli 1936 wird in Olympia mittags Punkt zwölf Uhr die erste Fackel entzündet, und am Sonnabend, dem 1. August, trifft auf die Minute pünktlich im Berliner Lustgarten das Olympische Feuer ein.

Der ganze Lauf ist in Teilstrecken von eintausend Metern eingeteilt, so daß insgesamt 3054 Läufer das Feuer tragen. Und viele von ihnen müssen – vor allem in Bulgarien – buchstäblich über Stock und Stein laufen. Unterwegs gibt es manche Feierstunde – zum Beispiel in Belgrad, wo der junge König Peter ein Stück die Fackel trägt; in Budapest vor dem Grabmal des Unbekannten Soldaten; in Prag vor dem Denkmal des tschechischen Kirchenreformers und Nationalhelden Johannes Hus. Lauf und Zeit sind minuziös genau berechnet.

Der Rundfunk und Pressevertreter sind während der Spiele immer und überall dabei. 2500 Journalisten aus aller Welt berichten stündlich in ihre Heimatländer. 150 deutsche Rundfunkreporter unterrichten über insgesamt 400 Sender des deutschen Rundfunks – darunter die »Richtstrahler« in alle Länder der Erde – die Hörer ununterbrochen über alle Einzelheiten der Olympischen Spiele.

Eine Fernsehkamera im Olympiastadion überträgt das Ereignis in 28 »Fernsehstuben« der Reichspost und auf rund zweihundert Bildschirme in Berlin. Hundert Kameramänner belichten unter der Leitung von Leni Riefenstahl 500 000 Meter Film und stellen den »größten Sportfilm aller Zeiten« her. Sie filmen aus Erdgruben, unter Wasser, vom Flugzeug und vom Ballon aus. Die Olympischen Spiele sollen ein Triumph moderner Technik werden.

☆

In den letzten Monaten vor den Spielen gibt es hinter den Kulissen mit Hitler noch eine Auseinandersetzung. Reichssportführer von Tschammer und Osten und Reichsjugendführer Schirach bitten den Führer, das äußere Bild der Olympischen Spiele »so zivil wie möglich« zu halten. Der

Olympia 1936 in Berlin. Das Foto gibt den Blick frei auf das Brandenburger Tor, durch das
großstädtischer Verkehr flutet. Die Masten sind mit Eichenlaub und golden glänzenden
Bändern umwickelt. Während der Dunkelheit hüllen riesige Scheinwerfer den Farbenrausch
in gleißendes Licht. (1)

Die deutsche Reichshauptstadt, die Lichterstadt an der Spree, hat auch ihre düstere Seite, die oft übersehen wird, wenn die Erinnerungen aufsteigen an die Glanzzeiten Berlins. Diese drei Bilder dokumentieren, exemplarisch, das Berlin der härtesten Arbeitslosigkeit des Jahres 1931, als in der Reichshauptstadt 650 000 Menschen »stempeln« und von einer Unterstützung leben müssen, die knapp das Existenzminimum sichert... Ein Akademiker ist bereit, jede Arbeit anzunehmen. In den Höfen der Stadt richtet die Stadt Küchen ein, vor denen die hungernde Bevölkerung Schlange steht. (2, 3, 4)

Gustav Stresemann (Bild oben, Mitte), 1923 kurze Zeit auch Kanzler, versuchte als Außenminister Deutschland wieder zu einem akzeptierten und geachteten politischen Partner zu machen. Die Nachricht von seinem Tod (3. Oktober 1929) löste im In- und Ausland Bestürzung aus. (5)

Auch Carl von Ossietzky gehörte zu den Garanten eines neuen Deutschlands. Der Herausgeber der WELTBÜHNE wurde jedoch 1931 wegen angeblichen Landesverrats zu Gefängnis verurteilt und 1933 von den Nazis ins KZ Papenburg-Esterwegen (Bild unten) gebracht. Den ihm 1936 nachträglich für das Jahr 1935 verliehenen Friedensnobelpreis durfte er nicht annehmen. Am 4. Mai 1938 starb er an den Folgen der erlittenen Folterungen. (6)

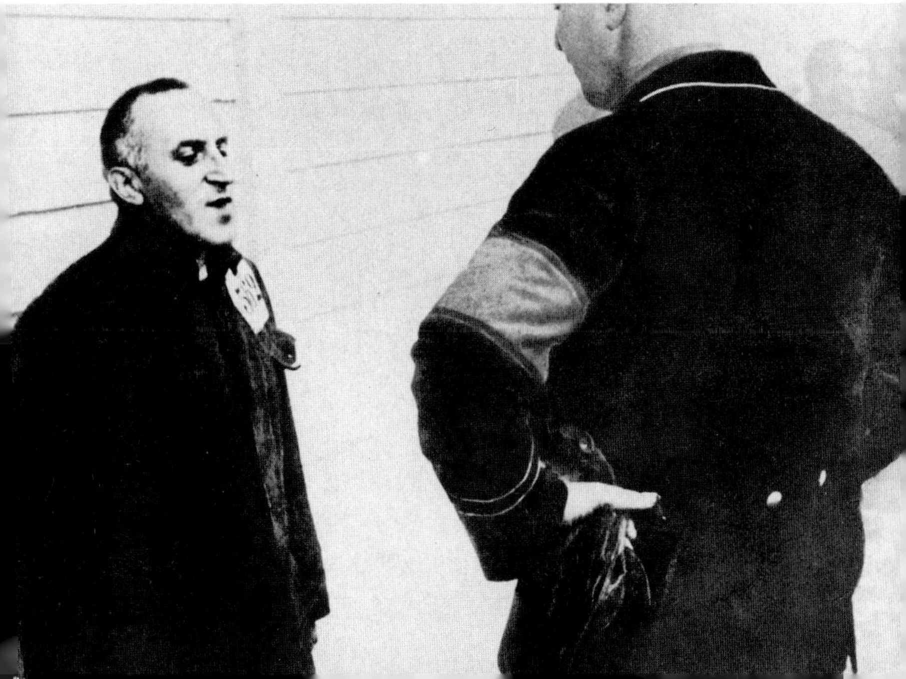

Die Lichter der Berliner Innenstadt, aufgenommen 1930 von der Ecke Potsdamer Platz/ Potsdamer Straße, mit Blick in die Stresemannstraße. In der Mitte das berühmte »Haus Vaterland«. (7)

»Blumen, frische Blumen!« Die Verkaufsstände am Leipziger und Potsdamer Platz charakterisierten ein Stück Berliner Volksleben. (8)

Reichssportführer schlägt Hitler sogar vor, zu allen Veranstaltungen in einem hellen Sommeranzug zu erscheinen.

Doch der Reichskanzler will davon nichts wissen und entscheidet sich für die Uniform. So kommt es dann, daß während der Spiele SA- und SS-Uniformen das Bild beherrschen: Allein auf der elf Kilometer langen Feststraße vom Berliner Rathaus über die Prachtstraße Unter den Linden und die Ost-West-Achse zum Olympiastadion bilden beim Fackellauf achtzigtausend uniformierte Männer Spalier – wie sich später herausstellt, der einzige »Schönheitsfehler« für die ausländischen Besucher.

Während Hitler ostentativ in der Regierungsloge des Olympiastadions in Uniform erscheint, bevorzugen fast alle Mitglieder der Reichsregierung – vor allem Goebbels, Innenminister Frick, Erziehungsminister Rust und sogar der uniformbesessene Göring – Zivil.

Als Mitte Juli die ersten ausländischen Gäste in Berlin eintreffen, erleben sie überall eine festlich gestimmte Stadt. Nichts läßt ein »kriegerisches« Deutschland erkennen, und auch von Antisemitismus ist nichts zu spüren. An den Zeitungskiosken gibt es jede gewünschte ausländische Zeitung. Das antisemitische Hetzblatt *Der Stürmer* ist ebenso verschwunden wie die Schilder an manchen Geschäften und Restaurants »Juden unerwünscht« entfernt worden sind.

In den Auslagen Berliner Buchhandlungen dürfen sogar während der Olympischen Spiele die Namen jener zum Teil weltberühmten Schriftsteller und Dichter wieder auftauchen, deren Bücher am Abend des 10. Mai 1933 auf dem Opernplatz gegenüber der Universität unter der Parole »Deutsche Studenten wider den undeutschen Geist« in einem makabren Schauspiel verbrannt worden sind (Goebbels hatte diese Kulturschande inszeniert).

Und ist nicht Dr. Lewald das beste Beispiel dafür, daß es mit dem Haß auf die Juden gar nicht so schlimm ist? Daß allein 157 jüdische unter den 598 Professoren der Friedrich-Wilhelms-Universität und den weiteren 162 Lehrern der Technischen und anderen Hochschulen längst entlassen und ebenso viele Künstler zur Emigration gezwungen wurden – darüber spricht in Berlin niemand.

»So wurde der Eindruck erweckt«, schreibt Louis P. Lochner, damals Chef der amerikanischen Nachrichtenagentur *Associated Press* für Mitteleuropa in Berlin, »als ob der Antisemitismus in Deutschland gar nicht so wild sei, wie wir ausländischen Korrespondenten ihn hingestellt hatten. Für die Dauer der Spiele waren die radikalsten Antisemiten an die Kandare genommen.«

Auch der Kampf gegen die Kirche ist ausgesetzt. Die Regierung setzt alles daran, den besten Eindruck zu machen. Alle Behördenleiter, alle Polizisten, alle Ordner, Dolmetscherinnen und überhaupt alle, die mit den Fremden in Berührung kommen, sind betont freundlich und konziliant.

Dr. Gerhard Krause, der die Pressestelle der XI. Olympischen Spiele leitet, schreibt in einem Artikel:

»Wir haben uns zwar durchgesetzt, aber unsere Feinde in der ganzen Welt sind noch lange nicht stumm. Sie lauern nur auf die ›Zwischenfälle‹, auf ein besonderes Verhalten der Zuschauermenge, das als unsportlich angesehen werden könnte, auf irgend etwas anderes, was nicht den internationalen Gesetzen der Gastlichkeit oder der Höflichkeit entspricht.

Wir wollen uns daher in Zucht halten, stets unserer Pflichten als Gastgeber und unseres eigenen Wertes bewußt. Wir wollen unseren Gästen offen gegenübertreten; denn wir haben ihnen nichts zu verbergen. Unsere Gastfreundschaft sei von gewinnender Herzlichkeit, aber frei von Unterwürfigkeit und Liebedienerei...«

Sogar alle gehässigen Plakate sind verschwunden, und in den deutschen Zeitungen wird nicht gegen die westlichen Demokratien, gegen den Liberalismus, den Marxismus und die »Dekadenz der zwanziger Jahre« geschrieben. In den Tanzpalästen ist sogar »entarteter« Jazz erlaubt. Der Schweizer Teddy Stauffer mit seinen *Original Teddies* darf im *Delphi* einen Swing spielen, der die Menschen zur Ekstase bringt. Und auch die übrigen Tanzkapellen – etwa Marek Weber, Dajos Bela, Oskar Joost und Bernhard Etté – brauchen in diesen Wochen keine Rücksicht auf die Reichsmusikkammer zu nehmen.

Es ist wirklich an alles gedacht: Die rund siebentausend Prostituierten, die vor 1933 in Berlin registriert und öffentlich kontrolliert waren und deren Reihen dann von den Nationalsozialisten radikal gelichtet wurden, erreichen während der festlichen Wochen wieder ihren alten Stand – durch »Verstärkung« aus der Provinz.

Eine Sportlerin macht schon Schlagzeilen, bevor sie in Berlin eingetroffen ist. Eleanor Holm, eine Meisterschwimmerin der USA und eine der aussichtsreichsten Goldmedaillen-Anwärterinnen, reist mit der gesamten nordamerikanischen Olympia-Mannschaft auf dem Luxusdampfer *Manhattan*.

Der jungen, hübschen und temperamentvollen Schwimmerin gefällt das Leben an Bord so gut, daß sie es allzu reichlich genießt. Sie nimmt jede Gelegenheit wahr zum Flirt und schockiert ihre Kameraden und auch die übrigen Passagiere durch allzu reichlichen Alkoholgenuß.

Alle guten Ermahnungen schlägt sie in den Wind. Ihr liebster Platz bleibt ein Barhocker. Schließlich ist ihr Benehmen in den Augen des Mannschaftskapitäns so skandalös, daß er sie aus der Olympia-Mannschaft ausschließt. Aber Eleanor Holm denkt gar nicht daran, wieder nach Hause zu fahren. Als ihr in Berlin sogar von ihrer Botschaft offiziell »befohlen« wird, mit dem nächsten Flugzeug nach Hamburg zu fliegen und dort schleunigst ein Schiff zu besteigen, weigert sie sich.

Bald nach ihrer Ankunft in der deutschen Reichshauptstadt hat sie den Vertrag einer amerikanischen Zeitung bekommen. Sie wird über die Olympischen Spiele berichten. So erlebt Eleanor Holm die festlichen Tage von Berlin auf der Pressetribüne des Olympiastadions und ist hier bald eine ebenso beliebte Erscheinung wie am Abend und in der Nacht in den eleganten Bars Berlins.

In diesem Olympia-Jahr 1936, so gestattet es Frau Mode, dürfen die Damen fünf Zentimeter mehr von ihren Beinen zeigen: Die Kleidersäume sind von fünfundzwanzig auf dreißig Zentimeter über dem Boden hochgerutscht. Zweifarbige Jackenkleider sind der letzte Schrei, und Blau und Rot, Braun und Lila gelten als die beliebtesten Farben.

Vor den Spielen haben die großen Kaufhäuser Berlins Stroh-
hüte mit Bandgarnierung für 3,75 Reichsmark angeboten:
»flotte, jugendliche Glocken in allen nur denkbaren Farben«.
Die Damen der Berliner Gesellschaft schwärmen von
einem Diplomaten, der seit März in der Reichshauptstadt
weilt und ihnen die neuesten Tänze aus Lateinamerika und
noch einiges andere beibringt: der Mann heißt Porfirio Ru-
birosa. Er ist Sekretär an der Gesandtschaft der Dominika-
nischen Republik, wird in den nächsten drei Jahrzehnten
Schlagzeilen als »Liebesdiplomat« machen und später bekennen, die schönsten Nächte seines Lebens habe er während der Olympischen Spiele in Berlin verbracht.

☆

Während in der Reichskochschule die Köche so ausgebil-
det werden, daß sie im Olympiadorf jeder der 51 Gastna-
tionen ihre gewohnten Speisen bereiten können . . .
während der Chefmixer des Luxusdampfers *Columbus*
anreist, um in der alkoholfreien Bar des Olympiadorfes alle
nur denkbaren Getränke zu zaubern . . .
während kostbare Devisen bereitgestellt werden, um
500 000 Apfelsinen und 100 000 Zitronen einzukaufen . . .
während 72 000 Kilogramm Fleisch und Geflügel,
15 000 Kilogramm Butter und 280 000 Eier in die Kühl-
häuser des Olympischen Dorfes geschafft werden und die
Organisation durchgeprüft wird, wie die Kartoffeln in bestimmten Küchen der Stadt schnell geschält und in das
Dorf gebracht werden können . . .
. . . während das und vieles andere »anläuft«, verwirklichen sich die Pläne für den Festschmuck, die Reichsbüh-
nenbildner Benno von Arent entworfen hat.
Die großen stattlichen Gebäude, die zwischen Dom
und Schloß bis zum Brandenburger Tor im Laufe der Jahrhunderte entstanden waren, sind fast eingehüllt in riesige
samtene Draperien, die sich vom Dach bis zur Erde hinun-
terziehen und mit dem Hakenkreuz geschmückt sind.
Berlins Prachtstraße Unter den Linden wird von
einem Fahnen- und Farbenrausch beherrscht, wie ihn die

Stadt noch nie erlebt hat. An vierfachen Reihen von Masten hängen die Fahnen aller Nationen, die an den Olympischen Spielen teilnehmen, flattern die deutschen Flaggen. Nachts wird die Farbenpracht mit dem gleißenden Licht von zahllosen Scheinwerfern überflutet, und so entstehen Bilder, die – wie ein Reporter der Londoner *Times* schreibt – »ins Unwahrscheinliche emporgehoben werden«.

Und um den Gästen die Schönheiten der deutschen Städte während ihres Besuches in Berlin möglichst nahezubringen, sind auf runden Sperrholztafeln von 1,60 Meter Durchmesser von bedeutenden Künstlern 453 deutsche Städtebilder in Öl gemalt und an den Fahnenstangen entlang der »Via Triumphalis« Unter den Linden angebracht.

Die ganze Ost-West-Achse bis hin zum Reichssportfeld bildet ein einziges Flaggenmeer. Hinzu kommen 70 000 Meter Eichenlaub, die sich von Mast zu Mast schwingen und so präpariert sind, daß sie während der Olympischen Spiele ihre Frische nicht verlieren. Es flattern ungezählte Wimpelbänder über der Feststraße, und vom Eröffnungs- bis zum Schlußtag werden darüber hinaus zwölf Millionen Fahnen in ganz Berlin aus den Fenstern hängen.

Rings um das Olympiastadion hat längst die Wehrmacht mit den Scheinwerfern ihrer Flak geprobt, einen Lichtdom über das nächtliche Rund des Stadions zu wölben. Und in ihren Garnisonen üben Musikzüge der Wehrmacht: Sie werden das stärkste Musikkorps bilden, das es je gegeben hat, und mit 3400 Mann zum Schluß der Abschiedsfeierlichkeiten den Großen Zapfenstreich spielen.

»Künstlerisches Genie und technischer Formungswille bewältigten Aufgaben einer neuen Zeitgeschichte«, heißt es in einem zeitgenössischen Bericht des Deutschen Nachrichtenbüros über die Feststraße. »Die tiefe Verbindung des Deutschtums mit dem Hellenismus hat in Berlin zu der geistigen Verknüpfung die harmonische Vollendung gefunden. Großartigkeit und Schönheit, Prunk und Pracht haben sich zu einem gigantischen Gemälde von Ton und Farbe vereint.«

Vor den eigentlichen Spielen treffen sich Flieger aus zehn Nationen Europas, die eine Art Olympischen Kunstflug-Turniers austragen. Große Sternfahrten von Kanusportlern, Fliegern, Autofahrern und Radlern sind in der Reichshauptstadt eingetroffen. Auf dem Rupenhorn am Stössensee, in der Nähe der Heerstraße, ist ein internationales Jugendzeltlager – das erste seiner Art – aufgebaut: Jungen aus 25 Ländern mit je dreißig Teilnehmern haben sich hier eingefunden, um auf ihre Weise den Olympischen Gedanken zu pflegen.

Der Olympische Kunstwettbewerb, zu dem alle künstlerisch Schaffenden der Welt aufgerufen waren, hat allerdings nicht den gewünschten Erfolg. Viele Preise – etwa für dramatische Werke und grafische Kunst – werden überhaupt nicht verteilt. Eine Lieblingsidee des Baron Pierre de Coubertin, der die Olympischen Spiele 1894 neu belebt hat, hat sich nicht durchgesetzt. Das bleibt die einzige Enttäuschung in diesen festlichen Wochen von Berlin.

☆

Eine Stadt im Festrausch, Männer und Frauen aus 52 Nationen im sportlichen Wettkampf, 510 000 Besucher aus aller Welt und aus Deutschland in der Reichshauptstadt, Musik und Tanz und Festtagsstimmung bei meist herrlichem Wetter – aber kaum einer ahnt, was sich im Berlin jener Wochen hinter den Kulissen ereignet und mit welchem Raffinement die Führer der Nationalsozialisten prominente Politiker und Diplomaten aus allen Ländern der Erde für sich zu gewinnen wissen.

Aus dem »Wunder von Berlin«, das sich in den Olympischen Spielen manifestiert, wird der größte Propaganda-Coup der Weltgeschichte.

☆

Als am Morgen des 1. August 1936, Punkt acht Uhr, der Musikzug des Wachregiments Berlin vor dem Hauptquartier des Olympischen Komitees im Hotel *Adlon* Unter den

Linden zum großen Wecken anmarschiert, beginnt das »größte Fest aller Zeiten«, wie Hitler es gefordert hat. Durch die Straßen bewegen sich riesige Menschenmassen.

Festgottesdienst im Berliner Dom und in der Hedwigs-Kathedrale. Danach: feierlicher Zug der Weltrepräsentanten der Olympischen Idee – an ihrer Spitze Graf Henri de Baillet-Latour, der Präsident des Internationalen Olympischen Komitees, und Dr. Theodor Lewald, der Präsident des Organisationskomitees für die XI. Olympischen Spiele – über den freien Platz des Lustgartens zum Ehrenmal, wo die Toten des Weltkrieges durch Kränze geehrt werden. »Die Jugend der Welt soll sich nie wieder auf den Schlachtfeldern gegenüberstehen!« steht über diese Zeremonie in allen deutschen Zeitungen.

Danach wieder Lustgarten: Jugendfeier. Baldur von Schirach richtet seine Grüße an die Jugend der Welt, mehrere Minister sprechen, und die Rede von Goebbels gipfelt in dem Satz: »Über alle Schranken hinweg eint die Olympische Idee als eine Idee des Friedens die Besten der Welt, und in ihr ruht das Bekenntnis einer neuen Weltauffassung: der Harmonie von Körper, Geist und Seele.«

200 000 Jugendliche lauschen andächtig, berauschen sich an der Goebbels-Rede, jubeln mit einer Begeisterung, die sich überschlägt, als der Propagandaminister mit der Beschwörungsgeste eines Magiers seine letzten Worte über den Platz dröhnen läßt: »Heilige Flamme, glüh', glüh' und verlösche nie!«

Erwartungsvolle Stille, dann ein fernes Brausen von Freudengeheul. Es wird stärker, immer lauter, rauscht durch das Spalier der Hunderttausende: Das Olympische Feuer ist da! Auf die Minute pünktlich. Etwas später lodert es in einer riesigen Schale. Von hier aus wird es am Nachmittag zur Eröffnung der Spiele in das Stadion getragen.

Am Nachmittag dieses 1. August werden die Olympischen Spiele mit einer Feier eröffnet, die – so Graf Baillet-Latour – »an Disziplin und Pracht und Begeisterung alles übertrifft, was bei den früheren Olympischen Spielen geboten wurde«.

An den Masten des Stadions werden die Flaggen der

52 teilnehmenden Nationen geheißt. Der Einmarsch der insgesamt 4269 olympischen Athleten und Sportlerinnen beginnt. Das ist die größte Zahl seit den I. Olympischen Spielen der Neuzeit 1896 in Athen. (Vergleichszahl: An den XX. Olympischen Sommerspielen 1972 in München nahmen 122 Nationen mit etwas über 10 000 Athleten teil; dabei ist jedoch zu berücksichtigen, daß sich die Zahl der selbständigen Staaten seit 1945 inzwischen fast verdreifacht hat.)

Nur die Sowjetunion und Spanien, wo am 18. Juli der Bürgerkrieg begonnen hat, sind in Berlin nicht vertreten. Die schon eingetroffenen spanischen Reiter werden von ihrem Olympischen Komitee zurückbeordert.

Den Anfang bilden traditionsgemäß die Griechen. Mit Ausnahme der Engländer und Japaner grüßen alle einmarschierenden Nationen vor der Ehrentribüne, auf der Hitler mit seinem Gefolge und seinen Gästen Platz genommen hat, mit dem »deutschen Gruß«: sie erheben die rechte Hand.

Der deutsche Gruß ist zum »olympischen Gruß« geworden. Jedesmal jubeln die Hunderttausend auf, und manchmal steigert sich der Beifall zu ekstatischer Stärke – besonders als die französische Mannschaft vorbeizieht, die ebenfalls Hitler mit dem deutschen Gruß ehrt.

Die Franzosen werden noch aus einem anderen Grund besonders gefeiert: Man hatte befürchtet, daß sie nach Hitlers Bruch des Locarno-Vertrages und der vertragswidrigen Besetzung der entmilitarisierten Zone des Rheinlandes am 17. März 1936 den Spielen fernbleiben würden.

Aber Léon Blum, der Chef des Volksfrontkabinetts (Kommunisten und Radikalsozialisten), »war der Ansicht, es sei kleinlich, einen Nadelstich zu versetzen, wenn die Energie fehlt, mit dem Schwert dreinzufahren«, sagt François-Poncet dazu.

Der Jubel, mit dem die Franzosen überschüttet werden, gefällt Hitler nicht ganz. Dazu Albert Speer:

»Hitler witterte im langanhaltenden Beifall des Publikums eine Volksstimme, die von Sehnsucht nach Frieden und Verständigung mit dem westlichen Nachbarland getragen war. Wenn ich richtig deute, was ich damals beobachtete, war er über diesen Jubel der Berliner eher beunruhigt als erfreut.«

Auch die Österreicher – als Blutsbrüder gefeiert – werden mit einem so frenetischen Beifall überschüttet, daß es schon eine politische Demonstration ist.

»In dieser Minute ergreift ein einziges Gefühl der Zusammengehörigkeit Zuschauer und Kämpfer«, kommentiert ein deutscher Sprecher die Szene des österreichischen Einmarsches in das Olympiastadion.

Neuen Jubel gibt es, als auch das starke Aufgebot aus den USA der Ehrenloge den Hitler-Gruß erweist. Die Zuschauer aus den Vereinigten Staaten grüßen auch später immer am lautesten, wenn ein prominenter Nationalsozialist die Führerloge betritt. Sie sind nicht die einzigen Ausländer, die vor allem Göring lautstark mit »Hermann! Hermann!« empfangen...

Pünktlich trifft der letzte Fackelträger ein und entzündet die Olympische Flamme. Schließlich tritt Hitler an das Mikrofon und spricht den stilistisch etwas verunglückten Satz:

»Ich verkünde die Spiele von Berlin zur Feier der Elften Olympiade neuer Zeitrechnung als eröffnet!«

Danach hallt der Klang der Olympischen Glocke über das festliche Rund. Kanonen donnern den Salut, die Olympische Hymne, von Richard Strauß komponiert, brandet auf. Ihre letzten Zeilen lauten:

Freudvoll sollen Meister siegen.
Siegesfest Olympia!
Freude sei noch im Erliegen.
Friedensfest Olympia!

Unzählige Tauben flattern mit rauschendem Flügelschlag in den blauen Himmel hoch, um die Friedensbotschaft in die Welt zu tragen.

Als der letzte Fackelträger das Olympische Feuer entzündet hat, überreicht der Marathonlauf-Sieger von 1896, der Grieche Spyridon Louis, dem Führer und Reichskanzler als »Symbol der Liebe und des Friedens« einen Ölzweig.

Die Fahnenträger der Nationen schließen sich um die Rednerbühne zu einem Halbkreis zusammen. Der Olympische Eid wird gesprochen. Händels »Hallelujah« hallt über das festliche Bild. Die Nationen ziehen noch einmal langsam, vom Jubel der Masse gegrüßt, durch das Stadion und entschwinden durch das Marathon-Tor.

Während der nächsten vierzehn Tage werden die Spiele abgewickelt.

»Man hat das Bild eines versöhnten Europa vor sich«, schreibt François-Poncet, »das seine Streitigkeiten im Wettlauf, Hochsprung, Wurf und Stabwerfen austrägt.«

Hitler ist Zeuge der meisten olympischen Wettkämpfe. Er begrüßt in seiner Loge zahlreiche Ehrengäste: den Zaren Boris III. von Bulgarien, den Kronprinzen Adolf von Schweden, Umberto von Italien, Paul von Griechenland, den schwedischen Forscher Sven Hedin, den polnischen Staatssekretär des Äußeren Graf Szembek, die beiden ältesten Söhne des Duce, den britischen Unterstaatssekretär des Auswärtigen Amtes Sir Robert Vansittart, den früheren englischen Marineminister Lord Monsell, den italienischen Minister für Volksbildung Dino Alfieri, Lord Camrose vom Londoner *Daily Telegraph*, den Zeitungsverleger Viscount Berry Kemsley und viele andere prominente und wichtige Gäste aus aller Welt.

André François-Poncet ist der Ansicht, daß die meisten prominenten Besucher weniger wegen der Olympischen Spiele gekommen sind, sondern um Hitler, »diesem für die Zukunft so bestimmenden Mann, der das Schicksal des Kontinents in seinen Händen zu halten scheint«, zu begegnen.

Hitler beobachtet mit großem Interesse und leidenschaftlicher Spannung die Wettkämpfe. Wenn die Deutschen siegen, hellt sich sein Gesicht auf, er schlägt sich schallend auf die Schenkel, wendet sich lachend zu Goebbels oder einem anderen seiner Minister, der gerade neben ihm sitzt. Verlieren die Deutschen aber, dann verfinstert sich seine Miene, wie alle Zeugen übereinstimmend berichten und auch der Verfasser bestätigen kann, da er von der ersten Reihe der Pressetribüne aus, die unmittelbar über der Führerloge lag, die Szene beobachten konnte.

Besonders gebannt verfolgt Hitler die Viermal-Hundert-Meter-Staffel der Frauen. Die deutschen Mädchen haben bereits im Vorlauf einen neuen Weltrekord aufgestellt und ihre großen Konkurrentinnen ausgeschaltet. Als Favoriten gelten jetzt die USA und Deutschland. Siegessicher gehen die deutschen Mädchen an den Start – zusammen mit ihren englischen, italienischen, kanadischen, holländischen und nordamerikanischen Kameradinnen.

Hunderttausend Augenpaare sind auf die Szene gerichtet. Ein Raunen und Vibrieren liegt in der Luft – jene fieberhafte Atmosphäre, die gelegentlich von Stimmen durchrauscht wird wie von einem Wind.

Der Startschuß fällt. Die erste deutsche Läuferin schießt pfeilschnell davon. Der erste Stabwechsel klappt hervorragend. Der Vorsprung vor den Amerikanerinnen wächst. Der zweite Stabwechsel. Wieder phantastisch. Maria Dollinger, die jetzt als dritte der deutschen Staffel läuft, vergrößert den Vorsprung. Wenn nicht alle Zeichen trügen, wird wieder ein neuer Weltrekord geboten. Der Vorsprung der deutschen Mädchen scheint einen Sieg zu garantieren.

Mit zehn Meter Vorsprung übergibt Maria Dollinger den Stab an die letzte deutsche Läuferin, Ilse Dörfeld. Hunderttausend Menschen blicken gebannt auf die Szene. Und da gibt es einen Aufschrei des Entsetzens. Ilse hat den Stab nicht fest genug gepackt. Er fällt ihr ein paar Meter, nachdem sie ihn übernommen hat, aus der Hand und rollt auf die Bahn.

Dem Aufschrei der Menge folgt lähmendes Entsetzen, und für eine Sekunde hätte man im Riesenrund des Stadions eine Stecknadel fallen hören können.

Ilse Dörfeld schlägt die Hände vor ihr Gesicht, taumelt von der Bahn, und alle im Stadion spüren, daß sie weint. Die Goldmedaille der Viermal-Hundert-Meter-Staffel der Frauen geht an die USA.

In dem Augenblick, da der Stab fällt, springt Hitler erschrocken auf und tut etwas, was während der ganzen Olympischen Spiele noch niemand beobachtet hat: Er nimmt die Mütze vom Kopf und sinkt fassungslos und kopfschüttelnd in seinen Sessel zurück.

☆

Star der Olympischen Spiele ist der farbige Amerikaner Jesse Owens, der sensationelle Leistungen im Weitsprung und im 100-Meter-Lauf vollbringt. Ihm gegenüber zeigt sich Hitler sehr unfair.

Wenn er im Stadion weilt, beglückwünscht er die Sieger stets in seiner Loge. Als Jesse Owens den 100-Meter-Lauf gewonnen hat, erklärt Hitler seiner deutschen Umgebung:

»Die Amerikaner sollen sich schämen, daß sie sich ihre Medaillen von Negern gewinnen lassen! Ich werde diesem Schwarzen nicht die Hand reichen.«

Baldur von Schirach berichtet, daß der Reichssportführer von Tschammer und Osten Hitler vergeblich beschwor, den Helden der Olympischen Spiele zu empfangen. Der Führer verläßt vorzeitig das Stadion ...

Einige Stunden später, in der Reichskanzlei, versucht Schirach, seinen Führer mit politischen Argumenten zu überzeugen:

»Amerika wird die Behandlung von Jesse Owens als unfair vermerken. Er ist amerikanischer Staatsbürger, und es ist doch nicht unsere Sache, darüber zu entscheiden, wen die Amerikaner starten lassen. Außerdem ist er ein sympathischer und gebildeter Mann, ein College-Student.«

Schreiend erwidert Hitler:

»Glauben Sie im Ernst, Schirach, daß ich mich fotografieren lasse, während ich einem Neger die Hand schüttle?«

Diese Haltung des deutschen Reichskanzlers verträgt sich nicht mit dem, was Wilhelm Weiss, der Leiter des Reichsverbandes der Deutschen Presse, in der Zeitschrift ihres Verbandes geschrieben hat:

»Es wird die vornehmste Aufgabe der deutschen Presse bleiben, unseren freudig begrüßten Gästen und Kameraden aus der ganzen Welt zu beweisen, daß sich der härteste Wettstreit der Körper mit der echten Ritterlichkeit des Geistes zu paaren weiß ... Die Jugend der Welt soll so ein deutsches Geschlecht kennenlernen, das ebenso hart und entschlossen im Kampfe wie zuverlässig und ritterlich in seiner Gesinnung ist – ein Geschlecht, mit dem es sich lohnt, die Ideale einer neuen Zeit zu verteidigen.«

Noch ein zweites Mal läßt Hitler ritterliche Gesinnung vermissen. Als die besten Fechterinnen der Welt qualifizieren sich die Ungarin Ilona Schacherer-Elek (Goldmedaille), die Deutsche Helene Mayer (Silber) und die Österreicherin Ellen Preis. Alle drei sind »nichtarisch«, daher für Hitler »artfremd« und »minderwertig«. Auch die drei Mädchen empfängt er nicht. Dabei ist Helene Mayer, die als rassisch Verfolgte schon emigriert ist, gebeten worden, noch einmal für Deutschland anzutreten.

Helene Mayer, von den Deutschen nur die »blonde He« genannt, hatte schon als Primanerin 1928 in Amsterdam die Goldmedaille für Deutschland errungen und war damals ausgerechnet von der völkischen Presse als Prototyp des »reinrassigen deutschen Mädchens« gefeiert worden.

Aber darüber spricht niemand im festlichen Berlin – vor allem kein Deutscher, zumal immer neue deutsche Siege verkündet werden. Die Deutschen haben allen Grund, stolz zu sein. Bei den Olympischen Sommerspielen liegen sie mit 33 Gold-, 26 Silber- und 30 Bronzemedaillen vor den USA (24 Gold-, 20 Silber- und 12 Bronzemedaillen) weit an der Spitze. Mit Abstand folgen Ungarn, Italien, Finnland, Schweden, Japan, Holland und Großbritannien.

Die Berliner sind besonders stolz: Von den deutschen Preisträgern sind 17 Gold-, 19 Silber- und 18 Bronzemedaillengewinner Bürger ihrer Stadt.

☆

Berlin, seine Einwohner und seine Besucher lassen sich blenden vom glanzvollen Bild der Stadt, die auch in der

Nacht keine Ruhe findet. Alle Lokale sind rund um die Uhr geöffnet, es gibt keine Polizeistunde, und die lichtüberflutete Innenstadt, zwischen Kurfürstendamm und Unter den Linden, wogt auch lange nach Mitternacht noch in einem unübersehbaren Menschenstrom.

Olympische Spiele Berlin 1936...

In den Opernhäusern gibt es Galavorstellungen. Die Bühnen Berlins spielen die besten Theaterstücke mit den berühmtesten Schauspielern. In den Kinos werden die schönsten Filme gezeigt.

Tage der Feste und der Empfänge. Nachtmusiken im Schloß Charlottenburg und im Schlüter-Hof des ehemaligen Königlichen Schlosses in der Innenstadt, internationale Tanz-Festspiele, Kunstausstellungen und Festkonzerte. Berlin erscheint jeden als eine Stadt des Glücks und des Friedens, und überschäumende Lebensfreude hat alle gepackt.

»Keinem Propagandachef der Weltgeschichte ist bisher eine so grandiose Täuschung gelungen«, sagt der weltberühmte englische Historiker Arnold J. Toynbee, der zu einem der großen Empfänge geladen ist, die Hitler gibt.

Zwischen den führenden Ministern wird ein wahres Duell ausgetragen: Sie überbieten sich mit dem Glanz ihrer Feste, die »beim französischen Sonnenkönig nicht phantastischer gewesen sein können« – so der berühmte amerikanische Romancier Thomas Wolfe *(Schau heimwärts Engel),* der sich in Berlin aufhält, um seine Tantiemen, die ihm sein Verleger Ernst Rowohlt aus devisenrechtlichen Gründen nicht auszahlen kann, zu »verjubeln«.

Die offiziellen Feste reißen nicht ab. In der Berliner Staatsoper, deren Räume neu mit cremefarbener Seide bespannt sind, gibt es ein üppiges Essen mit nachfolgendem Ball.

»Ein Boden verbindet Bühne und Zuschauerraum«, notiert François-Poncet über die Galanacht in der Staatsoper. »Unzählige Lakaien in rotem Anzug und gepuderten Perücken, mit langen Stäben, auf denen hohe Laternen stecken, säumen die Gänge zwischen den Tischen, wo es von Uniformen, goldübersäten Anzügen und Frauen in großer Toilette wimmelt.«

»Der Stab des Regimes ist vollzählig erschienen: in strahlendem Glanze, liebenswürdig und zuvorkommend«, fährt der französische Botschafter fort. »Man fragt sich, wie diese Männer, die offensichtlich Vergnügen an diesen mondänen und raffinierten Festlichkeiten finden, gleichzeitig Anstifter der Judenverfolgungen und Folterungen in den Konzentrationslagern sein können.«

Hermann Göring gibt ein Fest im Hof seines Luftfahrtministeriums. »Es war vermutlich das originellste, grandioseste, wundervollste aller dieser Feste in Berlin«, erinnert sich Paul Stehlin, Luftwaffenattaché an der Französischen Botschaft in Berlin.

Göring hat im Hof seines Reichsluftfahrtministeriums ein ganzes Dorf des 18. Jahrhunderts im Miniaturstil erstehen lassen: mit Gasthof, Post, Bäckerei und vielen Handwerkerläden. Die Diplomaten aus 51 Nationen haben ihren Spaß daran, daß der korpulente Göring auf einem Pferdchenkarussell fährt, bis ihm der Atem ausgeht.

Der amerikanische Botschafter William E. Dodd ist vor allem beeindruckt von den riesigen Scheinwerfern auf den Dächern der umliegenden Häuser, die den Platz taghell erleuchten.

Goebbels lädt fast zweitausend Menschen zu einem abendlichen Diner und einer italienischen Nacht auf die Pfaueninsel im Wannsee ein. Pioniere der Wehrmacht haben eine Schiffsbrücke gebaut, um die Insel mit dem Festland zu verbinden, und bilden mit präsentiertem Ruder Spalier bei der Ankunft der Gäste. Die Geladenen aus Politik, Diplomatie, Wirtschaft und Kunst werden von einem Schwarm junger Mädchen in Pagenkostümen der Renaissancezeit empfangen und zu ihren Plätzen geleitet.

Auf dem Rasen sind bunte Zelte errichtet, in denen reich gedeckte Tische stehen, und die Bäume sind raffiniert illuminiert. Mehrere Tanzorchester spielen ununterbrochen. Der beste Sekt wird serviert, Goebbels zeigt sich als charmanter Plauderer. Zeugen jener Nacht berichten, der Propagandaminister habe den Eindruck vermitteln wollen, als sei die ganze Welt nur zu den Olympischen Spielen gekommen, um Hitler zu ehren.

»Gegen zehn Uhr wurde ein Feuerwerk abgebrannt, das geradezu Assoziationen an den Krieg weckte«, notiert der amerikanische Botschafter Dodd in sein Tagebuch (Eintragung vom 16. August 1936). »Es dauerte eine halbe Stunde, und sehr viele Gäste beschwerten sich über diese Form der Kriegspropaganda. Die Leute an unserem Tisch zitterten beim furchtbaren Lärm der Explosionen, die den Erdboden erschütterten.«

Joachim von Ribbentrop, am 11. August 1936 von Hitler zum neuen deutschen Botschafter in London ernannt, versammelt im Garten seiner Luxusvilla in Dahlem unter einem riesigen Zelt siebenhundert Personen. Er feiert mit viel Sekt die Olympischen Spiele und seine neue Würde. Fast alle Angehörigen des Diplomatischen Korps in Berlin sind mit ihren Damen erschienen.

Auch Rudolf Heß, der Stellvertreter Hitlers als Parteichef, gibt einen Empfang für die ausländischen Gäste. Bei dieser Gelegenheit lernt er den Herzog von Hamilton kennen, den Führer des britischen Frontkämpferverbandes: jenen Mann, zu dem Heß 1941 fliegt, um – wie er glaubt – Friedens- und Weltpolitik machen zu können.

Auf einem der zahlreichen Empfänge, die Hitler in der Reichskanzlei gibt, sitzt Henriette von Schirach, die Frau des Reichsjugendführers, neben Graf Henri de Baillet-Latour. Baldur von Schirach berichtet:

»Henriette sagte dem alten Herrn, wie glücklich sie über dieses große Fest der Jugend, der Versöhnung und des Friedens sei. Der Graf hörte aufmerksam zu, dann erwiderte er:

›Gott erhalte Ihnen Ihre Illusionen! Wenn Sie mich fragen, dann sage ich: In drei Jahren haben wir Krieg.‹

Entsetzt berichtete mir Henriette spät in der Nacht von der düsteren Prophezeiung ihres Tischnachbarn. Ich war nicht besonders überrascht... Aber ich konnte verstehen, daß die Berliner Olympischen Spiele bei älteren ausländischen Besuchern Beklemmung hervorriefen.«

Auch Thomas Wolfe blickte hinter die Kulissen, wenn er über das olympische Berlin feststellt:

»Das prunkvolle Bild ist überwältigend – so überwältigend, daß es fast schon erdrückend wirkt. Etwas Unheilverkündendes scheint darin zu liegen. Man spürt die horrende Konzentration, das ungeheuer Straffe und Geordnete in den von überallher zusammengezogenen Kräften des Landes. Das Unheilverkündende liegt darin, daß diese Demonstration offensichtlich über die Erfordernisse des Sports hinausgeht. Die Spiele scheinen nur ein Symbol der neugewonnenen Macht zu sein: ein Mittel, um der ganzen Welt vor Augen zu führen, wie weit diese neue Macht es gebracht hat.«

Anfang September 1936 schreibt Thomas Wolfe an seinen Freund Maxwell E. Perkins, Cheflektor seines amerikanischen Verlegers Charles Scribner's Sons, eine Ansichtskarte des Brandenburger Tors mit der dort stationierten Wachtruppe:

»Wir werden nie so marschieren lernen wie diese Jungens – und es sieht so aus, als wären sie bereit, wieder loszuschlagen.«

Sind Baillet-Latour und Wolfe die einzigen kritischen Beobachter? Grundsätzlich muß diese Frage bejaht werden – auch wenn noch andere ausländische Besucher die Wirklichkeit hinter den Kulissen des Nationalsozialismus erkannten.

Die Welt scheint geblendet zu sein. Der italienische Botschafter Dr. Bernardo Attolico prägt das Wort vom »Wunder von Berlin«. Der jugoslawische Gesandte Dr. Aleksander Cincar-Markowitsch berichtet seiner Regierung: »Wir werden gut daran tun, mit Hitler die besten Beziehungen zu pflegen . . .«

Der polnische Botschafter Josef Lipski äußert sich gegenüber dem Grafen Henri de Baillet-Latour: »Wir müssen auf der Hut sein vor einem Volk, das so zu organisieren versteht. Eine Mobilmachung in Deutschland wird genauso schnell und reibungslos funktionieren wie die Organisation der Spiele . . .«

Und Kintomo Graf Mushakoji, der Botschafter Japans, der zwanzig Parlamentarier seines Landes Hitler vorstellt, berichtet nach Tokio: »Auch nur einen Abglanz der Berliner Olympischen Spiele 1940 in Tokio zu erreichen, wird größter Anstrengungen bedürfen.«

Der *Völkische Beobachter* schreibt in seiner Ausgabe vom 17. August 1936, die einen großen Bericht über die Abschlußfeierlichkeiten der Olympischen Spiele veröffentlicht, in einem Leitartikel:

»Das neue Deutschland hat, wie ihm unsere ausländischen Gäste und die Presse aller Länder tausendfach aus freien Stücken bescheinigt haben, mit der großzügigen Organisation und Durchführung der Olympischen Spiele 1936 der Welt sein wahres Gesicht gezeigt.«

War es wirklich das wahre Gesicht?

☆

Nach den Olympischen Spielen erscheint Hitler in den Augen der Welt tatsächlich als Friedensfürst. Die Euphorie der Olympischen Spiele lockt eine Schar prominenter Besucher im Spätsommer 1936 nach Berlin. Hitler empfängt – um nur wenige Namen zu nennen – Philip Henry Kerr Marquess of Lothion, den Sekretär des großen liberalen englischen Politikers David Lloyd George, der bald danach ebenfalls ein Gespräch mit Hitler führt.

Der Führer spricht lange mit dem ehemaligen britischen Luftfahrtminister Sir Vane-Tempest-Steward, Marquess of Londonderry. Er redet mit einer Abordnung amerikanischer Bankiers, mit Politikern, Wissenschaftlern und Professoren aus aller Welt. Es folgt der Besuch des italienischen Außenministers Galeazzo Graf Ciano, seines österreichischen Kollegen Guido Schmidt. Es folgen, es folgen ...

Jeder einmal in Berlin, jeder einmal bei Hitler.

Der betagte britische Staatsmann David Lloyd George ist von Hitler so beeindruckt, daß er erklärt, er werde künftig auch »Heil Hitler« sagen, um diesen »wirklich großen Mann« zu ehren. Dem Korrespondenten der Kopenhagener Zeitung *Berlinske Tidende* erklärt der Engländer sogar: »In früheren Jahren sprach man immer von Amerika als dem Land der Wunderwerke. Jetzt ist es Deutschland.«

Wen wundert es hier noch, daß sogar Winston Churchill, später der konsequenteste Gegner Hitlers, in der Londoner *Times* einen offenen Brief an Hitler richtet, in dem es heißt:

»Sollte England in ein nationales Unglück kommen, das dem Unglück Deutschlands von 1918 vergleichbar wäre, so würde ich Gott bitten, uns einen Mann zu senden von Ihrer Kraft des Willens und des Geistes.«

Aber dieses große Wohlwollen weicht eineinhalb Jahre nach den Olympischen Spielen wachsender Vorsicht. Die Friedenstöne aus Berlin sind verklungen.

Berlin selbst kehrt schon im Spätsommer 1936 zum Alltag zurück. *Der Stürmer* liegt wieder in den Kiosken, die ausländischen Zeitungen sind verschwunden, und überhaupt...

In der berühmten Zeitschrift *Der Querschnitt* erscheint ein Artikel, in dem Hans Hofer den Olympischen Spielen nachtrauert, die das Leben so heiter gemacht haben:

»Nur das ff Olympische Dorf und das ff Reichssportfeld werden bleiben, aber sie sind ja olympische Notwendigkeiten und nicht Zustände, die uns zeigen, wie schlaraffisch das Leben in Berlin sein könnte, wenn – ja wenn die Olympiade nicht nur sechzehn kurze Sommertage dauerte!«

Und als dann im *Querschnitt*-Oktoberheft 1936 ein »Fremdwörterbuch« erscheint – in dem es zum Beispiel heißt: »Charakter: ein Hindernis in der Karriere; Diplomatie: Keep smiling mit dem Dolch im Gewande; Journalismus: Seiltanz zwischen den Zeilen« –, da wird es Goebbels zuviel, und die einst berühmte Zeitschrift *Querschnitt* wird verboten.

Die Berliner haben es eigentlich gleich gewußt: Als bald nach der Machtübernahme Hitlers Unter den Linden die alten Bäume wegen »Altersschwäche« abgeholzt wurden – in Wirklichkeit geschah das, um Platz für noch breitere Marschkolonnen gewinnen zu können –, erwachte in den Berlinern der Aberglaube.

Wenn die Linden nicht mehr blühen, dann muß es bald mit allem vorbei sein. Im Kehrreim des beliebtesten Berliner Marschliedes, das Walter Kollo komponiert hat, heißt es:

»Solang' noch Untern Linden die alten Bäume blüh'n,
kann nichts uns überwinden – Berlin bleibt doch Ber-
lin!«

Zwar wurden 1934 neue kleine Linden gepflanzt, aber der Tod der alten Bäume – das konnte nur Unheil bedeuten ...

Die Jugend der Welt, die so voller Friedenshoffnungen Berlin verlassen hat, trifft sich 1940 nicht wie vorgesehen in Tokio wieder, sondern für sechs lange Jahre auf den Schlachtfeldern ...

3. Kapitel

Wettstreit der 49 Bühnen

Welthauptstadt des Theaters

Meister der Regie, Elite der Schauspielkunst

Gestalten und Namen, die Großen der Weltliteratur und die Avantgardisten einer neuen Zeit, Klassik und Moderne. Vorhang zu, Vorhang auf, Kulissenduft, Theaterluft. Jede Woche zwei bis drei Uraufführungen an einer der 49 Bühnen Berlins.

So sieht die stolze Liste dieser 49 Bühnen aus (die ersten vier sind »Staatstheater«):

1. Staatsoper Unter den Linden
2. Schauspielhaus am Gendarmenmarkt (»Staatstheater«)
3. Staatsoper am Platz der Republik
4. Schiller-Theater
5. Städtische Oper
6. Deutsches Theater
7. Kammerspiele
8. Die Komödie
9. Deutsches Künstler-Theater
10. Lessing-Theater
11. Renaissance-Theater
12. Theater am Bülowplatz (Volksbühne)
13. Theater am Schiffbauer-damm
14. Theater in der König-grätzer Straße
15. Die Tribüne
16. Berliner Theater
17. Kleines Theater
18. Komische Oper
19. Komödienhaus
20. Lustspielhaus
21. Neues Theater am Zoo
22. Residenz-Theater
23. Theater am Kurfürsten-damm
24. Theater am Nollendorf-platz
25. Theater des Westens
26. Deutsches Volkstheater
27. Kleines Theater Unter den Linden
28. Reichshallen-Theater
29. Thalia-Theater
30. Central-Theater

Die drei letztgenannten Häuser der 49 Theater (Stichtag 1. Januar 1927) sind reine Revue-Theater. Tendenz und Namen einiger Häuser änderten sich oft. Die fünf größten Theater (den Zuschauerplätzen nach) sind: Großes Schauspielhaus (3100), Theater im Admiralspalast (2200), Staatsoper am Platz der Republik (2039), Theater am Bülowplatz (2000) und Metropol-Theater (1820). Die Gesamtzahl der Plätze aller 49 Theater: 47 400.

☆

Schauspiel ohne Rast, Drama ohne Pause, immer neue Ideen, neue Szenen, neue Themen, neue Impulse, Triumph und Skandal, Protest und Applaus.

Schauspieler, die bejubelt, Sänger, die gefeiert, Regisseure, die bewundert werden . . .

. . . wo fängt man nur an, von der großen Zeit des reichshauptstädtischen Theaters zu schreiben, das die zwanziger erst wirklich zu den goldenen Jahren machte? »Die Bühnen überboten einander in glänzenden, sensationellen, wagemutigen Aufführungen, eine Generation außerordentlicher Schauspieler, bedeutender Regisseure war am Werk, und über eine Flut von Schmockerei und Bluff triumphierten immer wieder das Talent und die Leistung«, sagt Carl Zuckmayer über die zwanziger Jahre des Berliner Theaters.

Rudolf Forster, der 1920 in Berlin seine glanzvolle Bühnen- und Filmkarriere begann, ist fasziniert von dem »Ensemble von einmaliger Dichte und Vollkommenheit«, das es hier an fast jeder Bühne gibt.

Fritz Kortner, einer der großen Mimen der damaligen Zeit, der auch nach dem Kriege das bundesdeutsche Publikum im Theater und im Fernsehen hinriß, versucht zu erklären, wieso gerade Berlin zur Welthauptstadt des Theaters avancierte *(Aller Tage Abend*, S. 399 ff.):

»Die große Berliner Theaterkunst, von L'Arronge ausgehend, über Brahm und Reinhardt zu den modernen Repräsentanten der zwanziger Jahre führend, genoß durch ihre Universität Weltruf. Sie umfaßte Blond und Schwarz und alle dazwischenliegenden Nuancen. Diese Theaterkultur hatte ein ihr ebenbürtiges, ebenso bunt gemischtes Publikum herangebildet. Welche kosmopolitische Auslese an Männern und Frauen hatte sie innerhalb von zwei Generationen getroffen.

Außer Bassermann, dem Italiener Moissi, Wegener gab es noch George und Klöpfer. Homolka, ein echter Männerspieler in der Art des grunddeutschen Albert Steinrück, den ich leider zu wenig sah, war ein slawischer Typus. Das asketische Gesicht von Ernst Deutsch, der es faustdick hinter den Ohren hatte, seine orientalische Seltsamkeit, übten einen magischen, rassefremden Reiz aus. Gründgens, der phosphoreszierende, liebenswerte Darsteller des Bösen, erreichte seinen Höhepunkt als Mephisto, eine denkwürdige Leistung, neben der Werner Krauss' Faust verblaßte.

Dann gab es den schwarzäugigen Alexander Granach, der vor dem polnischen Antisemitismus in das tolerante Berlin der Nachkriegszeit geflohen war. Ein stämmiger Proletarier, stand er auf den Berliner Bühnen. Gewöhnt, an taube Ohren zu appellieren, schrie er wie jemand, der daran zweifelt, je gehört zu werden.

Und den Russen Wladimir Sokolow, der in seiner unvergessenen Leistung in Tairoffs *Girofle und Girofla* von den Berlinern so beklatscht wurde, daß er blieb.

Käthe Dorsch, die mit ihren Lachtrillern, ihrem volksstückhaften Schmerz, ihren sogar für Hans Müllersche Volksstücke bereiten Tränen die Häuser füllte, kam von der Operette. Statt Kritiken verfaßte Alfred Kerr Liebesbriefe an sie. Und wie andachtsvoll wurde Lina Lossen überschätzt. Die Bühne konnte dem milden Zauber ihrer Person nichts anhaben. Ihr Gesicht ließ die Phantasie der Zuschauer dem Wunschbild nach einem einsamen, verschlossenen, weiblichen Wesen nachhängen. Die blutjunge Hofer, meine Hanna, war der Lossen artverwandt. Sie hatte eine scheue Körpergrazie und eine emotionsuntermierte Herbheit, die mit Anmut Hingabe wurde. So sahen sie viele, und ich war nur einer unter ihnen.

Die flachsblonde Lucie Höflich machte schon Max Reinhardts Anfänge mit. Von breitem Körperbau, konnte sie zart erscheinen. Alltagsprosa und Verse kamen aus ihrem Munde, ohne daß sie ihre Art des Sprechens zu verändern schien und ohne daß man dieser oder jener Sprachform eine andre Diktion gewünscht hätte.

Zu der Bergner, der Massary und der Orska kam die blonde Mädchenhaftigkeit der Helene Thimig. Sie schien wie aus der Gotik nach Berlin versetzt, wo sie sich scheu, mit gesenkten Augen bewegte. Welch einen Madonnenkult die Berliner mit ihr trieben. Und Max Reinhardt heiratete sie, trotz Frau und Kindern.

Die Höflich der nachfolgenden Generation hieß Paula Wessely. Die dunkelhaarige, braunäugige Österreicherin war noch herber als die norddeutsche Höflich. In bürgerlicher Verhaltenheit rührt sie an Untiefen der Emotion. Käthe Gold hatte ihre große Zeit im Dritten Reich. Ich habe immer nur einen Abglanz von der Legende um sie gesehen. Doch sagt Brecht von ihr, sie sei das einzige wirkliche Gretchen gewesen. Ich bin bereit, ihm zu glauben.

Unter den damals Jungen gab es noch die brenzlig reizvolle, schnoddrig sündhafte, den ›fremdgehenden‹ Berliner animierende und amüsierende Else Eckersberg. Später tauchte die blonde Halbjüdin Grete Mosheim auf. Sie gefiel allen, Bankiers, Kleinbürgern, Arbeitern; sie war ein moussierendes Mauerblümchen, Sekt in einer Seltersfla

sche. Mit einem witzig-nüchternen berlinischen Zungen-
schlag rührte sie unversehens.

Dieses eigenwillige, humorvolle Berliner Publikum ki-
cherte intelligent und verständnisvoll, wo ein anderes, nicht
so gemischtes Publikum echolos geblieben wäre. Nirgends
sonst wurde der geniale Wortakrobat, Satz-, Silbenjongleur
und Menschengestalter Max Pallenberg, der auf der
Bühne, was Chaplin im Film war, derart verstanden. Sein
urjüdischer Sprachwitz, durchs Österreichische filtriert, ging
ebenso in die Berliner Mundart ein, wie die Sprachclowne-
rien des Berliners Max Adalbert, dessen umwerfend gleich-
gültig tuende Witzbesessenheit aus Lebensskepsis geboren
war. Er hatte mit Recht den Kopf eines Philosophen. Claire
Waldoff wurde zärtlich die ›Schnauze‹ genannt, und wie
hingen die Berliner an ihr. Urberlinisch war auch Lucie
Mannheim. Sie muß der Liebesbeziehung eines Juden mit
Berlin entsprungen sein. So deutsch war ihre nüchtern
warme Art, daß Hitler, als er sie auf der Bühne sah, sie
durch seinen Adjutanten zum Abendessen einlud. Sie ent-
schuldigte sich und verschwand bald aus Berlin.

Dann tauchte aus der Revue und Operette der blon-
deste vom Blonden, der blonde Hans auf. Mit ihm spielte
ich – schwarz wie ich war – in *Die Rivalen,* ein von Zuckmayer übersetztes amerikanisches Stück. Mit dem urwüch-
sigen, um seine saftigen Wirkungen ungestüm bemühten
und nicht gerade partnerliebenden Mannsstück kam ich
bald in ein Handgemenge, das über die vom Autor vorge-
schriebenen Prügeleien weit hinausging, so weit, daß die
BZ am Mittag Boxberichte über die beiden Rivalen brachte. Als der Kampf noch weiter auszuarten drohte, schied
ich aus. Darauf stürzten die hohen Einnahmen mich in beglückende Tiefe. Die Berliner wollten uns beide sehen,
blond und schwarz. Wäre Albers ausgeschieden, das Publikum hätte genauso reagiert. Mein Kumpan Kunz sah in
den alkoholbedingten Exzessen des im Grunde harmlos er-
folgsübermütigen Albers Antisemitismus. Kunz und seine
blonde Frau waren so hochgradig philosemitisch, daß sie
geradezu   verfolgungswahnsinnig   für   meinesgleichen
wurden.

Einer der vielen Gründe, die Berlin zur Theatermetropole machten, ist das Berlinische des Berliners. Ich meine die durch nichts zu verwirrende Skepsis, die eingeborene Ironie dem Bombastischen gegenüber, die aus der gelassenen Betrachtung stammende, flinke Reaktion. Die ›Nur-immer-mit-der-Ruhe‹-Vorsicht mit der ›kalten la main‹ mußte mit immer sich verfeinernden Bühnenausdrucksmitteln angegangen werden. Die ›Mir-machste-nichts-vor‹-Haltung der Berliner zwang die Theaterleute, den Berlinern immer weniger vorzumachen. Das aus Wißbegierde stammende Berliner Mißtrauen gegen Flausenmacherei, Verschleierung, Vertuschung und gegen unkontrollierbare Sprachberieselung erzwang sich schließlich das entsprechende, nach dem wahren Ausdruck und dem echten Inhalt suchende Theater. Der Berliner war ein wißbegieriger Besserwisser. Der pathetischen Redseligkeit und dem hochdramatischen Getobe gebot er Halt mit dem Verdikt: ›Nu mach'n Punkt, so genau wollen wir's nicht wissen.‹ Deshalb hatte es Hitler in Berlin am schwersten. Die oberflächliche Auswertung gewisser Rassen- und Soziallehren, vermengt mit einer nihilistischen Machtideologie, und die daraus gebaute nebulose Weltanschauung, war etwas, was der Berliner Theaterbesucher so genau nicht wissen wollte.

Dieses Berlin war aber die gegebene Heimat für Bert Brecht. Und die Heimat all derer, die über die abgegriffene, immer wieder modisch aufgetakelte Rühr-, Amüsier- und Stilbühne hinausstrebten.«

Eine Aufführung charakterisiert besonders deutlich, welche Vielzahl bedeutender Schauspieler und Schauspielerinnen damals in Berlin auf den Brettern stand, die in jenen Jahren wirklich eine Welt bedeuteten. Am Donnerstag, dem 28. März 1929, gab es im Staatstheater am Gendarmenmarkt anläßlich einer Gedächtnisfeier für den wenige Tage zuvor verstorbenen Schauspieler Albert Steinrück eine Aufführung des Schauspiels von Frank Wedekind *Der Marquis von Keith.*

An diesem Abend, der als denkwürdiges Ereignis in die Theatergeschichte eingegangen ist, standen insgesamt 86 Schauspieler auf der Bühne, von denen jeder zur ersten

Garnitur der Reichshauptstadt gehörte. Die meisten Namen sind auch heute noch unvergessen. In den Haupt- und Nebenrollen spielten mit: Werner Krauss, Carola Neher, Heinrich Müthel, Eleonore von Mendelssohn, Tilla Durieux, Jacob Tiedtke, Conrad Veidt, Max Pallenberg, Max Hansen, Hermann Vallentin, Otto Wallburg, Albert Florath, Gisela Werbezirk, Rosa Valetti, Mady Christians, Maria Bard, Elisabeth Bergner, Fritzi Massary, Käthe Dorsch, Alexander Granach, Fritz Kortner, Victor Schwannecke, Paul Wegener, Rudolf Forster, Kurt Gerron, Veit Harlan, Paul Bildt, Hans Brausewetter, Walter Janssen, Eduard von Winterstein, Trude Hesterberg, Tilly Wedekind, Hans Albers, Ernst Deutsch und Curt Goetz.

Sogar die reinen Statisten – auf der Bühne die Gäste des Marquis von Keith – wurden von bedeutenden Schauspielern gestellt, deren Namen weit über die Grenzen Deutschlands hinaus bekannt und durch ihre gleichzeitige Tätigkeit beim Film sogar weltberühmt waren.

Von diesen fünfzig »Statisten« mögen nur folgende, in alphabetischer Reihenfolge, genannt sein: Alfred Abel, Roma Bahn, Marlene Dietrich, Gertrud Eysoldt, Julius Falkenstein, Walter Franck, Paul Graetz, Max Gülstorff, Käthe Haack, Fritz Kampers, Leopoldine Konstantin, Maria Koppenhöfer, Hilde Körber, Hans Leibelt, Theodor Loos, Lucie Mannheim, Renate Müller, Asta Nielsen, Maria Paudler, Henny Porten, Johannes Riemann, Heinrich Schroth, Agnes Straub, Erika von Thellmann, Hermann Thimig, Elsa Wagner, Mathias Wieman und Ida Wüst.

Die 86 Berühmtheiten, die damals gleichzeitig auf der Bühne standen, bilden nur eine Auswahl aus der Menge der damaligen Bühnengrößen. Dazu gehören – um nur noch wenige Namen zu nennen – Albert und Else Bassermann, Curt und Ilse Bois, Felix Bressart, Maria Fein, Franziska Gaal, Therese Giehse, Ernst Ginsberg, Dolly Haas, Lucie Höflich, Hermine Körner, Harry Liedtke, Peter Lorre, Alexander Moissi, Paul Morgan, Grete Mosheim, Lilli Palmer, Camilla Spira, Szöke Szakall und Adolf Wohlbrück – von den Sängerinnen Gitta Alpar und Erna

Sack, von den Tenören Jan Kiepura, Joseph Schmidt, Richard Tauber und Marcel Wittrisch erst gar nicht zu reden.

Wenn bei uns heute schon ein Tagesschau-Sprecher oder eine Fernsehansagerin als »Star« gelten, dann gab es damals in Berlin auf den Bühnen und in den Filmateliers mindestens fünftausend, die diese (zu jener Zeit in Deutschland noch nicht gebräuchliche) Auszeichnung verdienten.

☆

Schon vor dem Ersten Weltkrieg galt Berlin, das damals besonders das naturalistische Drama pflegte, als führende Theaterstadt der Welt. Bis zum Ende der Monarchie konnte sich das avantgardistische Theater fast ausschließlich nur an Privatbühnen entwickeln. Die Intendanten und Regisseure hatten dauernd Schwierigkeiten mit der verbotseifrigen Behörde. Jenes berühmt gewordene Wort, das Berlins Polizeipräsident Bernhard Freiherr von Richthofen beim Verbot der Aufführung von Hermann Sudermanns *Sodoms Ende* am 23. Oktober 1890 sprach – »Die janze Richtung paßt uns nich!« –, galt bis zum Ende der Monarchie, das zugleich das Ende der Zensur bedeutete.

Jetzt aber, seit dem 29. November 1918, ist der Weg frei für ein modernes Theater, das sich künstlerisch frei entfalten kann. Auch für die Preußischen Staatstheater beginnt nun eine neue Zeit. An die Stelle der »Hoftheater-Intendanten« – meist verdiente Adlige und Offiziere – treten echte Theater-Fachleute.

Der Ostpreuße Leopold Jeßner übernimmt das *Staatstheater am Gendarmenmarkt* und entwickelt einen völlig neuen Stil. Sein Regieprinzip lautet: »Nicht eine Fabel interessiert mich, sondern die Idee dieser Fabel.«

Seine erste große Inszenierung im *Staatlichen Schauspielhaus* Berlin – Schillers *Wilhelm Tell* – wird zu einem Theaterereignis. Jeßner hat die Bühne völlig »entrümpelt«. Der dichterische Gehalt eines Stückes soll nicht mehr von schwülstigen Requisiten und Dekorationsplunder verdeckt werden. Wo Schiller vorschreibt »hohes Felsenufer des Vierwaldtstätter Sees«, baut Jeßner eine riesige, grüngesprenkelte Treppe, die fast bis zum Schnürboden reicht, und Berge im Hintergrund werden nur stilisiert durch Vorhänge angedeutet. Der Phantasie sind keine Grenzen gesetzt.

Jeßners Treppe wird zum Grundmotiv aller seiner Inszenierungen. Sogar das Pult im *Faust* thront hoch auf einer Treppe. Sie symbolisiert das Wesentliche der Szene. Jeßner hat mit seiner Treppe Schule gemacht.

Seit den Freiheitskriegen galt *Wilhelm Tell* als ein »vaterländisches Schauspiel«. Der Freiheitsheld war ein einzelner, der den Tyrannen Geßler tötete und sich dabei auf dem Boden göttlichen Rechts wußte. Der Tyrannenmörder Tell kann natürlich kein Verbrecher sein, und seine Tat stellt sich als juristisch zu rechtfertigender und straffreier Mord dar. Für Jeßner ist nicht Tell der Freiheitsheld, sondern das ganze Volk. Die Rütli-Szene wird ein Bekenntnis zur deutschen Republik.

Jeßner inszeniert – nach seinen eigenen Worten – einen »Freiheitsschrei«, der freilich nicht von allen verstanden wird, vor allem nicht von dem konservativen Publikum des ehemaligen Königlichen Schauspielhauses.

Es kommt am 12. Dezember 1919, dem Tag der ersten Aufführung, zu einem handfesten Skandal. »Viele Stammgäste des alten Hauses, Kitsch gewohnt, wehren sich gegen das Gute. Monarchisten der Kunst«, schreibt Alfred Kerr, der berühmteste aller Kritiker jener Jahre, im *Berliner Tageblatt.*

Paul Fechter berichtet in der *Deutschen Allgemeinen Zeitung:* »Schon nach den ersten Bildern mischte sich in den Beifall deutlich wahrnehmbares Zischen aus den oberen Rängen des Hauses.«

Bei Tells Worten »Auf diese Bank aus Stein will ich mich setzen« kommt aus dem Publikum der Zwischenruf: »Wo ist denn die Bank?« Bei der »hohlen Gasse« gibt es Hohngelächter von den Rängen, weil diese Gasse, durch die Geßler kommen muß, nur angedeutet ist durch einen etwa zwei Meter breiten Spalt zwischen zwei schwarzen Vorhängen. Schließlich kommt es so weit, daß Albert Bassermann, der Tell, mit lauter Stimme ruft: »Schmeißt doch die Lausejungens raus!«

Danach geht er ab, der Vorhang schließt sich, das Theater wird gleichsam im Zuschauerraum fortgesetzt. »Stürmisches Bravo, neues Schreien, Klatschen, wieder Dunkel, wieder Rufe nach Licht«, schreibt Paul Fechter. »Dann scheint's, als ob man die Rechten erwischt und an die Luft gesetzt hat. Es wird ruhiger, die Erregung ebbt ab... Türen fallen fernab donnernd zu. Das Spiel geht weiter.«

Die Kritiker sind von Jeßners Inszenierung begeistert. Norbert Falk rundet sein Urteil in der *BZ am Mittag* mit der Feststellung ab: »Jeßner hatte den Mut, einer morsch gewordenen Tradition ins Gesicht zu schlagen, und er hat dadurch mit einem einzigen Ruck das Schauspielhaus an die Stelle gestoßen, wo es hingehört.«

Besonders gefeiert wird der Geßler von Fritz Kortner. Siegfried Jacobssohn schreibt in der *Weltbühne* über den Kortner-Geßler: »Es ist keine Kleinigkeit, uns mit einem Bösewicht von Schiller Angst einzujagen. Kortner gelingt's, indem er Schiller in einen Shakespeare verwandelt. Unsere menschliche Angst wird zur künstlerischen Entzücktheit. Man möchte den Todespfeil abfangen, nur um den brennenden Dämon im grellroten Mantel immer weiter vor Augen zu haben.«

Für die Theatergeschichtler bedeutet Jeßners *Tell*-Inszenierung den Beginn der zwanziger Jahre der Berliner Bühnen. Der Stil seiner ersten Inszenierung wird beispielgebend für das gesamte Theater und wirkt bis heute noch fort.

Eine unvergeßliche Jeßner-Inszenierung wird 1931 auch *Richard III.* Alfred Kerr überschüttet den Regisseur und seinen Hauptdarsteller Fritz Kortner mit Lob, findet aber, daß das Shakespeare-Drama überholt und unglaubwürdig sei, weil aus politischen Gründen so viel gemordet werde. »Nun«, äußerte Kortner dreißig Jahre später in einem Gespräch, »als ich Alfred Kerr in der Emigration wiedersah, konnte ich bei ihm etwas für Shakespeare tun.«

Auch Erwin Piscator, der zweite große Mann der Berliner Bühnen, bringt die Klassiker in neuem Gewand. Der »rote« Piscator, der schon 1920 in Berlin das Proletarische Theater – eine Laienbühne für Arbeiter – gegründet hat, inszeniert im September 1926 in Jeßners Staatlichem Schauspielhaus Schillers *Räuber*.

Piscators Ziel ist das aktuelle politische Drama. Er will in das Tages- und Zeitgeschehen eingreifen. Er möchte dem Theater eine völlig neue gesellschaftliche Funktion geben.

Er begründet seine Absicht so: »Wir müssen mitwirken, daß sich eine derartige Katastrophe (Ausbruch des Ersten Weltkrieges) nicht mehr wiederholen kann. Um das zu erreichen, durfte die Gesellschaft nicht so bleiben, wie sie war. Sie mußte verändert werden. Unser Theater, das zu einer solchen Veränderung beitragen sollte, mußte deshalb seinem Wesen nach revolutionär sein...«

...Revolutionär wie Piscators *Räuber*. Er steckt den Franz Mohr in Pepitahosen, braune Reitstiefel und einen modernen Sakko. Die Räuber tragen zerschlissenes Feldgrau, und die »Böhmischen Wälder« sind mit Stacheldraht der Schützengräben des Ersten Weltkrieges durchzogen. Spiegelberg, im alten Cut, trägt die Maske Trotzkis und wird die zentrale Figur – als (so Piscator) »ein Vertreter unserer harten sozialen Lage, ein Verbindungsmann vom Heute zum Gestern«.

Piscator läßt auch viele einzelne Szenen nicht nacheinander, sondern gleichzeitig und nebeneinander spielen: auf zwei Ebenen.

Der Kritiker Herbert Ihering schwärmt im *Berliner Börsen-Courier:* »Piscator hat das Theater zum Zeiterlebnis gemacht!«

Zeiterlebnis – das ist das Stichwort. Das Theater nimmt mehr und mehr kämpferischen Charakter an. Es greift aktuelle Themen auf aus allen Bereichen des Lebens. Es kämpft gegen Mißstände in der Gesellschaft, gegen soziale Ungerechtigkeit, es behandelt die Geschlechtsnot der Jugend, es deckt Mißstände in der Fürsorgeerziehung auf, es rüttelt an die sexuellen Tabus. Es prangert die heimliche

Aufrüstung der Reichswehr an. Es kämpft besonders gegen den Paragraphen 218, und sogar die Themen »Mitbestimmung« und »Gewinnbeteiligung« werden mit dramatischen Mitteln behandelt.

Mit *Gas* von Georg Kaiser fängt es an. Nach der Uraufführung im November 1918 in Frankfurt erlebt das Stück an der Volksbühne Berlin am 25. Februar 1919 seinen großen Erfolg, und von hier aus geht es an viele andere deutsche Bühnen. 1928 wird *Gas* im Berliner Staatstheater noch einmal ein großer Erfolg.

Der Sohn eines Milliardärs hat das Werk seines Vaters, in dem Gas für den Krieg produziert wird, in ein soziales Unternehmen umgewandelt, an dem alle Mitarbeiter beteiligt sind. Eines Tages explodieren die gesamten Anlagen. Alle Arbeiter sind brotlos.

Der Milliardärssohn möchte seine Arbeiter zu Bauern machen und von der Fron der Arbeit befreien. Er weist ihnen Land an. Die Regierung, die dringend das Gas für die Rüstung benötigt, sorgt für den Bau eines neuen Werkes. Die Arbeiter kehren an ihre Arbeitsplätze zurück und verzichten auf ein freies Leben als Bauern.

Arnolt Bronnen bringt in seinem Schauspiel *Rheinische Rebellen* unter Jeßners Regie am 16. Mai 1925 den rheinischen Separatismus auf die Bühne des Staatlichen Schauspielhauses – genau zu dem Zeitpunkt, da im ganzen Reich die tausendjährige Zugehörigkeit der Rheinlande zu Deutschland gefeiert wurde – als Demonstration gegen die französische Besetzung. Von Berlin aus geht das Stück über weitere 21 Bühnen. Nur am Rhein darf es nicht gespielt werden.

Peter Martin Lampel schreibt gleich drei erfolgreiche Zeitstücke. Seine *Revolte im Erziehungshaus* (im Dezember 1928 im Berliner *Thalia-Theater* uraufgeführt) prangert die Mißstände der Fürsorgeerziehung an, löst damit Debatten und Diskussionen in ganz Deutschland aus und erreicht es sogar, daß alle Vorwürfe, die das Stück erhebt und zunächst von den Behörden abgestritten, schließlich trotz allen Leugnens der Behörden als gerechtfertigt anerkannt werden.

Lampels *Giftgas über Berlin* wendet sich gegen die heimliche Wiederaufrüstung in Deutschland. Entgegen den Bestimmungen des Versailler Friedensvertrages hatte die Reichswehr Giftgas produziert; dabei wurden in Hamburg mehrere Zivilisten getötet. Lampel bringt sogar den Generalobersten Hans von Seeckt, als Chef der Heeresleitung Organisator der Reichswehr, auf die Bühne. Es gibt zwar keine Zensur mehr, aber dieses Stück – von der linken Presse gefeiert – wird schon nach der zweiten Aufführung von Berlins Polizeipräsident verboten – aufgrund eines alten Paragraphen des Preußischen Landrechtes (übrigens einer der ganz wenigen Fälle eines Theaterverbots in der Weimarer Republik).

Pennäler, Lampels drittes Zeitstück, am 30. Oktober 1929 im *Theater am Schiffbauerdamm* uraufgeführt, behandelt die Probleme der mißverstandenen und rebellierenden Jugend.

☆

Den größten Erfolg erleben drei Stücke, die sich gegen den Paragraphen 218 wenden. 1928 soll der Paragraph – genau wie heute – bei einer Bearbeitung des Strafgesetzbuches zu Fall gebracht werden. Unter dem Schlagwort *Dein Körper gehört dir* – dem auch in Deutschland erschienenen Roman *La Garçonne* des Franzosen Victor Margueritte entnommen –, werden in Berlin und in anderen Städten des Reiches Kundgebungen gegen den Paragraphen 218 abgehalten, an denen bekannte Mediziner und Schriftsteller teilnehmen.

Auf dem großen Ärztekongreß 1928 in Berlin wird die Zahl der Abtreibungen in Deutschland auf jährlich achthunderttausend geschätzt. Auch Alfred Döblin, Arzt und Schriftsteller, spricht auf dieser Tagung der Mediziner.

In diese Diskussion greifen drei Theaterstücke ein. Am berühmtesten wird *Zyankali* des Arztes und Dramatikers Dr. Friedrich Wolf (Uraufführung am 6. September 1929 im Berliner *Lessing-Theater*). Allein in Berlin gibt es 120 Aufführungen, und das aufrüttelnde Stück Wolfs, der seit

1928 Mitglied der KPD ist und als Arzt vor allem die Nöte der Arbeiterfrauen bei ungewollter Schwangerschaft kennengelernt hat, geht von Berlin aus in viele andere deutsche Städte und wird schließlich fast in der ganzen Welt gespielt: in New York und Shanghai; in Paris und Tokio; in Moskau, Zürich und in anderen großen Städten.

Das zweite erfolgreiche Stück gegen den Paragraphen 218 schreibt Hans José Rehfisch: *Der Frauenarzt.* Es wird am 2. November 1928 mit Rudolf Forster in der Hauptrolle im *Theater in der Königgrätzer Straße* uraufgeführt. Mit dem dritten Schauspiel zu diesem Thema, *Paragraph 218* von Carl Credé, eröffnet Erwin Piscator am 3. April 1930 im Wallner-Theater seine neue Bühne.

Die beginnende Arbeitslosigkeit, die dazu führt, daß es Ende 1932 in Berlin fast 650 000 Menschen gibt, die »stempeln« gehen, wählt Richard Duschinsky zum Thema seines Dramas, *Stempelbrüder,* das am 1. Oktober 1929 mit Heinrich George in der Hauptrolle im *Renaissance-Theater* uraufgeführt wird.

Wenige Tage später attackiert ein Zeitstück von Ödön von Horváth, *Sladek, der schwarze Reichswehrmann,* im *Lessing-Theater* noch einmal die Reichswehr. *Sladek* wird nicht verboten.

Im Dezember 1927 geht ein amerikanisches U-Boot unter, nachdem es mit einem amerikanischen Schiff zusammengestoßen ist, das Alkoholschmuggler bekämpft. Prompt greift Günther Weisenborn diesen Fall in seinem Stück *U-Boot S 4* auf. Über den aktuellen Stoff hinaus wettert er gegen die Aufrüstung und die Sensationspresse. Im Oktober 1928 wird sein Stück in der *Volksbühne* am Bülowplatz uraufgeführt – zu einer Zeit, da im Reichstag gegen den Bau eines Panzerkreuzers (»A«) gestimmt wird (der dann schließlich doch von der Mehrheit bewilligt und auch als Panzerkreuzer *Deutschland* gebaut wird).

In diesem Zeitstück spielt, neben Heinrich George und Agnes Straub, Victor de Kowa seine erste große Rolle.

Um noch ein letztes berühmt gewordenes Stück zu nennen, dessen Titel eine ganze Epoche charakterisiert: *Hoppla, wir leben!* von Ernst Toller. Zwei Tage nach der

Uraufführung dieses Dramas in Hamburg bringt es Piscator auf seiner *Bühne am Nollendorfplatz* heraus (3. September 1927). Es beleuchtet in einer Revue von Bildern den Zustand Deutschlands in den ersten neun Jahren der Weimarer Republik. Piscators Inszenierung schreibt wieder Theatergeschichte: In die lichtdurchlässigen Wände seiner Etagenbühne fügt er dokumentarische Filmaufnahmen ein und läßt so den Zuschauer unmittelbar noch einmal miterleben, was er vielleicht selbst gesehen hat.

Neben Leopold Jeßner und Erwin Piscator ist Max Reinhardt betont unpolitisch. Da er jeden Stil beherrscht, umfaßt sein Repertoire die ganze Skala der Bühnenmöglichkeiten: von der klassischen Tragödie über das Kammerspiel bis zur Operette.

Seine Klassiker-Inszenierungen sind noch heute vielen unvergessen. Erwin Piscator bewundert seinen Kollegen Reinhardt, der heute längst zur Legende geworden ist: »Ein genialer Verschwender des Theaters. Ein Genießer seiner Wirkung. Ein Nachschmecker seiner Reize. Max Reinhardt, die farbigste Theaterbegabung aller Zeiten, intuitiv, zwanglos improvisierend, Anregungen aufnehmend, Anregungen ausstreuend... Der geniale Vollender des großbürgerlichen Theaters, vergleichslos in seinen Leistungen, unerschöpflich in seiner künstlerischen Wandelbarkeit.«

Reinhardt, Jeßner und Piscator – mit diesen Namen ist die Berliner Theatergeschichte der zwanziger Jahre nur umrissen. Auch viele andere Regisseure haben in der Reichshauptstadt erfolgreich gewirkt: Jürgen Fehling, Ludwig Berger, Viktor Barnowsky, Karl Heinz Martin, Heinz Hilpert, Erich Engel und Gustav Hartung – um nur wenige Namen zu nennen.

Die Regie ist wichtiger als das Werk. Es heißt nicht mehr Schillers *Tell*, sondern Jeßners *Tell*. Reinhardts, nicht Shakespeares *Othello* steht zur Debatte. Piscators, nicht Hašeks *Schwejk* wird diskutiert.

Stellvertretend für die vielen Bühnenbildner (ein Wort, das erst damals in Berlin geprägt wurde) seien genannt: Rochus Giese, Traugott Müller und Caspar Neher.

Alle sind schärfster Kritik ausgesetzt, und die Schauspieler und Regisseure wissen nie, wer gerade im Parkett sitzt. Fritz Kortner *(Aller Tage Abend,* S. 403 f.) charakterisiert die Situation so:

»Wie mußten wir da oben auf der Hut sein vor diesem scharfsichtigen, hellhörigen Publikumsforum! Und immer saß noch ein erlesener einzelner inmitten der Publikumselite. Bald war es Heinrich oder Thomas Mann, Gerhart Hauptmann, Bert Brecht, Lion Feuchtwanger, Sinclair Lewis, Alfred Polgar, Egon Friedell, der bühnenfreudige Erfolgsautor Rehfisch, amerikanische Bühnenleute wie McClintic, Catherine Cornell, Jed Harris, Berliner Kollegen und solche aus der deutschen Provinz, Regisseure wie Jeßner, Engel, Fehling, Piscator, Filmmagnaten aus Hollywood, der junge, damals noch jedem alles versprechende Zuckmayer, Ringelnatz, Klemperer, immer einer von den damals schreibenden und auch gedruckten Lyrikern und eines Abends schließlich Karl Kraus aus Wien, der dem damaligen Berlin künstlerisch entferntesten Stadt.«

☆

Berlin lockt immer wieder große ausländische Theaterleute an. Luigi Pirandello, erfolgreicher italienischer Bühnenautor, weilt – um nur ein Beispiel zu nennen – oft in der Reichshauptstadt. Viele seiner Stücke werden hier aufgeführt. Für die *Komödie* inszeniert Max Reinhardt Ende 1924 eines der besten Stücke Pirandellos: *Sechs Personen suchen einen Autor.*

Der Italiener ist von der ersten Aufführung, am 30. Dezember 1924, so begeistert, daß er in der Zeitschrift *Literarische Welt* einen Brief veröffentlicht, der ein Kompliment an die Berliner ist:

»Deutschland kann und wird wieder allgemeingültige Werte geben. Berlin war schon damals das geistige Regulativ im Bereich der deutschen Kulturwelt und ist es heute noch. Was Berlin bejaht, das besteht. Meine Arbeit ist auch anderswo durch Applaus belohnt worden, doch hat der Berliner Beifall in mir eine besondere Resonanz gefunden:

er beweist mir nämlich, daß Kunst als solche anerkannt wird und bestehen bleibt, auch wenn Grenzen, Sprach- und Rasseverschiedenheiten als trennende Elemente auftreten. Diese auf dem Hintergrund der Kunst sich abhebende Möglichkeit des Allmenschlichen interessiert, rührt, ja erschüttert mich, während der internationale Applaus mich ziemlich kalt läßt. Der Berliner Erfolg stempelt meine Werke zu einem gemeingültigen Dokument der Menschheit. Dafür bin ich dankbar.«

Paul Wiegler schreibt über die Aufführung des Pirandello-Stückes am Schluß seiner langen Besprechung in der *BZ am Mittag* vom 31. Dezember 1924:

»Aus Spuk, Humor und Gedanklichkeit wird in Reinhardts Regie ein Werk, so suggestiv wie irgendeines, um das er Theaterluft zauberte. Mit ihm verbündet ist die Kunst Max Pallenbergs und ihre äußerste geistige Schärfe. Auch sie umfangen vom Schauer der Irrealität, den sie mit leisen, pallenbergisch burlesken Zwischentönen abwehrt. Die ungeheure Eindringlichkeit Max Gülstorffs, der das Antlitz eines Phantoms hat. Die behende Kraft und sinnliche Gaukelei der blonden Franziska Kinz. Und die primitive Natur der Lucie Höflich, wenn sie im Schluchzen und Schreien der Schmerzenskrisen sich entlädt. Die Komödie wird eine lange Reihe von interessanten Abenden haben.«

Wieglers Prognose trifft tatsächlich ein: Monatelang wird Abend für Abend vor ausverkauftem Haus ein Autor gesucht.

☆

»Die wahren Kinder des Jahrzehnts« der zwanziger Jahre sind die beiden Dramatiker, die selber noch in den Zwanzigern ihres Lebens stehen: Carl Zuckmayer und Bertolt Brecht. Ihre ersten Stücke *(Kreuzweg* und *Pankratz erwacht* von Zuckmayer, beide uraufgeführt in Berlin, und *Trommeln in der Nacht* und *Baal* von Brecht) lagen in ihrem Erfolg zwischen Applaus und Pfeifen.

Bald aber haben sie sich durchgesetzt. Zuckmayer mit *Der fröhliche Weinberg* (uraufgeführt am 22. Dezember

1925 im *Theater am Schiffbauerdamm),* 1927 mit dem *Schinderhannes (Lessing-Theater)* und 1931 mit *Der Hauptmann von Köpenick (Deutsches Theater).*

Der fröhliche Weinberg bringt etwas auf die Bühne, was es in dieser unbekümmerten Vollsaftigkeit noch nicht gegeben hat. Hier wird getrunken und gesungen, gerauft und geliebt, derb und deutlich gesprochen – ein Volksstück, das »vollen Mundes fröhlich die Welt anorgelt«, wie die *BZ am Mittag* schrieb.

Bert Brecht setzt sich in Berlin im Jahre 1924 im *Deutschen Theater* durch mit *Im Dickicht der Städte,* nachdem das Stück ein Jahr zuvor in München uraufgeführt worden war. Mit seiner *Dreigroschenoper* (Uraufführung im *Theater am Schiffbauerdamm* am 31. August 1928) erlebt er seinen größten Erfolg – bis auf den heutigen Tag.

Die Uraufführung der *Dreigroschenoper* zeigt eine bisher nicht mehr erreichte Besetzung: Erich Ponto, Harald Paulsen, Kurt Gerron, Rosa Valetti, Roma Bahn, Lotte Lenya und Kate Kühl.

Die *Dreigroschenoper* schockiert und begeistert. Über keine Uraufführung wird in Berlin und im Reich so viel geschrieben wie über diese Bürgerschreck-Oper. Mehr als zweihundertfünfzigmal wird die *Dreigroschenoper* vor ausverkauftem Haus gespielt. Die Songs mit der Musik von Kurt Weill erobern schnell die ganze Welt, und in vielen Theatern in allen Erdteilen gehört das Brecht-Weill-Opus noch heute zum ständigen Repertoire.

Monatelang hat das *Theater am Schiffbauerdamm* eine größere Anziehungskraft als das *Metropol-Theater,* in dem Richard Tauber seine schönsten Lieder singt. In zehn Jahren verdient er auf der Bühne und in den Filmateliers Berlins zehn Millionen Reichsmark.

Das *Metropol-Theater* gehört zu einem Theaterring der Brüder Alfred und Fritz Rotter. Den größten Erfolg haben sie freilich mit dem *Metropol-Theater,* und hier sind es vor allem die Operetten von Franz Lehár, in deren Mittelpunkt stets Richard Tauber steht.

Uraufgeführt werden sie zunächst meist im *Deutschen Künstlertheater* unter der Leitung von Heinz Saltenburg, aber die großzügigen Inszenierungen im *Metropol* geben ihnen später erst die künstlerische Vollkommenheit.

Eine Tauber-Premiere wird zu einem gesellschaftlichen Ereignis Berlins. Dr. Bernhard Weiß, der Vizepolizeipräsident der Reichshauptstadt, sitzt immer im Parkett und stellt für den Empfang der Autos des Premieren-Publikums seine besten Polizeioffiziere zur Verfügung. Alles, was Rang und Namen hat in Berlin, erscheint im *Metropol-Theater*. Die Damen der Gesellschaft führen ihre neuesten Garderoben und Parfüms vor.

Es beginnt 1925 mit *Paganini*. Wenn Tauber singt »Gern hab' ich die Frau'n geküßt«, schmilzt das Publikum dahin. Es folgen 1927 der *Zarewitsch* mit dem Wolga-Lied, 1928 *Friederike* mit »O Mädchen, mein Mädchen, wie lieb' ich dich« (erstmals erscheint Goethe auf einer Operettenbühne), 1929 *Das Land des Lächelns* mit »Dein ist mein ganzes Herz« und 1931 *Schön ist die Welt* mit »Ich bin verliebt«.

Für jede dieser Operetten schreibt Franz Lehár seinem Freund Richard Tauber bestimmte Lieder auf den Leib, und sie brechen stets alle Rekorde im Schallplattengeschäft der damaligen Zeit. Die Vorstellungen sind stets ausverkauft, und auch der »kleine Mann« besucht das *Metropol-Theater,* um sich von Richard Taubers Stimme und der Musik von Lehár aus den Realitäten des Alltags in Luftschlösser entführen zu lassen.

Auch die beiden Operetten von Paul Abraham *Viktoria und ihr Husar* und *Die Blume von Hawaii* gehören – nachdem sie im *Großen Schauspielhaus* ihre Premieren erlebten – in die Erfolgsserie der *Metropol*-Aufführungen. Noch in einigen anderen Theatern Berlins wird die Operette gepflegt, aber nirgendwo gibt sie sich so glanzvoll wie im *Metropol*.

☆

Die Brüder Rotter beschäftigen in den ersten der zwanziger Jahre als Dramaturgen Dr. Otto Kanehl, einen Linksintellektuellen. Bevor er sich 1925 aus nicht geklärten Gründen erschießt, hat er in einem Brief an die Brüder Rotter einen früheren Studienkollegen als seinen Nachfolger empfohlen. Dieser junge Mann kommt auch nach Berlin. Als er vor der Grunewald-Villa der jüdischen Theatermagnaten klingelt, erfährt er von der Haushälterin, daß die Herren sich gerade in Cannes aufhalten.

Der junge Mann fährt entmutigt in seine rheinische Heimat zurück. Es ist Dr. Joseph Goebbels, der zwei Jahre später aufbrechen wird, um Berlin für Hitler zu erobern.

Ein Jahr zuvor, im Januar 1924, hat sich Goebbels als Redakteur beim *Berliner Tageblatt* beworben. Er erhält eine ablehnende Antwort.

Der spätere Reichspropagandaminister des Dritten Reiches wäre zweifellos ein ausgezeichneter Journalist und Linksintellektueller geworden und hätte mit seinem messerscharfen Verstand das bekämpft, was er später propagierte: den Nationalsozialismus und den Antisemitismus. Und als Dramaturg wäre er mit einer an Sicherheit grenzenden Wahrscheinlichkeit bei Jeßner oder Piscator gelandet – und die Weltgeschichte wäre möglicherweise etwas anders verlaufen ...

1933 wird Goebbels nicht nur Herr des gesamten Films, sondern auch der Bühnen – mit Ausnahme der Preußischen Staatstheater (in Berlin: *Staatsoper* Unter den Linden und *Schauspielhaus* am Gendarmenmarkt), die Hermann Göring als preußischem Ministerpräsidenten unterstehen. Heinz Tietjen bleibt Generalintendant, und Gustaf Gründgens wird Intendant des Schauspielhauses. Göring hält schützend seine Hand über »seine« Intendanten und »seine« hervorragenden Schauspieler.

Aber auch Goebbels verfügt über sehr gute Kräfte – vor allem im *Deutschen Theater*. Der große Bühnenzauberer Max Reinhardt hat dieses Theater, das ihm gehört, zusammen mit den *Kammerspielen* in einem Brief am 16. Juni 1933 an die neue Regierung feierlich dem deutschen Volk als Nationaleigentum übertragen. Es wird von Heinz Hilpert geleitet, und Jürgen Fehling ist der große Regisseur bei Gründgens.

Viele jüdische Schauspieler haben Deutschland verlassen müssen, aber immer noch bleiben hervorragende Mimen und ganze Ensembles zurück, deren Leistungen noch heute in der Erinnerung fortleben. Die Leistung wird auch dadurch erhöht, daß es zu einer künstlerischen Konkurrenz zwischen den Goebbels- und Göring-Bühnen kommt.

»Ich habe nicht die Absicht, etwa das künstlerische Schaffen einzuengen«, erklärt Goebbels am 8. Mai 1933 vor den Theaterleitern im Hotel *Kaiserhof.* »Wenn irgendwo das Gesetz der Persönlichkeit sich auswirken muß, dann in der Kunst!«

Von den 49 Theatern des Jahres 1927 haben schon während der großen Wirtschaftskrise zwischen 1928 und 1932 viele schließen müssen. Einige »nichtarische« Privatbühnen verschwanden nach Beginn der nationalsozialistischen Herrschaft. Es blieben – einschließlich der Staatsoper Unter den Linden und der Deutschen Oper in der Bismarckstraße – knapp 30 Theater übrig: immer noch eine imponierende Zahl, die von keiner Stadt der Welt erreicht wurde.

Die Berliner Theater ab 1933 sind, genau wie in ihrer Glanzzeit der zwanziger Jahre, fast immer ausverkauft – zumal die Organisation *Kraft durch Freude* dafür sorgt, daß jetzt auch die »Arbeiter der Faust« in Massen die Bühnenkunst erleben können.

Viele Autoren dürfen nicht mehr aufgeführt werden, viele Komponisten werden verboten, weil sie nicht in die Rassenvorstellungen der Nationalsozialisten passen. Aber es gibt immer noch eine Menge »tragbarer« Dichter, und das sind vor allem die Klassiker, die in immer neuen Inszenierungen herausgebracht werden.

Und natürlich haben »nationale« Schauspiele den Vorrang. In *Schlageter* von Hanns Johst, an Hitlers Geburtstag (20. April) 1933 im *Staatlichen Schauspielhaus* uraufgeführt, stellt sich jene Schauspielerin zum ersten Male den Berlinern vor, die später die zweite Frau Görings sein wird: Emmy Sonnemann.

Die Schauspieler erfreuen sich der besonderen Gunst des Regimes. Hitler zieht die Gesellschaft von Schauspielern jeder anderen vor. Er und Goebbels sorgen dafür, daß Bühnen- und Filmkünstler im Dritten Reich eine gesellschaftlich überragende Stellung genießen. 1936 gründet Goebbels als Altersversorgung der Schauspieler den *Künstlerdank*, und 1937 zieht Göring für »seine« Schauspieler mit der *Emmy-Sonnemann-Stiftung* nach.

Schon sehr bald nach der Machtübernahme hat Goebbels in der Berliner Viktoriastraße das *Kameradschaftshaus der deutschen Künstler* eröffnet: einen modernen Klub, in dem es von den Tanzflächen bis zur Kellerbar alles gibt, was der Geselligkeit dient. Goebbels ist sehr häufiger Gast, und sogar Hitler erscheint gelegentlich hier. Fotos beweisen dem deutschen Volk immer wieder, wie Hitler und seinem Propagandaminister das Wohl der Künstler am Herzen liegt.

Die Künstler haben sogar das Privileg, daß sie sich um Politik nicht zu kümmern brauchen und »auf einer Insel leben dürfen«. Die Operette *Der Goldene Käfig* von Theo Mackeben, im September 1943 im *Admiralspalast* uraufgeführt, trifft genau die Situation der Schauspieler im Dritten Reich.

Im *Admiralspalast* überrascht das Berliner Publikum in den dreißiger Jahren ein Mann mit glanzvollen Inszenierungen *(Fledermaus, Frau Luna, Die Dubarry),* der nach 1945 in Ost-Berlin als Chef der Komischen Oper beste deutsche Theatertradition pflegte: Walther Felsenstein.

☆

Auf einer Insel besonderer Art lebt jener Mann, der im Sommer 1934 das *Metropol* pachtet und bald als neuer Berliner »König der Operette« gilt: Heinz Hentschke. Nach 1933 bis zu Hentschkes Übernahme hatte sich das Ensemble des *Metropol-Theaters* zu einer Notgemeinschaft zusammengeschlossen und spielte Lehárs *Friederike* – mit Grete Weiser als Soubrette –, und im Februar 1934 wird Walter Kollos Operette *Derflinger* uraufgeführt.

Danach geht es »richtig los« – mit den Hentschke-Operetten. Nach Hindenburgs Tod (2. 8. 1934) übernimmt

Hitler auch dessen Amt und vereinigt die Ämter des Partei-, Regierungs- und Staatschefs als »Führer und Reichskanzler« – drei Wochen später feiert Hentschke Premiere mit der Operette *Lauf ins Glück* (Musik von Fred Raymond).

Als 1935 die allgemeine Wehrpflicht verkündet wird, die Aufrüstung und mit ihr die Zeit der Kriegsvorbereitung beginnt, bringt Hentschke den *Ball der Nationen* heraus. Während bald nach Beginn des Spanischen Bürgerkrieges 1936 die *Legion Condor* nach Spanien fliegt, präsentiert Hentschke im *Metropol* die Operette *Auf großer Fahrt*. Zufall oder Absicht?

Hentschke bleibt jedenfalls »in Fahrt«. Als im September 1937 Hitler seinen Freund Mussolini in Berlin begrüßt und an diesem Tage Berliner Widerstandskämpfer Flugzettel mit der Schlagzeile »Zwei Henker treffen sich« verteilen, bittet das *Metropol-Theater* zur Premiere von *Maske in Blau*. Im Jahr des Einmarsches deutscher Truppen in Österreich (13. März 1938) begeistert Hentschke sein Publikum mit *Melodie der Nacht*.

Bald nach Kriegsbeginn erlebt *Die oder keine* eine glanzvolle Uraufführung. Nach dem Norwegen- und Frankreich-Feldzug erfreut Hentschke sein Publikum mit einer seiner großzügigsten Inszenierungen: *Frauen im Metropol*. Als nach Beginn des Rußland-Feldzugs die Ferntrauung zwischen Soldaten an der Front und den Bräuten in der Heimat eingeführt wird, feiert Hentschkes Haus *Hochzeitsnacht im Paradies*.

Muß noch festgestellt werden, daß sämtliche Vorführungen stets ausverkauft sind? Jeder läßt sich gerne einige Stunden von den Kriegssorgen ablenken. Nach Stalingrad und der Goebbels-Rede vom »totalen Krieg« überrascht Hentschke mit seiner *Königin einer Nacht*.

Und als schließlich die Front im Westen wankt, als sich die deutschen Truppen zurückziehen müssen, lautet der Titel der letzten Uraufführung im *Metropol-Theater*: *Wiedersehen macht Freude*.

Unvergessen ist neben Richard Tauber aus den Jahren vor 1933 Fritzi Massary, der Berlin 30 Jahre lang zujubelte und die 1932 in *Eine Frau, die weiß, was sie will* von Oscar

Straus ihre letzte Rolle in Deutschland spielte. Aus den späteren Jahren sind in Erinnerung geblieben – um nur einige zu nennen: Erich Arnold, Rudi Godden, Dorit Kreysler, Ingeborg von Kusserow, Elfie Maierhofer, Walter Müller, Friedl Schuster, Kurt Seiffert, Clara Tabody, Paul Westermeier und Johannes Heesters, der im *Metropol* seine Glanzzeit erlebte.

☆

Am 10. Oktober 1944 werden alle Theater geschlossen, die Schauspieler in Munitionsfabriken oder an die Front geschickt – sofern sie nicht auf der Liste A (»Liste der Unsterblichen«) oder auf Liste B (»Liste der Gottbegnadeten«) des Propagandaministeriums stehen. Schon wenige Wochen später gelten diese Listen nur noch bedingt.

Ausgerechnet während des Krieges, im Jahre 1942, wird in Berlin – in der *Komischen Oper* – das einzige Stück gegen den Nationalsozialismus aufgeführt: die Komödie *Die sechste Frau* von Max Christian Feiler. Sie schildert amüsant die Geschichte Heinrichs VIII. und seiner sechsten Frau, Katharina Parr. Erst nach der 52. Vorstellung merken die Herren der Abteilung VI/T (Theater) des Propagandaministeriums, daß hier das Dritte Reich persifliert wird.

In den Parlamentsszenen wird zwar Heinrich VIII. lächerlich gemacht – gemeint ist aber offenbar Hitler vor dem Reichstag. Erst nach weiteren zwanzig Vorstellungen läßt Goebbels das Stück verbieten, und Hausherr Hanns Horack darf sein Theater nicht mehr betreten. Die *Komische Oper*, bisher Privattheater, kommt jetzt in die Obhut des Staates. Die Hauptrollen in dieser Komödie spielten übrigens O. E. Hasse, Olga Tschechowa und Will Dohm.

Im totalen Krieg müssen die Musen schweigen...

Das *Staatstheater am Gendarmenmarkt* verabschiedet sich von seinem Publikum mit einer glanzvollen Inszenierung des romantischen Singspiels von Pius Alexander Wolff, *Preciosa*, zu dem Carl Maria von Weber die Musik geschrieben hat. Jürgen Fehling schöpft aus dem vollen und bietet den ganzen verschwenderischen Zauber auf, den eine Bühne nur entfalten kann. Die Kapelle der Staatsoper spielt, das Ballett tanzt, und diese Inszenierung, die überschäumt von Einfällen und Ausstattung, wird ein Abschied für immer von der Bühne am Gendarmenmarkt, in der seit 1821 deutsche Theatergeschichte geschrieben wurde.

Einen solchen Applaus, in den sich Wehmut mischt, hat das Haus noch nie erlebt, und die Hauptdarsteller Käthe Gold, Albert Florath, Maria Koppenhöfer und Gustav Knuth müssen sich immer wieder verbeugen.

Das *Schauspielhaus* versank in den Bombennächten Berlins in Trümmer – wie so viele andere Bühnen der Reichshauptstadt.

Musentempel am Gendarmenmarkt: das Preußische Staatstheater, 1819—1821 von Karl Friedrich Schinkel erbaut. Seine größte Zeit erlebte es unter den Intendanten Leopold Jeßner und Gustaf Gründgens. (9)

Berlin, Stadt der Theater. Acht große Namen aus einem einzigen Ensemble (v.l.n.r.): Hermann Valentin, Tilly Wedekind, Werner Krauß, Käthe Dorsch, Elisabeth Bergner, Eleonore von Mendelssohn, Carola Neher und Heinrich George, 1929. (10)

Gerhart Hauptmann, dessen Dramen meistens in Berlin uraufgeführt wurden, mit Frau (halb verdeckt), Schauspielerin Helene Thimig, Regisseur Max Reinhardt und Reichswehr-Chef General von Seeckt während einer Aufführung im Großen Schauspielhaus. (11)

Eine »Neue« 1933 am Preußischen Staatstheater und ein großer Schauspieler und Regisseur: Emmy Sonnemann, die spätere Frau Hermann Görings, und Gustaf Gründgens in dem Lustspiel »Das Konzert« von Hermann Bahr. (12)

Hans Albers (links) und Fritz Kortner waren im März 1929 in »Rivalen« das Ereignis von Berlin. In der Mitte: Maria Bard. (13)

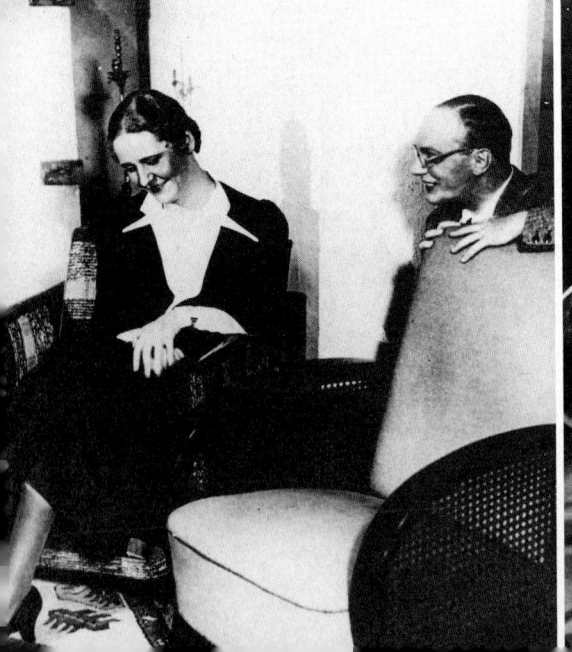

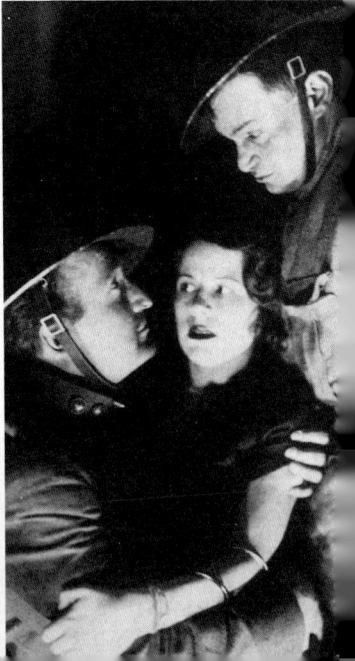

Inszenierungen, die Theatergeschichte schrieben:
WILHELM TELL; Staatliches Schauspielhaus 1919; Regie: Leopold Jessner (oberes Bild).
DER FRÖHLICHE WEINBERG; Uraufführung Theater am Schiffbauer Damm 1926; u.a.
mit Käthe Haack und Eduard von Winterstein. (14,15)

Die großen Zauberer des Berliner Theaters (von linke obere Reihe nach rechts unten): Leopold Jeßner (*3. 3. 1878, † 30. 10. 1945), Max Reinhardt (* 9. 9. 1873, † 30. 10. 1943), Erwin Piscator (*17. 12. 1893, †30. 3. 1966), Jürgen Fehling (* 1. 3. 1885, † 14. 6. 1968). (16, 17, 18, 19)

Bert Brechts DIE DREIGROSCHENOPER in der Erstverfilmung von 1931. Ernst Busch als Moritatensänger. Regie: G.W. Pabst. (20)

4. Kapitel

Von Robert Koch bis Ferdinand Sauerbruch

Hochburg der Medizin: Die Charité

Im berühmtesten Krankenhaus der Welt wird geheilt, geforscht und gelehrt

Zu Beginn des Wintersemesters meldet sich bei Professor Ernst Viktor von Leyden ein Medizinstudent zum Examen. Leyden, der große Internist und begnadete Therapeut, der sich besonders dem Rückenmark, dem Herzen und der Niere »verschrieben« und schon 1903 ein Krebsforschungsinstitut in der Berliner *Charité* gegründet hat, ist Chef der »I. Medizinischen Klinik« der weltberühmten Krankenanstalten.

»Wo befinden Sie sich im Augenblick, Kandidat Sievers?«

Der Examenskandidat antwortet spontan: »In der Ersten Medizinischen Klinik der *Charité*!«

»Das ist fast richtig«, erwidert Professor von Leyden. »Etwas haben Sie bei Ihrer Antwort vergessen. Sagen Sie es ganz präzise!«

Sievers, etwas verblüfft, überlegt, sieht den Internisten fragend an, findet aber keine Antwort.

Der Klinikchef zwirbelt seinen Bart, wirft sich in Positur und erklärt: »Sie befinden sich hier, mein lieber Herr Sievers, an der Ersten Medizinischen Klinik der Welt.«

»Selbstverständlich, Herr Professor!« antwortet Friedrich Sievers stolz. Drei Jahre später ist er Arzt am Königsberger Städtischen Krankenhaus.

Überheblichkeit? Selbstbeweihräucherung eines Halbgottes? Keineswegs. Was von Leyden 1905 vielleicht als Scherz meinte, entspricht in der damaligen Zeit und noch Jahrzehnte später der Wirklichkeit.

Die *Charité* genießt Anfang des vorigen Jahrhunderts bis zum Kriegsende 1945 einen Ruf, den man sich heute kaum noch vorstellen kann. Sie ist, vor allem bis 1933, ein Weltzentrum der Medizin und eine Gralsburg der medizinischen Wissenschaft. Ein weiteres ehrendes Attribut nennt die *Charité* einen »Olymp der Wissenschaft«.

Zugleich ist sie das Ziel Schwerkranker aus der ganzen Welt. Studenten aus allen Erdteilen sitzen in ihren Hörsälen. Ärzte aller Sprachen und Hautfarben reisen in die deutsche Reichshauptstadt, um sich hier mit den neuesten Errungenschaften, Erkenntnissen und Erfahrungen der Medizin vertraut zu machen.

Kaiser, Könige, Staatsmänner und Industriemagnaten rufen Professoren der *Charité* an ihr Krankenbett, und die Universitäten in aller Welt bitten um Gastvorlesungen von *Charité*-Koryphäen.

Wenn die Herren Professoren der *Charité* eine Reise antreten – während des Kaiserreiches, der Weimarer Republik und noch im Dritten Reich –, erhalten sie oft vom Auswärtigen Amt Diplomatenpässe, damit sie völlig unbehelligt reisen können und ihr Gepäck mit dem meist wertvollen Präzisions-Instrumentarium keinem Zöllner zu öffnen brauchen.

Wer an der *Charité* studiert oder dort gar als Assistent gearbeitet hat, der fühlt sich gleichsam einem elitären Orden zugehörig. Ausbildung an der *Charité* – das ist praktisch ein Gütezeichen. Viele später berühmte Professoren in Ostasien, in Südosteuropa und in Lateinamerika zieren ihre Visitenkarte mit dem Vermerk »An der Charité studiert« oder »Ehemals Assistent an der ...-Klinik der Berliner Charité«.

Als die Rote Armee am 1. Mai 1945 die *Charité* besetzt – in der Professor Ferdinand Sauerbruch im Operationsbunker, umgeben von Schwerkranken und Sterbenden, im unerträglichen Geruch von Schweiß, Blut und Eiter unentwegt mit seinen Mitarbeitern operiert –, da melden sich bald die ersten sowjetischen Sanitätsoffiziere bei ihm, die sich stolz als ehemalige Schüler der *Charité* bekennen.

Einer von ihnen, Professor A. A. Visnevskij, Direktor des Moskauer Instituts für Experimentelle Chirurgie und dreizehn Jahre später Mitglied der Akademie der Medizinischen Wissenschaften, drückt seinem alten Lehrmeister Sauerbruch stolz die Hand.

Der sowjetische Professor sorgt dafür, daß seinem deutschen Kollegen Sauerbruch sofort das Notwendigste von dem zur Verfügung steht, was in der damals zu einem Drittel zerstörten *Charité* benötigt wird.

Soweit die Professoren der *Charité* in diesen Wirren des Zusammenbruchs noch arbeiten, werden sie von vielen Ärzten der Roten Armee und später von Amerikanern, Engländern und Franzosen zu Rate gezogen. Daß sogar Lord Dawson of Penn, der Leibarzt des britischen Königshauses, in der Mitte der dreißiger Jahre seinen Neffen Laurence O'Shaughnessy als Assistent zu Professor Sauerbruch an die Chirurgische Abteilung der *Charité* geschickt hat, flößt den britischen Ärzten, die mit der Armee nach Berlin gekommen sind, besonderen Respekt ein.

☆

Blenden wir für einen Augenblick in die Geschichte der *Charité* zurück...

1710 ordnete König Friedrich I. den Bau eines Hauses für Pestkranke an – vor den Toren seiner Residenz Berlin. Sein Nachfolger Friedrich Wilhelm I. wandelte das *Quarantaine-Lazareth* in ein Krankenhaus und eine Ausbildungsstätte für Wundärzte um und gab ihm den Namen *Charité* (Barmherzigkeit).

1810 übernimmt, sofort nach ihrer Gründung, die Friedrich-Wilhelms-Universität die *Charité,* die jetzt zugleich als Lehr- und Forschungsstätte dient. Immer wieder wird der Komplex erweitert, aber schon bald reichen die Klinikbauten nicht mehr aus. Seit 1896 wird ein Gebäude der Frühzeit nach dem anderen niedergerissen.

Es wachsen neue Bauten, neue Kliniken, neue Institute, neue Hörsäle, Laboratorien und Operationsräume. Allein das Pathologische Institut ist vor der Jahrhundertwende doppelt so groß wie die ursprüngliche *Charité.* Die große Kranken- und Lehrstadt östlich vom Lehrter Bahnhof, zwischen Invaliden-, Luisen- und Schumannstraße, umfaßt schließlich ein Areal von 420 mal 600 Meter Größe. Schon um die Jahrhundertwende gehören zur *Charité* zwölf Universitätskliniken für alle möglichen Bereiche medizinischer Wissenschaft, und fast jedes Jahr kommt eine weitere Kranken- und Lehranstalt hinzu. Auch die *Universitätskliniken in der Ziegelstraße,* nördlich der Friedrich-Wilhelms-Universität, arbeiten eng mit der *Charité* zusammen, obwohl hier andere »Päpste« der Medizin regieren.

Als Professor Sauerbruch 1927 nach Berlin kommt, wird er für beide Lehrstühle berufen: an die *Charité* und an die *Klinik in der Ziegelstraße* (wo bis 1931 der berühmte Chirurg Otto Bier wirkt).

Viele spezielle Abteilungen gibt es in der *Charité* zum erstenmal auf der Welt – etwa die Psychiatrisch-Neurologische Klinik, die Professor Wilhelm Griesinger 1864 gründet. Zu Griesingers berühmten Nachfolgern gehören Carl Westphal und Karl Bonhoeffer (der vier Familienmitglieder, zwei Söhne und zwei Schwiegersöhne, wegen ihrer Beteiligung am Widerstand gegen Hitler verloren hat).

Der letzte (7.) Nachfolger Griesingers, Professor Max De Crinis, ist einer der ganz wenigen in der Geschichte der *Charité,* die dem Namen »Barmherzigkeit« keine Ehre gemacht haben: De Crinis, ein Freund des Reichsführers-SS Heinrich Himmler, war verantwortlich für das Euthanasie-Programm: für den Mord an über hunderttausend geistig kranken Menschen. Als die Rote Armee Berlin besetzte, mißlang ihm die Flucht. Er nahm mit seiner Frau die Giftkapsel.

De Crinis – ein Schandfleck auf der stolzen Liste der Namen, die mit der Geschichte der *Charité* und ihren ungewöhnlichen Leistungen für die medizinische Wissenschaft verbunden sind.

Sie beginnt mit Christoph Wilhelm Hufeland († 1836), der Wieland, Herder, Goethe, Schiller und das preußische Königspaar behandelte, und dessen Name fortlebt in der Hufeland-Medaille für hervorragende Leistungen in der biologischen Medizin und im Hufeland-Preis, mit dem jährlich die beste Arbeit über vorbeugende Gesundheitspflege ausgezeichnet wird.

Es folgt der Name des Physiologen, Anatomen und universellen Forschers Johannes Peter Müller († 1858), aus dessen Schule viele berühmte Mediziner hervorgegangen sind. Am bekanntesten wurde Rudolf Virchow († 1902), der bedeutendste Mediziner und Anthropologe seiner Zeit. Er begründete die Pathologische Anatomie und Zellular-Pathologie. In seinem sozialpolitischen Wirken für öffentliche Gesundheitspflege, Hygiene, besseren Wohnungsbau und Seuchenbekämpfung verband er die Aufgaben des Arztes mit den Pflichten des Politikers: als führender Mann der Fortschrittspartei im Reichstag.

Der Chirurg Albrecht von Graefe († 1870) galt als der größte Augenarzt der Neuzeit. Bernhard von Langenbeck († 1887) brachten seine plastischen Operationen Weltruhm ein. Ernst von Bergmann († 1907) ist in die Geschichte der Medizin eingegangen als Hirnchirurg. Er erwarb sich außerdem große Verdienste um die Ausbildung der Antisepsis; er führte die Asepsis ein und wurde Meister der kriegschirurgischen Technik.

Der Internist Gustav von Bergmann († 1955), ein Sohn des berühmten Chirurgen, erwarb sich besondere Verdienste um die Bekämpfung des Magengeschwürs und schrieb das klassische Lehrbuch »Funktionelle Pathologie«.

Die Liste der Wissenschaftler an der *Charité* umfaßt noch viele andere Namen, die untrennbar mit der Geschichte der Medizin und der *Charité* verbunden sind. Johann Christian Jüngken († 1875) war einer der Gründer der wissenschaftlichen Augenheilkunde. Der Chirurg Heinrich Adolf Bardeleben († 1914) ist der Erfinder der »Bardelebenschen Brandbinde«. Der Chirurg Franz König († 1910) betrieb als erster Arzt Herzmassage bei Herzstillstand, zum Beispiel bei Narkose-Zwischenfällen. Sein Schüler Otto Hildebrand († 1926) galt als genialer Universal-Operateur. Hildebrands Nachfolger als Chef der Chirurgischen Klinik der *Charité* wurde Ferdinand Sauerbruch.

Auch die Liste der Männer, die große Entdeckungen gemacht haben, ist untrennbar mit der *Charité* verbunden. Da ist zunächst der Bakteriologe Robert Koch († 1910). Der Direktor des Hygienischen Instituts der *Charité* und des Instituts für Infektionskrankheiten entdeckte unter anderem den Erreger des Milzbrandes (1876), fand den Tuberkel-Bazillus (1882) und jenes Mittel, das ihn bekämpft (Tuberkulin), und den Cholera-Erreger (1883). Koch erforschte auf zahlreichen Reisen Pest, Malaria und Schlafkrankheit und sorgte dafür, daß Seuchen ihre Schrecken verloren. Mit seinem berühmten »Germanin« bezwang er die tückische Schlafkrankheit. 1905 erhielt er den Nobelpreis für Medizin.

Robert Kochs früherer Assistent Emil von Behring († 1917) stellte als erster Seren gegen Diphtherie und Tetanus her und »gab damit den Ärzten eine segensreiche Waffe im Kampf gegen Krankheit und Tod«. 1901, bei der ersten Verleihung überhaupt, erhielt er den Nobelpreis für Medizin.

Der Dermatologe Erich Hoffmann († 1959) von der *Charité*-Hautklinik und der Zoologe Fritz Richard Schaudinn († 1906) entdeckten 1905 den Erreger der Syphilis und der Amöbenruhr.

Der Bakteriologe August von Wassermann († 1925), Mitarbeiter von Robert Koch, entdeckte 1906 eine sichere Methode, die Syphilis zu erkennen: die Wassermannsche Reaktion (WaR).

Der Serologe Paul Ehrlich († 1915), Schöpfer der modernen Chemotherapie, ebenfalls ein Schüler von Robert Koch, erhielt 1908 den Nobelpreis für seine Serum-Therapie (die den Körper gegen bestimmte Bakterien immun macht) und entdeckte 1910, zusammen mit seinem japanischen Assistenten Sahatschiro Hata (der an der *Charité* studiert hat), das erste wirksame Mittel gegen Syphilis: Salvarsan.

Damit ist die Liste der wissenschaftlichen Koryphäen, die an der *Charité* wirkten oder aus ihrer Schule hervorgingen (und deren Namen noch heute jedem Laien geläufig sind), längst nicht erschöpft.

Da ist der Pathologe und Internist Friedrich Theodor von Frerichs († 1885), Direktor der I. Medizinischen Klinik der *Charité*, der zu seiner Zeit einen weltweiten Ruf als Diagnostiker genoß. Patienten aus der ganzen Welt mit unklaren Krankheiten wurden nach Berlin zu Frerichs geschickt.

Es folgt Karl Gerhardt († 1902), Chef der Hals-, Nasen- und Ohrenklinik, der 1888 den Kehlkopfkrebs beim Kronprinzen Friedrich diagnostizierte und schon damals die Anregung gab zu einer Klinik, die erst später verwirklicht wurde: das Phonetische Institut der *Charité*, in dem sogar Patienten, deren ganzer Kehlkopf entfernt wurde, wieder das Sprechen lernten.

Um noch einen Namen der »alten« *Charité*-Zeit zu nennen: Der Internist Wilhelm His († 1934) entdeckte das His'sche Bündel im Reizleitungssystem des Herzens.

Die Berliner wußten stets, was sie an »ihren« *Charité*-Professoren hatten. Als Rudolf Virchow starb (1902), als ihm fünf Jahre später Ernst von Bergmann folgte und als nach weiteren drei Jahren Ernst von Leyden verschied – da wurde jedesmal aus der Beerdigung ein Demonstrationszug des Dankes, und in der ganzen Stadt herrschte spontan Volkstrauer. Sogar Kaiser Wilhelm II., der seine *Charité*-Geheimräte gern als das »wissenschaftliche Leibregiment der Hohenzollern« betrachtete, folgte in einer schwarz drapierten Hofkutsche den Särgen.

Die Dynastie der drei großen Ärzte Virchow, von Bergmann und von Leyden ist 1910 erloschen, aber ihre Erben setzen ihr Werk fort. Studenten und Patienten aus aller Welt strömen weiter nach Berlin. Der Strom wird nur durch den Ersten Weltkrieg unterbrochen. Die Grenzen sind kaum wieder geöffnet, da wird die *Charité* erneut zum Ziel von Studenten und Patienten, um sich von den »Erben der *Charité*-Throne« unterrichten und behandeln zu lassen.

1937 gibt es noch einmal eine große Beerdigung. Werner Körte, der Chef der Chirurgischen Abteilung des *Städtischen Krankenhauses am Urban* (nördlich der Hasenheide), ist Mitbegründer der modernen Bauchchirurgie und des Eingriffs in die Gallenwege und der Leber. Er starb im Alter von 84 Jahren. Mit seinen Kollegen von der *Charité* auf das engste verbunden, galt er lange Zeit als der populärste Arzt von Berlin: in der Bevölkerung und – als Sekretär der *Deutschen Gesellschaft für Chirurgie* – auch unter seinen Kollegen. Körte ist den Berlinern ebenso unvergessen wie der große Chirurg August Bier, der bis 1931 Chef der *Universitätskliniken in der Ziegelstraße* war.

Während Sauerbruch und Vorgänger Hildebrand mit ihren prominenten Patienten stets Erfolg haben, erlebt Bier zwei Fälle, die an seinem legendären Ruf rütteln.

Am 13. März 1924 verbreitet die englische Nachrichtenagentur *Reuter* die Meldung, daß Hugo Stinnes, damals einer der reichsten Männer der Welt, mit seinen Freunden eine Vergnügungsreise nach Madeira angetreten habe. Diese Meldung ist ein reines Ablenkungsmanöver.

In Wirklichkeit ist der Großindustrielle und Herr eines riesigen Industrie-Imperiums (Seeschiffahrt, Überseehandel, Kohle, Papier, Erdöl) in aller Heimlichkeit nach Berlin gereist und hat sich dort in das West-Sanatorium in der Joachimsthaler Straße begeben. Er wird hier von Professor Bier operiert. Das geschieht in aller Heimlichkeit, weil sonst die Börse empfindlich reagieren würde.

Bier öffnet die Gallenblase seines prominenten Patienten und entnimmt ihr einen großen Gallenstein, schneidet aber nicht – entgegen dem ausdrücklichen Wunsch des Kranken – die ganze Gallenblase heraus.

Schon am zweiten Tag nach der Operation fühlt sich Stinnes sehr wohl. Aber dann gibt es einen Rückschlag. Am 5. April 1924 entschließt sich Bier, noch einmal zu operieren. Stinnes' Gallenblase ist jetzt ganz mit Eiter gefüllt. Bier muß sie herausschneiden. Während der Operation ergießt sich ein Eiterstrom in die Bauchhöhle. Dennoch kann der große Chirurg die Situation meistern.

Doch der Zustand des Patienten bleibt nach dem Eingriff bedenklich. Eine doppelseitige Lungenentzündung kommt hinzu, und der ganze Organismus erlebt eine gefährliche Bakterien-Invasion. Am 10. April stirbt Stinnes.

Die Nachricht von seinem Tod fliegt um die Welt. Niemand begreift, daß dieser robuste Mann zwei Operationen nicht überlebt hat. Schon bald geistert ein Gerücht durch Berlin: Ist dem berühmten Professor ein Kunstfehler unterlaufen? Bier geht mit sich selbst zu Gericht. Sein Urteil: »Ich habe alles nur Menschenmögliche getan!«

Als Gras über diesen Fall gewachsen ist, folgt ein Nachspiel, über das noch lange gesprochen wird. Der Chirurg berechnet als Honorar insgesamt 180 000 Reichsmark: 150 000 für sich, 30 000 für seinen Assistenten Dr. Krüger. Der Fall kommt in die Zeitung. Die Söhne des Verstorbenen sind empört und wollen vor Gericht gehen. Damit wäre der Skandal komplett. Doch die Witwe des Toten bezahlt stillschweigend.

Auch Biers Kollegen sind entsetzt. Der Professor ist bekannt für seine hohen Liquidationen bei prominenten Patienten – aber hier hat er doch weit über das übliche Maß hinausgegriffen: Es ist die höchste Rechnung, die bisher ein Arzt geschrieben hat.

Im Jahre darauf vertraut sich Friedrich Ebert, der erste Präsident der Weimarer Republik, dem Chirurgen Bier an. Schon seit Jahren kränkelt Ebert. Aber er gönnt sich keine Ruhe. Er verzehrt sich für die Republik und trägt schwer an den persönlichen Anfeindungen, denen der untadelige Mann ausgesetzt ist. Ebert muß sich allein 130 Verleumdungskampagnen von Rechtsradikalen erwehren. Das zehrt an seinen Kräften.

Seine Leibschmerzen nehmen zu. Oft kann er im Reichstag nur sprechen, wenn er vorher eine Morphiumspritze bekommen hat. Schon bei der Gedenkrede für den ermordeten Reichsaußenminister Walther Rathenau (im Juni 1922) im Reichstag hat er sich kaum aufrecht halten können.

In der Nacht zum 24. Februar 1925 wird er von Bier im West-Sanatorium am Blinddarm operiert und liegt nach dem Eingriff in dem Bett, in dem Stinnes gestorben ist.

Ebert hat die Operation zwar überstanden, aber sein Zustand ist bedenklich. Ärztliche Kunst kann ihn nicht mehr retten. Er stirbt am 28. Februar – wenige Tage nach seinem 55. Geburtstag.

Theodor Heuss, der Friedrich Ebert in einem Nachruf den »Abraham Lincoln der deutschen Geschichte« nannte, schrieb: »Lincoln wurde von Kugeln ermordet, Ebert mit Worten gemartert. Ich weiß nicht, was das schlimmere Schicksal war.«

Wieder gibt es Gerüchte in Berlin... Der zweite prominente Bier-Patient ist nach der Operation gestorben! Die Obduktion, die Otto Lubarsch, der Direktor des Pathologischen Instituts der *Charité* – einer der Nachfolger Virchows – vornimmt, ergibt eindeutig: Der Reichspräsident ist ein sterbenskranker Mann gewesen; er hat an chronischer Gallenblasenentzündung, an Magengeschwüren und Blinddarmentzündung gelitten; der Blinddarm war durchgebrochen; Ebert wurde viel zu spät bei Bier eingeliefert.

Der in der ganzen Welt geschätzte Chirurg verkriecht sich für einige Wochen auf sein großes Waldgut südlich von Berlin. Bald sind die beiden tragischen Fälle vergessen, und Bier wird wieder als der Arzt gefeiert, dem man sich bedenkenlos anvertrauen kann und der jede chirurgische Notsituation meistert.

Tausende deutscher Soldaten des Ersten Weltkrieges verdanken Bier ihr Leben. Als Armeearzt hatte er festgestellt, daß unzählige Soldaten ihr Leben verloren durch kleine und kleinste Granatsplitter, die in den Kopf drangen, die Augen durchbohrten oder in den Nacken schlugen. Die Franzosen hatten einen ziemlich platt gehaltenen Helm eingeführt, aber der deckte die gefährlichsten Einschußstellen kaum.

Zusammen mit dem Artilleriehauptmann Friedrich Magnus Schwerdt, als Zivilist Professor an der Technischen Hochschule Hannover, entwarf Bier jenen Stahlhelm, der bis 1945 »Symbol deutschen Soldatentums« war.

Zu seiner Freude stellte Bier fest, daß überall dort – zuerst vor Verdun – die Verwundungen zurückgingen, wo der Stahlhelm getragen wurde.

☆

Ende November 1927 hält Professor Ferdinand Sauerbruch seine Antrittsvorlesung in Berlin und stellt sich gleichzeitig als neuer Chef der Chirurgischen Kliniken der *Charité* und der Ziegelstraße vor. Er und seine Mitarbeiter, die er aus München mitgebracht hat – darunter sein Erster Oberarzt Professor Rudolf Nissen –, gewinnen sofort das Herz und das Vertrauen der Ärzte, der Studenten, des Pflegepersonals und der Patienten.

»Es war eine besondere Gunst des Schicksals, daß der Mann, der sich fünfzig Jahre hindurch in seiner chirurgischen Arbeit nur große und schwere Aufgaben stellte, einen Ausgleich fand in der Freude und Neigung, mit Menschen zusammen zu sein, in der Empfänglichkeit für den Reiz der Anerkennung«, sagt später der selbst berühmt gewordene Professor Nissen über seinen damaligen Chef Sauerbruch. »Seine Weltoffenheit, sein kindlicher Frohsinn erhöhten den Zauber seiner Persönlichkeit, und alle, die in ihm einen Freund besaßen, wissen, daß durch sein Fehlen die Welt für sie ärmer und kälter geworden ist.«

Zu den bedeutendsten Schülern Sauerbruchs gehört Emil Karl Frey, der viele Jahre als Professor in Düsseldorf und später in München wirkte und insbesondere die Chirurgie der Lunge und des Herzens förderte.

Aber selbst ein so großer Mann wie Sauerbruch, stets aufgeschlossen allem Neuen gegenüber, kann sich einmal irren.

Ende des Sommersemesters 1932 meldet sich bei ihm ein junger Arzt, der schon einmal als Praktikant bei ihm gearbeitet hat: Dr. Werner Forssmann. Er möchte sich als Privatdozent an der Berliner Universität niederlassen und führt Sauerbruch eine neue Methode vor, die er im Jahre zuvor, 1931, an der Chirurgischen Klinik in Eberswalde erprobt hat: Er hat sich einen zwei Drittel Meter langen, engen Katheter von der Unterarmvene bis in einen Vorhof seines Herzens geschoben.

Sauerbruch gibt dem mutigen Arzt Gelegenheit, seine Entdeckung vorzuführen. Hinterher brüllt er ihn zusammen: »Mit so etwas habilitiert man sich im Zirkus, aber nicht an einer anständigen Klinik!«

Forssmann, enttäuscht, wird Facharzt für Urologie und zieht sich in eine Privatpraxis zurück. Es dauert sehr lange, bis er als Erfinder der »Herzkatheterisierung« gefeiert wird und 1956 den Nobelpreis für seine »Zirkusnummer« erhält.

Seit Sauerbruch in Berlin wirkt, gilt er nicht nur als

bester Chirurg in Deutschland. Er genießt auch einen weltweiten Ruf. Bedeutende Persönlichkeiten gewinnen seine Freundschaft – von dem großen Maler Max Liebermann bis zum Reichspräsidenten Paul von Hindenburg, der ihn respektvoll mit »Chef« anredet und in seinen letzten Lebensjahren von Sauerbruch betreut wird.

Die Liste der Prominenten, die Sauerbruch operiert, ist sehr lang, und nur wenige Namen mögen für viele sprechen: Friedrich Carl Duisberg, Generaldirektor der I. G. Farbenindustrie AG; Siegfried von Kardorff, Abgeordneter der Deutschnationalen und Vizepräsident des Reichstages; Giovanna, italienische Königstochter und Frau des bulgarischen Königs Boris III.; Tadj Moulouk, die Mutter des ehemaligen Kaisers vom Iran und Gemahlin des damaligen persischen Herrschers Mohammed Reza Khan.

Nebenbei erfüllt die hohe Dame aus Teheran noch eine diplomatische Mission. Als sie Ende 1937 Berlin verläßt, ist es ihr gelungen, den Fürsten Esfandiari, der seine Heimat verlassen und in der Reichshauptstadt die Berlinerin Eva Carl geheiratet hat, mit dem Pfauenthron zu versöhnen. Samt Frau und Töchterchen Soraya kehrt er in seine persische Heimat zurück.

Unter den Größen von Film und Bühne ist ihm Adele Sandrock die liebste Patientin. Er kuriert einen Oberschenkelbruch bei dem »lieben alten Mädchen« aus.

Auch die Prominenten des Nationalsozialismus sind Sauerbruchs Patienten. Dr. Goebbels liegt zehn Tage lang mit einer Blinddarmreizung in der *Charité*. Sauerbruch will ihn operieren, aber Goebbels hat Angst, und es gelingt dem Klinikchef, die Entzündung abklingen zu lassen. Während der Reichspropagandaminister in der *Charité* liegt, erhält Sauerbruch zwei anonyme Telegramme, die ihn durch die Blume an seine »Pflicht« erinnern: Goebbels nicht zu helfen.

Großen Radau macht Dr. Robert Ley, Führer der *Deutschen Arbeitsfront* und der Organisation *Kraft durch Freude,* als er für eine Hämorrhoiden-Operation vorbereitet wird. Er schreit entsetzlich, als er die erste Spritze bekommt, schimpft und tobt. Der Präsident des preußischen

Staatsrates Ley verlangt, daß Sauerbruch persönlich ihm die Spritzen setzt. Als der Geheimrat erscheint, brüllt er den mächtigen Ley an:

»Sie sind hier nicht auf einem Ihrer KdF-Dampfer!«

Ley verzichtet nach der Operation auf eine Morphiumspritze und verlangt dafür zwei Flaschen Cognac, die er schnell leert.

Dr. Bernhard Rust, Reichsminister für Wissenschaft, Erziehung und Volksbildung, setzt es durch, daß der Professor zur Operation zu ihm in die Wohnung kommt, die dafür eigens hergerichtet wird. Die Arroganz des Ministers dämpft Sauerbruch schnell durch seine Schlagfertigkeit. Er darf sich Grobheiten erlauben – auch den Größen der Nationalsozialisten gegenüber.

Der mit Abstand prominenteste Patient der *Charité* ist Adolf Hitler. Aber für des Führers Leiden ist nicht Sauerbruch zuständig, sondern Professor Carl von Eicken, Chef der Hals-, Nasen- und Ohrenklinik der *Charité*.

Am 15. Mai 1935 wird Eicken in die Reichskanzlei gebeten und dort in die Privatzimmer des Hitler-Adjutanten Brückner geleitet – aus Tarnungsgründen; denn niemand soll erfahren, daß Eicken zum Führer kommt.

Der *Charité*-Professor wird von Hitler sehr freundlich begrüßt, und der Führer erweist sich als einsichtsvoller Patient. Eicken diagnostiziert, was er schon aufgrund seines akustischen Eindruckes bei den letzten Hitler-Reden vermutet hat: Beide Stimmbänder sind blutunterlaufen, und am linken sitzt ein erbsengroßer Polyp.

Eicken bleibt in dem Gespräch, das nun folgt, Hitlers panische Angst vor Kehlkopfkrebs – an dem Kaiser Friedrich III. 1888 gestorben ist – nicht verborgen.

Der Führer kann sich der Notwendigkeit einer Operation nicht verschließen, die Eicken schon wenige Tage später, am 22. Mai 1935, in der Reichskanzlei vornimmt. Als »Tarn-Patient« fungiert wieder Brückner. Nachdem alles für den Eingriff vorbereitet ist, erscheint Hitler in Begleitung seiner grauen Eminenz Martin Bormann.

Während Eicken den Polypen entfernt, hält Dr. Brandt, als Leibarzt des Führers, dessen Kopf, und Eicken erzählt während der Operation Anekdoten, um seinen Patienten abzulenken.

Hitlers erste Frage gilt dem histologischen Untersuchungsergebnis des Polypen. Da ist sie wieder – die Angst vor dem Krebs. Professor Rössle, der Chef des Pathologischen Instituts, arbeitet so schnell, daß Eicken schon wenige Stunden nach dem Eingriff das Gutachten des Pathologen dem Führer vorlegen kann. Es enthält keinerlei Hinweise auf Krebs. Der Reichskanzler bleibt dennoch zunächst skeptisch. Erst als Eicken sich auf seinen ärztlichen Eid beruft und ihm die Harmlosigkeit des Polypen auch persönlich versichert, gibt sich der skeptische Hitler zufrieden.

Der »Führer-Polyp«, der aus Tarnungsgründen als Polyp eines »Adolf Müller« gilt, ist die heimliche Sensation des Pathologischen Instituts; denn die Wahrheit ist bald durchgesickert, und kein Oberarzt, Arzt und Assistent läßt es sich entgehen, durch das Mikroskop einen geziemend ehrfürchtigen Blick auf die aus der Hitler-Reliquie gewonnenen »staatspolitisch wertvollen« Präparate zu werfen.

Professor von Eicken, der in den späteren Jahren noch einige Male zu Hitler gerufen wird – zuletzt nach dem Attentat vom 20. Juli –, wird nach dem Zusammenbruch von Ärzten der Roten Armee tagelang über Hitlers Krankheitsbild befragt. Als einer von ihnen wissen will, warum er denn Hitler nicht umgebracht habe, antwortet der Professor: »Er war nur mein Patient – und ich sein Arzt!«

Noch viele andere *Charité*-Professoren wären zu nennen – etwa Adalbert Czerny († 1941), der Begründer der modernen Kinderheilkunde, oder der Internist und Verfasser des Standardwerkes *Lehrbuch der Inneren Medizin,* Theodor Brugsch († 1963), der nach 1945 half, aus der *Charité* mit ihren (1970) insgesamt dreißig Universitätskliniken und 2600 Betten in Ost-Berlin eines der modernsten und vielseitigsten Krankenhäuser der Welt zu machen.

1960, beim 250. Jahrestag der Gründung der *Charité,* wurde deutlich, daß die DDR, jenseits von Politik und Ideologie, die Tradition einer der berühmtesten Krankenanstalten der Erde im Geiste der großen Ärzte von damals fortgesetzt hat.

112

5. Kapitel

Wo große Karrieren begannen:
Scala und Wintergarten

Sternstunden des Varietés

Abend für Abend: Freude, Staunen, Sensationen

Glitzernde Welt, gefährliche Welt. Farbenspiel des Lichts vor den Visionen exotischer oder skurriler Kulissen. Masken und Trikots, Seile und blitzende Geräte, Spannung und Erlösung. Beifall und Vorhang. Faszinierende Artistik, beängstigendes Wagnis. Lachen und Staunen; das Herz kann jubeln, der Atem stocken.

Die große Stille während der todesmutigen Salti in schwindelnder Höhe. Das befreiende Lachen über einen großen Clown. Gedämpfter, dann anschwellender Trommelwirbel vor dem gefährlichsten Augenblick einer artistischen Glanzleistung läßt die Zuschauer in atemloser Gespanntheit verstummen.

Aufjubelndes musikalisches Finale nach einer Parade bestgedrillter und hübscher Revue-Girls ... Großes Varieté-Programm unter den sechstausend Lichtern des Sternenhimmels vom *Wintergarten* und den Lichtkaskaden der *Scala.*

Beide Großvarietés in der Reichshauptstadt gehörten zu den berühmtesten der Welt und galten unter den Artisten, die aus allen Erdteilen kamen, als die beliebtesten.

Als der *Wintergarten* im Herbst 1938 sein fünfzigjähriges Jubiläum feierte, erreichten seinen Direktor Ludwig Schuch fast achthundert Telegramme von Artisten aus der ganzen Welt. Sie wünschten nicht nur Glück: Sie bekundeten auch ihre Verbundenheit mit jenem Varieté, in dem sie gerne auftraten und auf dessen riesiger Bühne viele spätere Spitzenartisten ihre Laufbahn begonnen haben.

Zu jenem Jubiläum gratulierte auch die Prominenz des Dritten Reiches, weil sie wußte, welche Anziehungskraft und welche Weltgeltung der *Wintergarten* besaß. Dr. Lippert, damals Oberbürgermeister und Stadtpräsident der Reichshauptstadt Berlin, charakterisierte seinen Glückwunsch an den *Wintergarten* sehr treffend, wenn er feststellte:

»Freudig nimmt die Reichshauptstadt Anteil an dem Jubiläum des *Wintergartens,* der nicht nur für die Berliner, sondern auch für die in- und ausländischen Besucher eine Stätte der Freude und der Entspannung ist.«

Willi Schaeffers, Direktor des *Kabaretts der Komiker,* machte sich 1938 zum Sprecher seiner Kollegen, wenn er dem *Wintergarten* schrieb:

»Alle Artisten der Welt werden heute mit ihren Gedanken im *Wintergarten* weilen – gleichviel, ob sie hier schon einmal aufgetreten sind oder nicht; denn jeder Artist weiß, daß der *Wintergarten* nunmehr seit fünfzig Jahren die Hochburg der Varieté-Kunst ist.«

Die *Scala* in der Lutherstraße warb mit dem berühmt gewordenen Spruch »... und abends in die *Scala«.* Bei der »Konkurrenz« am Bahnhof Friedrichstraße hieß es: »Vor allen Dingen Wintergarten.«

Im Januar-Programm 1919, das der *Wintergarten* seinem Publikum bot, sagte ein Conférencier: »Alle sind begeistert von dem Acht-Stunden-Tag. Jetzt brauchen Sie am Tage zwei Stunden weniger zu arbeiten und bekommen genausoviel Geld wie früher. Aber die Leute werden sich wundern und schon bald merken, daß die Nacht jetzt zwei Stunden mehr hat, um das Geld auszugeben.«

Der Acht-Stunden-Tag, am 23. November 1918 eingeführt, bescherte tatsächlich allen Vergnügungsstätten einen Auftrieb, und auch die enormen Varietés profitierten davon. Die Schilder »Ausverkauft« waren bei *Scala* und *Wintergarten* meist die Regel – bis auf die Jahre der Wirtschaftskrise.

Als der *Wintergarten* im November und Dezember 1938 mit zwei großen Festprogrammen sein Jubiläum feierte, bestand die Scala erst achtzehn Jahre. Aber auch sie gehörte schon bald nach ihrer Gründung durch Jules Marx zu den Spitzenvarietés der Welt. Für sie gilt auch, was beim

116

Wintergarten zutrifft: Jeder große Artist ist erst dann auf dem internationalen Markt eine Glanznummer, wenn er in Berlin vier Wochen lang unter dem Beifall des kritischen und verwöhnten Publikums seine Feuerprobe bestanden hat.

Viele der großen Varieté-Künstler wechselten und traten bei einem ihrer Berliner Gastspiele im *Wintergarten,* beim anderen in der *Scala* auf. Manche blieben auch »ihrem« Haus treu.

Am 1. November 1895, ziemlich genau sieben Jahre nach seiner Eröffnung, wartete der *Wintergarten,* der zu dieser Zeit alle damals bekannten Artisten der Welt vorgestellt und längst schon eine eigene Girl-Truppe gegründet hatte, mit einer technischen Sensation auf.

Die Brüder Max und Emil Skladanowsky führten ihr Bioscop vor, »die interessanteste Erfindung der Neuzeit«, wie es in den Plakaten und Zeitungsanzeigen hieß: die ersten lebenden Fotografien. Die beiden Berliner gaben damit die erste Film-Vorstellung der Geschichte und kamen den französischen Brüdern Lumière um einige Monate zuvor.

Und das war der erste »Film«, der die Berliner entzückte: Ein Mann läuft aus dem Haus auf die Straße und rennt weg, ein zweiter läuft ihm nach; der erste fällt in die Kanalisation, der zweite ebenfalls; der erste kriecht lachend wieder heraus, der zweite, völlig verschmutzt und traurig, ebenfalls. Aus.

Diesem Anfang folgte schon wenige Jahre später der Berliner Oskar Meßter mit einer neuen Sensation. Er zeigte die erste aktuelle Film-Wochenschau: der Kaiser grüßt seine Truppen Unter den Linden; Bismarck empfängt Gäste in Friedrichsruh; das erste Automobil knattert durch die Straßen Berlins. Das Publikum ist so sehr beeindruckt, daß Meßter künftig am Schluß jeden neuen *Wintergarten*-Programms, alle zwei Wochen, eine neue »Aktualitätenschau« vorführen muß.

Die großen Stars unter den Tänzerinnen der Zeit vor dem Ersten Weltkrieg, die stets zwischen artistischen Darbietungen im *Wintergarten* auftraten, waren die Geliebten von Kaisern, Königen und reichen Bankiers: Cleo de Merode, die Schöne Otero und Rosario Guerrero – um nur einige zu nennen. Sie entzückten das Publikum und sorgten gleichzeitig für den Gesellschaftsklatsch in ganz Europa.

☆

In den letzten Jahren vor dem Ersten Weltkrieg machte sich im *Linden-Cabaret* und im *Roland von Berlin* jenes Mädchen als Berliner »Göre« einen Namen, das aus Gelsenkirchen stammte, gern sein Abitur gemacht, Medizin studiert hätte, aber als Tochter einer kinderreichen Bergmannsfamilie darauf verzichten mußte, statt dessen – zu ihrem Glück – schon bald als »Stern von Berlin« gefeiert wurde: Claire Waldoff.

Aber ihre große Zeit begann nach dem Kriege, als sie Erik Charell für eine seiner großzügigen Revue-Inszenierungen ins *Große Schauspielhaus* holte. Anschließend trat sie immer wieder im *Wintergarten* und in der *Scala* auf – als kleine »Tippmamsell«, als Backfisch, als Köchin oder als »Portjehsche« (Frau des Portiers in großen Berliner Häusern) oder sonst als eine jener Typen, wie sie Heinrich Zille gezeichnet haben könnte.

»Pinselheinrich«, wie die Berliner der Hinterhöfe ihren berühmten Künstler nannten, und Claire verband übrigens eine enge Freundschaft mit ihm.

Schon im kaiserlichen Berlin hatte die kleine rothaarige Claire gelegentlich Ärger. Im *Linden-Cabaret* sang sie ein Lied, das bald zum klassischen Gassenhauer avancierte: »Willem, red doch nich so viel. Ich hab's endlich satt!«

Jeder wußte, wer mit dem redseligen Willem gemeint war: Kaiser Wilhelm II. Prompt schritt der kaiserliche Zensor ein: Oberregierungsrat von Glasenapp. Er nahm Claire ins Verhör und wollte wissen, wen sie in ihrem Lied meine. Sie blieb dabei:

»Na, ick meene irjendeen Willem, Herr Rat!«

Der Herr Zensor konnte nicht das Gegenteil beweisen, und die Waldoff sang das Lied noch kesser. Und sogar S. M. (Seine Majestät) ließen das »kleine, freche Biest« in Ruhe.

Während der Weimarer Republik sang die »Omnibus-Laterne«, wie ihre Freunde Claire wegen ihres roten Haares nannten, viele freche Lieder: im *Wintergarten,* in der *Scala* oder in einem der vielen Berliner Kabaretts. Der Refrain eines dieser Lieder lautete:

Hermann heeßt er,
mit de Kniee stößt er,
Hermann heeßt er.

Dieser Vers wurde bald nach der »Machtergreifung« durch die Nationalsozialisten vom Volksmund mit unüberhörbarem Bezug auf den damaligen preußischen Ministerpräsidenten Hermann Göring umgedichtet:

Rechts Lametta, links Lametta,
un der Bauch wird imma fetta,
und in Preußen ist er Meester.
Hermann heeßt er.

Göring, von dem bekannt ist, daß er alle Witze über sich sammeln ließ, verstand Spaß und klatschte im November 1933 in seiner *Wintergarten*-Loge Beifall, als Claire Waldoff unter dem Jubel des Publikums die Originalversion sang.

Ein Jahr später tritt Claire in der *Scala* auf. Sie weiß, was das Publikum von ihr erwartet... Als sie anfängt, das alte Lied vom Hermann zu singen, fragen Angehörige der HJ (Hitler-Jugend) im Sprechchor:

»Deutsche Männer und Frauen – wollt ihr das hören?«

Die schlagfertige Waldoff tritt näher an die Rampe heran, bittet die Leute um Ruhe und antwortet:

»Natürlich woll'n die det hören! Deswejen sind se ja herjekommen!«

Das Publikum klatscht begeistert Beifall. Es feiert damit nicht nur »seine« Claire und ihre Schlagfertigkeit, sondern vor allem ihre Zivilcourage.

Als Claire ihre *Scala*-Garderobe betritt, erwarten sie dort zwei SA-Männer und wollen von ihr wissen, wer eigentlich mit dem Hermann dieses Liedes gemeint sei. Und sie antwortet das, was sie fünfundzwanzig Jahre zuvor dem kaiserlichen Zensor in ähnlicher Form gesagt hatte: »Irjendeen Hermann!«

Göring hatte seinen Spaß, Goebbels hütete sich, das Lied zu verbieten, Claire sang den Song weiter, und im Geiste hörten alle dabei den umgedichteten »Lametta«-Text.

Niemand hat diese urwüchsige Frau so treffend charakterisiert wie der Schriftsteller Joseph Roth *(Radetzkymarsch)*:

»Eine Frau, deren erotischer und künstlerischer Reiz aus der übersteigerten Nüchternheit fließt; aus der ›Prosa‹ des Großstadtlebens; aus der brutalisierten Sphäre der Gefühle; aus der Unerbittlichkeit der Gesetze, welche die Straße beherrschen. Eine Frau mit rauher Kehle und aggressivem Gemüt: unter ›Großstadt-Pflanzen‹ ein Prachtexemplar der Asphalt-Botanik.«

Nach dem Kriege lebte sie von einem »Ehrensold«, den ihr der Berliner Senat zahlte: 153 Mark. 1957 ist die Urberlinerin aus dem Ruhrgebiet von ihrer schillernden Lebensbühne abgetreten, fern von ihrem geliebten Berlin in Oberbayern.

☆

Claire Waldoff war nicht die einzige Kabarettistin, die in den beiden Berliner Großvarietés aufgetreten ist. Zu den vielen, deren Namen noch nicht vergessen sind, gehören Lotte Werkmeister, Claire Schlichting, Trude Hesterberg, Edith Schollwer, Maria Ney, Marita Gründgens (die Schwester von Gustaf Gründgens) und Loni Heuser. Und wen wird es wundern, daß Grete Weiser ihre eigentliche Laufbahn über die Soubrette zur Volksschauspielerin im *Wintergarten* begonnen hat?

Auch die großen Humoristen, die immer wieder das verwegene artistische Programm unterbrachen, gehörten zu den Stars von *Scala* und *Wintergarten*. Da ist an erster Stelle Otto Reutter zu nennen (»In fünfzig Jahren ist alles vorbei«). Es folgen Willi Schaeffers, Adolf Gondrell, Peter Sachse, Paul Westermeier, Heinrich Kohlbrandt, Wilhelm Bendow, Kurt Seiffert, Karl Napp und vor allem der Schwabe Willi Reichert und der Schlesier Ludwig Manfred Lommel mit seinem *Sender Runxendorf.* Sie alle begeisterten das verwöhnte und sehr anspruchsvolle Berliner Publikum.

Von den vielen berühmten Clowns, die im *Wintergarten* und in der *Scala* aufgetreten sind (Joe Jackson, das Clown-Trio Cairoli, die Drei Barracetas, die Drei Fratellini, die Cairolis, Antonet und Bébé, Pipifax, Louis und Emmy), sind besonders zwei im Gedächtnis geblieben: Charly Rivel und Grock (der mit bürgerlichem Namen Dr. Adrian Wettach hieß).

Grock ist 1959 im Alter von 79 Jahren gestorben. Charly Rivel trat 1983 im Alter von 87 Jahren für immer von der Bühne des Lebens ab, nachdem er mehrmals seinen »letzten Auftritt« auf der Bühne oder in der Manege angekündigt und absolviert hatte.

Für Charly Rivel galt die *Scala* als jenes Varieté, »in dem jeder Weltruhm begann«. Er hat es selber erlebt bei seinem Debüt 1925. Der damalige *Scala*-Direktor Jules Marx war sehr beeindruckt von den Leistungen des jungen Mannes, der unbedingt ein Engagement haben wollte. Marx wünschte mehr seriöse Akrobatik und stellte etwas naserümpfend fest:

»Ihrer Clownerie haftet zuviel Stallgeruch des Zirkus an!«

Aber Charly ließ nicht locker. Er wußte, was Berlin und die *Scala* für seine künftige Laufbahn bedeuteten. Direktor und Clown radebrechten in mehreren Sprachen. Schließlich war Marx von der Richtigkeit der Rivel-»Masche« überzeugt und gab das zu verstehen mit der Bemerkung: »Schön, schön!«

Rivel, der deutschen Sprache nicht mächtig, glaubte, »schön« bedeute Akrobat. Das Wort begeisterte ihn. Er dehnte es – und so kam jenes berühmte Wortspiel zusammen, mit dem er sich auf der Bühne vorstellte: »Akrobat – schööön!«

Schon die Art, wie er das sagte, begeisterte die Berliner. Von der *Scala* aus begann Rivels Siegeszug durch die ganze Welt. Überall wurde er gefeiert. Aber – so Rivel:

»In Berlin fand ich immer wieder die größte Liebe und das gierigste Lachen. Die Stadt ist mir in den Fingerspitzen steckengeblieben. Das geht fast allen Künstlern so, die einmal in der alten deutschen Hauptstadt aufgetreten sind.«

Als Grock 1955 vor den Trümmern der im Bombensturm vom 23. November 1943 vernichteten *Scala* steht und an einer Trümmerwand noch ein altes Plakat von sich entdeckt, weint er wie ein Kind und gesteht:

»Solche Varietés wie in Berlin habe ich nirgendwo sonst auf der Welt erlebt. Könnte ich hier nur noch ein einziges Mal auftreten!«

Ähnlich hat sich Maria Valente, die Mutter von Caterina, geäußert, über die der Autor 1938 in seiner Besprechung für die *BZ am Mittag* eines neuen *Scala*-Programms sagte:

»Eine italienische Instrumental-Parodistin. Schnippisches Ding und Mänade zugleich, alles zu seiner Zeit. Urkomisch, keß und frech, eine Könnerin. Ob Fox, ob Csárdás, ob Russentanz: ganze Arbeit einer Parodistin.«

»Für mich war Berlin die Startrampe in die Karriere«, bekennt Maria Valente. »Das Publikum der deutschen Reichshauptstadt hatte mich akzeptiert. Damit öffneten sich mir alle Türen.«

Und wer denkt noch daran, daß sogar Marika Rökk, sechzehnjährig, 1929 als Tänzerin im *Wintergarten* ihre große Karriere begann? Damals wurde sie als »Spitzen-Pirouetten-Königin« gefeiert; sie drehte, wie die Berliner Zeitungen vermerkten, nicht weniger als fünfzig Pirouetten auf der Spitze – ohne Pause.

☆

Namen, Nummern, Leistungen...

Furore machten in Berlin auch andere Tänzerinnen oder Tanzgruppen: die Schwestern Hengler und die

Schwestern Karolewnas, die Irving-Sisters, die Dodge-Sisters, die Geschwister Höpfner, die Tiffany Twins und Liselotte Köster. Sie alle und noch viele andere sind eng mit Berlin und der Geschichte des Varietés verbunden.

Und da wir gerade bei den Tänzerinnen sind: Es muß auch der vielen reizenden »Fräulein Nummer« gedacht werden, die meist als ungenannte Lichtblicke lieblich über die *Scala*-Rampe tänzelten und graziös die jeweiligen Programmnummer anzeigten. Das »Fräulein Nummer« war stets das Sorgenkind von Jules Marx und später von *Scala*-Direktor Eduard Duisberg, da diese ausgesucht hübschen jungen Damen schnell von der Bühne weg geheiratet wurden.

Das Berliner Publikum von *Scala* (2500 Plätze) und *Wintergarten* (3500 Plätze) erlebte jeden Monat neue Überraschungen: atemberaubende Attraktionen und mitreißende Sensationen, aber auch Darbietungen, die Herz und Gemüt bewegten, und Programmnummern, die durch Grazie und Anmut verzauberten.

Gerade diese Mischung aus harter Sensation, befreiendem Humor und dem periodischen Auftreten großer Künstler von Bühne und Film gab der *Scala* und dem *Wintergarten* jenes besondere Flair, das sie an die Spitze aller internationalen Varietés emporhob.

Das Publikum bewunderte berühmte Schulreiterinnen (Therese Renz, Cilly Feindt, Baronin von Rhaden); es staunte über großartige Dressurnummern (Kapitän Winstons Seelöwen, Alfred Courts sensationelle Raubtierschau *Friede im Tierreich);* es jubelte den berühmten Jongleuren von damals zu (Rastelli, Piletto, Paolo und Salerno); es klatschte Beifall für die großen Illusionisten und Gedächtniskünstler; es ließ sich hinreißen von immer neuen Revue-Einlagen; starrte fasziniert auf Akrobaten; erfreute sich an Artisten aller Länder und Rassen.

☆

Am meisten Bewunderung errangen immer wieder die großen Luftnummern. Das Publikum bangte mit den Ar-

tisten am Trapez, es zitterte um die tollkühnen Männer auf
dem Hochseil. Einer der Artisten, der damals weltberühmte
Akrobat Ben Dova, der »Mann auf der Laterne«, kannte
die Reaktion des Publikums und sagte jedesmal zu den Zuschauern, ehe er seine tollkühnen Tricks zeigte – von denen
jeder glaubte, daß er sich dabei das Genick brechen werde:

»Ich werde jetzt das Unmögliche möglich machen.
Aber ich werde mir nicht, wie Sie alle erwarten, das Genick
brechen, meine Damen und Herren. Das wird Sie vielleicht
erbittern. Um Ihnen ein Vergnügen zu machen, werde ich
mich deshalb nach meiner Vorführung auf eine hohe Leiter
begeben und mich von da aus so unglücklich auf eine Ei-
senplatte fallen lassen, daß ich mir den Schädel zerschlage.«

Das Publikum wurde dadurch jedesmal von einer geradezu grauenhaften Spannung erfaßt – und war dann um
so glücklicher, wenn Ben Dova nichts passierte und er seine
»Zugabe« nicht bot.

Einmal erlebten die Besucher der *Scala* einen tragischen Zwischenfall. Im Oktober 1934 trat »King Louis« mit
seinem Sohn wieder einmal in der *Scala* auf. Sie zeigten
auf dem Seil einen gefährlichen Balance-Akt, der so
schwierig war, daß Vater und Sohn täglich sechs Stunden
trainieren mußten. Louis hing mit abgöttischer Liebe an
seinem zwölfjährigen Partner, und beide waren Lieblinge
der Berliner.

Mitten während des gefährlichen Spiels übertönt der
Entsetzensschrei von zweieinhalbtausend Menschen den
dumpfen Fall, mit dem der junge Louis auf den harten
Boden der Bühne geschmettert wird. Schreckensstarr be-
trachtet der Vater seine leeren Hände, mit denen er seinen
Jungen nach kühnem Sprung ergreifen wollte.

»Mein Gott, das ist doch nicht möglich!« schluchzt
Louis. »Mein Gott, das darf doch nicht sein!«

Im Zuschauerraum ist es totenstill. Auf der Bühne
liegt ein Junge, der zerschmettert ist, und ein zitternder
Vater, der das alles nicht begreifen kann, kniet daneben.

Viele Sekunden lang erleben die Besucher auf der
lichtüberfluteten Bühne diese Schreckensszene. Dann erst
schließt sich der Vorhang, und das *Scala*-Orchester, von

124

Otto Stenzel dirigiert, reißt das Publikum mit flotten Rhythmen aus seiner Starre.

Der sofort herbeigerufene Hausarzt kann dem völlig gebrochenen Vater nur sagen: »Da kann niemand mehr helfen. Genickbruch. Ihr Sohn ist tot.«

Artistenlos, Berufsrisiko: Der Tod ist immer dabei. Zehn Minuten nach dem Unfall öffnet sich der Vorhang für die nächste Nummer. Das Programm geht weiter, das Entsetzen ist verdrängt.

Noch in der Nacht meldet Louis dem *Scala*-Direktor Eduard Duisberg, daß er nie wieder auftreten wird. Keiner weiß, wo der Artist geblieben ist. Eine Weltsensation ist abrupt erloschen.

Das Publikum von *Scala* und *Wintergarten* war an Sensationen gewöhnt – aber was die *Drei Codonas* vollbrachten, das schlug alles, was es bisher an Artistik gegeben hatte.

Alfredo Codona hatte als einziger den dreifachen Salto in der Luft geschafft. Keinem vor ihm ist das bisher geglückt, und alle, die es später versuchten, haben es mit dem Tod oder zerbrochenen Knochen bezahlen müssen. Alfredos Bruder Lalo war der »Fänger« bei diesem todesmutigen Spiel, und Vera Brux flog dem Trapez entgegen, während Alfredo den dreifachen Salto vollführte.

Wo immer sie in den großen Weltstädten auftraten: Die *Drei Codonas* waren das Tagesgespräch – ganz besonders in Berlin, wo ihnen der *Wintergarten* nach Alfredos Worten, das »liebste Varieté mit dem besten Publikum« war.

Alfredo Codona war verheiratet mit Lilian Leitzel, die als »Königin am Vertikal-Seil« gefeiert wurde. Sie bezog die höchste Gage, die einer Frau damals bezahlt wurde.

Lilian und Alfredo sahen sich nur selten. Wenn sie sich einmal begegneten, dann war es meist in Berlin, das von allen europäischen Hauptstädten schnell zu erreichen war.

Während die *Drei Codonas* im Februar 1931 die Berliner wieder einmal in Atem halten, zeigt Lilian im »Valencia« von Kopenhagen ihre Sensationsnummer.

Am späten Abend des 13. Februar 1931 erhält Alfredo in seinem Hotel die schreckliche Nachricht, daß seine Frau während der Vorstellung tödlich abgestürzt ist. Er kann es zunächst nicht glauben, muß sich dann aber der erschütternden Wahrheit beugen.

Wenige Stunden später bringt ihn ein Sonderflugzeug nach Kopenhagen. Angesichts seiner toten Frau bricht Alfredo zusammen. Er ist fest entschlossen, nie mehr aufzutreten. Aber dann siegt in ihm der Wille zur Leistung. Er denkt an seine Partner in Berlin, die ohne ihn nicht arbeiten können. Und er weiß, daß Tausende in der deutschen Hauptstadt schon ihre Karten für die nächsten Vorstellungen gekauft haben.

Lalo atmet erleichtert auf, als er am Telefon Alfredos Stimme hört:

»Macht euch keine Sorgen! Ich werde pünktlich zur Vorstellung in Berlin sein. Sagt dem Direktor, daß die *Drei Codonas* ihren Vertrag halten.«

In der Abendvorstellung des 14. Februar ahnt niemand unter den Zuschauern, welchen Schicksalsschlag der Star unter den drei Königen der Luft erlitten hat. Nur hinter den Kulissen weiß es jeder, und alle fragen sich, woher Alfredo nur die Kraft nimmt, seine todesmutige Kunst trotz seiner seelischen Belastung zu vollbringen.

Es ist wie an jedem Abend. Die drei klettern wie Wildkatzen in die Höhe. Das Spiel mit dem Tode, das die Schwerkraft zu überwinden scheint, kann beginnen.

Alfredo gibt seinem Bruder Lalo das Zeichen wie immer: Es kann losgehen! Drüben, am anderen Trapez, geht Lalo in den Kniehang. Alfredo stößt sich von der Plattform ab, holt einige Male Schwung, läßt sich los und saust nach einem einfachen Salto auf seinen Bruder zu, dessen Hände ihn blitzschnell umklammern.

Beifall rauscht auf, die Musik setzt ein.

»Er hat's geschafft!« flüstern die Männer hinter der Bühne.

Auch der dreifache Salto gelingt genauso sicher wie sonst. Es dauert Minuten, bis der unbeschreibliche Beifall verrauscht ist. Wenn nicht alle Zeichen trügen, ist die

Nummer der *Drei Codonas* gerettet: die Weltsensation ersten Ranges.

Am nächsten Morgen weiß ganz Berlin, was in Kopenhagen geschehen ist. Die Boulevardzeitungen berichten in großen Schlagzeilen auf der ersten Seite über das Unglück. Die Bewunderung für Alfredo kennt keine Grenzen mehr.

Und doch – der Chef der *Drei Codonas* ist wie verwandelt. Er will nichts sehen und hören und verfällt in Apathie. Das Gastspiel muß abgesetzt werden. Die großen Plakate werden überklebt, die Lichtreklamen für die Codonas erlöschen.

Lalo und Vera sind der Verzweiflung nahe. Alfredo bleibt dabei:

»Ich kann nicht mehr auftreten! Den Dreifachen gestern abend habe ich wie im Traum gemacht.« Nach diesen Worten weint er wie ein Kind.

Die *Drei Codonas* verlassen nach einigen Tagen die deutsche Reichshauptstadt und reisen nach Kalifornien, wo sie in Long Beach ein luxuriöses Haus besitzen. Alfredo läßt die Leiche seiner Frau überführen und errichtet ihr im Park der Codona-Villa ein Grabmal aus weißem Marmor.

Wie soll es weitergehen? Die *Drei Codonas* sind auf Jahre ausgebucht und durch Verträge auch wieder für Berlin verpflichtet. Telegramme von den großen Varietés der Welt ignoriert Alfredo zunächst. Dann aber sieht er ein, daß er aus seiner Schwermut erwachen muß und seine beiden Partner nicht im Stich lassen darf.

Nach einigen Monaten nehmen die drei ihr Training wieder auf, und bald haben sie das Gefühl, daß ihre Nummer wie früher »steht«. Ehe sie zum erstenmale wieder öffentlich auftreten, vermählt sich Alfredo mit seiner Partnerin Vera Brux, die er schon viel früher geheiratet hätte, wenn – Lilian Leitzel nicht dazwischengekommen wäre.

1933 sind sie wieder in Berlin und werden mit großem Applaus gefeiert. An einem Abend fällt Alfredo beim »Dreifachen« ins Netz – das eigentlich mehr zum Schutze des Publikums als zur Sicherheit der Artisten bestimmt ist.

Beim zweiten Versuch klappt alles vorzüglich. Und doch – es ist alles nicht mehr so wie früher.

Im Spätherbst 1934 stürzt Alfredo im Warschauer Varieté *Adria* so unglücklich ins Netz, daß er fünf Wochen lang im Krankenhaus liegen muß.

Ein Jahr später sind die *Drei Codonas* noch einmal in Berlin. Und hier, so hat es das Schicksal bestimmt, soll der Stern der Codonas unter dem Sternenhimmel des *Wintergartens* erlöschen.

Nach dem dreifachen Salto, der vorzüglich gelingt, läßt Alfredo sich von seinem Bruder Lalo zur Ausgangsplattform zurückschleudern. Dabei prallt er mit der Schulter gegen ein Sicherungsseil und fällt ins Netz. Nach diesem Zwischenfall steht es fest, daß er nie mehr auftreten kann. Keiner der berühmten Professoren der *Charité* kann ihm Heilung versprechen – auch nicht durch eine Operation.

Es findet sich ein junger Mann, der Alfredos Platz einnehmen könnte. Und es gelingt den Alfredo-Nachfolger so zu trainieren, daß die »neuen« *Drei Codonas* 1936 auftreten können – allerdings nur mit dem doppelten Salto.

Die Zuschauer merken überall, daß die Leistung der neuen Gruppe vor dem alten Ruhm völlig verblaßt. Das bittere Ende einer Weltsensation ...

Erschütternd ist das menschliche Ende. Alfredo, der zu viel trinkt, und Vera, die ihren Mann betrügt, stehen vor dem Ruin ihrer Ehe. Im Januar 1938 treffen sie sich bei einem Scheidungsanwalt in New York.

Gegenseitiger Haß und Gereiztheit charakterisieren die Situation. In dieser vergifteten Atmosphäre zieht der verzweifelte Alfredo wie im Rausch plötzlich seinen Revolver, gibt sechs Schüsse auf seine Frau ab, richtet dann den Lauf gegen sich selbst.

Alfredo ist sofort tot, seine Frau Vera stirbt wenige Stunden später auf dem Operationstisch. Der Stern der *Codonas* ist endgültig erloschen.

Alfredos erste Frau Lilian Leitzel dagegen fand wenige Jahre nach ihrem Tode Nachfolgerinnen von Weltrang: Rassana und Luisita Leers, die beide in Berlin Triumphe feierten.

Ein deutscher Film, der 1940 zu den erfolgreichsten des Jahres gehört, erzählt das Schicksal der berühmten Truppe nach. In *Die Drei Codonas* spielen René Deltgen, Ernst von Klipstein, Josef Sieber und Liselotte Normann die Hauptrollen.

Die Leistung einer zweiten großen Truppe aus altem Artistengeschlecht ist trotz aller Versuche in der Nachkriegszeit nicht mehr erreicht worden. Das sind die Vier Wallendas: drei Brüder und eine Schwester. Auch sie waren häufig die Stars vom *Wintergarten,* und klopfenden Herzens wurde ihre große Nummer bewundert:

Zwei Fahrräder fahren in der Höhe über ein Seil; auf den Schultern der beiden Fahrer ruht eine Stange, und auf ihr balanciert der dritte Artist auf einem Stuhl. Und als Clou steht auf dessen Schultern noch eine Frau – und diese schwankende Pyramide radelt dabei in schwindelnder Höhe über das Seil.

☆

Es gab in den Jahren zwischen den beiden Weltkriegen in den beiden Berliner Großvarietés noch viele andere Sensationen:

Con Colleano, der auf hohem Drahtseil ohne Balancierstange aus dem Stand heraus einen Salto mortale vorwärts und sogar rückwärts macht... Olvido Perez, der eine Leiter auf das Drahtseil stellt und dabei nie wieder erreichte Akrobatik demonstriert... Die Drei Yacopis, die den dreifachen Salto mortale vom Schleuderbrett aus zeigen; der zweite Mann landet dabei auf den Schultern des ersten, der dritte auf den Schultern des zweiten... Der Inder Kannan Bombayo, genannt »der Springende Teufel«, bringt es sogar fertig, den doppelten Salto mortale auf dem Seil zu machen, das er vorher in heftige Schwingungen versetzt... Die Vier Berosini und die Mellvil-Truppe, die beide Glanznummern der Hochartistik waren.

Besonders in ihr Herz geschlossen hatten die Berliner die bildhübsche Quintilia, die in der Reichshauptstadt den Ehrentitel »Venus auf dem Drahtseil« bekam und sich von hier aus mit ihrer tänzerischen Grazie auf schwankendem Seil alle Welt-Varietés eroberte.

☆

Eine Attraktion ganz besonderer Art erlebt die *Scala* im Winter 1931: Erich Carow, Berlins beliebtester Volksschauspieler, mit seiner Frau Lucie Hausherr in *Carows Lachbühne* am Weinbergsweg im Osten der Stadt, akzeptiert ein Angebot von *Scala*-Direktor Jules Marx, einen Monat lang in der *Scala* aufzutreten. Auch der »vornehme Westen« Berlins soll sich einmal an diesem »unübertroffenen Mann« aus Berlin N. erfreuen.

Nach langen Verhandlungen ist Erich Carow schließlich bereit, für eine ungeheuer hohe Gage aufzutreten.

»Se müssen mir jenau die Kohlen zahlen, die Se Grogken hinblettern!«

Carow verlangt exakt das, was der Weltstar unter den Clowns, Grock, im Monat bekommt: 45 000 Reichsmark – damals eine ungeheure Summe.

Die *Scala* ist am Nachmittag wie am Abend ausverkauft. Erichs Stammpublikum aus dem Norden fährt in hellen Scharen in die Lutherstraße, um sein Idol in der »stinkfeinen« *Scala* zu bewundern.

Mit dem Geld, das Erich im »vornehmen Westen« verdient hat, baut er seine *Lachbühne* aus – etwas zu vornehm, wie sein altes Publikum denkt. Als er zum ersten Male nach dem Umbau auftritt, schmunzelt er:

»Det ha' ick allens für euch machen lassen! Aba bezahlt hat et de Scala!«

Der Volkskomiker aus dem Norden der großen Stadt ist nie wieder außerhalb seines eigenen Hauses aufgetreten.

Bald saßen in *Carows Lachbühne* alle nebeneinander: die Armen und die Reichen. In den Pausen verzehrten die einen ihre Stullenpakete, die Reichen konnten sich Sekt servieren lassen. Und sogar Goebbels fuhr hinaus zum Weinbergsweg, wenn er sich einmal »dem Volke zeigen« wollte.

☆

Im Januar 1933 deklamierte ein Conférencier des Kabaretts *Katakombe* fragend:

Wenn ich nur wüßte, was der Adolf mit uns vorhat,
Wenn er erst die Macht am Brandenburger Tor hat.
Müssen wir dann braune Kragen tragen?
Dürfen wir dann nicht mehr »nebbich«* sagen ...
Müssen wir im Teutoburger Walde leben
Und zum Gruß die Ärmchen heben?
Trifft ins Herz uns Adolfs Pfeil
Oder auch ins Gegenteil?

Bald wurden alle diese Fragen beantwortet. Und es endete schließlich damit, daß 1943 auch die *Scala* und der *Wintergarten* in Schutt und Asche fielen.

Wenn heute alte Artisten in allen Erdteilen aus ihrem Leben erzählen, dann beginnen und enden alle Gespräche bei den beiden Berliner Großvarietés *Scala* und *Wintergarten,* die für die Großen der schillernden Welt etwas ganz Besonderes bedeuteten.

---

* nebbich (aus dem Jiddischen): dumm, unwichtig, überflüssig. »Ein Nebbich« ist ein Nichts, ein Niemand.

6. Kapitel

Geistige Leuchtfeuer an der Spree

Abonnement auf Nobelpreise

Was die Menschheit Berlinern verdankt

Jeder Wissenschaftler einmal in Berlin! Das war die Parole während eines Jahrhunderts, das 1933 zu Ende ging.

In der Reichshauptstadt flogen die Funken des Geistes. Hier wurde gelehrt und geforscht, diskutiert und experimentiert, theoretisiert und praktiziert, philosophiert und meditiert, toleriert und nur die Dummheit ignoriert. Hier wurde vor allem gearbeitet – auf allen wissenschaftlichen Gebieten. Berlin war eine »Metropole der Hirne« (so Gustav Stresemann).

Auf Kongressen in Berlin begegnete sich die Weltelite des Geistes. In keiner anderen Stadt der Erde lebten und forschten so viele Nobelpreisträger wie hier. Daß zwei berühmte Gelehrte mit weltweitem Ruhm und Ruf – Albert Einstein und Max Planck – die populärsten Berliner waren und in der Publikumsgunst über jedem Künstler von Bühne, Film und Musikpodium lagen, spricht für die geistige Aufgeschlossenheit der reichshauptstädtischen Bewohner.

Eine Berufung nach Berlin bedeutete für viele Professoren die Krönung ihrer Laufbahn. Und wer in Berlin studierte, genoß eine beispielhafte Ausbildung und sah sich einer Vielfalt von Bildungsstätten gegenüber, die ihm nur eine Stadt in dieser Größe bieten konnte. »Bildungsnotstand« war ein nie gehörtes Fremdwort. Schon den Schülern bot sich eine Vielzahl von Möglichkeiten, zum Abitur zu kommen.

Keine andere Stadt der Welt beherbergte so viele »Unterrichtsanstalten«, wie das Amtsdeutsch alle jene Gebäude nennt, die »dem Bildungswesen dienen«. Die Liste (Stichtag 31. 12. 1924) beginnt mit der *Friedrich-Wilhelms-*

Universität (die größte des Deutschen Reiches) mit etwa achtzig wissenschaftlichen Abteilungen und 598 Lehrern (bei 10 000 Studenten 1924 eine Zahl, von der heute die Universitäten nur träumen), der *Technischen Hochschule* (gegründet 1879), der *Landwirtschaftlichen Hochschule* (1862), der *Tierärztlichen Hochschule* (1887) und der *Handelshochschule* (1906).

Es folgen die *Hochschule für die Bildenden Künste* (schon 1669), die *Hochschule für Musik* (1869), die *Hochschule für Politik* (1920) und die *Hochschule für Leibesübungen* (1920). Die Gesamtzahl aller Berliner Hochschulstudenten beträgt (1924) 19 124 – die rund 5200 Gasthörer nicht mitgezählt.

Die insgesamt acht Volkshochschulen weisen mit rund 61 000 Hörern eine Rekordzahl auf. Es gibt in Berlin 164 höhere Schulen (287 500 Schüler) aller Richtungen; Humanistische Gymnasien, Realgymnasien, Oberrealschulen, Lyzeen. Den 29 Mittelschulen folgen 644 Volksschulen.

Außerdem unterhält Berlin 62 sogenannte Fachschulen (Stand 1925). Die Liste umschließt die *Akademie für Kirchen- und Schulmusik* ebenso wie die *Staatliche Kunstschule,* das *Zentralinstitut für Erziehung und Unterricht* ebenso wie das *Seminar für Orientalische Sprachen* und die *Höhere Gärtnerlehranstalt* ebenso wie die *Verwaltungsakademie* (zur Weiterbildung von Beamten).

Als im Oktober 1910 die Reichshauptstadt das hundertjährige Jubiläum ihrer Universität feiert, kann die Alma mater Unter den Linden auf eine stolze Vergangenheit zurückblicken. Zahllose Männer, die hier studiert haben, erlangten internationalen Ruhm, und Männer von Weltgeltung haben an ihr gelehrt.

Die Namen der Philosophen Johann Gottlieb Fichte, Georg Wilhelm Friedrich Hegel, Friedrich Ernst Daniel Schleiermacher und Friedrich Wilhelm Joseph von Schelling sind ebenso untrennbar mit ihr verbunden wie die Namen der Sprachforscher Jacob und Wilhelm Grimm, des Geographen Karl Ritter und des Mannes, der die systematische Wissenschaft von der Landwirtschaft begründete: Albert Daniel Thaer.

Der Naturforscher und Geograph Alexander von Humboldt und sein Bruder Wilhelm, Staatsmann, Philosoph und Sprachforscher (der 1810 die *Friedrich-Wilhelms-Universität* eröffnet hat und nach dem sie heute in Ost-Berlin genannt ist), gehören zu den Erlauchten ihres Jahrhunderts. Unter den Juristen, die in Berlin lehrten, sind vor allem zu nennen: Franz von Liszt, Friedrich Karl von Savigny und Otto von Gierke.

Der Kunstgeschichte wurden völlig neue Akzente gesetzt durch Heinrich Wölfflin, Adolf Goldschmidt, Wilhelm Pinder und Wilhelm von Bode (der als Museumsfachmann weltweites Ansehen genoß). Auch die großen Historiker des Jahrhunderts lehrten in Berlin: Barthold Georg Niebuhr (der zugleich als preußischer Diplomat sehr viel Geschick bewies), Leopold von Ranke und Theodor Mommsen.

Wer heute das von Theodor Wiegand gegründete Pergamon-Museum besucht, wird an den Namen des Mannes erinnert, der den Altar in der Türkei ausgegraben hat: Carl Humann. Die drei anderen großen Archäologen, die mit der Geschichte der *Friedrich-Wilhelms-Universität* eng verbunden sind, heißen: Ernst Curtius, Alexander Christian L. Conze und Gerhart Rodenwaldt.

Und um eines letzten Mannes zu gedenken: Ulrich von Wilamowitz-Möllendorff gilt als der große und bis heute unerreichte Erneuerer der klassischen Philologie.

Um die Bedeutung der damals weltberühmten Berliner *Technischen Hochschule* zu charakterisieren, seien – exemplarisch – vier Lehrer herausgegriffen: Professor Adolf Slaby († 1913) entwickelte als Pionier der Funktechnik seit 1897, zusammen mit Georg von Arco, ein eigenes Funksystem und initiierte 1903 die Gründung der Gesellschaft für drahtlose Telegraphie (die spätere Firma *Telefunken)*. Hans Geiger († 1945) erfand 1918 den Geigerzähler.

Hermann Jansen († 1945), Professor für Städtebau, entwarf 1910 den Generalbebauungsplan für das zehn Jahre später (1920) geschaffene Groß-Berlin, 1920 für Ankara, 1930 für Madrid und danach für viele andere Städte der Welt. Der Physiker Ferdinand von Helmholtz begründete die *Physikalisch-Technische Reichsanstalt:* Sie erforschte und überwachte alle Meßeinheiten auf dem Gebiet der angewandten Physik.

Es muß auch noch jener Professor genannt sein, der neben seiner Tätigkeit an der *Technischen Hochschule* zehn Jahre lang Direktor des *Preußischen Meteorologischen Instituts* in Berlin war und mit seinen Forschungen die Voraussetzungen für die Wettervorhersage schuf: Heinrich von Ficker.

☆

Ehe der Leser die nähere Bekanntschaft mit zwei besonders berühmten und besonders liebenswerten Gelehrten macht und bevor er erfährt, warum »relativ« noch heute ein Lieblingswort der Berliner ist, muß er Zeuge bei der Gründung einer für die Welt beispielhaften Institution sein, und er muß gleichsam eine »Galerie« besuchen, in der ihm viele berühmte Namen begegnen, deren Träger von Berlin aus Entscheidendes für die Menschheit geleistet haben.

Geheimrat Friedrich Althoff, nach Ansicht der Historiker einer der fähigsten Verwaltungsbeamten, die es je gab, leitet als Ministerialdirektor im preußischen Kultusministerium die Hochschulabteilung und ist auch zuständig für die höheren Schulen. Er ist sich längst darüber im klaren, daß ein Professor nicht zugleich lehren und gründlich forschen kann, weil es ihm dazu an Zeit fehlt. Die Lehrtätigkeit behindert das Forschen und umgekehrt.

Zusammen mit Professor Adolf von Harnack, dem großen Kirchenlehrer, und dem Professor für Chemie Emil Hermann Fischer, dem die Menschheit das Veronal und das fieberherabsetzende Antipyrin verdankt, entwickelt Althoff 1907 den Plan einer »Hochschulreform«: Eines universellen Forschungsinstituts, das aus zahlreichen Spezialabteilungen bestehen soll.

Althoff, der das ungewöhnliche Recht des unmittelbaren Vortrags beim Kaiser hat, bespricht mit Wilhelm II. das Projekt und findet ihn, wie er Harnack berichtet, »aufgeschlossener, als ich erwartet hatte«. Um den Kaiser völlig für die Sache zu gewinnen, schlägt Althoff ihm vor, das große Reformwerk der Universität nach Wilhelms Großvater *Kaiser-Wilhelm-Gesellschaft* zu nennen.

Der Kaiser ist begeistert und übernimmt sogar das Protektorat. Adolf von Harnack wird der erste Präsident dieser »Gesellschaft zur Förderung der Wissenschaften«. Industrie, große Banken und auch der vermögende Adel beteiligen sich mit Spenden. Nach dieser Aktion steht ein Betrag von zehn Millionen Goldmark zur Verfügung – das war damals eine enorme Summe. Der preußische Staat stellt ein großes Waldgrundstück in Dahlem bereit, auf dem die Forschungsinstitute gebaut werden.

Wilhelm II. erweckt später in seinen Erinnerungen »Ereignisse und Gestalten« den Anschein, als habe er die Initiative zur *Kaiser-Wilhelm-Gesellschaft* ergriffen, und er nennt danach als richtige Begründung für die Notwendigkeit dieser wissenschaftlichen Institution:

»Bei dem stets schärfer werdenden Kampf um den Weltmarkt war es – um das Wissen der Koryphäen der deutschen Wissenschaft für jene Zwecke nutzbar zu machen – geboten, ihnen mehr Freiheit, Ruhe, Arbeitsmöglichkeit und Material zu verschaffen.«

Das offizielle Gründungsdatum der *Kaiser-Wilhelm-Gesellschaft zur Förderung der Wissenschaften* ist der 1. Januar 1911. Sie arbeitet im Geiste des Universalgelehrten Gottfried Wilhelm Freiherr von Leibniz, der 210 Jahre zuvor in Berlin die Preußische Akademie der Wissenschaften gegründet hatte. Ihr Stifter war der spätere König Friedrich I. Diplomatisch hatte sich Leibniz dabei der Fürsprache von Sophie Charlotte versichert, der Gemahlin Friedrichs.

Die *Kaiser-Wilhelm-Gesellschaft* (KWG) diente mit ihren vielen Instituten, die ab 1911 gegründet wurden (für Physik, Chemie, Biologie, Biochemie, Astronomie, Medizin, Kohlenforschung, Geistesgeschichte usw.), der reinen Forschung. Die KWG durfte keine Aufträge vom Staat ausführen und auch nicht für private Unternehmen arbeiten. Die schon bald in der ganzen Welt berühmte KWG entwickelte sich zu einem wissenschaftlichen Großbetrieb, in dem alle Probleme der Zukunft zielstrebig und energisch angepackt wurden.

Ideale Hochschulvorstellungen wurden verwirklicht. Um den »Verwaltungskram« brauchten sich die Professoren nicht mehr zu kümmern. Sie hatten jetzt Zeit für die Forschung und für die Lehre. Das ganze Universitätsleben wurde modernisiert. Adolf von Harnack sorgte dafür, daß seine Kollegen alle modernen technischen Hilfsmittel erhielten. Die Zeiten eines Robert Koch, der noch in seiner Frühzeit die Waschküche seiner Frau als Laboratorium verwenden mußte, waren endgültig vorbei.

Im *Kaiser-Wilhelm-Institut* wird auch das praktiziert, was später »Teamwork« heißt. In Gemeinschaftsarbeit wird zum Beispiel unter Harnacks Leitung auf geisteswissenschaftlichem Gebiet jenes vielbändige Werk vollendet, das noch heute ein Klassiker ist: »Die Griechischen Christlichen Schriftsteller der ersten drei Jahrhunderte«.

☆

Der große Physiker Max Planck, seit 1889 an der Universität in Berlin, seit 1912 Ständiger Sekretär der Naturwissenschaftlich-Mathematischen Sektion der *Preußischen Akademie der Wissenschaften,* sorgt dafür, daß 1914 ein Mann von Zürich nach Berlin berufen wird, der damals in der wissenschaftlichen Welt schon Aufsehen erregt hat: der aus Ulm stammende Albert Einstein. Die *Kaiser-Wilhelm-Gesellschaft* hatte schon drei Jahre nach ihrer Gründung einen solchen Ruf, daß Einstein sofort nach Berlin kam.

Er wird Direktor des *Kaiser-Wilhelm-Instituts für Physik,* Ordentliches Mitglied der *Preußischen Akademie der Wissenschaften* und gleichzeitig Kurator der *Physikalisch-Technischen Reichsanstalt.* Einstein bezieht mit seiner Familie eine Wohnung in dem Haus Nr. 5 der stillen Haberlandstraße in Schöneberg.

Er trifft gerade zur rechten Zeit in der Reichshauptstadt cin, um einen neuen Berliner Nobelpreisträger zu feiern: der Physiker Max von Laue († 1960), seit 1905 Plancks Assistent im *Berliner Institut für Theoretische Physik,* hat die höchste wissenschaftliche Auszeichnung, die seit 1901 verliehen wird, »für die Entdeckung des Beugens von Röntgenstrahlen beim Durchgang durch Kristalle« erhalten.

Von Laue ist der achtzehnte deutsche Nobelpreisträger. Ihm folgt als neunzehnter 1915 Richard Martin Willstätter († 1942), Chemie-Professor an der Universität und Chef des Forschungslaboratoriums im *Chemischen Institut der Kaiser-Wilhelm-Gesellschaft.*

Zu den ersten vier Nobelpreisträgern (1901) gehören zwei Deutsche: Wilhelm Conrad Röntgen († 1923) erhält ihn für Physik, Emil Adolf von Behring (Professor an der Universität und Chef des *Instituts für Infektionskrankheiten,* † 1917) für Medizin.

Röntgen ist der einzige der neunzehn deutschen Nobelpreisträger in der Zeit von 1901 bis 1915, der nicht in Berlin gewirkt oder studiert hat oder zur Zeit der Verleihung in der Reichshauptstadt tätig ist.

1902 wird dem Berliner Professor Emil Hermann Fischer der Nobelpreis für Chemie überreicht; Theodor Mommsen erhält den Literatur-Nobelpreis.

1905 fallen gleich drei Nobelpreise nach Deutschland. Philipp E. A. von Lenard empfängt ihn für Physik, Adolf von Baeyer für Chemie, Robert Koch für Medizin. 1907 wird Eduard Buchner mit dem Chemie-Preis ausgezeichnet, 1908 folgen der Medizin-Preis für Paul Ehrlich und der Literatur-Preis für den Philosophen Rudolf Eucken.

Ferdinand Braun (Physik) und Wilhelm Oswald (Chemie) sind die Preisträger von 1909, Otto Wallach (Chemie), Albrecht Kossel (Medizin) und Paul Heyse (Literatur) von 1910. Preisträger für Physik ist 1911 Wilhelm Wien, für Literatur 1912 Gerhart Hauptmann (der insofern ein Berliner ist, weil er hier seinen ständigen zweiten Wohnsitz unterhält und weil hier seine Dramen uraufgeführt werden).

Den »Auftakt« der Nobelpreisträger nach dem Ersten Weltkrieg bilden 1919 (zugesprochen schon ein Jahr zuvor, und das gilt auch für die künftigen Daten): der Physiker Max Planck, der ihn für seine Quantentheorie erhält; der Chemiker Fritz Haber (für seine Synthese von Ammoniak, ohne die künstliche Düngemittel undenkbar sind) und der Physiker Johannes Stark (für die Aufspaltung von Spektrallinien im elektrischen Feld).

1920 folgt Walther Hermann Nernst, der für seine thermochemischen Arbeiten den Nobelpreis erhält. 1921 wird Albert Einstein der Nobelpreis für Physik zugesprochen – nicht etwa für seine Relativitätstheorie (zu der er seine ersten Arbeiten 1905 in Zürich geleistet hat, seine zweite dann 1916 in Berlin), sondern »für seine Verdienste um die theoretische Physik, besonders für seine Entdeckung des Gesetzes des photoelektrischen Effekts«.

Max Planck und Albert Einstein repräsentieren das neue Weltbild der Wissenschaft. Diese beiden, ein in der Wissenschaft einmaliges Gelehrten-»Zweigespann«, ergänzen sich in ihren Arbeiten. Einer beeinflußt das Schaffen des anderen, und ihr großes Thema heißt: den Geheimnissen der Natur auf die Schliche kommen.

Die beiden berühmten Professoren sind zugleich die populärsten Männer von Berlin. Der vielzitierte »Mann auf der Straße« hat zwar wenig Beziehung zur Wissenschaft, aber er ist doch stolz darauf, daß es in Berlin so viele bekannte Männer gibt, an der Universität und in den Instituten der KWG. Planck und Einstein gegenüber haben die Berliner ein geradezu vertrautes Verhältnis, weil diese beiden Gelehrten nicht nur in höheren Regionen schweben, sondern ganz normale Menschen sind.

Einstein, dem man oft mit dem Geigenkasten unter dem Arm begegnet, ist ein Meister der Violine, Planck am Klavier. Einstein gilt außerdem als ausgezeichneter Segler, dessen Jolle man oft auf dem Wannsee sieht. Planck ist ein begeisterter Hochtourist. Von Einstein wissen die Berliner ferner, daß er seinen Freunden und Kollegen gern Proben seiner Zauberkunst und seiner Fähigkeit gibt, mit Karten zu manipulieren.

Planck, ein guter Sänger, leitet einen kleinen Chor. Er trifft sich häufig mit seinen Kollegen in irgendeiner Kneipe zu wissenschaftlichen Diskussionen. Nur selten ist Planck ohne Zigarre anzutreffen. Und überhaupt: Diese beiden Professoren sind keine versponnenen Stubengelehrten, sondern Menschen, mit denen man gerne ein Bier trinken möchte.

Jeder kennt die beiden und zieht respektvoll den Hut, wenn er einem von ihnen begegnet. Allen Berlinern ist natürlich auch das Wort Relativitätstheorie geläufig. Aber was das wirklich ist – diese komplizierte wissenschaftliche Theorie, daß die Zeit etwas Relatives, von der Bewegung Abhängiges ist –, das verstehen sie nicht.

Der humoristische Schriftsteller und witzsprühende Wiener in Berlin, Alexander Roda Roda (der mit bürgerlichem Namen Rosenfeld heißt), will es für die Leser der *BZ am Mittag* genau wissen und geht zunächst zu Planck. Der weiß natürlich genau, was sein Freund und Kollege Einstein entwickelt hat. Aber erklären kann er dessen Theorie auch nicht: »Das ist alles viel zu schwierig!«

Roda Roda läßt nicht locker und sucht Albert Einstein auf, der inzwischen nicht mehr in der Haberlandstraße wohnt, sondern sich für seine große Familie – Kinder, Stiefkinder, Neffen und Nichten – bei Caputh an der Havel ein Heim geschaffen hat, also »j. w. d.«: janz weit draußen.

Der berühmte Gelehrte mit dem Wuschelkopf empfängt den Schriftsteller freundlich und erklärt ihm liebenswürdig: »Ich kann Ihnen meine Relativitätstheorie nicht erklären!«

Roda Roda lächelt enttäuscht und versucht sein Glück mit einer Selbstbezichtigung:

»Ihr verehrter Herr Kollege Planck hält mich für zu dumm. Und Sie, Herr Professor, schließen sich offenbar seiner Meinung an.«

»Aber – lieber Freund! Ich halte nicht Sie, sondern mich selbst für zu dumm. Es ist sehr schwer, die Relativitätstheorie zu definieren. Außerdem hat mir Kollege Planck kürzlich gesagt, ich hätte meine Theorie selber nicht ganz begriffen.«

Als die Berliner Roda Rodas Geschichte lesen, sind sie zwar enttäuscht, trösten sich aber damit, daß die hohen Herren offenbar ihre eigene Wissenschaft nicht mehr verstehen.

Das ist natürlich relativ falsch, und überhaupt: für die

Berliner ist jetzt alles relativ. Das Wort geht in den Sprachschatz der Berliner ein. Er hat relativ gut geschlafen, seine neue Puppe ist relativ süß, die Zeiten sind relativ mies, und alles ist eben relativ: die Qualität des Bieres, des Films, der Bouletten. Nur etwas ist für jeden nicht relativ, sondern absolut schlecht: der Lohn und das Gehalt.

Der persönlich und als Wissenschaftler so bescheidene Einstein macht nie Aufhebens von sich. Das zeigt sich auch wieder bei den Feierlichkeiten zur Einweihung des *Harnack-Hauses,* das die *Kaiser-Wilhelm-Gesellschaft* als geselliges Zentrum und Hotel für die Gelehrten in Dahlem errichtet hat und das damals ohne Beispiel ist.

Einstein wird von Journalisten umringt, mit denen er sich leutselig unterhält – mit dem Tonfall des Berliners, den der Schwabe aus Ulm angenommen hat.

Er berichtet auch über die Erweiterung einer seiner wissenschaftlichen Theorien. Er tut das, wie ein Augenzeuge berichtet, »mit der liebenswürdigen Resignation des Mannes, der genau weiß, daß ihn doch niemand versteht«.

Als Georg Bernhard, der Chefredakteur der *Vossischen Zeitung,* ihn dann fragt, ob er die Ergebnisse seiner neuen Forschung veröffentlichen werde, antwortet Einstein mit einer Bemerkung, die deutlich die Einsamkeit und zugleich Bescheidenheit dieses Gelehrten widerspiegelt:

»Nun, ich schreibe eine Postkarte an den Lorentz, und dem Planck habe ich es ja schon erzählt.« (Henrik Antoon Lorentz: niederländischer Physiker und Nobelpreisträger 1902.)

Einstein, von dem es heißt, er habe keinen Nagel in die Wand schlagen können, hält sich für völlig untalentiert, ein Auto zu steuern. Deshalb besitzt er auch keines und benutzt grundsätzlich den Omnibus. Alle Berliner Schaffner kennen ihn natürlich. Wenn sie den Professor an der Haltestelle sehen, fordern sie nicht auf: »Einsteijen«, sondern variieren und rufen: »Einstei'n, alles einstei'n, Herrschaften!«

Offenbar hat es aber doch einen Schaffner in Berlin gegeben, der den Professor nicht kannte. Louis P. Lochner, Europa-Chef der US-Nachrichtenagentur AP in Berlin, hat es selber erlebt und auch weitere Zeugen dafür benannt:

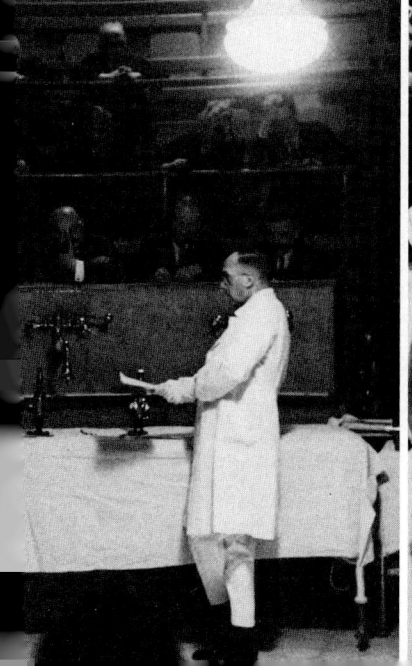

Die Charité gilt jahrzehntelang als ein Weltzentrum der Heilkunst und Gralsburg medizinischer Wissenschaft. Das Foto zeigt einen Teil des riesigen Krankenhaus-Komplexes. (21)

Geheimrat Prof. Dr. Ferdinand Sauerbruch (* 3. 7. 1875, † 2. 7. 1951). Unten links bei einer Vorlesung; unten rechts in dem 1954 uraufgeführten Erfolgsfilm dargestellt von Ewald Balser. (22, 23)

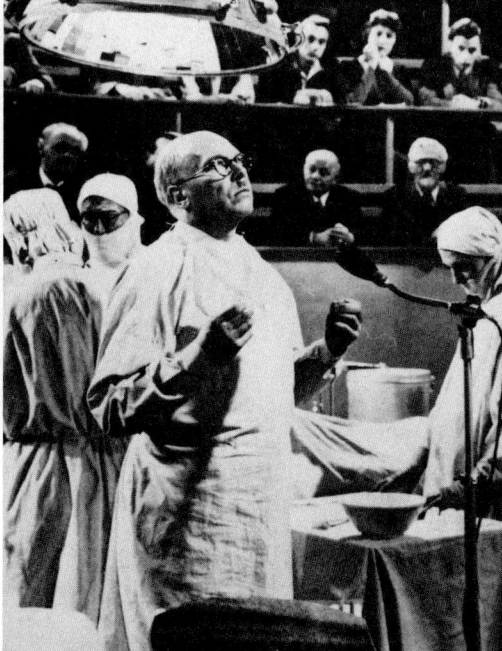

Das erste deutsche Rundfunk=Programm vom 29. Oktober 1923

Sprecher: **Friedrich Georg Knöpfke**

Am Bechstein-Flügel: **Otto Urack**

1. Andantino . . . . Kreisler
   Otto Urack (Cello). Am Blüthner-Flügel:
   Kapellmeister **Fritz Goldschmidt**
2. Arie a. d. Oratorium ,,Paulus''. . Mendelssohn
   Alfred Wilde (Tenor)
3. Langsamer Satz aus dem Violin-
   konzert . . . . Tschaikowsky
   Prof. Rudolf Deman (Violine)
4. Arie aus der Oper ,,Samson und
   Dalila'' . . . . Saint-Saëns
   Ursula Windt (Sopran)
5. ,,Hab' Mitleid'', Zigeunerlied . . . Pawlovicz
   Prof. Rudolf Deman (Violine),
   Otto Urack (Cello), **Max Saal**
   (Klavier) (Schallplatte)
6. ,,Daß nur für dich mein Herz erbebt'',
   a. d. Op. ,,Der Troubadour'' . . . . . . Verdi
   Kammersäng. **Alfr. Piccaver** (Schallpl.)
7. Larghetto . . . . Mozart
   Alfred Richter (Klarinette)
8. Der schlesische Zecher . . . . Reißiger
   Adolf Lieban (Schallplatte)
9. Träumerei . . . . Schumann
   Otto Urack (Cello)
10. Über Nacht . . . . Wolf
    Alfred Wilde (Tenor)
11. Menuett . . . . Beethoven
    Prof. Rudolf Deman (Violine)
12. Deutschland, Deutschland über alles,
    Inf.-Regt. III/9, Obermusikmstr.
    Adolf Becker (Schallplatte)

Am 29. Oktober 1923 beginnt eine neue Ära: Aus Berlin wird das erste Unterhaltungskonzert des Rundfunks gesendet. Oben das Programm; unten ein Blick in den Aufnahmeraum. (24, 25)

Ehe der Nürburgring 1927 eröffnet wird, ist die Berliner Avus Europas beliebteste Autorennstrecke. Das Foto entstand 1931. (Bild oben, 26)

Beim Sechs-Tage-Rennen im Sportpalast sind die Berliner ganz in ihrem Element. Auf dem »Heuboden« regiert »das Volk«, in den Logen amüsiert sich die Prominenz. Heimlicher König der Radrennbahn ist »Krücke«, wenn er den Sportpalast-Walzer pfeift. (27)

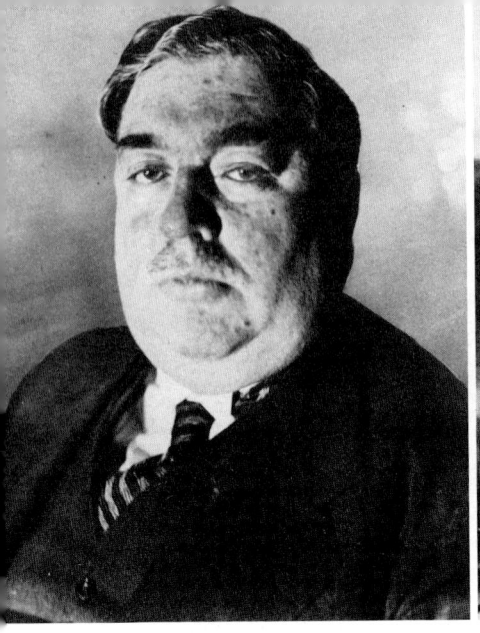

Chef der Berliner Mordkommission: Kriminalrat Ernst Gennat. (28)

Berlins Vizepolizeipräsident und Kripochef: Dr. Bernhard Weiß. (29)

Gennats berühmtes »Mordauto«, wie die Berliner den großen Daimler-Benz der Mordkommission nennen. In dieser Spezialanfertigung ist alles untergebracht, was eine Mordkommission an technischen Hilfsmitteln benötigt. Der Wagen enthält sogar ein kleines Büro. (30)

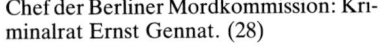

Als Einstein seinen Fahrschein und das Wechselgeld auf einen Zwanzig-Mark-Schein bekommen hat, glaubt er, daß der Schaffner ihm zu wenig herausgegeben hat. Es stellt sich dann aber schnell heraus, daß sich Einstein verzählt hat. Der Gelehrte entschuldigt sich höflich und freundlich in seiner stillen Art.

Als Einstein den Omnibus verläßt, macht der Schaffner die berühmte Geste mit dem Finger an der Schläfe, um anzudeuten, daß jemand einen Vogel hat, und meckert vor sich hin:

»So'n Dussel! Soll sich noch mal uff de Schulbank setzen und 'n bißchen Rechnen lernen!«

Als Lochner später Einstein diese Geschichte erzählt, meint der Professor – einer der größten Geister der Menschheitsgeschichte – verschmitzt: »Sie werden lachen, rechnen kann ich wirklich nicht!«

Zu einem großen Empfang, den die Schriftstellerin Helene von Nostitz-Wallwitz gibt, eine geborene von Beneckendorff-Hindenburg, Freundin von Rodin, Rilke und Hoffmannsthal und einer der Mittelpunkte Berliner Geselligkeit – zu einem Empfang dieser vielseitigen Dame also ist auch Albert Einstein eingeladen, in dessen Haus wenige Tage zuvor eingebrochen worden ist, während sich die ganze Familie auf dem Wannsee tummelte.

Eine Journalistin fragt den Professor, was ihm alles gestohlen worden sei. Antwort: »Ich habe nicht die geringste Ahnung. Von meiner Frau hörte ich, daß Fräulein von Sulminski (Einsteins adlige Hausgehilfin) und ihre Helfershelfer Schmuck, Geld, Kleider, Teppiche und Wäsche gestohlen haben. Was das Zeug wert ist, davon habe ich keine Ahnung. Der größte Verlust sind meine Geigen, die mich ein Vermögen gekostet haben.«

Als die Journalistin – es war Felicitas von Reznicek – wissen will, ob ihm auch wissenschaftliche Unterlagen gestohlen worden sind, antwortet Einstein in bester Laune: »Meine Liebe, mir hat gerade Niels Bohr* nachgewiesen,

---

* Dänischer Atomphysiker († 1962): Physik-Nobelpreis 1922 für seine Verdienste um die Erforschung der Struktur der Atome.

daß ich meine eigene Theorie nicht verstanden habe. Was sollte dann ein Dieb damit anfangen!«

1933 kehrt Albert Einstein von einer Auslandsreise nicht mehr nach Deutschland zurück. Er übernimmt eine ähnliche Stelle wie vorher in Berlin: an der *Princeton University* in den USA.

Der hartnäckige Pazifist Einstein erlebt dort eine brutale Ironie der Geschichte. Ausgerechnet er spielt aufgrund seiner Autorität eine Rolle in der allerersten Phase des Entwickelns der Atombombe und schreibt am 2. August 1939 auf Wunsch der amerikanischen Atomphysiker einen Brief an Präsident Roosevelt.

In diesem schicksalsträchtigen Schreiben weist er auf die Möglichkeit hin, daß die Nationalsozialisten daran sein könnten, die Atombombe herzustellen. Durch die Arbeiten von Otto Hahn, Lise Meitner, Fritz Strassmann, Enrico Fermi, Niels Bohr und Leo Szilard seien alle theoretischen Voraussetzungen geschaffen, die Bombe zu konstruieren.

Als Roosevelt den Brief gelesen hat, reagiert er blitzschnell:

»Jetzt müssen wir handeln!«

Mit diesem Schreiben erschöpft sich Einsteins Rolle beim Bau der Atombombe. Er hat sich ganz bewußt und konsequent ferngehalten, aber immer wieder gewarnt – bis zu seinem Tode (1955):

»Die Atomkraft braucht die Menschheit nicht mehr zu vernichten und die Zivilisation nicht stärker zu gefährden, als es durch die Erfindung des Streichholzes geschehen ist. Ihre Entwicklung hängt vom Niveau ihres Charakters ab, nicht vom Niveau der Technik.«

☆

Die Berliner haben am Leben »ihrer« Professoren stets lebhaft Anteil genommen. Das Schicksal von Max Planck hat sie immer sehr bewegt. Der älteste Sohn des Gelehrten fiel im Ersten Weltkrieg, seine beiden Töchter starben im Wochenbett. Er verlor seine erste Frau und seinen Sohn Erwin, der in den letzten Jahren der Weimarer Republik Staatssekretär in der Reichskanzlei war. Dr. Erwin Planck wurde im Januar 1945 als Widerstandskämpfer gegen Hitler ermordet.

Max Plancks gesamte Habe, einschließlich seiner wertvollen Bibliothek und seines gesamten wissenschaftlichen Nachlasses, verbrannte im Berliner Bombensturm, und nur durch einen Zufall konnte er später, zusammen mit seiner zweiten Frau, in Kassel nach einem Fliegerangriff aus den Trümmern eines Hauses geborgen werden.

Während des Dritten Reiches bekämpfte Planck offen die Judenverfolgung und verlor nach und nach all seine Ämter. Es zeugt für seine Würde und seine innere Haltung, daß er über sein Leid meinte: »Ein rechtlicher Anspruch auf Glück, Erfolg und Wohlergehen besteht nicht.«

Zum erstenmale war Max Planck in Ungnade gefallen, als er trotz Verbotes durch die Nationalsozialisten eine öffentliche Gedächtnisfeier für den »nichtarischen« Nobelpreisträger Fritz Haber gehalten hat. Planck und die übrigen Professoren, unter ihnen Otto Hahn, die an der Haber-Gedächtnisfeier teilnahmen, waren für Hitler und seine Paladine »weiße Juden« – auf die man freilich nicht verzichten konnte.

☆

Bisher wurden fünf Nobelpreisträger genannt, die nach dem Ersten Weltkrieg die Auszeichnung erhielten und alle in Berlin wirkten. Daß drei Deutsche zwischen den beiden Kriegen den Friedensnobelpreis bekamen, beweist, daß es nicht nur »kriegerische Nationalisten« im Deutschen Reich gab.

1926 wird der Friedensnobelpreis dem Reichsaußenminister Gustav Stresemann zugesprochen, zusammen mit seinem Freund, dem französischen Außenminister Aristide Briand. Stresemann hat durch die Annahme des Dawes-Planes (1924) zur Regelung der Reparationsfrage und den Abschluß des *Locarno-Paktes* (1925) die Aufnahme von Deutschland in den *Völkerbund* erreicht. Die vorhergehenden Gespräche Stresemanns mit Briand sind zum Symbol des großen politischen Erfolges geworden, der nach dem Ersten Weltkrieg durch das persönliche Vertrauen zweier Männer erreicht wurde.

Mit nur wenigen Sätzen lassen sich die beiden Kämpfer für den Frieden charakterisieren. Briand, beim Eintritt Deutschlands in den *Völkerbund:*

»Die Zeit der Kanonen und Gewehre muß vorbei sein. Schluß mit aller Feindschaft! Die beiden großen Völker, Deutsche und Franzosen, haben im Kriege auf den Schlachtfeldern so viele Lorbeeren errungen, daß die Zukunft sie nur im Wettbewerb um die großen idealen Ziele der Menschheit sehen soll.«

Stresemann vor dem *Völkerbund,* wenige Tage vor seinem Tode (3. 10. 1929):

»Warum soll der Gedanke unmöglich sein, das zusammenzufassen, was die europäischen Staaten einigen kann? Wo bleibt die europäische Münze, wo die europäische Briefmarke? Ich lehne es ab, die wirtschaftliche Vereinigung und Vereinfachung der europäischen Staaten als eine Utopie anzusehen! Ich halte es vielmehr für eine unbedingte Pflicht, in dieser Richtung zu arbeiten . . .«

Die Aktualität der Worte wirkt bestürzend angesichts der Schwierigkeiten, die sich die Europäer mehr als fünfzig Jahre später immer noch bereiten.

Der nächste Friedensnobelpreisträger (1927) ist Ludwig Quidde, Professor an der Universität Berlin und Präsident der *Deutschen Friedensgesellschaft.* Quidde hat sich schon vor der Jahrhundertwende den Friedensbemühungen der Bertha von Suttner angeschlossen und unermüdlich für die deutsch-französische Verständigung gekämpft, zusammen mit seinen französischen Freunden Ferdinand Buisson (der ebenfalls den Friedensnobelpreis erhielt) und Frédéric Passy, dem schon 1901 der Friedensnobelpreis zugesprochen wurde.

Bereits vor dem Ersten Weltkrieg reichten sich Quidde und Passy auf vielen Kundgebungen in ganz Europa spontan die Hand, um zu dokumentieren, daß das französische und das deutsche Volk in Frieden leben müssen. Quidde gehörte schon 1919 zur Deutschen Nationalversammlung und war auch Mitglied des Reichstages. Als er 1924 vor der heimlichen Aufrüstung der Reichswehr öffentlich warnte, wurde er vorübergehend inhaftiert.

Unvergessen sind die Friedensreden, die Quidde und Buisson 1924 in Berlin gehalten haben – sehr zum Schrekken der »Revanchisten«.

Der Publizist Carl von Ossietzky ist der dritte deutsche Friedensnobelpreisträger (1936). Der Fall dieses Mannes, der Sekretär des *Zentralbüros der Deutschen Friedensgesellschaft* und Herausgeber der berühmten *Weltbühne* war, erregte weltweites Aufsehen.

Hitler verbot dem konsequenten und mutigen Pazifisten, zugleich aber besonnenen und feinnervigen Publizisten (»Deutschland fehlt der Stolz des Zivilisten gegenüber der Uniform«), den Nobelpreis anzunehmen. Göring ließ den Ausgezeichneten wissen, daß ihm in Deutschland nichts passieren würde, wenn er den Preis ablehne. Aber Ossietzky, der seit dem Reichstagsbrand am 27. Februar 1933 im Konzentrationslager saß, akzeptierte die Auszeichnung.

Im Lager – zunächst in Oranienburg bei Berlin und später in Esterwege-Papenburg (oldenburgisches Moor) – mußte er Unsägliches erleiden. Erst nach vier Jahren der Qualen wurde er unter dem Druck der Weltöffentlichkeit erlöst und entlassen. »Erlöst« ist nicht das richtige Wort. Ossietzky war physisch so gebrochen, daß er am 4. Mai 1938 in Berlin starb.

Thomas Mann fiel deshalb in Ungnade bei den Nationalsozialisten, weil er zu jenen gehörte, die Ossietzky für den Friedensnobelpreis vorgeschlagen hatten. Ein Pazifist und Warner vor dem Nationalsozialismus als Friedensnobelpreisträger – das bedeutete für Hitler einen Skandal ohne Beispiel.

»Um für alle Zukunft beschämenden Vorgängen vorzubeugen ...« – so beginnt mit deutlicher Anspielung auf den »Fall Ossietzky« ein Erlaß Hitlers über die Stiftung eines Deutschen Nationalpreises für Kunst und Wissenschaft am 30. Januar 1937. In diesem Jahr erhielten den Preis: der Architekt Ludwig Troost, der Rassen-Ideologe

Alfred Rosenberg, der Geophysiker Wilhelm Filchner und die beiden Chirurgen August Bier und Ferdinand Sauerbruch.

Der Mediziner Hans Spemann vom *Kaiser-Wilhelm-Institut,* der 1935 den Nobelpreis »für die Entdeckung des Organisator-Effekts im embryonalen Entwicklungsstadium« erhielt, war der letzte, der im Dritten Reich die Auszeichnung in Stockholm entgegennehmen durfte.

Diese vier Professoren haben sich dem Befehl Hitlers beugen müssen: Der Chemiker Richard Kuhn, Direktor des Instituts für Chemie der KWG, dem 1938 der Nobelpreis zugesprochen wurde; der Chemiker Adolf Butenandt vom Biochemischen Institut der *Kaiser-Wilhelm-Gesellschaft* und der Mediziner Gerhard Domagk, die 1939 mit dem Nobelpreis ausgezeichnet wurden, und schließlich Otto Hahn, Direktor des *Kaiser-Wilhelm-Instituts für Chemie,* der 1944 in den Stockholmer Olymp aufgenommen wurde.

Insgesamt erhielten von 1918 bis 1944 fünfundzwanzig Deutsche den Nobelpreis, von denen nur zwei (Domagk und der 1927 für seine biochemischen Arbeiten ausgezeichnete Heinrich Wieland) »nichts mit Berlin zu tun hatten«.

Die bisher noch nicht genannten Nobelpreisträger sind: Otto Meyerhof (1922) und Otto Heinrich Warburg (1931) für Medizin; James Franck und Gustav Hertz (beide 1925) und Werner Heisenberg (1932) für Physik; Richard Adolf Zsigmondy (1925), Adolf Windaus (1928), Hans Fischer (1930), Carl Bosch und Friedrich Bergius (beide 1931) für Chemie. Sie alle haben im Sinne des Stifters Alfred Nobel »der Menschheit den größten Nutzen geleistet«.

Den Nobelpreis für Literatur erhielt 1929 Thomas Mann, »hauptsächlich für seinen großen Roman *Buddenbrooks,* der im Laufe der Jahre allgemeine Anerkennung als ein klassisches Werk der zeitgenössischen Literatur gefunden hat«.

Die Liste der deutschen Nobelpreisträger von 1901 bis 1944, die insgesamt 44 Namen umfaßt, beweist, welche Weltgeltung deutsche Forschung und Wissenschaft einmal besaßen. Und daß bis auf wenige Ausnahmen alle Nobelpreisträger entscheidende Jahre in Berlin verbracht haben, beweist die Richtigkeit der Behauptung, daß jahrhundertelang rund um den Erdball kein wissenschaftliches Gespräch geführt werden konnte, ohne daß dabei der Name der alten deutschen Reichshauptstadt genannt wurde.

Die Institute der *Max-Planck-Gesellschaft* – so mußte unter dem Druck der Sieger 1946 die *Kaiser-Wilhelm-Gesellschaft* umbenannt werden – bemühen sich heute mit einigem Erfolg darum, die Tradition der alten Berliner Hochburg des Geistes zu pflegen. Aber – der alte Glanz ist erloschen, der alte Ruhm verklungen.

Die Bundesrepublik hat kaum noch ein Wort mitzureden, wenn es darum geht, »der Menschheit den größten Nutzen zu leisten«. Darüber darf auch nicht die Tatsache hinwegtäuschen, daß nach dem Kriege zehn Nobelpreise an Deutsche vergeben wurden – bei einigen (zum Beispiel bei dem Mediziner Werner Forssmann oder dem Physiker Max Born) zudem für wissenschaftliche Leistungen, die *vor* dem Kriege erbracht wurden.

Unter den so Geehrten befindet sich auch Alt-Bundeskanzler und SPD-Vorsitzender Willy Brandt, der Berliner aus Lübeck, der 1971 als vierter Deutscher mit dem Friedensnobelpreis ausgezeichnet wurde. Mit ihm, dem langjährigen Regierenden Bürgermeister (1957 – 1966) ist, so empfinden es noch heute viele Bewohner des westlichen Teils der ehemaligen Reichshauptstadt, einer der ihren gewürdigt worden.

7. Kapitel

Das gab's nur einmal!

Die Traumfabriken an der Spree

Königin unter 238 Filmgesellschaften: die Ufa

In der Bar des Hotels *Adlon* Unter den Linden sitzt Emil Jannings, der berühmte Filmschauspieler. Er läßt sich soeben ein neues Bier servieren. Jannings, der vor wenigen Wochen aus Hollywood zurückgekehrt ist, hat dort Filme gedreht, die durch seine schauspielerischen Leistungen Welterfolge wurden: *Der Weg allen Fleisches, Der Patriot, Der letzte Befehl* und fünf weitere Filme.

Sämtliche acht Lichtspiele entstanden innerhalb von fünf Jahren. Emil Jannings ist der Schauspieler, der 1929, kurz vor seiner Rückkehr in die deutsche Reichshauptstadt, den ersten *Oscar* erhält. Alle Filme, in denen er in Amerika die Hauptrolle spielt, sind noch stumm.

Jannings ist schlechter Laune an diesem Dezembernachmittag des Jahres 1929. Seine Stimmung bessert sich auch nicht nach dem dritten und vierten Bier. Louis Adlon, der Chef des berühmten Hotels, setzt sich zu seinem Gast, um ihn nach dem Grund seines Mißmutes zu fragen.

»Ich befinde mich in einer verteufelten Situation!« erklärt der erste *Oscar*-Preisträger der Welt. »Ich soll meinen ersten Tonfilm drehen und bin ganz verzweifelt.«

»Das verstehe ich nicht«, antwortet Louis Adlon. »Ihre Stimme ist doch geradezu für den Tonfilm geschaffen!«

Nach einem neuen kräftigen Schluck erwidert Jannings:

»Darum geht es nicht, Herr Adlon! Wir könnten längst mit den Dreharbeiten beginnen. Es fehlt nur noch die Hauptdarstellerin.«

Der neue Film soll *Der Blaue Engel* heißen und wird nach dem Roman von Heinrich Mann, *Professor Unrat*, gedreht. Josef von Sternberg, der Österreicher, der in Hollywood bedeutende Filme gemacht und dabei zweimal Jannings zu seinem Hauptdarsteller erkoren hat, soll die Regie führen. Auf Vorschlag von Jannings hat die Ufa Josef von Sternberg verpflichtet.

»Ich begreife überhaupt nichts mehr, Herr Jannings«, fährt Adlon fort. »Es gibt doch so unendlich viele Schauspielerinnen in Berlin!«

»Ein paar Dutzend haben wir uns in den letzten Wochen angesehen – keine war die richtige. Auch Sternberg ist verzweifelt.«

Für die Rolle, um deren Besetzung Jannings so sehr bangt, standen auch Lucie Mannheim, Brigitte Helm und Trude Hesterberg schon in engerer Wahl.

Der Regisseur Josef von Sternberg erinnert sich:

»Während ich weiter mein Drehbuch diktierte, wurden mir alle möglichen jungen Damen in mein Büro geschickt. Aber keine entsprach auch nur in etwa meinen Vorstellungen. Inspiriert von Frank Wedekinds Lulu, hatte ich das verführerische Mädchen meines Films Lola genannt. Für ihre Figur schwebte mir ein ganz bestimmtes Modell vor. Ich lehnte eine Schauspielerin nach der anderen nur deshalb ab, weil sie meinen Vorstellungen nicht entsprach.

Beim Durchblättern eines Katalogs, der die Fotografien aller deutschen Schauspielerinnen enthielt, war mein Blick auf das flache und uninteressante Bild eines Fräulein Dietrich gefallen. Wie gewöhnlich fragte ich meinen Assistenten, was er von ihr hielt. Er zuckte mit den Schultern und meinte: ›Der Popo ist nicht schlecht. Aber – brauchen wir nicht auch ein Gesicht?‹

Das Foto jenes Fräuleins wurde zu den anderen gelegt und prompt vergessen . . .«

Als Jannings im *Adlon* sitzt, hat er noch keine Ahnung von diesem »Fräulein Dietrich«, das sich Marlene nennt (zusammengezogen aus ihren Vornamen Maria Magdalena), und der Künstlername Dietrich ist der Nachname des zweiten Mannes ihrer Mutter. Marlenes Vater hieß von Losch und war Hauptmann bei der preußischen Polizei.

Marlene Dietrich lebt mit ihrer Mutter in einer Wohnung des vornehmen Hauses Nr. 19 Unter den Linden. Sie ist auch kein »Fräulein« mehr, sondern seit 1925 mit dem wenig bekannten Aufnahmeleiter Rudolf Sieber verheiratet, und sie hat auch schon eine Tochter, die Heidede genannt wird. Mann und Tochter wohnen ebenfalls bei Frau von Losch.

Marlene, Jahrgang 1901 (und nicht, wie meist behauptet, 1904), ist in den frühen zwanziger Jahren so gut wie unbeachtet in zwei Revuen aufgetreten: *Es liegt in der Luft* und *Von Mund zu Mund.* 1926 stand sie mit Rudolf Forster, Fritz Kortner und Lucie Mannheim in *Duell am Lido* von Hans José Rehfisch auf der Bühne des Staatstheaters – als eine von der Kritik nicht genannte Edelstatistin.

Dann hat sie in einem heute völlig vergessenen Film *Café Electric* mitgespielt. Nach der Wiener Premiere dieses Streifens schrieb der Kritiker Liebstöckl: »Den Namen des Regisseurs Gustav Ucicky und die der beiden Hauptdarsteller Willi Forst und Marlene Dietrich brauchen wir uns nicht zu merken. Von diesen Herrschaften werden wir nie wieder etwas hören.«

Emil Jannings läßt sich sein fünftes Bier kredenzen.

»Wissen Sie, Herr Adlon, es muß eine Schauspielerin sein, die mich abgebrühten alten Knaben aus der Ruhe bringt. Sternberg und ich stellen uns eine Frau vor, von der ein erotisches Erdbeben ausgeht... Kennen Sie vielleicht eine?«

Louis Adlon erinnert sich, daß ihm vor wenigen Tagen ein Mädchen aufgefallen ist... Es spielte in der Komödie *Zwei Krawatten* von Georg Kaiser eine kleine Rolle. Bei der Premierenfeier in seinem Hotel hat Adlon dieses Mädchen sofort wiedererkannt: eine gewisse Marlene Dietrich.

»Schauen Sie sich diese junge Dame einmal an, Herr Jannings!«

Drei Tage später kommt Jannings wieder ins *Adlon* und sagt dem Chef des Hauses triumphierend:

»Wir haben sie! Wir haben sie! Auch Sternberg, den ich mit ins Theater geschleppt habe, ist begeistert.«

Probeaufnahmen nehmen dem Regisseur und seinem Hauptdarsteller letzte Zweifel. Alle anderen, die irgendwie mit dem neuen Film zu tun haben, sind entsetzt und davon überzeugt: Mit diesem Fräulein Dietrich wird es eine einzige Pleite geben!

Aber Sternberg setzt sich durch und überzeugt auch den Produzenten Erich Pommer, dem der deutsche Film zu dieser Zeit schon einige Meisterwerke verdankt *(Das Kabinett des Dr. Caligari, Dr. Mabuse, der Spieler* und *Die Nibelungen,* um nur wenige zu nennen).

Die weitere Geschichte ist bekannt. *Der Blaue Engel,* in dem (außer Jannings und Marlene Dietrich) Hans Albers, Rosa Valetti und Kurt Gerron die Hauptrollen spielen, wird ein Welterfolg. Das Lied »Ich bin von Kopf bis Fuß auf Liebe eingestellt«, das die Dietrich als Tingeltangel-Soubrette singt, wird in allen Ländern der Erde bekannt. Das »erotische Erdbeben«, von dem Jannings geträumt hat, erfaßt Millionen.

Die Zeitungen sind begeistert. Großes Lob für den Regisseur, für Jannings und vor allem für die Dietrich. »Umweht von allen« erotischen Faszinationen der Erde«, heißt es im *Berliner Tageblatt.* »Elementare Sinnlichkeit« ist ein Kritikerwort vom *12-Uhr-Blatt.* »Der Tonfilm ist durch die Beine der Dietrich gerettet«, meint die *BZ am Mittag.*

Das Goebbels-Hausblatt *Der Angriff* freilich schreibt:

»Ein anständiger Deutscher protestiert, wenn ihm das vorgesetzt wird. Wo gibt es den Lehrer, den zwei nackte Streifen Fleisch an den Beinen einer Dirne seinen Geistesschwung vergessen lassen?«

Jeder »Flapper«, wie damals die Teenager in Berlin genannt werden, singt »Ich bin von Kopf bis Fuß auf Liebe eingestellt« und bemüht sich dabei um eine rauhe, tiefe Stimme. Und nach dem Film kürzen sie alle ihre Röcke, um mehr von ihren Beinen zu zeigen.

Die große Karriere der Dietrich hat begonnen. Bei der Uraufführung im *Gloria-Palast* ist nicht Jannings der Star, sondern Marlene. Die Premierenfeier kann sie nicht mehr mitmachen. Gegen 23 Uhr besteigt sie am Bahnhof Zoo den Zug, der sie nach Bremen bringt. Dort geht sie an Bord der *Bremen,* des damals größten, schönsten und schnellsten Schiffes der Sieben Meere, mit dem sie in die Neue Welt fährt. Sternberg nimmt seine Berliner Entdeckung mit nach Hollywood. Dort wird sie ein Weltstar (und fördert, nebenbei, die Mode der gelackten Fingernägel und führt die langen Hosen für Frauen ein).

In der kalifornischen Traumfabrik spielt Marlene Dietrich die Hauptrolle in den filmischen Bestsellern *Marokko, Shanghai-Expreß, Blonde Venus* und vielen, vielen anderen Filmen – bis zum *Engel der Gejagten* und zur *Zeugin der Anklage.*

Die preußische Offizierstochter aus Berlin ist ein klassisches Beispiel dafür, wie in der Reichshauptstadt Stars »geboren« wurden, die in Hollywood schnell glanzvolle Karriere machten.

Auch Hans Albers brillierte – nach *Die Nacht gehört uns* – im *Blauen Engel* zum zweiten Male in einem Tonfilm, und viele spätere Filme sind ohne Hans Albers kaum vorstellbar: *Bomben auf Monte Carlo, Flüchtlinge, Der Mann, der Sherlock Holmes war, Wasser für Canitoga.* Das sind nur vier von den insgesamt 34 Filmen, in denen der »blonde Hans« bis 1944 bei der Berliner Ufa die Hauptrolle spielte.

Ernst Josef Aufricht, Theaterdirektor und Hausherr im Theater am Schiffbauerdamm und im Admiralspalast, charakterisiert den Bühnen- und Filmschauspieler Hans Albers jener Jahre so:

»Albers war ein echter Volksschauspieler. Er ging auf das Publikum los wie ein Stier in der Arena. Er rotzt auf seine Partnerin, und die Zuschauer jubeln über seine Frechheit, er schluchzt, und das Publikum löst sich in Tränen auf. Er war der erwünschte Typ der heraufkommenden Zeit, groß, blond, blauäugig, mit dem Gang eines Raubtieres.«

☆

Die Ufa – das war nur eine der großen Filmgesellschaften. Um sich eine Vorstellung von der Bedeutung Berlins für die Filmgeschichte zu machen, müssen einige Zahlen genannt werden.

1927 gab es in der Reichshauptstadt 238 Produktionsgesellschaften, Firmen und Institutionen, die Filme herstellten. 37 davon produzierten sogenannte »große« Filme, die länger als eine Stunde dauerten. Mit Abstand die größte von diesen 37 Filmgesellschaften war die Ufa. Die übrigen 201 Produzenten drehten Lehr-, Kultur- oder auch (schon!) Werbefilme.

In Berlin entstanden 1927 insgesamt 242 Spielfilme. Es kamen 1950 Lehr- und Kulturfilme und Wochenschauen hinzu; diese Zahl erhöhte sich im Rekordjahr 1929 auf 2378.

Um noch eine Zahl zu nennen: 1927 arbeiteten 45 437 Männer und Frauen in der Berliner Filmwirtschaft, einschließlich der Verleih-Firmen, Kopieranstalten usw.; Künstler (Schauspieler, Regisseure, Komponisten, Autoren) und Statisten müssen noch hinzugerechnet werden: insgesamt etwa 8000.

Die Ufa allein brachte von 1924 bis 1944 insgesamt 361 große Spielfilme auf den Markt, von denen 356 – mit fremdsprachigen Untertiteln – in die meisten Länder der Welt verkauft wurden. 1938 entstanden in Berlin 91 abendfüllende Filme; davon waren 34 Spielfilme. 23 dieser 34 Unterhaltungsspiele kamen aus den Ateliers der Ufa. Beim Zusammenbruch 1945 waren noch neun große Spielfilme in Arbeit.

☆

Es gibt damals noch keinen Starrummel. Aber einige Filmschauspieler erfreuen sich einer ungeheuren Popularität. Henny Porten, Jahrgang 1888, Berlinerin aus Braunschweig, ist die erste »Königin der Leinwand«. Wie beliebt sie bei den Massen ist, soll folgende Geschichte dokumentieren:

Gleißendes Licht der Scheinwerfer, betäubender Duft von Schminke und Farbe. Stimmen und vielfältige Geräusche... Frau Porten ist mitten in der Aufnahme. Die Kameras laufen. Sie tanzt für eine Szene des Films *Die blaue Laterne.*

Plötzlich heult die Sirene auf. Ganz unprogrammgemäß; denn es ist gerade zehn Uhr in der Frühe. Sonst kündet die Sirene die Mittagspause an.

Alle Türen zum Atelier werden aufgerissen. Aus den Kopierräumen und aus den Büros des Ateliers in der Berliner Blücherstraße stürzen die Techniker und Angestellten in den Aufnahmeraum.

Hennys erster Gedanke: Die Aufnahme ist verdorben! Sie wird sehr böse und ruft:

»Jetzt müssen wir alles noch einmal machen! Seid ihr denn alle verrückt geworden? Was ist denn eigentlich los?«

Ein paar Männer reden aufgeregt durcheinander:

»Der Kaiser ist weg!«

»Es ist Revolution!«

»Unter den Linden wird gefeiert. Auch wir ziehen dorthin.«

Rufe, Aufregung, Durcheinander. Ehe die Schauspielerin das alles begreifen kann, ist es still um sie. Alle sind verschwunden. Das Atelier, die Büros, die Kopier- und Schneideräume liegen verlassen. Nur die beiden jungen Beleuchter Fritz Schulz und Heinz Ortwein bleiben bei ihr.

Draußen, auf der Straße, krachen die Schüsse.

Henny Porten fährt entsetzt zusammen. Ortwein zieht sie von den Glasfenstern weg, faßt sie am Arm und sagt:

»Ziehen Sie schnell das Tanzkleid aus, Frau Porten! Schminken Sie sich ab, packen Sie Ihr Köfferchen! Wilhelm muß Sie so schnell wie möglich nach Hause bringen.«

Sie stürzt in ihre Garderobe, zieht sich in aller Eile um, rafft ihre Sachen zusammen. Ortwein rast ihr entgegen und ruft:

»Wilhelm ist mit seiner Kutsche auf und davon. Er hat wohl Pferd und Wagen in Sicherheit gebracht . . .«

Der gute Wilhelm . . . Jeden Morgen holt er Henny in ihrer Wohnung ab, jeden Abend fährt er sie wieder hin. Der Wagen, der prächtige Schimmel und die repräsentative Figur des Kutschers mit Zylinder und langem Rock bieten ein herrliches Bild.

»Wir werden Sie auch ohne Wilhelm sicher nach Hause bringen«, beruhigt Ortwein Frau Porten. Die beiden Beleuchter nehmen sie in ihre Mitte.

Auf der Straße ist der Teufel los. Handgranaten explodieren. Fensterscheiben klirren. Kugeln zischen durch die Luft.

Ortwein und Schulz ziehen die Schauspielerin an den Mauern der Häuser entlang. Sie tasten sich vor, von Hauseingang zu Hauseingang. Merkwürdig, sie hat gar keine Angst, obwohl das Schießen immer wilder wird.

Schulz schreit:

»Es hat keinen Zweck, wir kommen nicht weiter! Es ist zu gefährlich.«

Während die drei in einem Hausflur warten, sehen sie durch die geöffnete Tür, daß gerade vor ihnen ein großer Lastwagen hält. Rote Fahnen flattern links und rechts vom Führerhaus. Der Wagen ist mit Soldaten besetzt. Sie rufen und schreien.

Als die drei auf die Straße treten, brüllt einer der Soldaten:

»Da ist ja Henny Porten!«

Und ein anderer schreit:

»Du kannst doch nicht in der Revolution umherlaufen, Henny! Wohin willst du denn?«

»Sie muß in ihre Wohnung in der Matthäikirchstraße!« antwortet Ortwein.

Die Soldaten brechen in ein Freudengeheul aus. »Komm rauf, Henny! Wir bringen dich nach Hause!«

Sie helfen ihr auf den Lastwagen.

Auch Schulz und Ortwein können einsteigen. Die Soldaten vergessen für ein paar Minuten ihre Revolution und fahren ihre Kinoheldin nach Hause.

Aufstand in Berlin. November 1918. Henny sitzt in ihrer Wohnung und wartet . . .

Schon am nächsten Tag ist Wilhelm wieder zur Stelle und fährt Frau Porten ins Atelier. Man will einen ganz kleinen Film drehen, der in allen deutschen Kinos vor dem eigentlichen Programm aufgeführt werden soll.

Die Filmschauspielerin läßt sich kurz die geplante

162

Szene erklären. Auf der Leinwand züngelt eine große Flamme. Aus dieser Flamme steigt sie in einem wallenden weißen Gewand wie ein Friedensengel auf und hebt beschwörend die Hände. Dazu erscheint der Text:

»Seid ruhig! Seid vernünftig! Schont eure Frauen und Kinder!«

Henny Porten protestiert gegen dieses Filmchen:

»Was soll das? Man kann doch die Revolution nicht vom Kino aus aufhalten!«

Alle reden auf sie ein:

»Du mußt den Film machen, Henny! Von dir geht so etwas Beruhigendes und Friedliches aus . . .«

Gegen diesen Einwand ist sie machtlos. Als die wenigen Meter Film abgedreht sind, ist sie plötzlich von gewichtigen Herren umringt.

Was sie von ihr verlangen, ist wohl das Merkwürdigste, was sie erlebt hat . . .

»Frau Porten, Sie müssen sofort auf den Platz vor dem Schloß fahren und begütigend zu den meuternden Matrosen sprechen!«

»Das ist doch Unsinn!« antwortet sie. »Wer hört in einer Revolution schon auf eine Schauspielerin?«

»Von allen deutschen Schauspielerinnen und Schauspielern stehen Sie bei den Soldaten am höchsten im Kurs, Frau Porten! Und Soldaten machen jetzt Revolution. Auf Sie wird man hören.«

In einem offenen Wagen wird sie zum Schloßplatz gefahren. Eine unübersehbare Menge bewaffneter Matrosen wogt dort hin und her.

Vom Schloß weht die rote Fahne. Henny sieht zum Denkmal des alten Kaisers hinüber. Keine Blumen stehen mehr davor. Der Dampf aus einer Gulaschkanone vernebelt das Standbild.

Die Masse der Soldaten bietet ein bedrohliches Bild. Hennys Begleiter werden unruhig.

»Das hat keinen Zweck. Wir müssen zurück!« flüstert einer der Herren. Als er dem Chauffeur ein Zeichen geben will, schreit ein Matrose:

»Da kommt Henny Porten!«

Ein paar andere wiederholen den Ruf, und bald ertönt es von allen Seiten:

»Hoch Henny Porten!«

Einige Männer springen auf die Trittbretter, jubeln ihr zu, alarmieren Kameraden. Der Fahrer gerät in arge Bedrängnis, aber ein paar Matrosen bahnen dem Wagen den Weg und dirigieren ihn auf den Schloßhof.

Henny wird aus dem Wagen gehoben und ins Schloß hineingeschoben.

Chaos umgibt sie. Sie ist völlig verwirrt. In den prächtigen alten Räumen, in denen noch vor ein paar Tagen der Kaiser gewohnt hat, lümmeln sich Soldaten herum.

Geschirr liegt zerschmettert am Boden. Seidene Teppiche sind von den Wänden gerissen, die Bilder der Hohenzollern von Kugeln zerfetzt. Zerschlagene kostbare Möbel, besudelte Teppiche.

Man schiebt Henny über die Treppe nach oben. Über die Stufen sickert Erbsensuppe.

Wie ein schreckliches Traumbild zieht das alles an der Schauspielerin vorüber. Und plötzlich steht sie auf dem Balkon des Schlosses – auf diesem Balkon, von dem aus so oft der Kaiser gesprochen hat.

Sie wird an die Brüstung gedrängt. Tausendstimmig braust es zu ihr empor:

»Hoch Henny Porten!«

Jemand flüstert ihr zu:

»Sagen Sie etwas!«

Henny überlegt. Ihr fällt nichts ein. Sie denkt: »Was habe ich überhaupt hier verloren . . .?«

Immer noch ruft man ihr zu. Und da ist plötzlich die Erinnerung an diesen kleinen Film . . .

Sie hebt die Hände, um Ruhe zu erbitten, breitet ihre Arme aus und ruft über den weiten Schloßplatz, der zu einem einzigen wilden Heerlager geworden ist:

»Seid ruhig! Seid vernünftig! Schont eure Frauen und Kinder!«

Und siehe da: Die Masse hört auf ihr Idol. Henny Porten ist etwas gelungen, was in dieser Situation einem Politiker wahrscheinlich nicht geglückt wäre.

Fast alle Filmgesellschaften, die produzierten, managten, Auslandsrechte verkauften, Schauspieler vermittelten und den ganzen übrigen »Kleinkram« erledigten, residierten in der unteren Friedrichstraße. Nur die Ufa hatte ihr Domizil zunächst am Potsdamer Platz, dann in der Kochstraße und schließlich am Dönhoffplatz aufgeschlagen. Jedes Haus in der unteren Friedrichstraße beherbergte mindestens zwei Gesellschaften, die etwas mit dem Film zu tun hatten, und in der Friedrichstraße 223 trafen sich alle der Branche im *Klub der Filmindustrie.*

Es gab Berliner Filmateliers in Weißensee und in Johannisthal; nach dem Ersten Weltkrieg außerdem in der ehemaligen Zeppelinhalle in Staaken bei Spandau. Das wichtigste und größte aber war in Babelsberg, und der Name dieser südwestlichen Vorstadt wurde für die Filmfreunde in der ganzen Welt ein Begriff.

Hier waren die großen Ateliers der Ufa, die außerdem in Tempelhof noch einen Komplex von vier Hallen unterhielt. Die Ufa-Stadt Babelsberg war – außer dem Gesamtkomplex der vielen Ateliers der zahlreichen Gesellschaften Hollywoods – die größte und modernste Filmproduktionsstätte der Welt.

Das Ufa-Gelände in Babelsberg umfaßte eine Gesamtfläche von 430 000 Quadratmetern, und elf große Atelierhallen standen zur Verfügung. Ihre Kapazität reichte aus, um gleichzeitig acht Filme zu drehen. Für alle nur denkbaren Szenen waren Film-Straßen und -Plätze, Salons oder einfache Wohnzimmer vorhanden. Zum »Requisiten-Fundus« der Ufa gehörten 12 000 Möbelstücke, 9000 Kostüme, 2500 Perücken, und es gab eigentlich nichts, was es nicht gab...

Außer den Ufa-Ateliers in Babelsberg und Tempelhof gibt es (1925) noch folgende »Glashäuser«, wie die Produktionsstätten für Filme damals genannt wurden: Efa, Berlin-Halensee; Terra-Glashaus in Marienfelde; Filmwerke Staaken AG in Staaken; Glashaus-Film GmbH in Tempelhof; Grunewald-Film-Atelier in Grunewald; Ifa-Atelier in Schönholz-Reinickendorf; Jofa GmbH in Johannisthal; May-Film AG in Weißensee; Maxim-Filmgesellschaft in der Blücherstraße im Südwesten; Muto-Großatelier in Lankwitz; Phöbus-Film-AG in der Hasenheide und die Rex-Film-AG in der Müllerstraße im Norden Berlins.

☆

Berlin verfügte vor allem über hervorragende Regisseure, die Filmgeschichte schrieben, und bedeutende Schauspieler, die schon sehr früh von der Bühne zum Film gefunden hatten: Albert Bassermann, Fritz Kortner, Paul Wegener, Eugen Klöpfer, Werner Krauß, Conrad Veidt, Emil Jannings, Peter Lorre, Adele Sandrock und viele andere.

Nicht zu vergessen: Elisabeth Bergner. Sie wurde 1921 von Viktor Barnowsky, dem damaligen Direktor des *Lessing-Theaters,* engagiert. Sie wurde schnell zum Idol der Berliner. 1923 schrieb Tucholsky begeistert: »Also das gibt es noch. Es hat also noch Sinn, ins Theater zu gehen... Das Lessing-Theater hallte wider von den Rufen: Bergner! Bergner! Mit vollem Recht... Bergner! Bergner! rief die Galerie. Und wir, die wir dabei waren... segneten sie und wünschten ihr alles Gute. Betend, daß Gott sie erhalte, so jung, so schön, so hold.« Und rückwirkend bekannte Elisabeth Bergner in ihren »Unordentlichen Erinnerungen« *(Bewundert viel und viel gescholten...,* Seite 36): »Ich fuhr zum ersten Mal nach Berlin... Berlin schien mir sehr häßlich, verglichen mit Zürich oder Wien oder Innsbruck. Mehr hatte ich noch nicht gesehen von der Welt. – Heute weiß ich, daß ich Berlin von allen Städten der Welt die größte Liebe und Dankbarkeit schulde und gern und unermüdlich gern bezahle.«

Zu den wenigen Schauspielerinnen Berlins, die ausschließlich für den Film arbeiteten und nie im Theater auftraten, gehörten Henny Porten und Asta Nielsen. Selbst Lilian Harvey hatte auf der Bühne begonnen, bis sie der Regisseur Richard Eichberg für den Film entdeckte. Mit Willy Fritsch war sie für eine ganze Generation das klassische Film-Liebespaar schlechthin.

Die Namen der bedeutendsten Regisseure Berlins spiegeln zugleich die künstlerische Entwicklung des Films.

166

Aus dem Stummfilm-Kintopp vor dem Ersten Weltkrieg entwickelte sich in der Reichshauptstadt mit den Stilelementen des Expressionismus und der Neuen Sachlichkeit nach 1918 eine neue Kunstform.

Zugleich wurden in der Reichshauptstadt entscheidende technische Methoden entwickelt und eingeführt. In dem Film *Der letzte Mann* (1924), in dem Emil Jannings die Hauptrolle spielte, wurde die Kamera von ihrer »Standhaftigkeit« befreit. Sie fuhr jetzt, näherte sich dem Objekt, begleitete es und wechselte dabei dauernd die Perspektiven.

Eigentlich hätte es den Tonfilm in Deutschland schon 1923 geben können. Der Berliner Ingenieur Hans Vogt und seine Freunde Josef Engl und Josef Masolle entwickelten ein Verfahren, den Ton direkt auf den Rand des Films zu »fotografieren«. Die drei Ingenieure, die ihr Werk »Tri-Ergon« (»Werk der drei«) nannten, führten ihre Erfindung schon 1923 vor: Die Schauspielerin Friedel Hintze sang »Sah ein Knab' ein Röslein steh'n«. Eine »interessante Spielerei«, von der die Berliner Filmindustrie (noch) nichts wissen wollte...

Die drei Freunde verkauften ihre Erfindung nach Amerika, das auf diese Weise 1927 den ersten Tonfilm auf den Weltmarkt brachte: *Der Jazz-Sänger* mit Al Jolson. Deutschland folgte dann erst 1929 – nach einigen Stummfilmen mit Toneinblendungen – mit seinem ersten »richtigen« Tonfilm: *Die Nacht gehört uns* mit Hans Albers (Regie: Carl Froelich) und bald darauf *Ich küsse Ihre Hand, Madame* mit Harry Liedtke (Regie: Robert Land).

☆

Ernst Lubitsch ist der erste Regisseur, der nach 1918 einen großen Kostümfilm schafft: *Madame Dubarry,* in dem Pola Negri die Titelrolle spielt. Der Urberliner Lubitsch, der vorher schon einige andere Filme gedreht hat, wird mit der *Dubarry* weltberühmt.

Lubitschs nächster erfolgreicher Film heißt *Anna Boleyn* (1920), in dem Henny Porten und Emil Jannings in den Hauptrollen zu sehen sind. Der weltweite Ruhm von

Jannings begann mit diesem Film. Nach seiner letzten großen Arbeit *(Das Weib des Pharao)* geht Lubitsch Ende 1923 nach Hollywood und wird dort der Regisseur vieler bedeutender Filme, u. a. *Alt-Heidelberg* (1927) und *Ninotschka* (1939) mit Greta Garbo. 1942 drehte er *Sein oder Nichtsein,* die inzwischen weltberühmt gewordene Satire auf Schauspieler, Nazi-Ungeist und Zynismus.

Apropos Greta Garbo. Auch sie hat in Berlin begonnen und wurde durch den Film *Die freudlose Gasse* unter der Regie von Georg Wilhelm Pabst (1925) ein Weltstar. In diesem Film gibt Pabst eine realistische Schilderung des Nachkriegselends, und er klagt die Gesellschaft der damaligen Zeit an, die in der Inflation aus den Fugen geraten war.

In seinem Film *Die Dreigroschenoper* präsentiert Pabst eine Bombenbesetzung: Rudolf Forster, Carola Neher, Hermann Thimig, Paul Kemp, Theo Lingen, Fritz Rasp, Lotte Lenya und Reinhold Schünzel.

In dem für die Filmkritiker bedeutendsten Werk, das nach dem Ersten Weltkrieg in Berlin entstand *(Das Kabinett des Dr. Caligari),* führt Robert Wiene Regie. Es ist die Geschichte eines Scharlatans, der einen Mann (Conrad Veidt) hypnotisiert und ihn als Schlafwandler die scheußlichsten Verbrechen begehen läßt. Caligari verkörpert den dämonischen Machtmenschen. Später wird diesem Film unterstellt, er habe alle Verbrechen der NS-Jahre vorweggenommen. Auch das Problem der Psychoanalyse wird im *Caligari*-Film angesprochen (Hauptrolle: Werner Krauß). Wiene, von Hause aus Maler, arbeitet mit phantastischen Kulissen, die eine ganze Schule von Bühnenbildnern beeinflussen.

Fritz Lang erwirbt 1921 ersten Ruhm durch seinen Film *Der müde Tod,* mit dem er versucht, »das deutsche Volkslied bildmäßig einzufangen«. Dieser Film erregt auch im Ausland Aufsehen.

Es folgt Langs zweiteilige Verfilmung der *Nibelungen* (1924), zu dem seine Frau Thea von Harbou das Drehbuch schreibt. In diesem Monumentalfilm, an dem Lang zwei Jahre gearbeitet hat, wird ein Stück Heldengeschichte der deutschen Frühzeit verherrlicht. Langs Spekulation, den durch die Niederlage von 1918 verletzten Nationalstolz der Deutschen wieder zu wecken, erfüllt sich. Der Film wird einer der größten Erfolge der Stummfilmzeit, und sogar alle Schulen marschieren klassenweise in die Kinos.

Mit *Metropolis,* der eine grandiose Illustration zur Klassenkampf-Theorie darstellt, dirigiert Lang Massen, wie sie der deutsche Film bis dahin nie gezeigt hat: Insgesamt 35 000 Statisten werden während der siebzehn Monate dauernden Drehzeit beschäftigt. Neben den acht Hauptdarstellern (u. a. Brigitte Helm, Gustav Fröhlich, Alfred Abel und Heinrich George) gibt es einige hundert kleinere Rollen. Für den Turmbau zu Babel braucht Lang über tausend Kahlköpfige. Da sich die Berufsstatisten weigern, sich die Haare scheren zu lassen, engagiert der Regisseur Berliner Arbeitslose.

Die Dekorationen dieses Films werden beispielhaft für viele spätere Inszenierungen. Lang bedient sich in *Metropolis* auch des Tricks, bestimmte Kulissen durch Projektion auf riesige Flächen in jede gewünschte Dimension zu steigern. Dennoch kostet sein Film die damals ungeheure Summe von zwei Millionen Reichsmark.

Berühmt sind noch heute Langs Stummfilme *Dr. Mabuse, der Spieler* (1922) und der Tonfilm *Das Testament des Dr. Mabuse* (1932). Sein erster Mabuse-Film vermittelt ein Bild der Inflationszeit, auf deren Höhepunkt es für einen US-Dollar 4,2 Billionen Reichsmark gab und ein Weißbrot 840 Milliarden kostete.

Weitere große Regisseure müssen mit ihren exemplarischen Filmen genannt werden. Jede Auswahl kann angesichts der Filmfülle naturgemäß nur subjektiv bleiben. Der Leser möge Nachsicht üben, wenn »sein« Film und »sein« Regisseur nicht genannt sind. An jedem zweiten Tag ist in Berlin 1927 ein Spielfilm abgedreht, in jedem Monat ein filmisches Meisterwerk vollendet.

Da ist zunächst Friedrich Wilhelm Murnau, zu dessen Klassikern dramatisch-phantastische Filme *(Satanas, Das Phantom, Der brennende Acker, Nosferatu* und *Tabu)* gehören. In *Nosferatu* wird ein Vampir, der die Pest symbolisiert, von der Opferfreudigkeit einer Frau besiegt.

Der Film erregte weltweites Aufsehen, aber seine Glanzleistung vollbrachte Murnau mit dem Jannings-Film *Der letzte Mann;* es ist die erschütternde Geschichte eines in Ehren ergrauten Hotelportiers, der als Toilettenmann und Spucknapfreiniger endet (wurde 1955 nochmals mit Hans Albers und Romy Schneider verfilmt).

Arnold Fanck wird berühmt durch seine Bergfilme *Die weiße Hölle vom Piz Palü* (1929) mit Leni Riefenstahl und *SOS Eisberg* (1932).

Wilhelm Dieterle gestaltet *Die Heilige und ihr Narr* (1926) nach dem Bestseller von Agnes Günther, der eine ganze Generation begeisterte, und *Der Tanz geht weiter* (1932), ehe er nach Hollywood geht und dort jährlich einen erfolgreichen Film macht.

Paul Czinner gelingen zwei unvergessene Filme mit Elisabeth Bergner und Rudolf Forster: *Ariane* (1931) und *Der träumende Mund* (1932). Im Januar 1933 heiratet er seine Hauptdarstellerin in London und fährt wenig später mit ihr nach Amerika.

Robert Siodmak erregt Aufsehen mit *Menschen am Sonntag* (1929) und *Sturm der Leidenschaft* (1932). Auch er gehört später zu den großen Filmregisseuren der USA.

Das gilt auch für Billy Wilder, den Berliner aus Wien, der in der deutschen Reichshauptstadt zunächst als Eintänzer sein Brot verdient, dann als Journalist arbeitet. Später schreibt er die Drehbücher zu vielen Filmen *(Emil und die Detektive,* nach dem Roman von Erich Kästner). Schließlich macht er in Hollywood eine ungewöhnliche Karriere. *Boulevard der Dämmerung* (1950) gehört zu seinen Spitzenleistungen. Überstrahlt aber wurden alle vorhergegangenen Erfolge durch *Manche mögen's heiß,* jene Filmkomödie, die den Ausspruch »Nobody is perfect« zum weltweiten Schlagwort werden ließ.

Ewald André Dupont, der trotz seines französischen Namens Berliner ist und aus Sachsen stammt, wurde besonders bekannt durch seine Zirkus-Filme *Varieté* (1925) und *Salto mortale* (1931). Auch er wählte den Weg über den Ozean.

☆

Der Film war damals, als es noch kein Fernsehen als »Heimkino« gab, die beliebteste Unterhaltung. In Berlin gab es (1. 1. 1927) 362 Kinos, am 1. 1. 1939 waren es 402. Schon 1927 besuchten durchschnittlich täglich 85 000 Berliner eine Filmvorführung, 1939 waren es mehr als 100 000. Die Reichshauptstadt erwies sich in der Relation zur Einwohnerzahl als filmfreudigste Stadt Deutschlands.

Im Deutschen Reich wurden 1930 rund 375 Millionen Besucher in Lichtspieltheatern gezählt, in den USA fast eine Milliarde. 1941 war die Zahl der deutschen Kinobesucher auf jährlich 470 Millionen gestiegen (ohne die Frontkinos und ohne die Lichtspieltheater in den besetzten Gebieten).

Alte Kino-Herrlichkeit... Es waren die Träume, die viele Zuschauer dort erlebten; die Sehnsüchte, die sich dort erfüllten; die Märchen, die wahr wurden. Es waren die spannenden Geschichten, die man im Kino erlebte, die unheimlichen Begebenheiten, deren Zeuge man mit stockendem Atem wurde, und es waren die Probleme der Zeit und des Lebens, die einem mit dramatischen Mitteln (und später mit propagandistischem Raffinement) verständlich oder schmackhaft gemacht wurden.

Und es gab, so oft man wollte, das Wiedersehen mit seinen Lieblingshelden der Leinwand und den Schönen des Films... Das Kino erwies sich schließlich als Zuflucht der Liebenden – daher die berühmte Frage vor der Kasse: »Nehmen wir Loge, oder wollen wir den Film sehen?«

☆

Die Berliner Filmproduktion erlebte mehrere »Wellen«.

Schon sehr früh wurden die »Fridericus Rex«-Filme beliebt. Otto Gebühr ritt in unzähligen Filmen als Friedrich der Große über die Leinwand, zunächst stumm, später mit Ton. Sie galten als unverhüllte Propaganda zur Wiederherstellung der Monarchie, später dienten sie dazu, den »Preußengeist« zu dokumentieren.

Es gab u. a. *Die Tänzerin von Sanssouci, Das Flötenkonzert von Sanssouci,* den *Choral von Leuthen* und schließlich den *Müller von Sanssouci*. Aber auch andere patriotische Filme wurden schon vor 1933 von der Ufa gedreht, etwa *Trenck, Yorck, Theodor Körner, Die elf Schill'schen Offiziere, Marschall Vorwärts* und *Die letzte Kompanie* (mit Conrad Veidt).

Gleichzeitig wurden auch jene Filme produziert, die unter dem Motto »Lieder und Illusionen« standen. In den letzten Jahren der Weimarer Republik, während es allein in Berlin 650 000 Arbeitslose gab, gebärdete sich der Film betont optimistisch: *Kopfüber ins Glück, Es wird schon wieder besser, Morgen geht's uns gut* oder *Zwei im Sonnenschein*.

Wenn Willy Fritsch und Willi Forst als heitere Fensterputzer in dem Lustspiel mit Lilian Harvey *Ein blonder Traum* nach den Klängen von Werner Heymann im fröhlichen Notquartier im Grünen ihr Lied »Wir zahlen keine Miete mehr« sangen, so wurde damit den Zuschauern klargemacht, man könne auch im Unglück zufrieden sein.

In jenen Jahren entstanden auch die Meisterwerke des reinen Unterhaltungsfilms: *Die Drei von der Tankstelle* und vor allem *Der Kongreß tanzt*, in denen Willy Fritsch und Lilian Harvey sich buchstäblich in die Herzen von Millionen spielten und sangen. Heinz Rühmann war der zweite, Oskar Karlweis der dritte Mann an der Tankstelle.

Seinen größten Erfolg vor 1933 errang Rühmann als Partner von Hans Albers in dem Film *Bomben auf Monte Carlo* (1931). Ihr Evergreen »Das ist die Liebe der Matrosen« von Werner Richard Heymann wurde bald in vielen Sprachen auf allen Meeren gesungen.

In der Erinnerung der Fünfzig- bis Sechzigjährigen lebt auch jener Film fort, der Renate Müller berühmt machte: *Die Privatsekretärin*. Das Lied daraus »Ich bin ja heut' so glücklich« wurde ein Hit (wie man heute sagen würde).

Dutzende Tonfilme aus dem Berlin jener Jahre schenkten der Welt Lieder und Melodien, die als Evergreens weiterleben und bis heute nichts von ihrem Zauber verloren haben.

Zu den vielen reinen Musikfilmen, die in den letzten

beiden Jahren vor Hitlers Machtergreifung das Publikum begeisterten, gehören *Melodie der Liebe* mit Richard Tauber, *Die Stimme der Liebe* mit Marcel Wittrisch, *Ein Lied für Dich* mit Jan Kiepura und *Ein Lied geht um die Welt* mit Joseph Schmidt.

☆

Auf dem Höhepunkt der zwanziger Jahre erlebte Berlin auch schon eine filmische Sex- und Aufklärungswelle, an der so große Schauspieler wie Conrad Veidt und Reinhold Schünzel mitwirkten, aber auch Tänzerinnen vom morbiden Typ der Anita Berber. Hier einige Titel: *Es werde Licht, Tagebuch einer Verlorenen, Kurfürstendamm, Anders als die anderen, Verlorene Töchter* und *Prostitution.* Bei drei dieser Filme hat sogar der berühmte Sexualforscher Magnus Hirschfeld mitgearbeitet.

Einige Filmgesellschaften drehten sogar ausgesprochen pornographische Filme, die »unter Ausschluß der Öffentlichkeit« in vornehmen Klubs oder zu mitternächtlicher Stunde in kleinen Kinos vorgeführt wurden.

Die Kulturfilm-Abteilung der Ufa läßt sich etwas Besonderes einfallen und gibt den künstlerisch und technisch wertvollen Film *Wege zur Kraft und Schönheit* (1925) in Auftrag, in dem in ästhetisch dezenter Form nackte Mädchen auftreten.

Der Erfolg von *Wege zur Kraft und Schönheit* war sensationell – auch im Ausland. In Leningrad etwa lief er drei Monate lang bei täglich drei Vorstellungen vor ausverkauften Häusern. Nie wieder ist ein solches Thema mit so viel künstlerischer Delikatesse und fotografischer Eleganz behandelt worden.

Einige der »erotischen« Filme beschäftigen übrigens den Reichstag. Er verabschiedete schließlich 1925 das Reichs-Lichtspiel-Gesetz, nach dem Kinder unter zwölf Jahren überhaupt kein Kino besuchen dürfen und viele Filme erst für Jugendliche ab achtzehn Jahren von einer Prüfstelle freigegeben werden.

1969 konnten sich die Fernsehzuschauer davon über-

173

zeugen, welches Format damals reine Dokumentarfilme besaßen: Der Eineinhalb-Stunden-Film *Berlin, Symphonie einer Großstadt* (1926) von Walter Ruttmann erzählt in einer dichten Bildfolge und mit genialen Schnitten, ungewohnter Kameraführung und mitreißenden Montagen den Rhythmus einer Weltstadt. Der Film würde, heute gedreht, wahrscheinlich mit Auszeichnungen nur so überschüttet.

☆

1933 verließen viele Regisseure und Schauspieler Deutschland, weil sie nicht in das »Rassenbild« der Nationalsozialisten paßten. Die damals veröffentlichten Zahlen über den Anteil der »Nichtarier« waren weit übertrieben, aber Tatsache ist, daß die jüdischen Produzenten, Regisseure, Verleiher, Autoren und Komponisten eine außerordentlich starke Position im deutschen Filmschaffen einnahmen.

Da Goebbels einen allzu großen künstlerischen Aderlaß befürchtete, erteilte er 367 Ausnahmegenehmigungen für »jüdisch versippte, halb- und vierteljüdische« Künstler. Er versuchte sogar, den nicht ganz arischen Fritz Lang in Deutschland zu halten; aber der Regisseur verließ in aller Stille seine Heimat. Auch Marlene Dietrich wollte Goebbels um jeden Preis für den deutschen Film zurückgewinnen. Doch sie blieb »ihrem« Regisseur Josef von Sternberg in Hollywood treu.

Am 28. März 1933 bittet der Reichspropagandaminister alle Filmschaffenden in den *Kaiserhof* und stellt sich als »leidenschaftlicher Liebhaber der filmischen Kunst« vor, was übrigens den Tatsachen entspricht. Einige Jahre später besitzt er in jedem seiner drei Berliner Wohnsitze ein Heimkino und sieht sich fast täglich einen oder zwei Filme an. Seine Liebe zum Film hat er übrigens mit Hitler gemeinsam, der – wie Goebbels bekennt – »nicht genug Filme sehen kann«.

Auf jenem Empfang im *Kaiserhof* betont Goebbels, er werde selbstverständlich die künstlerische Freiheit des Films nicht antasten, und er prophezeit dem deutschen Film eine neue große Zukunft. Um die Damen und Herren vom Film für sich zu gewinnen, will er seinen künstlerischen Geschmack dadurch dokumentieren, daß er seine Lieblingsfilme nennt: *Die Nibelungen, Anna Karenina* und *Königin Christine* (beide mit Greta Garbo), den Luis-Trenker-Film aus den Tiroler Freiheitskriegen *Der Rebell* und – den sowjetischen Revolutionsfilm von Sergej Michailowitsch Eisenstein *Panzerkreuzer Potemkin* (1926). Nur seine engsten Mitarbeiter kennen den Film, der absoluter Favorit von Goebbels ist: *Der Blaue Engel.*

Mit dem Erwähnen des russischen Spitzenfilms verbeugt sich Goebbels vor den Linksintellektuellen unter den Filmschaffenden. Er vergißt nicht den Hinweis, daß auch Hitler diesen Film schätze, und unterläßt nicht die Feststellung, daß *Die Nibelungen* und *Der Rebell* auch des Führers liebste Filme sind.

Panzerkreuzer Potemkin läßt Goebbels übrigens während des Krieges mehrere Male den Kriegsberichterstattern vorführen – als bestes Beispiel für einen künstlerisch wertvollen Dokumentarfilm, der ungeschminkt und leidenschaftlich engagiert mit souveränem Können die Wahrheit plakatiert.

Nach dem Empfang im *Kaiserhof* atmen viele erleichtert auf. So schlimm kann es also nicht werden ... Tatsächlich zeigt sich Goebbels dem Film gegenüber als sehr großzügig, und er liegt sehr oft in Streit mit dem nationalsozialistischen Ideologen Alfred Rosenberg, der sich über den Mangel an »nationalsozialistischen Weltanschauungsfilmen« beschwert.

Bis zum Kriegsausbruch sind praktisch nur drei Filme nach dem Herzen Rosenbergs gedreht worden: *SA-Mann Brand* (mit Otto Wernicke), *Hitlerjunge Quex* (mit Heinrich George) und der Film, der das Schicksal des »Märtyrers der Bewegung«, Horst Wessel, erzählt: *Hans Westmar.*

Die Filme über die Nürnberger Reichsparteitage *(Triumph des Willens, Sieg des Glaubens)* fallen nicht in das Ressort von Goebbels. Ihre Regisseurin, Leni Riefenstahl (von Goebbels grundsätzlich nur »Filmziege« genannt), untersteht unmittelbar Hitler.

☆

Nach dem Abwandern vieler jüdischer Schauspieler und Regisseure bleiben Deutschland immer noch hervorragende Kräfte. Die Filme, die entstehen, haben meist künstlerisches Format und sind auch nach internationalem Maßstab noch Spitzenfilme – so etwa die Jannings-Filme *Robert Koch* (mit Werner Krauß als Virchow), *Die Entlassung, Traumulus* und *Der Herrscher.*

Jannings ist ein so souveräner und international bekannter Schauspieler, daß er sogar die Stoffe selbst aussuchen kann. Sein Experiment, einen klassischen Text wörtlich in einen Film zu übernehmen, gelingt mit *Der zerbrochene Krug* von Heinrich von Kleist. Jannings selbst spielt den Dorfrichter Adam in diesem ersten Versuch eines verfilmten Theaters (den nach dem Kriege der Engländer Laurence Olivier in seinen Shakespeare-Verfilmungen weiterführt).

Goebbels sorgt dafür, daß *Der Zerbrochene Krug* trotz seines großen Erfolges bald wieder abgesetzt wird. Grund: Er sieht sich in dem hinkenden Adam verspottet ... Hitler aber findet diesen Film großartig und hebt das Goebbels-Verbot wieder auf.

Viele andere hervorragende Filme werden in jenen Tagen gedreht: von Heinz Hilpert *Liebe, Tod und Teufel* (mit Käthe von Nagy, Albin Skoda und Brigitte Horney); von Willi Forst *Maskerade* (Paula Wessely und Adolf Wohlbrück); von Carl Hoffmann *Viktoria* (Luise Ulrich und Mathias Wieman); von Karl Ritter *Capriccio* (Lilian Harvey und Viktor Staal); von Veit Harlan *Das unsterbliche Herz* (Heinrich George und Kristina Söderbaum) und *Die Goldene Stadt* (mit Kristina Söderbaum, Eugen Klöpfer und Rudolf Prack); von Helmut Käutner *Auf Wiedersehen, Franziska* (Marianne Hoppe und Hans Söhnker); von Gustav Ucicky *Der Postmeister* (Heinrich George, Hilde Krahl und Sigfried Breuer); von Erich Engel *Altes Herz wird wieder jung* (mit Emil Jannings und einem Aufgebot von Schauspielern der ersten Garnitur); von Arthur Maria Rabenalt ... *reitet für Deutschland* (mit Willy Birgel).

Dazu 1942 die schauspielerischen Glanzleistungen von Heinrich George: *Der große Schatten* (Regie: Paul Verhoeven), *Andreas Schlüter* (Regie: Herbert Maisch) und *Hochzeit auf Bärenhof* (Regie: Carl Froelich).

Das sind nur ganz wenige der Filme von damals, die künstlerisches Format zeigen und die Zuschauer noch heute in ihren Bann zwingen.

Auch die leichten Unterhaltungsfilme (etwa *Bel ami* von Willi Forst und *Unser Fräulein Doktor* von Erich Engel) zeigen meist hervorragendes Niveau. Der Schlager »Das kann doch einen Seemann nicht erschüttern« (Musik: Michael Jary) aus dem Film *Paradies der Junggesellen* (Regie: Kurt Hoffmann) wurde während des Zweiten Weltkrieges das »inoffizielle« Lied der deutschen Kriegsmarine.

Eine Zwischenbemerkung: Seit 1937 befinden sich alle großen Filmgesellschaften im Besitz des Reiches: von der Ufa bis zur Bavaria; von der Terra bis zur Tobis.

Erst nach Kriegsausbruch zieht Goebbels die Zügel strammer und drängt auf Tendenzfilme. Einen gab es übrigens schon, der in der Weimarer Republik gedreht und im Februar 1933, wenige Tage nach der Machtübernahme, uraufgeführt wurde: *Morgenrot,* mit Rudolf Forster und Adele Sandrock in den Hauptrollen.

In diesem Film sagt Forster als U-Boot-Kommandant: »Wir Deutschen wissen vielleicht nicht, wie wir zu leben haben, aber wie wir sterben müssen – das wissen wir!«

Das war ein deutliches Bekenntnis zur Todesbereitschaft, wie sie Hitler sieben Jahre später brauchte . . .

1942 dreht Gustav Ucicky *Heimkehr* (in der Hauptrolle Paula Wessely), 1942 Hans Steinhoff den antienglischen Film *Ohm Krüger* (mit Emil Jannings und Gustaf Gründgens) und Veit Harlan 1944 schließlich den Durchhalte-Film *Kolberg* (mit Heinrich George, Kristina Söderbaum, Paul Wegener und Horst Caspar).

Zu nennen sind hier außerdem noch die während des Krieges entstandenen antisemitischen Filme *Die Rothschilds, Der Ewige Jude* und vor allem *Jud Süß.* Sowohl Werner Krauß als auch Ferdinand Marian, sowohl Veit Harlan als auch Kristina Söderbaum hatten zuerst rundweg abgelehnt, an dem letztgenannten Film mitzuwirken.

Goebbels befahl dann den Künstlern, die Aufgabe bzw. die ihnen zugedachten Rollen zu übernehmen und achtete während der Dreharbeiten persönlich darauf, daß der Film exakt den Propagandaabsichten des Regimes entsprach. Dieser erhielt auch sofort das Prädikat ›staatspolitisch und künstlerisch besonders wertvoll‹ und ›jugendwert‹. Ein Himmler-Befehl vom 30. September 1940 ordnete an, alle Maßnahmen zu ergreifen, damit die gesamte SS und die Polizei während des Winters den Film *Jud Süß* sehen konnte. Im Osten wurde der Film immer dann gespielt, wenn eine ›Aussiedlung‹ oder Liquidation im Ghetto bevorstand. Man glaubte, damit jeder Hilfe von seiten der nichtjüdischen Bevölkerung vorbeugen zu können. In ihrer Dokumentation *Geschichte des Films im Dritten Reich* schreiben die französischen Autoren Francis Courtade und Pierre Cadars (Seite 192): »Es fragt sich, ob *Jud Süß* wenigstens künstlerisch zu rechtfertigen ist, wenn man einmal vom Thema und der üblen Tendenz absieht. Die Regie ist zumeist geschickt.. Harlan versteht es, wann immer nötig, spektakulär und dramatisch zu werden (vor allem bei den Massenszenen. Beispielsweise die Nachtaufnahmen, als man Dorotheas Leiche aus dem Wasser holt). Die schauspielerischen Leistungen sind insgesamt hervorragend... Die technische Qualität ist tadellos, der Aufwand kolossal, der künstlerische Genius aber fehlt. – Mehreren Mitwirkenden brachte der Film Unglück. Veit Harlan wurde nach 1945 des Verbrechens gegen die Menschlichkeit angeklagt. Werner Krauß blieb jahrelang beschäftigungslos. Der Sohn von Krauß beging Selbstmord. Eugen Klöpfer, ebenfalls mit Berufsverbot belegt, endete elendiglich, und Heinrich George starb 1946 in einem russischen Straflager bei Sachsenhausen. Ferdinand Marian beging Selbstmord, noch ehe die Amerikaner das Berufsverbot gegen ihn aufhoben, indem er mit seinem Auto gegen einen Baum fuhr. Seine Frau wurde wenig später in Hamburg ertrunken aufgefunden.«

Kristina Söderbaum bekannte 1983 in ihrem Buch *Nichts bleibt immer so* (S. 146): »Wenn ich den Namen *Jud Süß* höre, schrecke ich auch heute noch zusammen... Gott allein mag wissen, wieviel Schuld wir alle, die wir an diesem Film beteiligt gewesen sind, auf uns geladen haben. Er hat uns nicht die Kraft eines Maximilian Kolbe, eines Dietrich Bonhoeffer und all der namenlosen Widerstandskämpfer gegeben. Er hat uns schwach sein lassen, feige gar, darum haben wir einen fürchterlichen Auftrag erfüllt. Möge also Gott urteilen, wie weit Schwachheit Schuld ist ... Weil ich in diesem Film mitgewirkt habe, wurde mir mehr als anderen Schauspielern eine Schuld angelastet, eine Wunde in die Seele gebrannt, die immer wieder, wenn sie endlich zu vernarben scheint, erneut aufgerissen wird. Ich weiß, sie wird nie heilen. Sie ist mein Schicksal, mit dem ich leben muß.«

☆

Die Uraufführungen der Filme, die während der zwanziger und dreißiger Jahre in Berlin gedreht wurden, waren ein gesellschaftliches Ereignis, zu dem sämtliche Darsteller und Hauptbeteiligte erschienen und sich dem Publikum zeigten.

In den Foyers der großen Kinos rund um die Gedächtniskirche – *Ufa-Palast am Zoo, Capitol, Gloria-Palast, Ufa-Theater am Kurfürstendamm, Marmorhaus* und *Tauentzien-Palast* – drängte sich die Prominenz von Film und Presse mit dem Publikum, das Karten erstanden hatte.

Es gab später Verbeugungen und Blumen, und alle – Schauspieler, Regisseur, Produzent und Publikum – waren sich einig in dem Bewußtsein, an einem zwar für Berlin selbstverständlichen, aber doch immer wieder erlebenswerten Ereignis teilgenommen zu haben.

Hans Borgelt schildert dies detailliert und eindrucksvoll in seiner Biographie *Das süßeste Mädel der Welt* (die Lilian-Harvey-Story, Seite 190 f.):

»Die Uraufführung von *Der Kongreß tanzt* wurde zum Berliner Ereignis. Die Premiere im Ufa-Palast am Zoo begann mit einem Sinfoniekonzert. Bei offiziellen Anlässen borgt sich der Film in Deutschland immer gern von der kulturellen Konkurrenz seriöses Image. Und dazu gehören nun einmal Sinfoniekonzerte.

Der Platz vor dem Kino, die angrenzenden Straßen waren überfüllt. Die Schauspieler wurden von der Menge bedrängt, kaum konnten sie ihre Autos erreichen. Die Türen des Wagens, der Harvey und Fritsch zur Premierenfeier ins *Eden-Hotel* bringen sollte, wurde aus den Scharnieren gebrochen. Von den herrlichen Rosen, die ihr überreicht worden waren, hielt Lilian nur noch die Stiele in der Hand. Schlimm sah ihr Hermelinmantel aus: mehrere Handvoll Pelz waren aus dem Weißfuchskragen herausgerissen.«

Jedes Jahr, auf dem großen Filmball in den Zoo-Festsälen, traf sich die gesamte Garde von Bühne und Film zu einer festlichen Begegnung. Die dreitausend Karten für das Publikum waren schnell verkauft an jene, die alle ihre rund tausend großen und kleinen Bühnen- und Leinwandidole in ihrer Gesamtheit, sozusagen »auf einem Haufen«, erleben wollten.

☆

Auch die Geschichte des Farbfilms ist untrennbar mit der alten Reichshauptstadt verbunden: Die Leinwand begann, in natürlichen Farben zu leuchten.

Nach ersten Versuchen, Farbfilme zu drehen (1932 in den USA mit einem nachträglich »eingefärbten« Tonfilm und 1935 mit dem Spielfilm *Becky Sharp*) inszeniert Carl Froelich 1936 in Berlin den ersten technisch befriedigenden Tonfilm in Farben: *Das Schönheitsfleckchen* (mit Lil Dagover als Madame Pompadour).

Nach dem amerikanischen Farbfilm *Vom Winde verweht,* den David O. Selznick nach dem Technicolor-Verfahren gestaltete, dreht Gustav Jacoby 1941 in Berlin mit dem technisch und farbqualitativ besseren deutschen Agfacolor-Verfahren *Frauen sind doch bessere Diplomaten* (mit Willy Fritsch und Marika Rökk). 1942 folgt Veit Harlans *Die Goldene Stadt,* 1943 der Ufa-Jubiläumsfilm *Münchhausen* von Josef von Baky (dem mit der Farbe die Flucht ins Unwirkliche gelingt) und 1944 Helmut Käutners *Große Freiheit Nr. 7.*

Der Farbfilm hatte sich durchgesetzt.

In dem Film *Der Kongreß tanzt* heißt es in einem Lied:

Das gibt's nur einmal,
das kommt nicht wieder,
das ist zu schön, um wahr zu sein!

Diese Zeilen gelten auch für die große Zeit des deutschen Films, der einmal Weltgeltung hatte.

Auch das kommt nicht wieder, selbst wenn in jüngerer Zeit *Das Boot* und *Die unendliche Geschichte* und einige Werke des »neuen deutschen Films« international Beachtung finden.

8. Kapitel

Wenn Krücke auf den Fingern pfeift...

Die heißen Nächte vom Sportpalast

Völkerwanderung zur Avus und anderen
Kampfstätten: Beifall, Pfiffe, frohe Feste

Willkommen, Freunde, auf den sportlichen Kampfbahnen der zwanziger und dreißiger Jahre in der deutschen Reichshauptstadt! Das müssen Sie erlebt haben, Damen und Herren! Diese Begeisterung, dieses Aus-dem-Häuschen-Sein der Zuschauer, diese sich bis zum aktiven Mitmachenwollen steigernde Lust des Dabeiseins.

Strampelnde, laufende, springende, hüpfende, weitausholende Beine auf Aschenbahn und Rasen, auf Tennis- und Fußballplätzen, auf Matten und Brettern, bei Sonnenschein und im Kunstlicht der Nacht. Vorpreschende Arme im Boxring und im Wasser, knatternde Motoren auf der *Avus,* Pferdegetrappel im *Hoppegarten,* Sechstagerennen im *Sportpalast.*

Überall geht es rund. Es wird geklatscht und geschrien, gepfiffen und gejubelt – auf 312 kleinen und großen Sportplätzen und -stätten, die für viele Berliner zum beliebtesten Freizeitaufenthalt werden. Sogar jene Berliner, die sich eigentlich für Sport nicht interessieren, lassen sich gelegentlich mitreißen. Vor allem im *Sportpalast,* in der Potsdamer Straße, werden sie etwas erleben und von dem Rausch mitgerissen, der hier alle erfaßt.

Sport – ein Wort, das die Berliner immer elektrisiert. Sie wollen dabei sein, wenn ihre »Helden« in die Arena treten, fahren oder laufen; wenn sie siegen oder verlieren. Und wenn gar die Prominenz von Bühne und Film auf der Szene erscheint, wird Sport sogar zu einem gesellschaftlichen Ereignis. Manchmal freilich verschwimmen die Konturen zwischen Sport und Rummel, Wettkampf und Volksbelustigung. Aber dann ist es erst richtig »dufte«.

185

Die Berliner und der Sport: Es geht eigentlich schon los mit Friedrich Ludwig Jahn, dem berühmten Turnvater, der 1811 in der Hasenheide den ersten Turnplatz einrichtet. Freilich hat das einen politischen Akzent. Jahn sieht während der Zeit der napoleonischen Herrschaft im Sport eine Möglichkeit, »die physische und moralische Kraft des Volkes zu stärken«. Doch das Unternehmen schläft bald wieder ein, zumal Jahn »revolutionäres Streben« vorgeworfen und der »Turnvater« unter Polizeiaufsicht gestellt wird.

Das eigentliche Sportleben beginnt in den beiden letzten Jahrzehnten des vorigen Jahrhunderts. Schon 1892 wird in allen Berliner Schulen das Turnen zum Pflichtfach erhoben – auch für die Mädchen. So kommt es, daß die Berlinerinnen sich sehr früh dem Sport verschreiben.

Das Streben nach Gleichberechtigung, das von der Kaiserin Friedrich* (der Gemahlin des 99-Tage-Kaisers Friedrich III.) unterstützt wird, kommt den reichshauptstädtischen Sportlerinnen sehr zugute. Sie spielen schon sehr bald Hockey und Kricket – der Kaiserin zuliebe, die eine Tochter der englischen Königin Victoria ist.

Kronprinz Wilhelm erweist sich schon vor der Jahrhundertwende als der große Mäzen des Sports. Unter seinem Protektorat entstehen die ersten Tennisklubs: *Rot-Weiß* und *Blau-Weiß*.

Dr. Carl Diem, der 1920 die Hochschule für Leibesübungen gründet und das Deutsche Sportabzeichen einführt, ist eines der ersten Mitglieder des BSC *(Berliner Sportclub)*, Berlins erstem Leichtathletikklub, der von den Schülern zweier Gymnasien ins Leben gerufen wird.

Diem arrangiert vor dem Ersten Weltkrieg das erste Hallensportfest, inszeniert die ersten großen internationalen Leichtathletik-Wettkämpfe, mobilisiert Zuschauer, veranstaltet den ersten Staffellauf zwischen Berlin und Potsdam, proklamiert den Waldlauf als beste Trainingsmethode und bringt, sozusagen, die Berliner richtig auf die Sportbeine.

---

* Nach dem Tode ihres Gatten (1888) nahm die Kaiserin Viktoria mit Zustimmung ihres Sohnes (Wilhelm II.) den Titel »Kaiserin Friedrich« an.

Schon vor dem Ersten Weltkrieg wird der Sport in Berlin das Vergnügen der Massen. *Hertha BSC* wird der beliebteste Fußballklub der Reichshauptstadt. Wenn im Poststadion, auf dem Platz des Charlottenburger Sportklubs oder im Grunewald gespielt wird, ist »ganz Berlin« auf den Beinen.

Bereits 1912 zeigen Engländer mit deutschen Freunden den ersten Boxkampf, und die Polizei überlegt lange, ob sie diese »Prügelei« nicht verbieten soll.

Lange vor dem Ersten Weltkrieg entdeckt der Berliner seine Vorliebe für den Automobilsport – der besonders von den fünf Brüdern Ullstein und vom Kaiserlichen Automobilklub gefördert wird – und für die Fliegerei. Die Ullsteins, Verleger vieler Zeitungen, schicken 1906 das erste Auto zu einer Wettfahrt an die Riviera nach Monte Carlo und finanzieren den Berliner Teilnehmer an dem Unternehmen einer Automobil-Wettfahrt rund um den Erdball. Oberleutnant Köppen sitzt am Steuer eines »Protos«, der in Berlin gebaut worden ist.

Die Fahrt beginnt in New York am 12. Februar 1908, dem Geburtstag des Präsidenten Lincoln, führt quer durch den amerikanischen Kontinent nach Seattle, wo die sechs Autos aller Teilnehmer nach Wladiwostok verladen werden. Von hier aus geht die ungewöhnlich strapaziöse Fahrt durch Eis und unendliche Einsamkeit bis nach Sankt Petersburg. Köppen liegt mit seinem »Protos« an der Spitze. Als er in Eydtkunen die deutsch-russische Grenze erreicht, wird der deutsche »Protos« wie ein siegreicher Feldherr empfangen.

Die Weiterfahrt nach Berlin gleicht einem einzigen Triumphzug. Schulkinder stehen an den Straßen und winken mit schwarz-weiß-roten Fahnen, Ehrenjungfrauen und Kriegervereine bilden Spalier, und als Köppen am 24. Juli 1908 in Berlin eintrifft, wogt die ganze Innenstadt von einer unübersehbaren Menschenmenge. Hunderttausende wollen den Oberleutnant bewundern und sein Auto bestaunen. Nach einem kurzen Aufenthalt im Ullstein-Haus geht es weiter nach Paris, wo Köppen am 26. Juli, frühmorgens, mit seinen beiden Begleitern ankommt.

Die Welt ist begeistert von der deutschen Wertarbeit, und die Herren Generalstäbler aller großen Nationen wissen, daß man in einem künftigen Krieg mit dem Auto rechnen kann. Dieses Rennen von 1908 ist bis auf den heutigen Tag nicht wiederholt worden.

1911 stiften die Ullsteins, als Verleger der *Berliner Zeitung am Mittag,* den *BZ-Preis der Lüfte.* Vier Wochen lang kreisen die Flugzeuge über Deutschland und halten das ganze Reich in Atem.

1913 wird auf einer 9,8 Kilometer langen Strecke zwischen Grunewald und Nikolassee von der *Automobil-Verkehrs und -Übungsstraße GmbH* mit dem Bau einer Autostraße begonnen, die bald allgemein *Avus* genannt wird. Hauptgeldgeber dieser GmbH ist der Großindustrielle Hugo Stinnes.

Während des Ersten Weltkrieges ruhen die Arbeiten, aber schon 1919 wird weitergearbeitet. Doch die Berliner können es nicht abwarten und veranstalten Anfang 1920 auf dem zugefrorenen Wannsee ein erstes Nachkriegs-Autorennen.

Als ein Jahr später, 1921, die erste Automobil-Ausstellung nach dem Kriege eröffnet wird, ist die *Avus* fertig: die einzige kreuzungsfreie Autostraße Europas mit Doppelfahrbahnen, die an ihrem Nord- und Südende durch überhöhte Kurven zu einer endlosen Strecke verbunden sind. Die Nordkurve wird später, bei einem Winkel von 44 Grad, zur steilsten Kurve der Welt ausgebaut.

Am Eröffnungstage setzt eine wahre Völkerwanderung zur *Avus* ein, und die Berliner schließen diese Rennstrecke gleich in ihr Herz. Am 24. September 1922, als hier zum ersten Male die Motoren der Rennwagen donnern, ist die *Avus* von fast 500 000 Menschen umlagert. Zu den Fahrern, die starten, gehört auch Fritz von Opel und – gewinnt mit einem Wagen aus der Rüsselsheimer Firma seines Vaters.

Jedes Jahr folgen neue Rennen, aber richtig berühmt wird die *Avus* erst beim *Großen Preis von Deutschland* am 11. Juli 1926.

Ein Jahr zuvor hat sie ein Wettrennen besonderer Art

erlebt. Bekannte Schauspielerinnen und Schauspieler gehen an den Start. Auf den Tribünen hat sich die gesamte Bühnen-, Film- und Sportwelt Berlins versammelt, und 300 000 Schaulustige wollen diesem Ereignis beiwohnen.

Der Mann, auf den sie sich am meisten gefreut und von dem sie sich besonders viel versprochen haben, fehlt leider: Ihr Favorit, der Sensationsdarsteller Harry Piel, ist am Tage zuvor beim Training aus der Kurve geschleudert worden und liegt im Bett.

Beim ersten Rennen siegt Ria Jende, mit der Hans Albers 1917 seine erste Rolle in dem Film *Mut zur Sünde* spielte. Das zweite Rennen gewinnt »nach einer bravourösen Fahrt« (wie die *BZ am Mittag* schreibt) einer der beliebtesten Lustspieldarsteller der Stummfilmzeit: Leo Peukert.

Berlins Lieblings-Conférencier, Harry Lamberts-Paulsen, muß beim zweiten Rennen abbrechen, weil er in der Nordkurve stürzt; sein Auto ist schwer beschädigt, er selbst bleibt unverletzt.

Nach diesem »Rennfest der Künstler« wird es nun richtig ernst beim *Großen Preis von Deutschland* am 11. Juli 1926, bei dem nach hartem Kampf Rudolf Caracciola auf einem 8-Zylinder-Mercedes gewinnt. Die *Avus* hat einen ersten Toten zu beklagen, als der Rennfahrer Rosenberger auf den Grasstreifen gerät, ein kleines Kontrollhaus umreißt und dabei einen Studenten tötet, der sich ein paar Mark als Kontrolleur verdienen wollte.

Zwei Jahre später führt Fritz von Opel sein Raketen-Auto auf der *Avus* vor, und auch Max Valier dokumentiert den Beginn eines neuen Zeitalters, das von Raketen bestimmt sein wird.

Trotz der aus dem *Nürburgring* erwachsenen Konkurrenz erlebt die *Avus* jedes Jahr ein großes Rennen. Um nur einige zu nennen: Am 22. Mai 1932 siegt Manfred von Brauchitsch mit einem Mercedes-SSKL-Kompressor, den die Berliner wegen seiner Stromlinienform »Gurke« taufen. Die meisten der 360 000 Berliner Zuschauer sind zu dieser Zeit arbeitslos. Aber beim Rennen verfliegt für sie die bittere Realität.

Zu den übrigen Fahrern gehören der Deutsche Hans Stuck und die Engländer Sir Malcolm Campbell, Earl Howe und Fürst Lobkowicz aus der Tschechoslowakei. Lobkowicz überschlägt sich mit seinem Bugatti und ist sofort tot.

Im Jahr zuvor hat Ernst Henne auf der *Avus* mit einem BMW-Motorrad einen Weltrekord aufgestellt. Er fuhr unter dem Jubel von 400 000 Zuschauern eine Höchstgeschwindigkeit von 220 Kilometern in der Stunde.

1933 verunglückt Otto März, der alte Haudegen des Rennsports, beim Training auf der *Avus* tödlich. Beim eigentlichen Rennen dieses Jahres 1933, bei dem es wieder um den *Großen Preis von Deutschland* geht, siegt der Italiener Achille Varzi auf einem Bugatti. 1935 gewinnt der Italiener Luigi Fagioli mit einem Stundendurchschnitt von 239 Kilometern.

Zwei Jahre später erreichen Rudolf Caracciola, Bernd Rosemeyer und Ernst von Delius ein Stundenmittel von 380 Kilometern. Alle setzen auf Rosemeyer, aber erster wird wieder Caracciola.

Während der großen Zeit der *Avus* in den zwanziger und dreißiger Jahren gibt es praktisch keinen internationalen Rennfahrer, der nicht die Kräfte seines Wagens und seine Tüchtigkeit auf der *Avus* mißt. Wenn an der berühmten Berliner Rennstrecke die Motoren heulten, hatte die Reichshauptstadt einen ihrer großen Tage. Zeitungen berichteten tagelang vorher über alle Einzelheiten des Trainings, und kein Thema interessierte so sehr wie die Frage nach dem neuen Sieger.

☆

Vor dem Ersten Weltkrieg beinahe verboten, nach 1918 bald ein Sport, der die Massen anzog: das Boxen. Aus englischer Kriegsgefangenschaft, die sie auf der Isle of Man überstanden hatten, bringen die ehemaligen Soldaten des Kaisers den Sport zuerst nach Berlin und von hier aus nach ganz Deutschland. Es sind Hans Breitensträter (von den Berlinern der »Blonde Hans« genannt, bevor später Hans

Albers diesen Titel erhält), Curt Prentzel (der das Boxen dadurch gesellschaftsfähig macht, daß er die beliebte Filmschauspielerin Fern Andra heiratet) und Adolf Wiegert, und Martin Koslowski ist einer der bekannten Veranstalter – um nur wenige Namen zu nennen. Unter den Meistern im Ring kämpft sich bald Paul Samson-Körner nach vorne.

Das Boxen erlangt eine solche Popularität, daß ein Mann wie Michael Bohnen – der große Star der Opernbühne und des Filmateliers – allen Ernstes erwägt, seinen Beruf zu wechseln und Boxer zu managen.

Unter den Zuschauern bei den großen Kämpfen in Berlin befinden sich stets viele Damen der guten und besten Gesellschaft. Sie bringen prominenten Boxern genausoviel Interesse entgegen wie den Stars von Bühne und Film. Viele extravagante Berlinerinnen versuchen sogar, ein »Verhältnis« mit einem der harten Männer einzufädeln.

Geboxt wird zunächst im *Marine-Vereinshaus,* danach im *Zirkus Busch* und schließlich im berühmten *Sportpalast.* Neben wirklichen Könnern treten auch einige zwielichtige Figuren in den Ring – etwa der Türke Sabri Mahir, der aus Köln nach Berlin kommt und aus dem Sport eine Clownerie zu machen versucht, die viel Ähnlichkeit mit jener Show hat, die dreißig Jahre später bei den Catchern üblich ist.

Aber da spielen die Berliner nicht mit, und Mahir etabliert einen Massagesalon und zählt bald die Bühnen- und Filmprominenz, aber auch reiche Bankiers und Politiker zu seinen Kunden. Von Marlene Dietrich plauderte er aus: »Se hat lange Beene und ein janz kurzes Kreuz.«

Zu seinen Schülern aus der Zeit, da Mahir sich ernsthaft dem Boxen verschrieben hatte, gehört Franz Diener, der spätere Schwergewichtsmeister. In seiner Boxschule, die Mahir ebenfalls gründet, unterrichtet er sogar Schauspielerinnen, zum Beispiel Carola Neher.

Held der Berliner aber ist Max Schmeling, der 1926 deutscher Meister im Halbschwergewicht, 1927 Europameister im Halbschwergewicht, 1928 schließlich Sieger über Diener als Schwergewichtsmeister und 1930 Weltmeister der Schwergewichtsklasse wird. 1931 ist er Weltmeister aller Klassen.

»Maxe«, wie ihn die Berliner bald nur noch nennen, wird wegen seiner guten Manieren, die ihm den Ehrentitel »Schwarzer Ulan« einbringen, und wegen seiner Intelligenz von der Berliner Gesellschaft mit offenen Armen aufgenommen. Auf Soireen ist er ein gern gesehener Gast. Aber er vernachlässigt niemals sein Training.

Auch die Künstler akzeptieren ihn. Mit Fritz Kortner ist er sogar befreundet, und es wird gemunkelt, »Maxe« habe ihm einige Tricks beigebracht, mit denen der Schauspieler seinen Partner Hans Albers in den Boxszenen des Schauspiels »Rivalen« mehr traktiert, als für das Spiel notwendig ist.

Als Schmeling in das berühmte Künstlerlokal *Schwannecke* (das der Vater der Schauspielerin Ellen Schwannecke unterhält) eingeführt wird, trägt er sich nach dem Sieg über Franz Diener in das Gästebuch mit folgenden Worten ein:

Künstler, schenkt mir Eure Gunst,
Boxen ist doch auch 'ne Kunst.

Der sympathische Athlet hat es geschafft, von einer Schicht anerkannt zu werden, zu der Boxer eigentlich nicht gehören.

Als Boxweltmeister – er hatte am 12. Juni 1930 im New Yorker *Madison Square Garden* gegen Jack Sharkey gewonnen – steht er wenig später sogar vor der Kamera – als Hauptdarsteller in dem Film *Liebe im Ring*. Es ist die sentimentale Geschichte von einem treuherzigen jungen Mann, den eine Lebedame (Olga Tschechowa) gerade in dem Moment zu becircen beginnt, als er Meister geworden ist. Aber seine alte geliebte Freundin (Renate Müller) ruft ihn wieder zur Pflicht und zur Meisterschaft zurück ...

»Maxe« muß auch einen Schlager singen und bringt sich dabei mit einigem Geschick über die musikalischen Runden, wenn er singt (es gibt heute noch eine Platte davon):

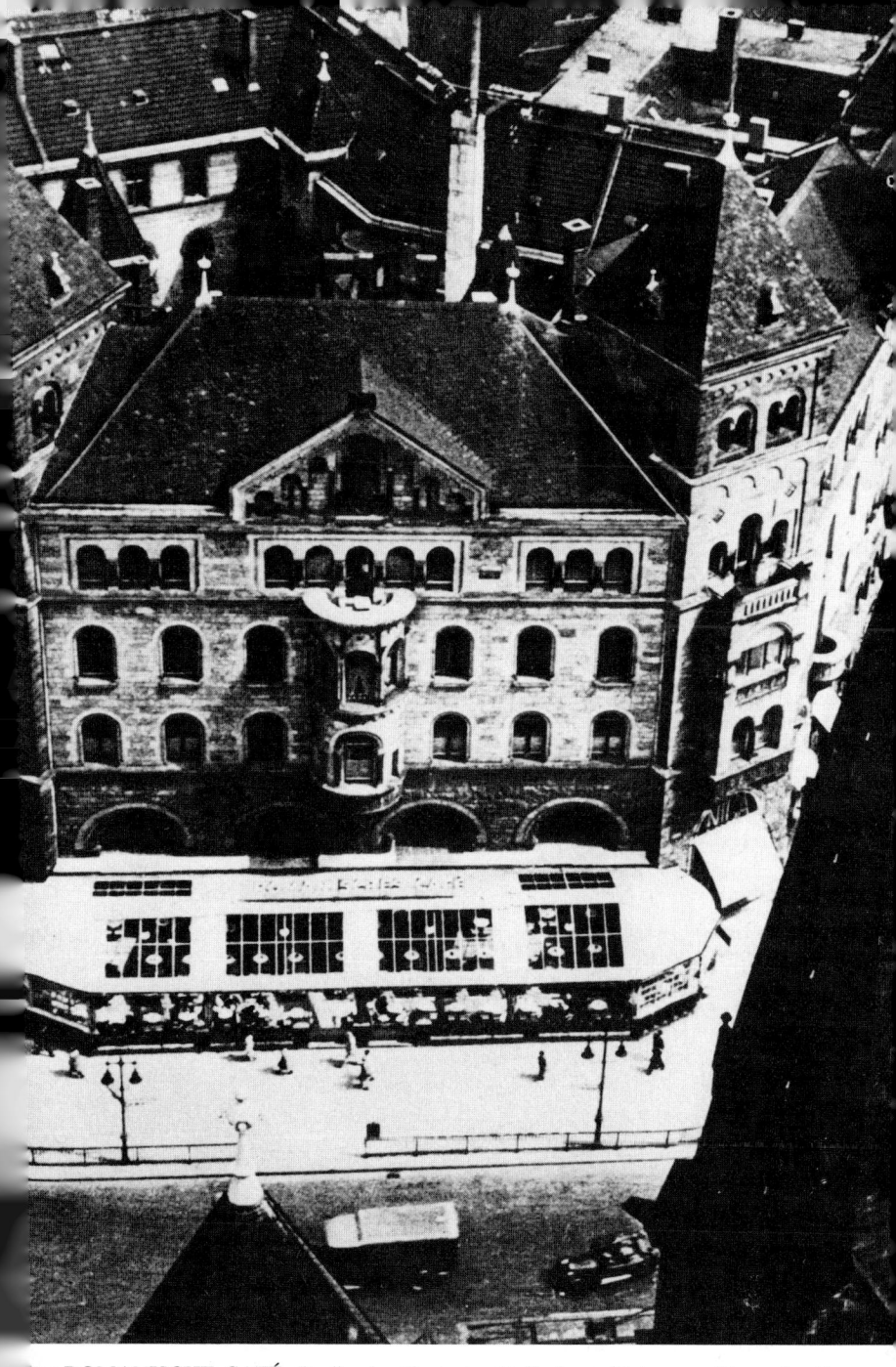

Das ROMANISCHE CAFÉ, Berlins berühmtestes Kaffeehaus (Foto: vom Turm der Gedächtniskirche), ist »Hauptquartier« aller Berliner Schriftsteller und ihrer Freunde aus der
ganzen Welt: von Arrivierten und verkannten »Genies im Wartestand«. (31)

»Ausverkauft« ist ein gewohntes Schild an den Kassen des Varietés SCALA. Auch zu den Nachmittagsvorstellungen drängen sich die Berliner; jung und alt möchten die neuesten Attraktionen erleben. (32)

Unter dem Sternenhimmel des WINTERGARTENS mit seiner einzigartigen Atmosphäre bestaunen 3500 Menschen die artistischen Varieté-Sensationen auf der riesigen Bühne oder (bei Hochseil-Artistik) auf stählernen Drähten, die unter dem Baldachin des großen Raumes gespannt werden. (33)

Sie sorgten für Schwung, Stimmung und den richtigen Takt: die Kapelle Marek Weber (Bild oben, 34); Barnabas von Géczy mit seinem Orchester (Bild Mitte, 35).

Die Jazz-Kapelle, welche die berühmtesten Jazz-Dirigenten vereinigte: Bill Bartholomew; Geige – Franz Grothe; Saxophon – Bela Bigony; Bandonion – Dajos Bela; Klavier – Efim Schachmeister; Trompete – Bernhard Etté; Saxophon – Ilja Livschakoff; Klarinette – Otto Stenzel; Schlagzeug – Paul Godwin; Bandonion (Bild unten, 1932, 36).

Weltattraktionen ohne Beispiel: die Drei Codonas. Der Chef der Truppe, Alfredo, beherrscht den dreifachen Salto. Das Foto zeigt den Augenblick, da sich Alfredo von seinem Bruder Lalo (der ihn nach dem dreifachen Salto »gefangen« hat) löst und an das Trapez zurückkehrt, während Partnerin Vera im Bruchteil einer Sekunde danach in die Hände Lalos fliegt. (37)

Mit seiner klitzekleinen Geige verzauberte er die Berliner: Grock, der weltberühmte Musikclown. Sein bürgerlicher Name: Dr. Adrian Wettach. (38)

Ur-Berlinerin aus dem Ruhrgebiet: »Großstadtpflanze« Claire Waldoff. (39)

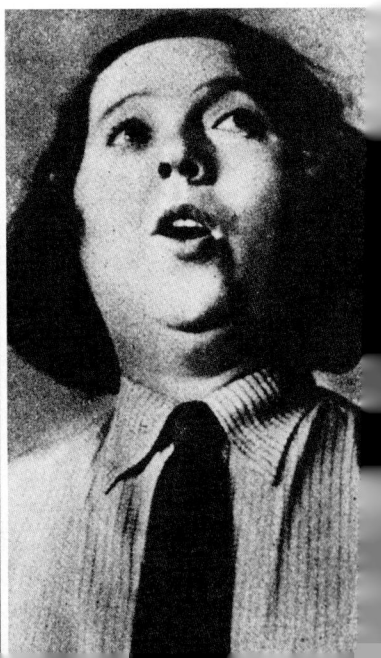

Das Herz eines Boxers
kennt nur eine Liebe:
den Kampf um den Sieg ganz allein.
Das Herz eines Boxers
kennt nur eine Sorge:
Im Ring der Erste zu sein.
Und schlägt einmal sein Herz
für eine Frau, stürmisch und laut:
das Herz eines Boxers
muß alles vergessen,
sonst schlägt ihn der Nächste knockout.

Als Schmeling die Filmschauspielerin Anny Ondra *(Die Kristallprinzessin, Eine Freundin, so goldig wie Du* und viele andere Filme) heiratet, da möchte ganz Berlin Trauzeuge sein.

☆

Ehe wir, sozusagen, zum Clou der Berliner Sportveranstaltungen kommen, müssen wir noch eine Stippvisite zu einigen Kampfstätten machen. Auf der *Rennbahn im Grunewald* kämpfen Pferde der besten deutschen Gestüte beim Flach- und Hindernisrennen um den *Großen Preis der Reichshauptstadt,* der mindestens 50 000 Goldmark beträgt. Berühmte Pferde machen Schlagzeilen beim Derby: *Roland, Weißdorn, Marcellus* und *Meteor.*

Einmal wird sogar das klassische Derby von Hamburg auf die Berliner *Grunewald-Rennbahn* verlegt (1919). Das ganze »vornehme Berlin« ist buchstäblich auf den Beinen, soweit man nicht eigene Autos besitzt; es herrscht nämlich gerade ein großer Verkehrsstreik an der Spree.

Der Berliner *Hoppegarten* ist Deutschlands größtes Trainingsquartier für Rennpferde, und der populärste Jockey jener Jahre heißt Otto Schmidt, der von den Berlinern »Otto Otto« genannt wird. Hindernisrennen gibt es außerdem bei Karlshorst und in Strausberg, Trabrennen in Mariendorf und Ruhleben. Das *Reit- und Fahrturnier,* zuerst im *Sportpalast* und später in den *Ausstellungshallen am Funkturm* vorgeführt, sieht stets ausverkaufte Häuser.

Zu den von den Berlinern als »Fußballgötter« verehrten Spielern gehören Hans (»Hanne«) Sobek von *Hertha BSC* und der »Wundertormann« Heiner Stuhlfaut vom *1. FC Nürnberg,* der oft in der Reichshauptstadt spielt.

Einmal im Jahr wallfahrtet das fußballfreudige Berlin zu einem Wohltätigkeitsspiel, das der Fußballklub *Oase* veranstaltet – ein Verein aus Schauspielern, Schriftstellern und Künstlern der verschiedensten Sparten. Wenn eine Künstlerelf gegen einen bekannten Berliner Fußballklub spielt, gibt es dicht besetzte Reihen und – volle Kassen.

Auf der *Regattabahn* von Grünau locken die alten Berliner Vereine *Wiking, Hellas* und der *Ruderverein 1876* zu den Wettkämpfen. Auf den Tennisplätzen spielen Stars wie Cilly Aussem, Otto Froitzheim und Gottfried von Cramm.

Eine Weltsensation erleben die Berliner in der Leichtathletik, als 1926 der finnische Wunderläufer und neunfache Olympiasieger Paavo Nurmi im 1500-Meter-Lauf auf dem Platz des *Sportclubs Charlottenburg* von dem Deutschen Dr. Otto Peltzer besiegt wird. Einen solchen Aufschrei der Massen hat Berlin bis zu den Olympischen Spielen 1936 noch nicht erlebt. Eine Viertelstunde lang dauern die Begeisterungsrufe an. Zeitungen und Hüte, Handtaschen und Schirme fliegen durch die Luft...

Der Flieger Ernst Udet erscheint mit einer Sportmaschine über dem Stadion am Grunewald und gratuliert auf seine Weise: Er wirft im Tiefflug einen Blumenstrauß direkt vor die Füße Peltzers.

☆

Der Clou für die Berliner ist in den zwanziger Jahren und auch noch in den dreißiger Jahren der *Sportpalast.* Da sind es vor allem die Sechstagerennen, die zweimal jährlich in dem großen, himbeerfarbenen Gebäude veranstaltet werden.

Sportpalast-Atmosphäre... Achttausend Menschen – Männer und Frauen aus den Büros, den Fabriken, den Warenhäusern, aber auch viel vornehmes Publikum –

sitzen in einer vom Zigarren- und Zigarettenrauch bläulich gefärbten Luft, die vom Licht vieler Scheinwerfer durchzittert wird. Im Kegel gleißender Lichtbündel rasen die Fahrer über die Bahn, über die kurzen Geraden, durch die steilen Kurven.

In der Mitte der Rad-Arena sitzen die »Miezen«, die Frauen und Freundinnen der Fahrer, warten Freunde und Betreuer mit warmem Kaffee in den Thermosflaschen, mit sauren Gurken und dick belegten »Stullen« auf die Meister des Pedals, die abgelöst werden.

Die Luft kocht, Musik spielt, Zurufe peitschen über das weite Rund. Sechstagerennen: die Berliner schlagen auf ihre Pauke. Der *Sportpalast* ist überfüllt. Die Besucher auf dem Rang, dem »Heuboden«, haben ihre Lieblinge unter den Fahrern. Der Heuboden feuert sie an, hetzt sie herum, pfeift, ruft, klatscht, rebelliert, wenn nötig, und enthusiasmiert sich in Rage, schreit nach Bier, verlangt nach mehr Tempo.

Für die Berliner ist das Sechstagerennen Karneval und Kirmes zugleich, Oktoberfest und Grinzing, Fasching und Hamburger Dom in einem. Der Walzer *Praterleben* von Siegfried Translateur ist zum *Sportpalast-Walzer* geworden. Keiner spielt ihn so gut wie Otto Kermbach mit seinem Orchester, das bei keinem Sechstagerennen fehlt.

»Krücke«, der lahme Zeitungshändler und Meisterpfeifer, gibt das Zeichen. Die Kapelle rauscht brandend auf. Achttausend Menschen pfeifen, ekstatisch skandierend, den *Sportpalast-Walzer*, allen voran Krücke, der virtuoseste Fingerpfeifer Deutschlands. Beim fröhlichen Pfeifkonzert der Achttausend entlädt sich die Volksseele.

Außer Krücke gibt es noch zwei andere Männer aus dem Volk, die für Stimmung sorgen. Da ist der »Kurvenbaron«, Invalide von Verdun, und weiter »Schüttelfranz«, der schrullige Bettler von der Potsdamer Straße, der seine Schüttellähmung mit begnadetem Humor erträgt und sich geehrt fühlt, wenn seine Freunde vom Heuboden im Chor feixend grölen: »Schüttelfranz, Schüttelfranz, deine Birne ist nicht ganz!«

Vor Mitternacht, wenn die Theater geschlossen und

die Dreharbeiten in den Filmateliers beendet sind, erscheint die »Haute Folaute« (Hautevolee). Dann kommt neue Bewegung in die Galerie, sie wird noch munterer, organisiert Sprechchöre – etwa: »Hannes, wo bleiben die Mollen?«

Bald danach erscheint auf der Leuchttafel, auf der sonst Sportergebnisse angezeigt werden, die Schrift: »Hans Albers stiftet 500 Mark.«

Natürlich gibt es auch Spenden für die Fahrer – zum Beispiel: »Dem Sieger der nächsten Runde 300 Mark von einem alten Freund aus Oels.«

Jeder kennt diesen Freund von Schloß Oels bei der gleichnamigen Stadt, 35 Kilometer nordöstlich von Breslau. Es ist der ehemalige Kronprinz Wilhelm, dessen Herz immer noch für den Sport schlägt.

Die kurvenden Radler fühlen sich angespornt, treten kräftiger in die Pedale. »Tempo, Tempo!« lärmt die Galerie, und Krücke organisiert erneut seine Pfeifmusik.

»Wo bleiben Bühne und Film?« heißt der Schrei von oben, der wie eine unüberhörbare Erpressung klingt. Andere Schauspieler setzen Preise aus, werden überboten, und die Summen steigen.

Nur zwei bleiben von »Spenden« verschont; sie steigern auf ihre Weise die Stimmung. Wenn Richard Tauber im Frack in der Atmosphäre des Sechstagerennens eines seiner berühmten Lieder ohne Gage singt, während die Radler ihre Runden drehen, und wenn Gitta Alpar im Abendkleid mit einem neuen Schlager brilliert – dann verebben jäh die Lärmwellen.

Beim Applaus springen alle auf, jubeln ihren rasenden Beifall hinaus, veredeln das Randalieren zur Fröhlichkeit, überschlagen sich in Begeisterung. Sie steckt an und springt über auf die Fahrer, die sich anschicken zum großen Jagen in der Nacht.

Es ist alles so wie in jener berühmten Szene des Schauspiels *Von morgens bis mitternachts* von Georg Kaiser, das bis 1933 jährlich einmal eine ganze Woche lang im *Sportpalast* aufgeführt und jedes Jahr einmal am Abend im Rundfunk übertragen wird.

Kaisers szenischer Hinweis lautet: »Sportpalast. Sechstagerennen. Bogenlampenlicht. Im Dunstraum roh gezimmerte, freischwebende Holzbrücke. Die jüdischen Herren als Kampfrichter kommen und gehen. Alle sind unterscheidbar: kleine bewegliche Gestalten, in Smoking, stumpfen Seidenhut im Nacken, am Riemen das Binokel. Rollendes Getöse von Rädern über Bohlen. Pfeifen, Heulen, Mekkern geballter Zuschauermenge aus Höhe und Tiefe. Musikkapellen.«

Als Kaiser sein Drama schrieb (1916), gab es im Sportpalast diese freischwebende Brücke noch; sie führte von den Tribünen zum Innenraum, und man konnte von dort aus auf die Rücken der Fahrer hinuntersehen, die, tief gebeugt, scheinbar endlos ihre Runden drehten.

1931, als die Arbeitslosenzahl immer höher steigt in Berlin und Straßenschlachten zwischen Kommunisten und Nationalsozialisten fast schon zur Tagesordnung gehören, hat sich die Einstellung zum Sechstagerennen schon verändert. Der Schriftsteller Max Barthel *(Sonne, Mond und Sterne)* notiert in diesem Jahr 1931:

»Da sitzen die Köpfe und Köpfchen von Film, Theater, Kunst, Geld, Literatur, Mode. An der Bar schwarze Seide auf nacktem Fleisch. Frackwesten. Wer wird das Rennen machen? Sie denken nicht an die Fahrer, sondern an die politischen Parteien, die sich auf Tod und Leben bekämpfen, bespucken, verleumden, abknallen . . .«

☆

Die Sport-Arena in der Potsdamer Straße wurde unter dem Namen *Hohenzollern-Sportpalast* am 11. Dezember 1910 als »größte Eisbahn der Welt« eingeweiht. Dabei ging es sehr würdig und feierlich zu. Generalmusikdirektor Richard Strauß dirigierte das Orchester der Königlichen Oper und einen riesigen Chor. Die Neunte Symphonie von Beethoven bildete den glanzvollen Auftakt der wechselvollen Geschichte dieses »großen Etablissements«, das besonders mit seiner verschwenderischen Zahl elektrischer Glühbirnen warb.

Strauß, seine Musiker und der Chor saßen buchstäblich auf dem Eis: auf einem Podest, das sie nur über einen schmalen Teppich erreichen konnten. Auf dem Wege zu seinem Platz hat mancher danebengetreten und ist samt Instrument unter dem Gelächter der Berliner ausgerutscht.

Der spätere Betrieb im *Sportpalast* gefiel den Leuten viel besser als dieses »bombastische Zeremoniell der Einweihung«, wie das *Berliner Tageblatt* schrieb, und die *BZ am Mittag* fand die Feier gar »geschmacklos und deplaciert«. Die *Morgenpost* meinte, es hätte nicht »Weihekonzert, sondern Entweihe-Konzert heißen müssen«.

Mit Eislauf beginnt 1910 die Geschichte des *Sportpalastes*. Zweihundert »Eislauf-Künstler« locken täglich hunderttausend Menschen an, von denen sechstausend sogar an Restaurationstischen sitzen können. Aber schon ein Jahr nach der Eröffnung fällt auch der Startschuß zum ersten Sechstagerennen, das in den späteren Jahren die Hauptattraktion des *Sportpalastes* bleibt; sie wird nur durch den Ersten Weltkrieg unterbrochen.

Nach 1918 sind neben dem Sechstagerennen Eishokkey-Spiele die große Mode, die sich mit Boxveranstaltungen und dem Sechstagerennen ablösen. Schwedische, kanadische, italienische, österreichische und tschechische Mannschaften spielen hier mit deutschen, und die Berliner, aufgeschlossen wie sie sind, tun gleich so, als hätten sie nie etwas anderes geliebt als Eishockey. Berlins Liebling unter den Spielern ist Gustav (»Justaff«) Jaenecke.

Später kommt der Eiskunstlauf hinzu. Hier ist es vor allen Dingen das »Traumpaar« Maxi Herber und Ernst Baier, das sein Publikum bezaubert. Die alle und alles überstrahlende Eiskönigin ist aber für die Berliner Sonja Henie, die elfmal Weltmeisterin im Damenkunstlauf war und dreimal bei den Olympischen Winterspielen die Goldmedaille gewann (1928 in St. Moritz, 1932 in Lake Placid, 1936 in Garmisch-Partenkirchen). Wenn sie im Sportpalast erscheint, sind die Berliner nicht mehr zu halten, und sie rufen ihr unentwegt den Kosenamen zu, den sie der reizenden Norwegerin schon bei ihrem ersten Auftreten in Berlin gegeben haben: »Häseken«.

Als sie keine Amateurin mehr war, wurde die Henie in Amerika, vor allem durch ihre Filme, vielfache Millionärin. Für die Berliner blieb sie »Häseken«. Noch kurz vor ihrem Tode (1969) gestand sie, inzwischen 57jährig: »Das Berliner Publikum war einmalig. Ich bin nirgendwo so gerne aufgetreten wie in der alten deutschen Reichshauptstadt.«

Wenn große Boxkämpfe im *Sportpalast* stattfinden (etwa wenn Hans Breitensträter gegen den Amerikaner Tom Cowler oder andere ausländische und deutsche Berühmtheiten dieses Sports kämpfen), spielt der Conférencier Harry Lamberts-Paulsen den Ansager.

Gelegentlich wird der *Sportpalast* sogar zum Hippodrom, und es riecht nach Stall und Pferden. Einige Male wird auch eine Berliner Schönheitskönigin im *Sportpalast* gekürt. Das Publikum ist mit diesem manipulierten Schauspiel ganz und gar nicht einverstanden. Die »hundert schönsten Berlinerinnen«, aus denen die Siegerin gewählt werden soll, entsprechen keineswegs dem damaligen Schönheitsideal. Dem bekannten Schauspieler Georg Alexander, der zu den Preisrichtern gehört, entfährt der Satz: »So viele miese Berlinerinnen gibt's doch gar nicht!« und legt sein Amt nieder.

Als schließlich, ohne die Entscheidung der Jury abzuwarten, ein Fräulein Inge zur Königin erklärt wird, gibt es unter den Zuschauern Proteste, wie sie der *Sportpalast* selbst bei krassen Fehlentscheidungen vom Box-Ringrichter noch nicht erlebt hat. Die Berliner sind sich einig: Diesen Quatsch mögen sie nicht. Wozu eine Schönheitskönigin, wenn es doch in Berlin so viele »dufte Bienen« gibt und die Veranstalter einen miserablen Geschmack beweisen?

Eine Modekönigin dagegen, die im *Sportpalast* gekürt wird, akzeptieren die Berliner, und sie spenden großen Beifall, als Georg Alexander einem jungen Mädchen namens Hilde Zimmermann den Purpurmantel umhängt.

Ganz nach dem Herzen der reichshauptstädtischen Bevölkerung dagegen ist der *Zille-Ball*, der bis 1932 alljährlich im Sportpalast abgehalten wird. Das riesige Haus ist stets bis auf den letzten Platz gefüllt. Die Stimmung dieser Nächte hat viele Dichter und Schriftsteller inspiriert.

Ehrengast ist selbstverständlich bis zu seinem Tode (1929) Heinrich Zille, der von den Berlinern zärtlich »Vater Zille« oder »Pinselheinrich« genannt wird. Er ist überglücklich, wenn er im tanzenden und fröhlichen Volk Typen aus seinem »Miljöh« entdeckt. Selbst zu »seinem« Ball bringt er das Skizzenbuch mit.

☆

Glanzvolle Nächte, atemberaubende Sportveranstaltungen, fröhliches Treiben. Das ist die eine Seite des *Sportpalastes*. Es gibt aber auch noch eine andere ... Die Lieblingsstätte der Berliner wird zur politischen Arena.

Am 30. September 1928 spricht Dr. Joseph Goebbels, der Gauleiter von Berlin, zum erstenmal im *Sportpalast,* der von diesem Tage an die »historische« Stätte der Nationalsozialisten wird. Alle entscheidenden Reden bis 1943 werden von den Größen des Dritten Reiches hier gehalten.

Wenn die Kampfplätze inmitten des *Sportpalastes* abgeräumt und durch Stühle und Bankreihen ersetzt werden, faßt das Gebäude 15 000 Menschen. Selbst die Sozialdemokraten und die Kommunisten wählen zunächst selten den *Sportpalast* für große Versammlungen, weil sie damit rechnen müssen, daß der Raum nicht ganz gefüllt wird.

Der Berliner Gauleiter riskiert den Versuch, und tatsächlich erscheinen 10 000 Menschen, um »diesen Goebbels« einmal zu hören. »Marschmusik und Fahnenträger konnten nicht darüber hinwegtäuschen, daß viel mehr Neugierige als Anhänger des Nationalsozialismus zugegen waren«, schreibt die Berliner *Nachtausgabe.*

Goebbels attackiert »die Roten«, er schimpft über alles, was die Leute bewegt, und prompt kommt es während der Rede des Gauleiters zu Schlägereien zwischen SA (Sturmabteilung der NSDAP), den Kommunisten und der Polizei.

Wenige Wochen später, am 16. November 1928, redet Hitler zum erstenmal in der Reichshauptstadt auf einer öffentlichen Kundgebung – ebenfalls im *Sportpalast.* Diesmal sind 15 000 Menschen herbeigeströmt, um »diesen Österreicher« einmal zu sehen.

Auch auf den Kundgebungen, die Goebbels in den folgenden Jahren im Berliner *Sportpalast* veranstaltet, hat er meist ein volles Haus – genau wie sein großer Gegenspieler Ernst Thälmann, der Vorsitzende der Kommunistischen Partei Deutschlands, der viele Jahre lang mehr Massen anlockt als der Hitler-Propagandist.

Ein großer Erfolg bleibt dem Berliner Gauleiter der NSDAP, Dr. Joseph Goebbels, zunächst versagt. Hitlers Partei erhält bei den Berliner Gemeindewahlen von 1929 von den insgesamt 250 Mandaten nur dreizehn. Ihr Fraktionsführer im Stadtparlament wird Goebbels.

Bei den Wahlen zum Reichstag am 14. September 1930 steigt die Zahl der für die NSDAP abgegebenen Stimmen in Berlin zwar auf fast 396 000 – aber die KPD wird an diesem Tage zum ersten Male die stärkste Partei in der Reichshauptstadt: mit 739 235 Stimmen, von der SPD gefolgt, mit nur tausend Stimmen Abstand.

Bei dieser Reichstagswahl vom 14. September 1930 werden die Nationalsozialisten mit 395 988 die drittstärkste Partei Berlins. Zwei Jahre zuvor, bei der Reichstagswahl vom 20. Mai 1928, hatte die NSDAP nur 39 052 Stimmen von Wählern der Reichshauptstadt erhalten: also knapp ein Zehntel des Ergebnisses von 1930.

Mit einem solchen Erfolg, wie ihn die NSDAP am 14. September 1930 erlebt, haben Hitler und Goebbels nicht gerechnet. Und doch: Es wird noch vieles geschehen müssen, ehe das »rote« Berlin »braun« ist und 1936 die Sechstagerennen im *Sportpalast* verboten werden.

Das persönliche Schicksal von Goebbels entscheidet sich im Frühjahr 1930 im *Sportpalast*. Auf einer Kundgebung fasziniert er durch seine Rhetorik jene Frau, die er später heiraten wird: Magda Quandt, geborene Behrend-Friedländer ...

☆

Am 15. Februar 1943, nach der Tragödie von Stalingrad, erlebt der Sportpalast sein makaberstes Schauspiel. An diesem Tag stellt Goebbels vor einem ausgesuchten Publikum, mit dem er kein Risiko eingeht, seine berühmten zehn Fragen, deren vierte und in der Rückschau besonders dämonisch wirkende lautet:

»Wollt ihr den totalen Krieg? Wollt ihr ihn, wenn nötig, noch totaler und radikaler, als wir ihn uns heute überhaupt noch vorstellen können?«

Alle zehn Fragen werden mit einem hysterischen, heute schwer begreifbaren und auf Schallplatten nur schaudernd zu hörenden »Ja!« beantwortet.

Nach jeder Frage springt die fanatisierte Menge von ihren Sitzen, die Woge von Ja- und Heil-Rufen reißt nicht ab, und immer wieder brausen Sprechchöre durch den *Sportpalast*: »Führer befiehl, wir folgen!«

Der totale Krieg ist verkündet. Was immer auch Goebbels gefordert hat an Opfern, Arbeit und Todesmut: Die Soldaten, Arbeiter, Künstler und Funktionäre überbieten sich in ihren Rufen. Nach seinem letzten Satz – »Nun, Volk, steh auf, und Sturm, brich los!« – erfaßt die Zuschauer eine noch nie dagewesene ekstatische Massenhysterie. Der *Sportpalast* gleicht – wenn je dieses Bild stimmt – einem Hexenkessel.

Selbst Goebbels ist diese Reaktion einfach zuviel, und er flüstert in dem kleinen Raum, in den er nach der Rede mit seinen engsten Mitarbeitern geflüchtet ist, die mehrfach bezeugten Sätze vor sich hin:

»Diese Stunde der Idiotie! Wenn ich den Leuten gesagt hätte, springt aus dem dritten Stock des Columbushauses – sie hätten es auch getan!«

Dieses diabolische Bekenntnis, von den Historikern bisher kaum beachtet, sagt über Hitlers Propagandaminister mehr aus, als umfangreiche Analysen das vermögen.

In der Nacht vom 30. zum 31. Januar 1944 sank Berlins beliebteste Sport-, Vergnügungs- und politische Kampfstätte in Schutt und Asche. Nach dem Kriege, 1953, wurde der *Sportpalast* wieder aufgebaut; am 13. November 1973 wurde er abgerissen. Doch der alte Glanz von einst konnte, zeitbedingt und durch die Situation des geteilten Berlins begreiflich, nicht wieder erreicht werden.

9. Kapitel

Leichte Mädchen und schwere Jungen

Ganoven im Frack

Die fast unglaubliche und meist ergötzliche
Geschichte der Berliner »Ringvereine«

In sämtlichen Räumen des *Prinzengartens* (heute *Müggelseeperle)* im Osten Berlins geht es hoch her. Eine erlauchte Gesellschaft hält hier ihr Stiftungsfest: gewichtige Herren im Frack oder Smoking, Damen jeden Alters im Abendkleid.

Eine Kapelle spielt zum Tanz auf. An den Händen der Frauen glitzern Diamanten, und auch mancher der Herren hat sich etwas protzig mit einem funkelnden Stein geschmückt.

An einem Vorstandstisch, den ein Banner ziert, sitzen die Honoratioren, neben würdigen Herren junge Männer. Sie diskutieren, rauchen dicke Zigarren, bestellen Bier und Sekt, trinken alles durcheinander und blicken gelegentlich wohlwollend auf die Paare, die sich auf der kleinen Tanzfläche köstlich zu amüsieren scheinen.

Auf den ersten Blick eine zweifellos vornehme Gesellschaft. Aber wenn man die Spitznamen einiger Herren vernimmt, bekommt das festliche Bild einen Kratzer. Da schwadroniert »Koks-Justav«, da drückt »Klamotten-Emil« seine »Fürstin« an seine kräftige Männerbrust, und am Vorstandstisch führt gerade »Mollen-Orje« das große Wort. Die Mitglieder des Sparvereins *Deutsche Eiche* haben sich hier zu einer Feier verabredet.

Sagte ich Sparverein? Das ist nur eine Tarnbezeichnung. In Wirklichkeit sind die Herren der *Deutschen Eiche* echte Ganoven: Zuhälter, Einbrecher, »Schränker« (Geldschrankknacker), Taschendiebe oder Mitglieder einer anderen nicht gerade ehrenwerten Zunft.

Fred Hildenbrandt, von 1922 bis 1932 Feuilleton-Chef

des *Berliner Tageblattes,* war 1929 einmal Gast beim Jahresfest eines ähnlichen Vereins. Er schreibt darüber:

»Rings um mich standen und saßen höfliche, zuvorkommende, aufrichtige, zutrauliche, junge, ältere und alte Männer in bester Abendkleidung und mit vorbildlichen Manieren. Keinem einzigen Gesicht sah ich etwa Laster oder Verbrechen an. Nicht ein einziges rohes Wort fiel. Nicht der Hauch einer Zote wurde hörbar. Nirgends sah ich ein grobes oder auch nur schwerfälliges oder ungeschicktes Benehmen. Einer wie der andere bewegte sich gewandt wie ein hochgeborenes Mitglied des Adels auf glattestem Parkett.«

Der Journalist hatte das Glück, dem Fest eines besonders »vornehmen« Sparvereins beizuwohnen . . .

Deutsche Eiche ist einer von den insgesamt 62 bestehenden ähnlichen Vereinen in Berlin, deren Mitgliederzahl 1929 rund 1600 beträgt. Sie führen zum Teil bemerkenswerte Namen. Da gibt es die *Weiße Rose,* das *Rotschwänzchen,* die *Ruhige Kugel, Schwarzer Bär, Glaube, Liebe, Hoffnung, Treu und Glauben, Hand in Hand, Unter uns, Immertreu, Herzblatt, Vergißmeinnicht* und viele andere.

Die Bezeichnung *Klub der Eiskalten,* eine als Kegelklub getarnte Ganoven-Organisation, täuscht darüber hinweg, daß es knallharte und »heiße« Burschen sind, die sich hier zusammengeschlossen haben. Der Präsident vom *Klub der Eiskalten* hat den Beinamen »Strippen-Ede«, weil er »se alle an der Strippe hat«. Geradezu diktatorisch verfügt er über seine Männer.

Daß sie sich zu »geselligem Beisammensein« so vornehm kleiden und geradezu spießbürgerliche Vereinsbanner führen, ist für die Halunken-Zusammenschlüsse symbolisch. Im Grunde sind sie von bürgerlichen Instinkten erfüllt. Der Ehrgeiz vieler Mitglieder dieser Vereine zielt auf ein eigenes Geschäft, auf eine eigene Kneipe, eine eigene Metzgerei oder sonst eine kleinbürgerlich geordnete Existenz. Und da sie ihren Wunschtraum auf geraden Wegen nicht realisieren können, suchen sie auf Umwegen die bürgerliche Ordnung.

Der erste Verein dieser Art wurde schon 1890 in der

Schnurrbart-Diele, einem Lokal am Schlesischen Bahnhof, gegründet. Sein Ziel war es, die Muskelkraft seiner Mitglieder zu erhalten und zu stärken. Dabei wurde das damals von der bürgerlichen Gesellschaft als barbarisch verschriene Ringen gepflegt, und so entstand der Name *Ringverein.*

Solche Vereine gab es bis 1918 nur fünf. Erst mit Beginn der Weimarer Republik wuchs ihre Zahl ständig, und schließlich waren es 62. Gerungen wurde jetzt freilich nicht mehr. Aber die Bezeichnung blieb, und sie erhielt einen zusätzlichen Sinn: die einzelnen Vereine, die sich brüderlich zusammenschlossen, bildeten einen »Ring«.

Die 62 Berliner Ringvereine sind mit ihren bürgerlichen Tarnbezeichnungen in das umfangreiche reichshauptstädtische Vereinsregister eingetragen. Mit seinen (Stichtag 31. 12. 1927) insgesamt 6853 Namen – unter denen der *Verein Berliner Presse* ebenso zu finden ist wie der *Kleingartenverein Sächsische Straße* – ist das Berliner Vereinsregister mit Abstand das größte der Welt.

Alle Gaunervereine Berlins formierten sich zum *Ring Groß-Berlin* und nannten sich später einfach *Großer Ring.* Als sich auch in anderen deutschen Großstädten die Ganoven in Vereinen zusammenfanden, wuchs die Organisation. Die Mittel- und Westdeutschen verbündeten sich zum *Mitteldeutschen Ring,* die Norddeutschen zum *Norddeutschen Ring,* und die Gesamtorganisation nannte sich schließlich *Deutscher Ring.*

Jedes Jahr gab es eine große »gesamtdeutsche« Delegiertenversammlung. Zu dieser Reichsveranstaltung entsandten alle Vereine einige Mitglieder. In dem Protokoll eines solchen »Reichstages« heißt es:

»Jeder Bruder, der aus irgendeinem Anlaß seinen Wohnsitz wechselt oder kürzere oder längere Zeit in einer anderen Stadt weilt, soll während der Zeit seines Aufenthaltes überall dort, wo ein Bruderverein besteht, herzliche Aufnahme finden. Er soll sich überall zu Hause fühlen. Er soll der Sorge enthoben sein, bei unvorhergesehenen Unglücksfällen und unvorhergesehener Mittellosigkeit Gefahr zu laufen, im Kampf um seine Selbsterhaltung gegen die bestehenden Gesetze der Ordnung und des Anstandes zu verstoßen und so sich und den Verein zu diskreditieren.«

In die Gaunersprache übersetzt bedeutet dieses elegante Memorandum: »Es kann dir überhaupt nichts passieren. Der Verein läßt dich nicht im Stich. Wenn du Knast schiebst, auf die Masche genommen wirst, Trefe läufst *(von der Polizei verdächtigt wirst)* oder ausgepowert *(ausgeplündert)* wirst, dann kriegste von uns 'ne Bleibe, Flebben *(Papiere)* und Kies *(Geld)*.«

☆

An dieser Stelle wird es Zeit, sich einmal mit den Statuten der für ganz Deutschland »vorbildlichen« Berliner Ringvereine zu befassen. Da ist zunächst der offizielle Teil, sozusagen die bürgerliche Mimikry. Die Vereinsmitglieder, die übrigens ausschließlich Männer sind, verschreiben sich dem Kegeln, Rudern und anderen Sportarten oder ganz einfach dem Sparen. Unter diesem Aspekt sind sie sogar, wie schon gesagt, offiziell in den Vereinsregistern verzeichnet.

Die tatsächlichen Statuten freilich sehen ganz anders aus. Es fängt mit den strengen Aufnahmebedingungen an. Eintreten kann nur, wer 21 Jahre alt ist. Er muß zwei »einwandfreie« Bürgen stellen – das heißt zwei Vorbestrafte. Wer selber schon vorbestraft ist, hat besonders gute Chancen, schnell akzeptiert zu werden.

Jedes Mitglied ist streng verpflichtet, absolutes Stillschweigen über Vereinsangelegenheiten zu wahren. Wer einmal bei der Polizei »singen« sollte, der wird, wie wir noch sehen werden, nichts zu lachen haben.

Wer zu spät auf einer Sitzung erscheint, wird mit einer Geldstrafe belegt. Wer »wegen unerlaubten Fehlens bei Veranstaltungen mit Fahne« auffällt, muß tief in seine Tasche greifen. Allen Anordnungen des Vereins-Chefs und seines »inneren Kreises« ist stets Folge zu leisten.

Die Vergünstigungen, die alle Ringvereine ihren Mitgliedern gewähren, stehen unter dem Motto »Hilfe und Kameradschaft, Unterstützung und Treue«.

Wenn ein Vereinsbruder verhaftet wird, zahlt die Organisation alle Gerichtskosten – notfalls auch die besten und teuersten Anwälte Berlins. Die Frauen der Männer, die im Knast sitzen, werden großzügig unterstützt – aus der immer gut assortierten Vereinskasse. Betrügt eine Ehefrau ihren Mann, wird ihr die finanzielle Hilfe sofort entzogen. Während der Haftzeit erhält der Vereinsbruder regelmäßig Freßpakete. Auch wer untertauchen muß, braucht sich nicht zu sorgen.

Wenn ein Mitglied eines Ringvereins aus dem Gefängnis entlassen wird – im Jargon ausgedrückt: »Wenn er von einer Reise zurückkommt« oder »von den Toten aufersteht« –, dann erwarten ihn, je nach seiner Bedeutung, zehn, zwanzig oder sogar fünfzig Vereinsgenossen feierlich in dunklen Sonntagsanzügen und singen ein Lied. Das beliebteste beginnt mit den Worten: »Gott grüße dich!«

Nach dem großen Händeschütteln und den harten Umarmungen gibt es anschließend im Vereinslokal, zu dem man in geschmückten Kraftdroschken fährt, ein feuchtfröhliches Wiedersehen: eine sogenannte »Auferstehungsfeier«.

Bei dem Fest im *Prinzengarten* fielen uns schon die funkelnden Ringe an den Händen der Vereinsbrüder auf. Sie sind ein Symbol der Treue. Wer sich ein Jahr lang als Mitglied tadellos geführt und regelmäßig seinen Beuteanteil – etwa von einem Einbruch – abgeliefert hat, erhält einen mindestens dreißig Gramm schweren goldenen Siegelring mit den Initialen der jeweiligen Bruderschaft. Nach zweijähriger »treuer und verdienstvoller Mitgliedschaft« gibt es eine goldene Sprungdeckeluhr, nach fünf Jahren einen einkarätigen, nach acht Jahren einen zweikarätigen Brillantring.

Die Zuhälter (»Luden«) der Branche besitzen einen eigenen Kodex. Sie dürfen ihre »Schnepfen« nicht schlagen, nicht »ausbeuten« und nie in fremde Reviere hinüberwechseln. Alles ist streng reglementiert. Ordnung muß sein.

Die Zahl der offiziell registrierten »Nutten« (ein Ausdruck übrigens, der kurz vor dem Ersten Weltkrieg in Berlin aufkam und bald in ganz Deutschland populär wurde) beträgt vor 1933 siebentausend. Die wirkliche, von der Polizei geschätzte Zahl dürfte bei mindestens 25 000 liegen. Von den etwa 8000 haupt- und nebenberuflich tätigen Zuhältern gehören nur knapp 15 Prozent zu Ringvereinen, und diese 15 Prozent sind praktisch die »Berufsluden«, weil die Selbständigen dieser Branche jeweils nur ein Mädchen betreuen.

Eine besondere Kategorie bilden die wirklich selbständigen Mädchen, die oft gleichzeitig einen bürgerlichen Beruf ausüben: 3000 junge (und nicht mehr ganz junge) Damen warten telefonisch auf Kundschaft. Heute heißen sie Callgirls, damals in Berlin nannte man sie Strippen-Miezen (Strippe = Telefondraht).

☆

Besonders großen Wert legen die Ganoven-Hilfsgemeinschaften auf eine anständige Beerdigung. »Muskel-Adolf«, mit bürgerlichen Namen Adolf Leib und Chef des Ringvereins *Immertreu*, begründet das so:

»Ick denk imma an die Worte meiner Mutta. Ick kann det einfach nich vajessen. Adolf, hat se jesacht, dir wern'se an de Friedhofsmauer vascharren. Keen Mensch wird hinta dei'n Sarch jehn. Det ha'ick nie vajessen. Un deshalb is für uns een anständ'jet Bejräbnis so wichtich.«

Die Beerdigung eines Vereinsbruders, um die sich »Muskel-Adolf« für seinen eigenen und alle Brudervereine so verdient gemacht hat, ist in der Tat ein geradezu festliches Ereignis, in dem bürgerliche Korrektheit mit zeremoniellem Pomp gepaart sind. Der teuerste Sarg wird gekauft, und jeder Berliner Verein schickt einen kostbaren Kranz und seine Repräsentanten auf den Friedhof. Wer von den Mitgliedern nicht im Zylinder und im Bratenrock erscheint, wird unnachsichtig von der Organisation ausgestoßen.

Bei einer so aufwendigen Bestattung lassen sich die Vereine nicht lumpen. Sie zahlen hohe Beerdigungs-Beihilfen und kümmern sich um die hinterbliebene Witwe und sogar um die Bräute (die im Jargon der Ringvereine »Mullen«, »Fürstinnen« oder »Trude« genannt werden). Bei der feierlichen Zeremonie am Grab spricht der Pfarrer, die erste Kapelle spielt »Ich hatt' einen Kameraden«, die zweite fordert auf, immer »Treu und Redlichkeit« zu üben ... »bis an das kühle Grab«.

☆

Zu einem großen Jahresfest des Vereins *Einer für alle* ist der Berliner Schauspieler und Humorist Paul Graetz geladen. Dem Ehrengast »Paule« hält der Vorsitzende eine lange Rede, in der es zum Schluß heißt:

»Sie, lieber Herr Graetz, sind ein Stück Berlin. Auch wir sind Berlin. So oder so, jeder auf seine Weise. Ja, das wollte ich sagen. Und noch etwas – und ich glaube, daß alle meine Freunde mir zustimmen werden: Verehrter Paul Graetz! Sie stehen ab heute unter unserem besonderen Schutz. Ob Sie ihn mal brauchen oder nicht, das können wir nicht im voraus sagen. Sollte Ihnen aber mal was passieren – ein Einbruch bei Ihnen oder ein Taschendiebstahl oder so was, man kann ja nie wissen –, dann geben Sie uns Nachricht, und die Sache wird glattgebügelt!«

Während der Vorsitzende bisher sich um klares Deutsch bemüht hat, fällt er in seinem Schlußsatz ins schönste Berlinisch:

»Un det, Herr Jraetz, ick meene den Schutz, det kost Ihnen kee'n Pfennich!«

Als schließlich Graetz allen Vereinsbrüdern, deren Ehrenmitglied er jetzt sozusagen geworden ist, noch ein Autogramm gibt, da ist eine Freundschaft »for ew'je Zeiten« geschlossen.

☆

Ehe Messer gezückt werden und mit Stuhlbeinen geprügelt wird, ist noch etwas über das ganz spezifische »Ethos« der Ringvereine zu sagen. Sie dulden in ihren Reihen nur »anständige« Ganovenberufe. Die Meister der Zunft sind die Schränker. Es folgen die gewöhnlichen Einbrecher, schließlich die Heiratsschwindler und Kautionsbetrüger, die Berufsbettler (die keineswegs zerlumpt gehen, sondern »in

Schale«, um nur eine angeblich augenblickliche Notlage zu dokumentieren, die außerordentlich geschäftsfördernd ist) und die Wettbetrüger bei Pferderennen.

Die Zuhälter, die ihre »Spinnen« laufen haben, bilden innerhalb der Hierarchie eine Sondergruppe, weil sie nicht mit Hand und Köpfchen arbeiten, sondern Mädchen für sich verdienen lassen (denen sie freilich auch allen Schutz gewähren).

»Anständige« Ganoven, wie gesagt. Mörder jeglicher Art haben in ihren Reihen nichts verloren. In »M«, dem berühmten Film des Regisseurs Fritz Lang, werden die Ehrbegriffe der Berliner Ringvereine genau charakterisiert. Gustaf Gründgens spielt einen Schränker und den Chef eines Ringvereins. Seine Vereinsbrüder sind Falschspieler, Taschendiebe und kleine Bauernfänger.

Ein Kind ist ermordet worden, und die Kriminalpolizei vermutet den Mörder in den Reihen des Ringvereins, dessen Boß Gründgens ist. Das lassen die Mitglieder des Ganovenklubs nicht auf sich sitzen. Ein Mörder unter ihnen – ausgeschlossen! »Wir sind doch keine Verbrecher!«

Die Vereinsbrüder stöbern tatsächlich den von Peter Lorre gespielten Mörder auf und locken ihn in einen Keller. Dort sieht er sich einer Mauer von Mädchen und Frauen gegenüber, und hinter ihnen stehen die Vereinsbrüder. Ehe der Ringverein das Urteil selber vollstrecken kann, erscheint die Polizei.

Die Polizei unterhält zur Berliner Unterwelt recht gute Beziehungen, wenn man es so formulieren darf. Berlins Polizeipräsident Karl Zörgiebel spricht sogar von einer »halboffiziellen Fühlung«. Auf den Festen der großen Ringvereine der Reichshauptstadt finden sich als »besonders geehrte Gäste« angesehene Rechtsanwälte und auch Beamte der Kriminalpolizei vom »Alex« (Polizeipräsidium am Alexanderplatz) ein. Der Höhepunkt eines solchen Festes ist immer wieder für die Vereinsmitglieder, wenn ein bekannter Kriminalist den Taktstock in die Hand nimmt und die Kapelle dirigiert.

Der berühmte Mordkommissar und spätere Kriminalrat Ernst Gennat versäumt kaum eine Vereinsfeier. Und das aus gutem Grund: Wenn es um Mord geht, erhält er manchen Tip aus den Ringvereinen. Die Polizei steht den Unterweltorganisationen deshalb lange Zeit wohlwollend gegenüber, weil sie die strenge Disziplin der Ringvereine kennt und daraus ihren Nutzen zieht. In gewissen Fällen arbeiten die Ganoven sogar mit den »Bullen« Hand in Hand.

Auf einem der Ganovenfeste erscheint sogar Berlins Vizepolizeipräsident Dr. Bernhard Weiß, und es ist für den Vorsitzenden von *Glaube, Liebe, Hoffnung* eine besondere Ehre, daß seine »Jule« von diesem hohen Ehrengast zum Tanz aufgefordert wird. Welch ein Bild, was für ein Witz!

Die Polizei weiß natürlich genau, daß durch den ständigen Nachrichtenaustausch zwischen den einzelnen Ringvereinen im ganzen Reich ihr Fahndungsdienst sehr erschwert und oft auch vereitelt wird. Aber das trübt das gute Verhältnis nicht, weil sich auf der anderen Seite die »Brüder« oft erkenntlich zeigen. Eine Hand wäscht die andere – das gilt auch für das Verhältnis zwischen den Ringvereinen und der Berliner Kriminalpolizei.

Das Vereinswesen, wie es von den Ringen gepflegt wird, erleichtert den Beamten vom Alex außerordentlich die Übersicht über die Unterwelt, die gut organisiert und daher von der Polizei leicht unter Kontrolle zu halten ist. Es sind Fälle bekannt geworden von großen Einzelgängern, die zu keinem Verein gehörten, von den Organisierten aber, soweit das möglich war, überwacht wurden. Mancher große Coup eines solchen Verbrechers ist dadurch geplatzt, daß die Polizei von einem Ringverein – aus Konkurrenzneid, versteht sich – einen Wink bekam ...

Gelegentlich sind die »speziellen Beziehungen« zwischen Polizei und Ringvereinen etwas getrübt. Im Frühherbst 1928 überfallen Mitglieder des *Lotterie-Vereins Friedrichshain* in der Breslauer Straße, nahe dem Schlesischen Bahnhof, den Schreinermeister Robert Kulenka, schlagen ihn zusammen und rauben ihm seine Brieftasche, in der rund tausend Mark geborgen sind, die der Meister im Laufe des Tages bei seiner Kundschaft kassiert hat.

Der Zufall will es, daß Kulenka vorher in ein Ganovenlokal geraten ist und dort viele Gläser Bier getrunken hat. Als er zahlt, sieht ein Vereinsbruder ein Bündel Scheine, zwinkert einem Kumpanen zu, und schon sind sich die beiden einig, folgen Kulenka und »erledigen die Sache«. Zwei Zeugen beobachten den Vorgang und melden ihn der Polizei, die bald darauf die beiden Friedrichshainer festnimmt.

Der Vorstand des Ringvereins zieht sofort seine Drähte. Einer der Zeugen wird so unter Druck gesetzt, daß er seine Aussage zurückzieht. Der zweite wird überfallen und verprügelt und erst laufengelassen, als er verspricht, daß auch er einem Irrtum aufgesessen ist.

Aber der Mann bleibt der Polizei gegenüber standhaft. Er wird daraufhin von zwei Mitgliedern des *Lotterie-Vereins* beschattet, und sie versuchen schließlich, den hartnäckigen Zeugen zu kidnappen. Das Unternehmen scheitert nur an der Wachsamkeit einiger Nachbarn.

In den nächsten Tagen wird der »vereinsschädigende Zeuge« mit schriftlichen Drohungen bombardiert. Auch diese Einschüchterungsversuche bleiben wirkungslos. Der Mann geht sogar mit den Erpressungsbriefen zur Polizei, die realistisch und unbürokratisch reagiert: Sie rät dem Bedrohten, schleunigst in einen westlichen Vorort zu ziehen und sich dort auf keinen Fall auf dem Polizeirevier anzumelden. Dadurch kann kein Ringverein einen Wink über den Aufenthaltsort des Zeugen bekommen.

An dieser Stelle ist etwas zu registrieren, was die Reaktion der Polizei erklärt. Sie weiß, daß die Ringvereine über geradezu phantastische und fast nie nachgewiesene geheime Nachrichtenverbindungen verfügen und auf vielen Polizeirevieren ihre Freunde sitzen haben.

Mehr als das: Es gibt sogar beim Kriminalgericht in Moabit eine regelrechte »Aktenbeseitigungs-Organisation«, zu der – wie sich erst 1932 herausstellt – nicht nur Büroboten oder kleine Sekretäre, sondern sogar zwei prominente Juristen gehören, die von den Ringvereinen geschmiert sind. Zahlreiche Anklagen können deshalb nicht erhoben werden, weil plötzlich alle Unterlagen verschwunden sind.

Als gegen die beiden Brüder, die den Schreinermeister Kulenka überfallen haben, verhandelt werden soll, stellt das Gericht am Morgen des Prozesses fest, daß es nichts mehr gegen sie in der Hand hat. Ein geschickter Anwalt nutzt die Situation aus und setzt es durch, daß die beiden Ganoven *ihr* Lotteriespiel gewonnen haben.

Das ist nun der Grund, weshalb die Kriminalpolizei einmal ein Exempel statuieren will. Sie weiß, daß die Friedrichshainer sich für einige Tage in ein Ausflugslokal am Schmöckwitz-See zurückziehen, das nur vom Wasser aus erreichbar ist. Sie dort alle miteinander aufzustöbern, ist ein zu großes Wagnis, zumal die Burschen alle bewaffnet sind.

Da verfällt ein Kommissar auf eine List. Er läßt von einem Fälscher-Spezialisten, der für den Alex gelegentlich arbeitet, nach einem alten Schreiben Briefbogen des Ringvereins *Felsenfest* drucken und teilt »mit Brudergruß« den Mitgliedern des Lotterie-Vereins mit, man werde sie in ihrem Sommerquartier besuchen, um wichtige Angelegenheiten zu besprechen. Der Termin ist so kurz festgelegt, daß eine Antwort nicht mehr erwartet werden kann.

Als »Dampferpartie« getarnt, machen sich fünf Kriminalbeamte und sechzehn Polizisten auf den Weg. Und da *Felsenfest* als Gesangverein eingetragen ist, beginnt man kurz vor dem Anlegen an dem kleinen Steg mit dem Lied »So lang' noch Untern Linden . . .«

Die »felsenfesten« Brüder werden laut und stürmisch begrüßt, und keiner der Friedrichshainer wundert sich darüber, daß im Bruderverein so viele neue Gesichter auftauchen.

Die Polizisten stellen sich sofort nach der Begrüßung auf, zücken ihre Notenblätter und singen, so gut es nur geht, »Wer hat dich, du schöner Wald, aufgebaut so hoch dort droben?« Als sie die zweite Strophe beginnen, lassen sie blitzschnell die Notenblätter verschwinden, ziehen ihre Pistolen, und ehe die Herren vom *Lotterie-Verein Friedrichshain* die Situation ganz begreifen, sind sie umstellt und werden auf den Dampfer gebracht.

Das Ergebnis dieser Aktion: Den Ganoven ist nichts Strafwürdiges nachzuweisen – bis auf jenen Überfall auf

Kulenka. Um wieder mit der Polizei »ins reine« zu kommen, ist der Vereinsvorsitzende bereit, seine beiden »Brüder« über die Klinge springen zu lassen. Jeder erhält drei Jahre Gefängnis. Während dieser Zeit werden sie, nach altem Brauch und guter Ringverein-Sitte, umsorgt.

☆

Einen großen Tag erleben zwei Vereine, deren Mitglieder sich auf Taschendiebstahl spezialisiert haben. 1931, als durch die ständige Zahl der Arbeitslosen auch viele Theater schließen müssen und zahlreiche Schauspieler kein Engagement mehr haben, entschließen sich Stars von Bühne und Film, ihren notleidenden Kollegen zu helfen. Sie betätigen sich einen Tag lang als Verkäufer in dem großen *Kaufhaus des Westens* (KaDeWe) am Wittenbergplatz und führen ihre »Tagesgage« an ein Künstlerhilfswerk ab.

Claire Waldoff verkauft Taschentücher, Hans Brausewetter Zigaretten, Maria Paudler preist Kleider an, Käthe Haack erweist sich als perfekte Verkäuferin in der Wäscheabteilung, Paul Graetz, wegen seines schlagfertigen Humors besonders umlagert, wühlt in Seidenballen, Lil Dagover hat sich auf Herrensocken spezialisiert, und Frauenliebling Harry Liedtke haben es die Büstenhalter angetan.

Mehrfach muß das KaDeWe wegen Überfüllung geschlossen werden. In diesem Gedränge machen die Ringverein-Brüder so reiche Beute, daß ihre Kuriere mehrere Male ins Hauptquartier eilen und dort ihre »Sore« (Diebesware) deponieren müssen.

Von »Kleedagen-Hugo«, der seinen Spitznamen seiner Vorliebe für Kleider (Kleedage)-Diebstahl verdankt, ist das Wort überliefert:

»Wat de kriejen kannst, det nimmste!«

Wenige Wochen zuvor hat sich der Ringverein *Maßliebchen,* dessen Mitglieder Spezialisten für Pferdeschwindel sind, wieder ein Ding auf der Mariendorfer Trabrennbahn geleistet. Das Pferd »Strauß« war für die Klasse der Sechsjährigen gemeldet worden. Es siegte so überlegen in diesem Rennen, daß die Wettbeamten mißtrauisch wurden. Als sie den Fall untersuchen wollten, war »Strauß« verschwunden. Er war unmittelbar nach dem Sieg von einem Auto abgeholt worden.

Als die Beamten der Sache nachgehen wollten, wurde ihnen erklärt, das Pferd sei auf dem Transport an einem Herzschlag gestorben. Ein Veterinär, der sofort hinzugezogen wurde, fand eine Stichwunde am Hals des Pferdes, und er stellte durch eine Urin-Untersuchung fest, daß »Strauß« durch Doping so überlegen gesiegt hat. Buchmacher, Totalisator und die Drahtzieher bei diesem Schwindel, *Maßliebchen*-Brüder, waren längst mit dem Wettgewinn untergetaucht, und sie wurden auch nicht gefunden.

Einen echten Riß im Verhältnis zwischen den Ringvereinen und der Polizei gibt es Ende der zwanziger Jahre, weil die Ganoven einige Methoden übernehmen, wie sie in Chikago üblich sind. Sie stellen, zum Beispiel, Gastwirte unter ihren besonderen Schutz, die dafür eine bestimmte Summe monatlich bezahlen müssen. Verweigern sie die Fürsorge der Vereine, können sie damit rechnen, daß ihr Lokal am nächsten Tag unter dem Vorwand irgendeiner Prügelei zu Kleinholz geschlagen wird.

Auch kleine Geschäftsleute im Norden und Osten der Stadt müssen sich mehr und mehr dem Terror beugen, haben dann aber wirklich die Gewißheit, daß sie unbehelligt bleiben; denn die Ringvereine haben ihre Bezirke streng aufgeteilt und respektieren die Grenzen.

☆

Ganz und gar mißfallen der Polizei die plötzlich von einigen Ringvereinen installierten »Ehrengerichte«, die als regelrechtes Tribunal der Ganoven gelten können. Sie fällen Urteile wie ein Gericht – zum Beispiel über den Bruder, der bei der Polizei gesungen, vor Gericht nicht im gewünschten Sinne ausgesagt oder den verabredeten Eid nicht geschworen hat.

Es gibt unter den Ganoven einige »Berufszeugen«, die bereit sind, jede gewünschte Beobachtung zu schildern und ihre Aussagen zu beschwören. Die Richter vom Kriminalgericht in Moabit wissen das, aber es gelingt ihnen nie, diese Zeugen – die meist von dem Angeklagten benannt, von einem Winkeladvokaten instruiert und für ihre »Hilfe« belohnt werden – eines Meineids zu überführen.

Als einmal der Kammervorsitzende einen dieser Zeugen – es ist »Nuckel-Paule« – auf die Heiligkeit des Eides hinweist, fühlt der Schmierensteher Justitias sich so sehr in seiner »Ehre« gekränkt, daß der Gaul mit ihm durchgeht und Paule treuherzig erklärt:

»Ick weeß, Herr Präsident! Aba – ick möcht den Eid sehn, hohet Jericht, den ick nich schwöre!«

Damit, freilich, hat Nuckel-Paule unter dem Lächeln der Auguren seine Rolle charakterisiert.

Er ist nicht der einzige Berufszeuge, wenn es darum geht, seine Brüder vor dem Knast zu bewahren. Daß sie alle, wenn nötig, gerissene Anwälte als Ratgeber hinzuziehen, braucht wohl kaum erwähnt zu werden.

Im September 1929 fällt ein Ehrengericht des Ringvereins *Altberlin* sogar – ein einmaliger Fall in der Berliner Ganovengeschichte – zwei Todesurteile. Die Brüder Hans und Gustav Wolters sind angeklagt, sich vor Gericht durch belastende Aussagen schuldig gemacht zu haben. Das Todesurteil wird ihnen vom Ehrengericht mitgeteilt.

Die beiden Verurteilten dürfen zwar das Vereinslokal sofort verlassen, werden aber in den nächsten Tagen und Wochen systematisch zermürbt, von Schlupfwinkel zu Schlupfwinkel getrieben, in dauernder Angst, ihre Brüder könnten das Urteil tatsächlich vollstrecken.

An eine Flucht aus Berlin ist nicht zu denken; denn die Nachrichtenverbindungen zu den Ringvereinen im ganzen Reich würden dafür sorgen, daß sie sofort in ihrem neuen Domizil aufgestöbert werden.

Ende November 1929 stellen zwei Mitglieder von *Altberlin* die beiden Abtrünnigen in einem Lokal in der Moltkestraße, ganz in der Nähe der Österreichischen Botschaft. Die Henker, tadellos gekleidet, betreten in aller Ruhe das kaum besetzte Restaurant, ziehen ihre Pistolen, schießen ihre ehemaligen Brüder nieder und verschwinden blitzschnell mit einem Auto, das vor der Türe gewartet hat.

Polizei und Sanitäter sind sofort zur Stelle. Die beiden Schwerverletzten haben natürlich ihre ehemaligen Freunde gleich erkannt, weigern sich aber trotz allen guten Zuredens, deren Namen den Kriminalbeamten zu nennen. Sie hoffen nämlich, daß damit der Fall erledigt ist und daß es der Verein mit diesem Denkzettel genug sein läßt. Aber die Abrechnung folgt...

In der Nacht zum 10. Dezember 1929 werden die Brüder Wolters an der Ecke Scharrenstraße/Friedrichsgracht erschossen. Alle Ringvereine distanzieren sich entrüstet von dieser »Schweinerei«, und die Empörung bei den meisten ist zweifellos ehrlich, weil Mord einfach nicht in ihren Ehrenkodex paßt. Die beiden Täter werden übrigens nie gefunden, obwohl viele Ringvereine der Polizei bei ihrer Suche helfen – im Bemühen, das alte gute Verhältnis wiederherzustellen.

Schon vorher hat es einmal Tote und viele Schwerverletzte gegeben – bei einem regelrechten Gefecht. Paul Graetz würde sagen: »Auch det war eben Berlin!«

Am 29. Dezember 1928 ziehen etwa vierzig Hamburger Zimmerleute, die an der neuen U-Bahnstrecke Gesundbrunnen – Hermannplatz arbeiten, von Lokal zu Lokal rund um den Schlesischen Bahnhof. Im *Klosterkeller* in der Breslauer Straße geraten die nicht mehr ganz stehfesten Hamburger mit Berliner Arbeitern in Streit.

Es kommt zu einer zünftigen Prügelei, die – alkoholbedingt – derart ausartet, daß der achtzehn Jahre alte Zimmermann Hubert Schulnies sein Messer zieht und einen Mann namens Peter Malchin so schwer am Hals verletzt, daß er später in der Chirurgischen Klinik in der Ziegelstraße stirbt.

Dieser Malchin ist nun nicht »irgendwer«, sondern Mitglied des Sparvereins *Norden.* Am Tage nach der Tat trifft »Muskel Adolf« vom Ringverein *Immertreu* zwei seiner Brüder von *Norden,* die ihm entsetzt berichten, wie die Hamburger ihren Freund Malchin getötet haben.

Nun gehören *Immertreu* und *Norden* zu einem Ring gleichgesinnter Vereine, und da gegenseitige Hilfe eines der obersten Gebote der Ganoven ist, entschließt sich »Muskel-

Adolf« zur brüderlichen Tat. Vom Wirt des *Klosterkellers* erfahren die beiden Zunftgenossen, daß sich der Zimmermann Schulnies, der angeblich in Notwehr gehandelt haben soll, gerade in dem Lokal *Naubur* in der Breslauer Straße aufhält.

Kurze Zeit darauf halten zwei Kraftdroschken, der acht Herren entsteigen, vor dem Zunftlokal der Zimmerleute. Vier bleiben draußen, vier, darunter »Muskel-Adolf«, treten ein, trinken dort scheinbar ruhig ihr Bier und mustern die etwa vierzig anwesenden Zimmerleute. Sie wollen die Polizei ausschalten und Selbstjustiz üben.

Schulnies ist bald ausgemacht, merkt, daß er beobachtet wird, und will die Wirtschaft verlassen.

»Schlagt ihn nieder, den Hund!« ruft einer der *Immertreu*-Männer. Auch die vier, die bisher draußen standen, sind jetzt eingetreten und bewaffnen sich mit Billardstangen und Stuhlbeinen. Die Zimmerleute greifen zu Beil und Hammer, und es gibt eine regelrechte Schlacht, die jäh unterbrochen wird, als »Muskel-Adolf« merkt, daß sie zu acht nicht gegen vierzig Gegner ankommen.

»Muskel-Adolf« schaltet wie ein Generalstäbler, der einen Entscheidungsangriff zu leiten hat, und fordert telefonisch und durch Boten Verstärkung an, die bald mit mehr als einem Dutzend Kraftdroschken anrollt. Die Zimmerleute dagegen müssen auf weitere Kämpfer verzichten.

Es kommt zu einer Prügelei, wie sie die Berliner Unterwelt noch nicht erlebt hat. Alles dient als Waffe, was die Männer gerade in die Hand bekommen. Schließlich sind es fast zweihundert Leute, die sich im *Naubur* und bald danach auf der Straße geradezu entfesselt gegenüberstehen. Es wird geschlagen, gestoßen, geboxt, geprügelt und schließlich auch zugestochen. Fast zum Schluß, kurz vor Mitternacht am Abend des 30. Dezember 1928, als die Schlägerei schon zwanzig Minuten andauert, fallen Schüsse.

Als das Überfallkommando eintrifft, stieben alle blitzschnell auseinander und schleppen dabei ihre Verwundeten mit. Nicht ein einziger wird von der Polizei gefaßt. Die Ringvereinler sind überlegene Sieger. Während kaum einer von »Muskel-Adolfs« Männern verletzt ist, gibt es bei seinen Gegnern sieben Schwerverwundete, von denen einer wenige Tage später im Krankenhaus stirbt.

Die Berliner haben ihr Spektakel. Tagelang berichten alle Zeitungen ausführlich darüber, und zum ersten Male erfährt die Öffentlichkeit Konkretes über die Ringvereine.

Es kommt zu einem sensationellen Prozeß in Moabit. Die Ringvereine haben die beiden besten Anwälte Berlins aufgeboten, die einen internationalen Ruf genießen: die Starverteidiger Dr. Alsberg und Dr. Dr. Frey, die übrigens – weil sie so manchen Bruder vor der Haft bewahrt haben – schon lange »Ehrenmitglieder« einiger Ringvereine sind. Jeder von ihnen erhält ein Vorschußhonorar von 10 000 Mark. *Immertreu* und *Norden* wissen, was auf dem Spiel steht.

Bisher sind Alsberg und Frey noch nie zusammen in einer Verhandlung aufgetreten. Daß es ausgerechnet erstmals in einem Ringverein-Prozeß geschieht, macht entsprechende Schlagzeilen.

Schon am 4. Februar 1929 (also knapp fünf Wochen nach der Schlacht) beeindrucken Frey (der *Immertreu* vertritt) und Alsberg (der Verteidiger von *Norden*) wieder durch ihre Verteidigungskunst und lassen die Ringvereine in einem so guten Licht erscheinen, daß alle Angeklagten bis auf »Muskel-Adolf« und »Mollen-Albert« freigesprochen werden. Adolf erhält zehn Monate Gefängnis, Albert fünf Monate wegen »einfachen Landfriedensbruchs in Tateinheit mit Raufhandel«.

Während des Prozesses – der sich zur weltweit beachteten Sensation entwickelt, weil eben die beiden berühmtesten Juristen ihrer Zeit gleichzeitig in einem Gerichtssaal brillieren – kommt es zu einem kleinen Zwischenspiel.

Frey wird in seinem Anwaltszimmer im Kriminalgericht Moabit ein kostbarer pelzgefütterter Mantel gestohlen. Der Anwalt behauptet natürlich sofort, das habe nur einer getan, »um seine Schützlinge zu diskreditieren«. Der Täter wird nie ermittelt.

Doch wenige Tage nach dem Prozeß überreicht »Aktien-Mieze«, die Freundin von »Muskel-Adolf« und so etwas wie eine *Immertreu*-Vermögensverwalterin, dem Anwalt einen neuen Pelzmantel im Werte von fünftausend Mark und fragt beschwörend: »Globen Se im Ernst, Herr Dokta, det wir Sie beklaut hab'n?«

Am 7. Dezember 1929 hat der Berliner Polizeipräsident Zörgiebel die Ringvereine *Immertreu* und *Norden* aufgrund des Reichsvereinsgesetzes verboten. Max Alsberg und Erich Frey setzen durch, daß dieses Verbot wenige Monate später wieder aufgehoben wird.

Apropos Verbot. Als vom 5. Mai 1927 bis 31. März 1928 die nationalsozialistische Partei und ihre Sturmabteilung (SA) verboten werden, gründen die SA-Männer einen Verein nach dem anderen, damit nicht alles auseinanderläuft, und sie geben ihnen Namen, die von Ringvereinen entlehnt sein könnten: die Schwimmvereine *Gut Naß* und *Hohe Welle* etwa, die Kegelklubs *Gut Holz* und *Alle Neune,* den Sparverein *Pinkepinke,* den Wanderverein *Zur Schönen Eichel.* Die Ringvereine wittern zunächst unliebsame Konkurrenz, merken aber schon bald, daß es sich nur um »die varrickten Braunen« handelt.

Nach dem *Immertreu*-Prozeß dauert es noch vier Jahre, bis das Schicksal der Ringvereine besiegelt wird. Bald nach der Machtübernahme durch die Nationalsozialisten wurden alle Vereine aufgelöst. Wer mehr als ein Jahr lang Mitglied war, kam automatisch in Sicherungsverwahrung oder gar ins Konzentrationslager.

Viele von den ehemaligen Vereinsbrüdern wurden später »auf der Flucht erschossen«, und nur wenige überlebten das Dritte Reich. Alle Versuche, nach dem Kriege die alte Macht und Herrlichkeit der Ringvereine wieder aufleben zu lassen, sind gescheitert.

10. Kapitel

Bummel durch berühmte Künstlerlokale

Musenkuß mit Molle und Mokka

An den Tischen des Romanischen Cafés:
Literaten aus aller Welt

Lichter in allen Farben, gleißend und gedämpft, tanzend, kreisend oder ruhelos flimmernd: die Signale der Bars, der Weinhäuser, der Kneipen. Die Lichter winken und werben ganz vornehm oder anheimelnd solide, verlockend-verführerisch oder ganz einfach als wegweisende Leuchtzeichen.

Zu den 16 000 Kneipen (1929), 550 Kaffeehäusern und 220 Bars und Tanzlokalen Berlins gehören auch jene gastronomischen Treffpunkte, die von Künstlern jeglicher Art, vom Regisseur über den Dichter und Maler bis zum Schauspieler, besucht werden. Wer will, kann täglich in den späten Abendstunden viele berühmte Frauen und Männer in bestimmten Lokalen beobachten.

Der Verfasser erinnert sich eines Abends im Herbst 1936. Er unternahm mit einem Kollegen aus der »Provinz« (alles, was nicht Berlin war, gehörte aus reichshauptstädtischer Sicht dazu) einen Lokalbummel im Bannkreis der Gedächtniskirche. Dabei konnte er ihm – beginnend in der Weinstube von Schwannecke und nach vielen Stationen in der *Eden-Bar* endend – 26 prominente Künstler »vorführen«: unter anderen Heinrich George (»Wenn der einen zur Brust nehmen will, hat er schon mehrere intus«, meint sein Kollege Paul Wegener), Lil Dagover, Willi Fritsch, Käthe Dorsch, Werner Krauß, Eugen Klöpfer und Olga Tschechowa, dazu den Komponisten Paul Lincke und den Schriftsteller Hans Fallada.

Heute möchte der Autor Sie, verehrte Leserin, und Sie, geschätzter Leser, zu einem abendlichen Bummel durch das lichtdurchflutete Berlin einladen. Garderobe? Bleiben Sie, bitte, wie Sie gerade sind. Berlin ist tolerant.

Wir besuchen sehr verschiedenartige Lokale, und es wäre schwierig, sich zwischendurch umzuziehen.

Beginnen wir in den Lokalen, die von Künstlern bevorzugt werden, und machen wir hier, an irgendeinem Herbsttag des Jahres 1932, den Anfang schon am Nachmittag im *Romanischen Café:* dem berühmten Sammelplatz der Literaten.

Zuvor ist dazu jedoch etwas Grundsätzliches zu sagen ...

»Berlin war mehr als eine Messe wert. Diese Stadt fraß Talente und menschliche Energien mit beispiellosem Heißhunger, um sie ebenso rasch zu verdauen, kleinzumahlen und wieder auszuspucken«, charakterisiert Carl Zuckmayer die Situation der alten Reichshauptstadt. »Was immer in Deutschland nach oben strebte, saugte sie mit Tornadokräften in sich hinein, die Echten wie die Falschen, die Nullen wie die Treffer, und zeigte ihnen erst mal die kalte Schulter.«

Dann aber, nach Kämpfen und Fleiß, nach Enttäuschungen und Rückschlägen, eroberte jeder, der »etwas auf dem Kasten« hatte, die Metropole an der Spree.

»Wer Berlin hatte, dem gehörte die Welt« – um noch einmal Zuckmayer zu zitieren. »Nur mußte er – und das war der treibende Sporn – alle Hürden immer wieder neu nehmen und immer wieder durchs Ziel gehen, um seine Stellung zu halten. Der tosende Beifall von heute war keine Gewähr gegen das klanglose Begräbnis von morgen.«

Was auf künstlerischem Gebiet für Regisseure, Dramatiker, Schauspieler und Musiker gilt, das trifft in besonderem Maße auch für die Schriftsteller zu. Und Berlin war der große Magnet für alle, die »unsterbliche Werke« schaffen wollten.

Die Talente wurden zwar meist in der Provinz geboren, aber in Berlin entdeckt, gedruckt, gefeiert oder – abgelehnt. Die Reichshauptstadt war der Zufluchtsort für all jene, die es mit dem Schreiben und dem Dichten versuchen wollten. Die Stadt war eine große Kolonie der Poeten und eine hektische literarische Karawanserei.

Ohne die Journalisten, von denen freilich viele in

ihren Feuilletons oder Reportagen literarisches Niveau
zeigten, lebten bis 1933 rund 800 Dramatiker und Schriftsteller in Berlin. Von ihnen haben etwa 200 mit ihren
Werken die Zeit überdauert, ihren Ruhm gemehrt, und sie
sind noch heute in allen Literatur-Lexika genannt.

Auch die großen Buchverlage – von S. Fischer bis
Ullstein und Rowohlt – hatten ihren Sitz in der Reichshauptstadt. Insgesamt hatten sich, die kleineren Unternehmen mitgerechnet, an der Spree rund 1200 Buchverleger
niedergelassen.

Max Tau, lange Jahre Lektor bei dem führenden Berliner Kunstverleger Bruno Cassirer, erinnert sich:

»Damals waren Bücher noch Ereignisse. Man sprach
von ihnen wie man von Entdeckungen und Erfahrungen
spricht (. . .) Leipzig war das Symbol der Verleger, für die
ganze Welt. Aber Berlin war der Mittelpunkt. Bei allen
ihren Verschiedenheiten respektierten sie sich. Der eine
glaubte zwar immer, der andere sei verrückt, aber er
brachte für diese Verrücktheiten doch eine ganz ehrliche
Bewunderung auf. Es gab Verlagshäuser, deren Namen
man mit dem gleichen Respekt aussprach wie die der
meistgelesenen Autoren.«

Symbol für den Literaturbetrieb der zwanziger Jahre
und noch bis ins Dritte Reich hinein sind die Berliner Cafés
und Weinrestaurants, in denen sich Dichter, Schriftsteller,
Verleger und auch Künstler aus allen Bereichen treffen.

Als historische Reminiszenz sei hier angemerkt, daß es
schon im vorigen Jahrhundert in Preußens Hauptstadt und
später im Kaiserreich berühmte Stammlokale für Schriftsteller gab. Gotthold Ephraim Lessing und Heinrich Heine,
Theodor Fontane und Clemens Brentano, Ludwig Tieck
und Joseph von Eichendorff – sie alle saßen lieber in den
Kaffeehäusern Berlins als auf den Bänken gepflegter Parks
oder romantischer Wälder. Viele der schönsten Gedichte
von Eichendorff und Heine entstanden, während sie genie-
ßerisch in Berlin ihren Kaffee tranken.

☆

In den Jahren vor dem Ersten Weltkrieg waren es vor allem das *Café des Westens* und das *Alte Café* (im Volksmund Café Größenwahn genannt), in denen sich die Literaten trafen – von dem berühmten Weinkeller von Lutter & Wegner, der durch E. T. A. Hoffmann bekannt geworden ist, vom Weinhaus *Zum Schwarzen Ferkel* (dessen Stammkunden August Strindberg, Richard Dehmel, Karl Ludwig Schleich waren) und anderen ganz zu schweigen.

Das »Café Größenwahn« wurde im Jahre 1893 von einem gewissen Herrn Kirchner am Kurfürstendamm/ Ecke Joachimsthalerstraße eröffnet, und es war etwa 23 Jahre lang Anziehungspunkt für Künstler aller Schattierungen. Géza von Cziffra weiß zu berichten (*Der Kuh im Kaffeehaus*, Seite 34 f.): »Der absolute Herrscher im ›Café Größenwahn‹ war Herr Hahn, der Oberkellner. Seinen Vornamen kannte niemand, das war auch überflüssig, denn es wäre niemals jemand auf die Idee gekommen, ihn beim Vornamen zu nennen. Er war ein Herr, vom Scheitel bis zur Sohle; er behandelte die Stammgäste mit väterlicher Strenge. Frank Wedekind nannte ihn ›Herrscher aller Preußen‹, und die Lasker-Schüler beförderte ihn zum ›König mit dem Zauberstab‹. Der Zauberstab war ein winziger Bleistift, mit dem Herr Hahn die Rechnungen auszustellen pflegte oder auch mal ›anschrieb‹, wenn einer nicht zahlen konnte. Die Zauberkraft dieses Bleistiftes lag darin, daß manche Rechnungen niemals präsentiert wurden, wenigstens nicht dem, der die Schulden gemacht hatte. Herr Hahn hatte mehrere Abkommen getroffen mit wohlhabenden Mäzenen, wie zum Beispiel mit den fünf Ullstein-Brüdern, die nicht tägliche Gäste waren, aber wenn sie kamen, die durch Tage und Wochen aufgelaufenen Rechnungen für ihre Schützlinge bezahlten. Das gleiche Abkommen hatte Herr Hahn mit dem Kunsthändler Paul Cassirer, der mit der begnadeten Schauspielerin Tilla Durieux verheiratet war und zu dessen Schutzbefohlenen auch die Lasker-Schüler gehörte. Die Großzügigen stellten eine sehr vernünftige Bedingung: nur Essen, Kaffee, Kuchen und Mineralwasser wurden bezahlt, kein Alkohol. Bei besonders festlichen Anlässen jedoch spendierte Herr Hahn gelegentlich eine Flasche Wein, die er dann als Wiener Schnitzel auf die Rechnung setzte. Kontrollieren wollte und konnte ihn niemand. Herr Hahn hatte auch Humor, es gelang kaum jemandem, ihn mit bösartigen Bemerkungen zu ärgern. Selbst Frank Wedekind nicht, der einmal, als Herr Hahn ihm eine Tasse Brühe servierte, spöttisch fragte:

›Warum ist die Tasse so naß?‹

Herr Hahn setzte bedächtig seinen Zwicker auf, beugte sich etwas herunter und erklärte ruhig, aber bestimmt:

›Das ist Suppe, Herr Wedekind.‹«

Nach 1918 wird das *Romanische Café* an der Gedächtniskirche Haupttreffpunkt der Schriftsteller. Hier, in diesem hohen Raum mit seiner bombastischen romanischen Säule, in einem Haus, das in dem von Kaiser Wilhelm II. so geliebten pseudoromanischen Stil erbaut war, steht die Drehtür nie still.

Berühmtheiten und alle, die es zu werden hoffen, werden hier gleichsam angesaugt in eine Welt der Individualisten – Maler und Schriftsteller, Journalisten und Verleger, Schauspieler und Regisseure.

Es gibt im *Romanischen Café* so etwas wie eine »Hierarchie«. Im »Bassin für Schwimmer«, dem linksgelegenen kleineren Kaffeehausraum (auch »Großes Bassin« genannt), treffen sich ›Arrivierte‹, die Maler George Grosz und Max Slevogt, Emil Orlik und Leo von König, Rudolf Großmann und Max Oppenheimer (genannt »Mopp«) mit dem italienischen Dichter Luigi Pirandello und anderen Literaten. Gelegentlich gesellt sich auch der Bildhauer Ernesto de Fiori hinzu.

Von hier aus führt eine Treppe hinauf zur Galerie, zur ›Balustrade‹, hinter der die stille Welt der Schachspieler liegt. Kein lautes Wort fällt; auch viele international bekannte Meister spielen hier.

Im »Bassin für Nichtschwimmer« tagt die Zunft der Dichter und Schriftsteller. Regelmäßig sind hier anzutreffen – um nur wenige Namen zu nennen: Erich Mühsam, Roda Roda, Ernst Toller, Bertolt Brecht, Heinrich Mann, Wolfgang Goetz, Walter Mehring, Arnolt Bronnen (*Napo-*

leons Fall), Carl Zuckmayer, Billy Wilder, Egon Erwin Kisch, Theodor Däubler, Joseph Roth und Walter Hasenclever *(Ehen werden im Himmel geschlossen).*

Ja, und eigentlich wäre hier nun eine lange Liste aufzuführen, die auch jene Namen enthalten müßte, die im *Romanischen Café* zehn Stunden lang bei einer einzigen Tasse Kaffee sitzen, Pläne schmieden, Reden halten und die Welt verbessern möchten.

»Es gab Leute, die nur im Romanischen Café lesen und nur dort ihre Artikel, Gedichte und Briefe schreiben konnten«, notiert der Berliner Kritiker Herbert Pfeiffer. »Und es sind sehr viele gute Gedichte und Artikel im Romanischen Café geschrieben worden. Und es gab Leute, die nur dort oben auf der Galerie, an den kleinen Tischen, Schach spielen konnten, und der Schachweltmeister Emanuel Lasker *(ein Schwager der Lyrikerin und Dramatikerin Else Lasker-Schüler, die ebenfalls zu den Stammgästen des Cafés gehört),* dieser Mathematiker mit dem lauernden Blick des Reptils beim Spiel, ist aus dem Romanischen Café nicht wegzudenken.«

Die meisten Stammgäste des Cafés bringen ihre Gefährtinnen mit. Auch sie, natürlich, malen und dichten und schreiben, auch wenn sie noch nicht entdeckt und gedruckt sind.

Ausländische Schriftsteller, die Berlin besuchen, gehen zuerst in das *Romanische Café,* um hier die neuesten Nachrichten vom Literaturmarkt zu erfahren. Gäste aus aller Herren Länder werden vom Portier Fritz Nietz, diesem langen blonden Mann, der einmal bei des Kaisers Garde gedient hat, wie alte Freunde begrüßt: Ilja Ehrenburg aus der Sowjetunion, Thomas Stearns Eliot aus Großbritannien, Franz Werfel und Robert Musil (der übrigens zwei Jahre lang in Berlin lebt und hier seinen *Mann ohne Eigenschaften* schreibt) aus Österreich, Sinclair Lewis und Thomas Wolfe aus den USA, André Gide aus Frankreich – um auch hier nur wenige Namen zu nennen aus einer langen Reihe.

Für viele ausländische Schriftsteller gilt die Losung: Jedes Jahr einmal nach Berlin! Und wer es einrichten kann, bleibt sogar viele Monate hier, »um sich von der Atmosphäre Berlins inspirieren zu lassen« (so Sinclair Lewis).

»Im Romanischen Café traf ich alles, was zwischen Reykjavik und Tahiti von Beruf oder aus Liebhaberei mit den Musen und Grazien in irgendeiner Beziehung stand«, sagt der Schriftsteller Günther Birkenfeld, der dem Café den Namen »Wartesaal des Genius« gab.

Alle, die sich des Interieurs des *Romanischen Cafés* erinnern, können heute nur schwer verstehen, daß gerade dieses im Grunde ungemütliche Kaffeehaus zu solchem Ruhm gelangt ist. Schräg gegenüber der Drehtür lag das Büfett, das sich in architektonischer Abscheulichkeit mit jedem Wartesaal Preußens messen konnte. Und doch, und doch ... Es lag ganz einfach an der einzigartigen Atmosphäre, die von den Gästen und »Dauersitzern« geschaffen wurde.

Wer von den jungen Talenten endlich ein Buch verkauft und einen Vorschuß erhalten hat, zeigt sich im *Romanischen Café* spendabel und lädt jene ein, die es noch nicht geschafft haben. Die längst Arrivierten, die solche Szenen lieben, erinnern sich dabei gerne jener Zeit, da auch sie ihren ersten Erfolg feiern konnten.

Franz Molnar, der Schöpfer des *Liliom*, äußerte einmal in einem Interview: »Es wäre schön zu wissen, wie viele Meisterwerke hier in diesem Café, an diesen kleinen runden Tischen entstanden sind.« Und Kurt Tucholsky, der als ›Weltreisender‹ galt, weil es ihn nie lange an einem Ort hielt, bekannte: »Alle Wege führen nach Berlin zurück. Und ins Romanische.«

»Im Romanischen Café saßen *(auch)* viele Dichter herum, die als Dichter verkleidet waren«, erinnert sich Hermann Kesten *(Die fremden Götter)* der Jahre vor 1933. »Sie trugen wildwuchernde Poesiebärte und lange Musenmähnen, inspirierte Krawatten oder hochrot lackierte Ideen zur Schau.«

Unvergessen ist allen der unwiderstehlich charmante »Schnorrer« aus Wien, Anton Kuh, der mit österreichischem Charme die schönsten Anekdoten zu erzählen weiß, deshalb oft eingeladen wird und trotz seines dichterischen

Talentes nur selten schreibt. Dieser Stammgast aus dem »Romanischen« ist sogar ein regelmäßiger Besucher der Bar im *Hotel Adlon* – ohne je zu bezahlen.

Er gewinnt die Freundschaft des Hoteliers und schafft etwas, das noch keinem geglückt ist: Louis Adlon räumt Anton Kuh im ersten Stock ein Zimmer ein, das er kostenlos bewohnen darf. Seine Gegenleistung besteht darin, daß er »erlauchte« Gäste des Hotels gelegentlich mit seinen Anekdoten, deren Schatz unerschöpflich ist, unterhalten muß.

Das alte *Romanische Café*, das im Feuersturm des Krieges versank, lebt als Legende fort bei all jenen, die hier diskutiert oder auch nur als Zuschauer beobachtet haben. Daß es im heutigen Europa-Center innerhalb eines Tanzcafés einen Winkel gibt, der sich »Romanisches Café« nennt, ist eine »Verhohnepiepelung« des alten weltberühmten Cafés gegenüber der Gedächtniskirche.

☆

Außer dem *Romanischen Café* gibt es noch viele andere Literaten-Treffpunkte, die Hermann Kesten einmal »Filialen des Parnaß« genannt hat (in der griechischen Mythologie war der Parnaß Sitz der Musen und Apoll geweiht).

Wo soll unsere Reise beginnen, wo soll sie enden? Auch hier können wieder nur wenige Namen für viele andere stehen.

Da ist zunächst die *Weinstube von Schwannecke* in der Rankestraße. Der Besitzer, Victor Schwannecke, Berliner aus Sachsen, selber einmal Schauspieler und nach dem Ersten Weltkrieg sogar für kurze Zeit Intendant des *Bayerischen Staatstheaters*, hat sein Lokal zu einer regelrechten Künstlerbörse erhoben. Wer hier verkehrt, wird danach eingeschätzt, wie er das tut. Was er hier ißt, welche Marke er trinkt, die Höhe seiner Rechnung – alles das signalisiert, wieviel »man« wert ist: auf der Bühne, beim Film oder auf dem Literaturmarkt.

Schwanneckes Tochter, Ellen, hat sich einen Namen beim Film gemacht (*Mädchen in Uniform*). Vater und Tochter sind also »vom Bau«.

232

In dieser Weinstube ist am späten Abend viel Prominenz zu sehen. Neben dem Schriftsteller Leonhard Frank *(Die Räuberbande, Das Ochsenfurter Männerquartett)* hockt der Schauspieler Fritz Kortner, neben den Schauspielern Ernst Deutsch und Rudolf Forster sitzen die Tänzerinnen Maria Solveg und Kata Sterna, neben Erich Kästner lächelt eine neue Diva der Ufa, neben dem Schauspieler Walter Franck hat sich die weltberühmte Tänzerin Gret Palucca niedergelassen.

Es vergeht kaum ein Abend, an dem nicht mindestens dreißig Prominente von Bühne, Film und aus der Literatur bei Schwannecke versammelt sind. Häufiger Gast ist auch Leopold Jeßner. Eigentlich wäre festzustellen, daß es keinen bekannten Künstler Berlins gibt, der sich nicht mindestens monatlich einen Abend lang bei Schwannecke blicken läßt.

Ein ganz anderes Bild bietet sich bei Berlins populärster Künstlerwirtin: bei Aenne Maenz in der Augsburger Straße. Der große Filmregisseur Ernst Lubitsch hat es entdeckt – dieses Lokal, das eine Kneipe im besten Sinne ist.

Bei Schwannecke gehen die Gäste auf Teppichen, bei der Maenz tritt man auf Zigarettenstummel, Bierfilze und Papierfetzen. Aber gerade diese Komfortlosigkeit machte »Aenne Maenz« zu einer besonderen Attraktion. Die Wände des meist verräucherten Lokals bilden eine einzige Folge von Fotos prominenter Berliner Künstler, die hier, beim »Muttertier aller Kneipenwirtinnen«, verkehren und urige Stunden erleben. Hier darf man ganz Mensch und natürlich sein.

Vor diesem originellen Künstlerlokal hat Adalbert Duffner (»Papa Duff«) sein Revier als Zeitungsverkäufer. Er hat schon in zahlreichen Filmen als Statist mitgewirkt, weil alle großen Regisseure, die bei Aenne ein und aus gehen, ihn irgendwann einmal »gebraucht« haben – als Statisten neben Emil Jannings oder Asta Nielsen oder einer anderen Berühmtheit vom Film.

Wenn Papa Duff, der 1933 schon 84 Jahre alt ist, von Künstlern spricht, beginnt jede seiner Geschichten mit »meine Freundin Harvey...« oder »mein Freund Fritz

Lang...«. In den alten Berlinern lebt Duffner heute noch fort als eine Art Denkmal, das er allen anonymen Zeitungsverkäufern der alten Reichshauptstadt gesetzt hat.

☆

Ganz vornehm treffen sich Künstler und Literaten in der Bar vom Hotel *Eden* in der Budapester Straße. Hier sitzen Heinrich Mann und Gustaf Gründgens, der sozialistisch-pazifistische Dramatiker Wilhelm Herzog *(Die Affaire Dreyfus)* und Fritz Kortner, Max Pallenberg und seine Frau Fritzi Massary, Erich Maria Remarque und Albert Bassermann an ihrem Stammtisch. Zu ihnen gesellen sich gelegentlich auch andere, wie etwa Bertolt Brecht oder Fritz Lang, Berlins profiliertester Filmregisseur. Freilich verkehren auch die *Eden*-Stammgäste in den übrigen Lokalen, je nach Zeit und Laune.

»In der Eden-Bar wurde viel geschwatzt, viel geklatscht und nur selten politisiert«, erinnert sich Fritz Kortner. Seine Feststellung gilt übrigens auch, abgesehen vom *Romanischen Café,* für die meisten Künstlerlokale.

Im *Café Adler* am Nollendorfplatz sitzen häufig die beiden erfolgreichen schriftstellernden Ärzte Alfred Döblin und Gottfried Benn. Und wenn sich Ludwig Marcuse, Kritiker beim *Berliner Tageblatt* und später Philosophie-Professor in den USA, hinzusetzt, schlagen die Diskussionswellen recht hoch. Zum Stammtisch der beiden Ärzte gehört auch ihr österreichischer Kollege Alfred Adler, ein Schüler des Psychoanalytikers Siegmund Freud.

Mampe's Gute Stube am Kurfürstendamm ist das Hauptquartier des österreichischen Schriftstellers Joseph Roth *(Radetzkymarsch),* der hier seine Freunde und Kollegen um sich schart und ihnen in seiner still-charmanten Art mit viel Witz Geschichten erzählt.

Wenn Erich Kästner nicht gerade im *Romanischen Café* oder in der *Eden*-Bar sitzt, findet man ihn im *Café Leon.* Hier, in seinem Kaffeehaustisch-Büro, schreibt er viele seiner aggressiven Verse, und hier trifft er Freunde und Verleger.

Bei Betty Stern, die Wert auf Salon-Atmosphäre legt, hat die große Schauspielerin Elisabeth Bergner ihren Stammplatz; auch Max Reinhardt und Fritzi Massary verkehren hier. Gründgens läßt sich bei Betty Stern blicken, die Komponisten Leo Fall, Emmerich Kálmán und Jean Gilbert fühlen sich hier zu Hause.

Im *Café Wien* am Kurfürstendamm gibt es ebenfalls einen Stammtisch der Literaten mit wechselnder Besetzung. »Präsident« ist hier der Dichter Max Herrmann-Neiße *(Musik der Nacht)*, der zugleich als feinsinniger Berliner Kabarett-Kritiker gilt und für das *Berliner Tageblatt* arbeitet. Seine Freunde nennen den Berliner aus Schlesien »Macke«.

Die Auslands-Journalisten treffen sich in der *Taverne*, die Kartenspieler unter den Künstlern bei *Muth*, wo auch gelegentlich Claire Waldoff hineinschaut, wenn sie nicht gerade bei *Mutter Maenz* sitzt.

Die *Westend-Klause*, in der Nähe des späteren Reichssportfeldes, ist Treffpunkt für jene Künstler, die am Sachsenpark und in dessen Umkreis wohnen: Willy Forst, Jakob Tiedtke und Paul Wegener, Asta Nielsen, Henny Porten und Else von Möllendorf, der Architekt Hans Poelzig, der Bildhauer Fritz Klimsch, Max Schmeling und Anny Ondra, vor allem aber der liebenswert-skurrile Joachim Ringelnatz und die vitale Kabarettistin Kate Kühl, die Verse von Bert Brecht, Kurt Tucholsky und Joachim Ringelnatz mit kaum wieder erreichter Intensität vorträgt.

Ringelnatz wechselt gelegentlich die Tapeten und läßt sich *Bei Henry Bender* in der Bleibtreustraße sehen. Bei Bender, der früher selber Komiker war, treffen sich jene aus dem Berliner Kulturleben, die sich besonders unkonventionell geben. Lange Zeit dient ein zweckentfremdeter Nachttopf als Kognakschwenker, der von Mund zu Mund gereicht wird. Zur Bender-Runde gehörten zum Beispiel Typen wie der Komponist Willy Bretschneider und der Schauspieler Paul Westermeier, aber auch bekannte Juristen und Ärzte.

Wer die Artisten, die in der *Scala* auftreten, »in Zivil« sehen möchte, muß in die *Kleine Scala* gehen. Sie liegt dem

Varieté direkt gegenüber. Hier treffen sie sich meist nach der Vorstellung und müssen Autogramme geben. Die Wirtin des Restaurants *Kleine Scala* wird von allen nur »Mutta Schwanebeck« genannt. Sämtliche Wände ihres Lokals sind mit Fotos aller berühmten internationalen Artisten dekoriert. Den Clou stellt eine vergoldete Büste von Grock dar. Jeden Abend richtet »Mutta Schwanebeck« ein handfestes und preiswertes Stammessen für ihre Künstler.

»Janz vornehm« geht es im *Jockey* zu, wo Freddy Kaufmann Gäste aus der ganzen Welt begrüßt, etwa die Berliner Maler Max Slevogt und Max Liebermann, den französischen Schriftsteller Jean Cocteau, den englischen Filmregisseur Anthony Asquith, Franz Werfel und Ernest Hemingway oder den Staatssekretär Richard von Kühlmann, der 1918 als Vertreter des Deutschen Reiches den Friedensvertrag von Brest-Litowsk mit Sowjetrußland (3. März) und von Bukarest mit Rumänien (7. Mai) abgeschlossen hat.

Auch Marlene Dietrich, Gustaf Gründgens, die Tänzerinnen Tatjana Barbakoff und Tamara Karsavina sind hier oft anzutreffen.

Wenn Richard Tauber sich nach der Vorstellung im *Metropol* hier blicken läßt, muß er eines seiner schönsten Lieder für die Gäste singen. Vicki Baum *(Menschen im Hotel)*, eine der erfolgreichsten Unterhaltungsschriftstellerinnen jener Jahre, pflegt hier den Abschluß eines neuen Werkes zu feiern.

Alfred Kerr, Berlins berühmter und geistvoller Theaterkritiker, ist ebenfalls gelegentlich Gast im *Jockey*. Hier gebiert er so manches Bonmot, das die Runde durch Berlins Künstlerlokale macht, wie etwa: »Der Becher geht so lange zum Bronnen, bis er Brecht.« Johannes R. Becher *(Der Bankier reitet über das Schlachtfeld)* ist wohl der konsequenteste unter den politisch-sozialistischen Dramatikern jener Zeit (nach 1945 wird er den Text der Nationalhymne der DDR schreiben und zum Minister für Kultur avancieren); Arnolt Bronnen *(Rheinische Rebellen)* liebt literarische Skandale, und Bert Brecht ist seit seiner *Dreigroschenoper* auch dem breiten Publikum ein Begriff.

Ganz exklusiv treffen sich Künstler auf den Festen, die der Kunsthändler Alfred Flechtheim in seiner luxuriösen Wohnung am Pariser Platz gibt. Sie beginnen meist erst nach Mitternacht, wenn die Theatervorstellungen beendet sind. Was in der Berliner Kunstwelt Rang und Namen hat, darf sicher sein, eine Einladung von Flechtheim zu erhalten.

Das gilt auch für die großen Gesellschaften, die bis zu seinem Tod (1926) der Kunsthändler und Verleger Paul Cassirer gibt (er ist ein Vetter des schon genannten Bruno Cassirer). Seine Frau, die Schauspielerin Tilla Durieux, die als bestangezogene Dame Berlins gilt, erinnert sich:

»Diese Gesellschaften fanden in den unteren Räumen *(unseres Hauses in Grunewald)* statt, wo ein Büfett aufgestellt war, während man im Oberlichtsaal tanzte. Wir sorgten für junge Menschen und hübsche Frauen, und wer von den jungen Künstlern keinen Abendanzug besaß, mußte trotzdem kommen; denn Paul stand wie immer auf dem Standpunkt, der auch der meine war: wem es nicht paßt, brauchte nicht wiederzukommen. Selbstverständlich lud ich auch einige Kollegen ein.«

Einige Kollegen – das war die ganze erste Garnitur vom *Staatlichen Schauspielhaus* am Gendarmenmarkt. Auch hohe Repräsentanten aus der Diplomatie, wie etwa der britische Botschafter Lord d'Abernon, sind Gäste bei Cassirer, ebenfalls Berlins kleinster und exklusivster Künstlerklub, der *Club der Weißen Nelke* mit seinen fünf Mitgliedern.

Eine Künstler-»Herberge« besonderer Art hat Gerhart Hauptmann im Hotel *Adlon* aufgeschlagen. Hier wohnt er immer, wenn er wochenlang in der Reichshauptstadt weilt, und die Berliner grüßen respektvoll, wenn er Unter den Linden promeniert.

Hauptmann, bis 1933 als »Dichter der Republik« gefeiert, gehört zur *Preußischen Dichter-Akademie*, in der vorwiegend jene Schriftsteller vertreten sind, die humanitäre und demokratische Tendenzen in ihren Werken vertreten: die Brüder Heinrich und Thomas Mann, Ricarda Huch,

Bernhard Kellermann, Hermann Stehr, Wilhelm von Scholz, Alfred Döblin, Max Halbe und viele andere, von denen ein großer Teil 1933 ins Exil getrieben wird.

Gerhart Hauptmann sitzt oft im *Adlon* mit seinen Dichterkollegen zusammen, und kein gewöhnlicher Sterblicher darf sie dann bei ihren Gesprächen stören.

Wenn Eufemia von Adlersfeld, geborene Gräfin Ballestrem, Verfasserin von 90 Gesellschaftsromanen *(Schloß Monrepos)*, sich in Berlin aufhält, logiert sie ebenfalls im *Adlon*. Hier sitzt sie einmal lange mit Gerhart Hauptmann zusammen, der ihr Werk als Unterhaltungsliteratur sehr schätzt.

Da wir gerade Unter den Linden sind, können wir hier in der Berliner Friedrichstadt den Blick in einige berühmte Restaurants werfen. Da sind zunächst die exklusiven Speisesäle der erstrangigen Hotels *Adlon, Kaiserhof, Bristol* und *Esplanade*. Im *Bristol* speist gern Reichsaußenminister Gustav Stresemann mit ausländischen Diplomaten.

Im *Kaiserhof* bewohnte Hitler mit seinem Gefolge eine Zimmerflucht, wenn er sich vor seiner Machtübernahme (30. Januar 1933) in der Reichshauptstadt aufhielt. Ursprünglich hatte er im *Excelsior* sein Domizil aufschlagen wollen. Aber der Direktor scheute den Wirbel, der stets mit der Anwesenheit des nationalsozialistischen Führers in Berlin verbunden war, und bat diskret, Hitler möge sich ein anderes Quartier besorgen. So erwählte er den teureren *Kaiserhof* – wegen dessen Lage der Reichskanzlei gegenüber: dem Ziel seines Kampfes ...

Nicht weit von Unter den Linden liegt in der Französischen Straße das Feinschmeckerlokal *Borchardt*, in dem hauptsächlich Diplomaten und Repräsentanten von Industrie und Finanzwirtschaft verkehren; in der Behrenstraße gibt es die *Kleine Dependance* des Auswärtigen Amtes, das Speiselokal *Ewest*; Unter den Linden folgen *Hiller*, das Weinlokal *Habel* und das Restaurant *Kranzler* (im ersten Stock des Cafés), in der Friedrichstraße *Eggebrecht*, in der Leipziger Straße *Traube*, *Dressel* und schließlich *Kempinski*, in dem prominente Journalisten und Filmproduzenten zu dinieren pflegen.

Andere berühmte Lokale, im Westen der Stadt, sind *Horcher* in der Lutherstraße, in dem Richard Tauber und Fritzi Massary regelmäßig speisen, *Zum Austernmeyer* und *Kempinski* am Kurfürstendamm. Die Liste ist damit keineswegs erschöpft; sie nennt unter den zahlreichen Lokalen nur einige, die besonders bekannt waren und heute noch in der Erinnerung der Berliner und ihrer Besucher fortleben.

Und danach konnte man noch durch das turbulente nächtliche Berlin streifen: durch die Tanz- und Vergnügungspaläste, die Revue-Theater, die Ballsäle, die intimen Bars und eleganten Hotel-Tanzdielen – mit einem Wort: durch das berühmte Berliner Nachtleben. Es gipfelte am letzten Januar-Samstag jeden Jahres im glanzvollsten gesellschaftlichen Ereignis des Deutschen Reiches: dem *Berliner Presseball* in den Zoo-Festsälen, wo sich alles einfand, was Rang und Namen hatte.

Zu denen, die Rang und Namen haben, zählt auch Anita Berber. Sie gilt als ungekrönte Königin im ›sündigen‹ Berlin. Sie ist Tänzerin, Schauspielerin, Foto- und Malermodell; sie liebt Frauen und prügelt sich mit Männern. Man sagt von ihr, daß sie Alkoholikerin, kokainsüchtig und morphiumabhängig ist. Stets legt sie es darauf an, die Gesellschaft zu provozieren und zu schockieren. So betritt sie einmal den pompösen Speisesalon des Hotels *Adlon*, bestellt vernehmlich »Ober, Champagner«, öffnet ihren Nerzmantel und – steht splitternackt vor den piekfeinen Gästen. »Anita Berber tanzt den Koitus«, schreibt Klaus Mann über sie, Otto Dix porträtiert diese Göttin der Leidenschaft und des Todes als schlangenhaften Vamp. Mit 29 Jahren stirbt sie an Tuberkulose. In einem Bericht über ihre Beerdigung steht: »Da marschierten neben prominenten Filmregisseuren die Huren der Friedrichstraße auf, Strichjungen und Hermaphroditen, berühmte Künstler neben Barmixern, Herren im Zylinder neben den bekanntesten Transvestiten Berlins.«

Frauen, denen nicht nur die
Männer zu Füßen lagen: La
Jana (eigentl. Henriette
Hiebl; unvergessen durch
DAS INDISCHE GRAB-
MAL, Bild oben links, 40),
Anita Berber (»Sie tanzt den
Koitus« schrieb Klaus Mann,
Bild oben rechts, 41) und Jo-
sephine Baker (Bild links
zeigt sie bei ihrem berühmten
Bananentanz, 42) sorgten für
tiefe Einblicke, Skandale und
Affären.

Zu den erfolgreichsten Schriftstellern der Reichshauptstadt gehört der Berliner Mediziner Alfred Döblin (BERLIN ALEXANDERPLATZ). Seit 1911 praktizierte er als Nervenspezialist und Kassenarzt in der Schönhauser Allee, im Osten der Stadt. Auf dem Foto, aufgenommen 1932, unterhält sich Döblin mit einer Patientin. (43)

Sie repräsentierten die Künstler und Literaten, die aus der ganzen Welt nach Berlin strömten: Max Liebermann (* 20. 7. 1847, † 8. 2. 1935), Erich Kästner (* 23. 2. 1899, † 29. 7. 1974), Carl Zuckmayer (* 27. 12. 1896, † 18. 1. 1977) und der Kritiker-Papst Alfred Kerr (* 25. 12. 1867, † 12. 10. 1948). (44, 45, 46, 47)

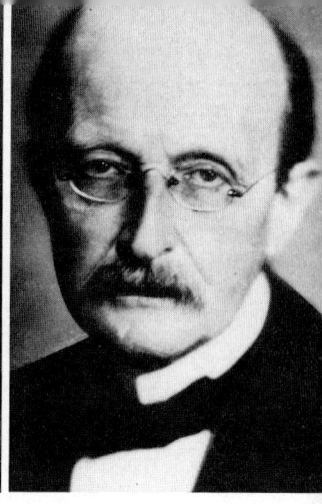

Sie wirkten in Berlin und revolutionierten die Wissenschaften (oben von links nach rechts, 48, 49, 50):
Robert Koch (* 11. 12. 1843, † 27. 5. 1910; erhielt 1905 den Nobelpreis für Medizin), Albert Einstein (* 14. 3. 1879, † 18. 4. 1955; Nobelpreis 1921) und Max Planck (* 18. 4. 1858, † 4. 10. 1947; Nobelpreis 1918).

Ein erlauchter Kreis Berliner Wissenschaftler mit einem amerikanischen Gast. Alle fünf sind Nobelpreisträger (v.l.n.r.): Walther Hermann Nernst, die Physiker Albert Einstein, Max Planck, Robert A. Millikan (USA) und Max von Lane (in dessen Wohnung die Herren sitzen). (51)

Sie prägten das Berliner Konzertleben (von links nach rechts, 52): Bruno Walter (eigentl. Bruno Walter Schlesinger; * 15. 9. 1876, † 17. 2. 1962), Arturo Toscanini (* 25. 3. 1867, † 16. 1. 1957), Erich Kleiber (* 5. 8. 1890, † 27. 1. 1956), Otto Klemperer (* 14. 5. 1885, † 6. 7. 1973) und Wilhelm Furtwängler (* 25. 1. 1886, † 30. 11. 1954).

Berlin, auch die Stadt des Kunsttanzes. Die Elite 1929 auf einem Bild (auf dem Sofa sitzend v.l.n.r.): Elisabeth Wiegmann, Marie Wiegmann (Mary Wigman), Beathe Trumpy, Hanya Holm. Stehend: Trude Engelhart, Grete Wallmann, Vera Skoronel, Gret Palucca, Yvonne Georgi. (Im Vordergrund links): der Tänzer Harald Kreutzberg. (53)

11. Kapitel

Herr Klante bittet zur Kasse

Hochbetrieb in Moabit

Mordkommission Gennat findet jeden Täter

Das Auge des Gesetzes späht. Die Verbrecher in der deutschen Reichshauptstadt haben nichts zu lachen. In der »Roten Villa«, wie das Polizeipräsidium am Alexanderplatz (»Alex«) genannt wird, wacht die Kriminalpolizei. Sie verfügt 1931 über einen Personenbestand von 1810 Beamten, darunter auch 39 Frauen. Zu dieser Zeit gibt es in Berlin außerdem 10 600 Männer, die bei der Schutzpolizei (Schupo) tätig sind.

Unser besonderes Interesse gilt der Berliner Mordkommission vom »Alex«, die in den zwanziger und dreißiger Jahren einen geradezu legendären Ruf genießt – dank des Mannes, der an ihrer Spitze steht: Es ist der langjährige Kommissar und spätere Kriminalrat Ernst Gennat, Jahrgang 1879.

Schon lange vor dem Ersten Weltkrieg hat Gennat dort »gelernt« – zu einer Zeit, da in der Reichshauptstadt zum ersten Male in großen Prozessen Sachverständige auftreten: Chemiker, Psychiater, Pathologen, Chirurgen und andere Fachleute. Giftspuren werden untersucht, Ermordete ausgegraben, die Erschossenen und Erschlagenen oder Erstochenen seziert, um die Ursache ihres Todes festzustellen.

Der bekannteste Gerichtschemiker jener Jahre ist Dr. Jeserich, der bedeutendste Sezierer Medizinalrat Störmer. Der Gerichtsmediziner war sogar Professor an der *Humboldt-Universität* und liest dort über das völlig neue Fach »Kriminalistische Medizin«: Dr. Strauch. Berlins »Rote Villa« kann sich schon damals durchaus mit Londons Scotland Yard messen. Nach dem Ersten Weltkrieg gibt es in

Berlin bereits sieben Gerichtsmediziner, deren bekanntester später Dr. Waldemar Weimann wird.

In der Reichshauptstadt findet übrigens schon 1896 die erste Polizeikonferenz statt, zu der Preußens Innenminister Eberhard Freiherr von der Recke von Horst eingeladen hat. Aber nur die Vertreter von elf der 25 deutschen Staaten erscheinen zu dieser Tagung, deren bedeutendstes Ergebnis eine »Reichszentralstelle für Personenidentifizierung« ist. Den kleinen und großen Gaunern soll das Leben schwergemacht werden. Aber zunächst bleibt alles graue Theorie.

Schon bald nach dem Ersten Weltkrieg macht Kommissar Gennat als Leiter der Mordkommission vom »Alex« von sich reden. Er zeichnet sich durch besondere Intuition aus, durch eine fast schon begnadete Gabe, viele Sachen psychologisch aus der Sicht des Mörders zu erklären. Und er entwickelt jenen sechsten Sinn, über den nur wenige Beamte verfügen.

In den drei Jahren, die dem Ende des Ersten Weltkrieges folgen, wird die Bevölkerung immer wieder aufgeschreckt durch grauenvolle Meldungen: Teile weiblicher Leichen werden gefunden. Vom Täter ist nicht die geringste Spur zu entdecken. Gennat ist verzweifelt.

Im März 1921 meldet sich im 50. Polizeirevier in der Kleinen Andreasstraße (in der Nähe des Schlesischen Bahnhofs) der Hausierer Carl Großmann und beklagt sich darüber, daß ihm schon wieder eine Wirtschafterin davongelaufen sei.

»Natürlich hat mir det Aas beklaut«, schimpft Großmann. »Wozu zahl'n wa Steuern, wenn ihr von de Polente uns anständ'je Bürjer nich jejen det Aaszeug schützen könnt!«

Der Polizeioberwachtmeister Karl Klähn kennt den hinkenden Hausierer schon lange, weil er bereits von vielen Wirtschafterinnen verlassen wurde und deshalb jedesmal eine Schimpfkanonade losläßt.

Einige Monate später, in der Nacht zum 21. August 1921, wird Klähn in die Lange Straße 88 geholt. Aus der Wohnung von Großmann haben Nachbarn ein Stöhnen und Schreien gehört. Klähn, von einem Kollegen begleitet, schlägt die verschlossene Türe ein.

In der Küche liegt Großmanns Haushälterin Marie Nitsche. Der Hausierer steht schreckensbleich neben ihr und gibt zu, daß er sie »in Wut« erschlagen hat. Klähn alarmiert die Mordkommission.

Als zwei Polizisten Großmann abführen, wird der Mörder von einer aufgebrachten Menschenmenge empfangen.

»Det kostet dir de Rübe!« brüllt ihm eine alte Frau zu.

»Det weeß ick alleene«, kontert Großmann ungerührt.

Die Polizei glaubt zunächst, Großmann habe im Affekt gehandelt, und niemand ahnt, daß die Köchin Nitsche nicht das einzige Opfer des Hausierers ist. Erst als Ernst Gennat ihn »in die Mangel nimmt«, kommt nach und nach die ganze Wahrheit heraus.

Es dauert Wochen, bis sich das Verbrechen überschauen läßt: Großmann hat insgesamt 23 Frauen auf der Straße angesprochen, sie als »Haushälterin« engagiert, Sittlichkeitsverbrechen an ihnen begangen, sie schließlich ermordet, ihre Leichen bestialisch zerstückelt und in die Spree oder in Ecken von Hinterhöfen geworfen.

Die Berliner sind entsetzt. Wie kann es nur einen solchen Unmenschen geben? Als im Juli 1922 im Kriminalgericht Moabit gegen Großmann verhandelt wird, erhängt er sich am Tage vor der Urteilsverkündung in seiner Zelle.

Kommissar Gennat wird zum erstenmal der Öffentlichkeit bekannt, und künftig wird sein Name bei jedem Aufklären eines Mordes – ob er nun in der Reichshauptstadt oder in anderen Städten Preußens verübt wird – rühmend genannt.

Zwischen den Jahren 1918 bis zu seinem Tode 1939 klärt Gennat insgesamt 298 Morde auf – darunter Fälle, deren Enträtselung zunächst als hoffnungslos erscheint.

☆

Gennat, der als Begründer der wissenschaftlichen Kriminalistik gilt, erkennt schon sehr früh, daß Mörder innerhalb des ganzen Deutschen Reiches nur dann gefaßt werden können, wenn es ein Reichskriminalpolizeiamt gibt. Aber das ist vorerst ein Fernziel. Schritt um Schritt muß erst getan werden – und das in Berlin.

Der Reichsinnenminister Dr. Adolf Köster legt am 21. Juli 1922 ein Reichskriminalgesetz vor. Da Bayern Einspruch erhebt, kann es nicht erlassen werden. Erst drei Jahre später wird sich auf Initiative des Reichsinnenministers Martin Schiele, der Gennat mehrmals zu Rate gezogen hat, die *Deutsche Kriminalpolizeiliche Kommission* (DKPK) konstituieren.

Die DKPK richtet in vielen großen deutschen Städten Nachrichten- und Erkennungsdienststellen ein, und im selben Jahr (1925) entstehen in Preußen und in einigen anderen deutschen Ländern Kriminalpolizeiämter. Sie tauschen zwar Nachrichten untereinander aus, aber eine zentral geleitete Fahndungsaktion können sie noch nicht starten.

Gennat kämpft inzwischen unermüdlich dafür, seine Idealvorstellungen zu realisieren. Am 1. Februar 1926 – kurz vor Eröffnung der großen *Berliner Polizeiausstellung* – hat er es geschafft, daß die bis dahin selbständigen Mordkommissionen der einzelnen Berliner Stadtgebiete zusammengelegt werden. Das zu erreichen, hat Jahre gedauert. Jetzt ist Gennat überglücklich, daß er endlich »seine« zentrale Berliner Kommission hat.

Gleichzeitig startet er im ganzen Reich unter seinen Kollegen eine große Aktion. Sie sollen die von Ernst Gennat geschaffene *Zentralstelle für die Bearbeitung von Kapitalverbrechen* unterstützen. Nur zögernd wird seiner Bitte entsprochen. Solche »Unterlassungssünden« gehen meist auf das Konto von Neid und Mißgunst...

1927 erhält Gennat auch das berühmt gewordene große schwarze Auto seiner Mordkommission, das bald zu den Sehenswürdigkeiten Berlins gehört und überall bestaunt wird, wo es auftaucht. Es enthält ein kleines Büro mit Schreibmaschine und zwei Sitzen. In dem großen Kofferraum des sechssitzigen Daimler-Benz ist alles untergebracht, was zur Spurensicherung und -suche am Tatort benötigt wird: Chemikalien und Scheinwerfer, Foto- und Funkgeräte, alle nur denkbaren Meßapparate, Reiseführer, Stadtpläne und Generalstabskarten, Werkzeug aller Art, vom Diamantschneider bis zur Spitzhacke.

Den wichtigen Schlußpunkt bildet der Gerichtsarzt-Koffer, der alle Instrumente birgt, die für gerichtsmedizinische Untersuchungen an Ort und Stelle nötig sind: Sonden und Pinzetten aller Größe und Art, ein Obduktionsbesteck, zahllose kleine und größere Gefäße, Glasröhrchen und Behälter, in denen luftdicht verschließbar Körperteile oder -flüssigkeiten geborgen werden können.

Für den massigen Drei-Zentner-Mann Gennat, der stets auf dem rechten Hintersitz Platz zu nehmen pflegt, mußten die Federn besonders verstärkt werden. Auch der Fahrer dieses für die damalige Zeit einmaligen Wagens ist ungewöhnlich: Wachtmeister Münchberg gilt als der beste Chauffeur von Berlin und steht in dem Ruf, er könne sein schweres Gefährt, auf nur zwei Rädern laufend, bei höchstem Tempo durch jede Kurve steuern.

Aber – was nützt das schönste »Mord-Auto«, wie die Berliner Gennats »Schlitten« nennen, wenn die Kriminalpolizei des ganzen Reiches nicht zusammenarbeitet? Noch einmal nimmt »der Dicke«, wie seine Mitarbeiter Gennat nennen, einen Anlauf zum Einrichten eines Reichskriminalpolizeiamtes. Immer wieder hämmert er den zuständigen Stellen ein:

»Unsere kriminalpolizeilichen Erfahrungen haben ergeben, daß die Einrichtung einer Zentralstelle unbedingt erforderlich ist. Nur so können wir die Erfolge bei der Aufklärung von Einzelfällen steigern und das Auswerten unserer Erfahrungen ermöglichen, besonders zu Lern- und Lehrzwecken und zur ständigen Verbesserung der Arbeitsmethoden.«

☆

Zu dieser Zeit (1927) ist Gennat schon lange dabei, seine unter Fachleuten bald legendäre Todesermittlungskartei anzulegen. Sie wird geradezu sein Hobby. Er sammelt nicht nur alle Fälle aus seinem Berliner Zuständigkeitsbereich, sondern auch alle Unterlagen über Kapitalverbrechen aus dem Reich und aus dem Ausland. Seine Überlegung lautet dabei: Die Kriminalpolizei kann nur dann Verbrecher wirksam bekämpfen, wenn sie sehr detailliert ihre Arbeitsmethoden kennt.

Diese Kartei ist für den eingefleischten Junggesellen Ernst Gennat, außer riesigen Mengen von Kuchen und Kaffee, das einzige »Vergnügen«. Sie ist eine Art Tagesgespräch aller Mordspezialisten der ganzen Welt, und so kommt es, daß Gennat immer mehr Besucher aus fast allen Ländern der Erde empfangen und ihnen sein Werk vorführen muß.

Als 1945 die Amerikaner noch Teile dieser bis dahin in der Welt einmaligen Sammlung entdecken, stehen sie bewundernd davor, und ein Fachmann vom FBI (der amerikanischen Bundeskriminalpolizei) muß gestehen, daß er etwas Ähnliches in dieser Perfektion noch nicht gesehen hat.

Die kriminalgeschichtlich beispielhafte Kartei also ist Gennats »Augapfel«, und sein getreuer Sekretär Otto Knauff führt sie.

Als Ende 1929 endlich der Massenmörder Peter Kürten im Rheinland gefaßt wird, verfügt der preußische Innenminister Karl Severing eine *Zentrale Mordkommission für das Ruhrgebiet*, die nach dem Berliner Gennat-Muster installiert wird. Die Leitung übernimmt einer der Schüler des berühmten Berliner Mordspezialisten, Kriminalkommissar Braschwitz. Gleichzeitig wird im Ruhrgebiet eine polizeiliche Nachrichten-Sammelstelle errichtet, die schon lange für das gesamte Reichsgebiet nötig wäre.

Eine große Hilfe findet Gennat bei dem Polizeivizepräsidenten von Berlin, Dr. Bernhard Weiß, dem der gesamte reichshauptstädtische Polizeiapparat untersteht. Weiß, ein hochgebildeter Mann und nach Ansicht aller, die unter ihm arbeiteten, ein hervorragender Polizeiführer, wird als Jude seit 1928 Woche für Woche von Dr. Goebbels attackiert. Für den Berliner Gauleiter der NSDAP heißt Dr. Weiß nur »Isidor« und schließlich »Isi«, und er wird für die Nationalsozialisten zum Prügelknaben ihres Antisemitismus.

Kein anderer »Nichtarier« wird von Goebbels so begeifert wie der Frontkämpfer und Reserveoffizier des Ersten Weltkrieges Dr. Bernhard Weiß. Eine seiner wildesten Kampfschriften nennt der Hitler-Propagandist *Das Buch Isidor.*

Aber die wenigen Hitler-Anhänger, die es damals schon heimlich unter den Berliner Kriminalbeamten und Schupos gibt, sprechen von ihrem obersten Chef Weiß mit der größten Hochachtung. Wenn das der Führer wüßte...

Einer der Gennat-Schüler jener Zeit ist Arthur Nebe, ein gewiefter Kriminalist, der im Dritten Reich zu den höchsten Ehren aufsteigt, Reichskriminaldirektor und SS-Gruppenführer wird und schließlich als Widerstandskämpfer gegen Hitler nach einer langen Jagd gestellt und hingerichtet wird.

Auch einige andere Kommissare aus der Gennat-Schule, die sich später einen Namen als Fachleute gemacht haben, sollen genannt sein: Trettin, Salow, Draeger, Fleischmann, Fähnrich und Braun.

Erst am 16. Juli 1937 erfüllt sich Gennats Wunsch, »25 Jahre zu spät«, wie er meint: Das *Reichskriminalpolizeiamt* (RKPA) wird eingerichtet. Sein Direktor ist Arthur Nebe. Er fischt sich die besten Kriminalisten aus dem ganzen Reich heraus und holt sie in sein Amt, das bald ein riesiges Gebäude am Werderschen Markt bezieht. Viele der Ressortleiter von Nebe stammen aus der Gennat-Schule, wie etwa Hans Lobbes, der Gennats berühmte Kartei weiterführt und zur Perfektion ausbaut.

Der Altmeister der Mordspezialisten selber bleibt am Alexanderplatz. Seine Gesundheit, auf die er in Jahrzehnten harter Arbeit keinerlei Rücksicht genommen hat, ist angegriffen, und er ist müde geworden. Gennat stirbt am 21. August 1939. Sein Tod wird von seinen Kollegen in aller Welt, die früher so oft seinen Rat eingeholt haben, bedauert. An seiner Beerdigung nehmen außer seinen früheren Mitarbeitern auch zahlreiche Juristen vom Kriminalgericht Moabit teil – dieses großen Gerichtshofes, vor dessen

Schranken so viele Totschläger, Mörder und große Gauner gestanden haben.

☆

Als ein Betrüger ganz besonderer Art ist ein Mann namens Max Klante in die Berliner Kriminalgeschichte eingegangen. Er beginnt sein großes Spiel bald nach dem Ersten Weltkrieg, als der kleine Mann aus dem Mittelstand die Welt nicht mehr begreift. Nach der Revolution geht einige Zeit lang in der Reichshauptstadt alles drunter und drüber. Zunächst gibt es wenig Hoffnung. Niemand kann sich gegen die Zeit wehren. Aber keiner will untergehen, jeder möchte sich durchboxen.

Und da erscheint Max Klante, ein früherer Bürstenbinder, der sich nach dem Kriege eine Kamera kauft, sich »Kunstfotograf« nennt, dabei aber kein Bein auf den Boden bekommt. Er etabliert ein Wettbüro, erzielt im ersten Anlauf einige Gewinne und steigt dann ganz groß ins Geschäft.

Klantes Idee ist einfach. Er will mit Hilfe seines »Pferdeverstandes« und mit seinen Beziehungen zu den Buchmachern so viel Geld verdienen, daß er sich einen eigenen Rennstall leisten kann. Selbstlos, wie er zu sein vorgibt, möchte er auch andere zu Geld kommen lassen. Aber dazu gehört zunächst einmal ein großes Startkapital.

Der clevere Klante gründet im Dezember 1920 die *Max Klante & Co. GmbH*. Das Ziel seiner Firma heißt offiziell: Gründung eines Rennstalles und eines Gestüts, um die inländische Pferdezucht zu heben.

Er habe, so verkündet Klante, ein System erfunden, durch das man am Totalisator mit einer fast unfehlbaren Sicherheit hohe Gewinne erzielen kann.

Was er verspricht, grenzt nahezu an ein Wunder. In seiner eigenen Zeitschrift, die er »Meldereiter« nennt, teilt er seinen Lesern mit:

»Sie geben mir eine Summe, die Ihnen angemessen erscheint, als monatlich kündbares Darlehen. Der Einzahler übernimmt und trägt keinerlei Verlustrisiko, erhält aber je Monat 600 Prozent Zinsen; nach Monatsfrist wird ihm also das Siebenfache seines Darlehens zurückgezahlt.«

Das klingt phantastisch... Klante findet vor allem unter den kleinen Leuten viele, die bereit sind, ihm zu glauben und ihre ganzen Ersparnisse zur Verfügung zu stellen.

»Alle, die vom Schicksal benachteiligt sind, fordere ich auf, ihre Rechte wahrzunehmen«, verkündet Klante. »Alle, die von der Regierung vergessen sind, will ich zusammenfassen. Sie sollen die gleichen Chancen haben wie die Herren des Großkapitals... Volksgenossen, mit eueren Darlehen wird mein Konzern Fabriken, Häuser und Grundbesitz kaufen! Alles soll einer großen Genossenschaft der Volksaktionäre gehören...«

Und als schon wenige Wochen später sein Laden läuft, als er in der Großen Frankfurter Straße ein Bürohaus erworben und bezogen hat, vor dessen Schaltern sich Menschenschlangen bilden, und als sich die Geschäfte großartig entwickeln, heißt es im »Meldereiter«: »Max Klante ist durch die Armen groß geworden. Max Klante wird jetzt die Armen groß machen. Max Klante ist Max Klante.«

Die Leute bestürmen ihn förmlich mit Geld. Er setzt damit auf den Rennplätzen, hat zunächst auch Glück, gewinnt und kann tatsächlich prompt die zugesagten Gewinne auszahlen. Dafür wird er wie ein Volksretter gefeiert. Klante eröffnet sogar in der Nähe seines Büros ein Café. Jubelnd wird er begrüßt, wenn er sich dort zeigt. Eine uniformierte Musikkapelle spielt den Max-Klante-Marsch, dessen Text lautet:

Es braust ein Ruf durch ganz Berlin.
Voran! Laßt uns mit Klante ziehn!
Und wär' der Weg auch hart, der Weg so steil,
Wir rufen laut: Max Klante Heil, ja, Heil!

Wenn seine Kunden, denen er alle Reichtümer dieser Welt verspricht, ihm begegnen, rufen sie: »Heil Klante!« Auch bei einer großen Kundgebung, auf der Klante im Circus Busch seine Anhänger begrüßt, erschallen Heil-Rufe, wie viele Jahre später, wenn sich Adolf Hitler zeigt.

Es ist historisch nicht genau zu sichern, aber es steht fast fest, daß der durch Klante populär gemachte Heil-Ruf später von den Nationalsozialisten als deutscher Gruß übernommen wurde: »Heil Hitler!«

Klante redet sogar seine Kunden stets mit »Volksgenossen« an, und er verspricht bei jeder sich bietenden Gelegenheit, ein »Deutschland der Ehre« erstehen zu lassen – obwohl er vom Nationalsozialismus, der eine ähnliche Terminologie pflegt, noch nie etwas gehört hat. Heil Klante!

Freilich gab es schon im kaiserlichen Deutschland ein Lied, dessen Refrain lautete: »Heil, Kaiser, Dir!« Aber das »Heil« als Gruß haben erst die Klante-Anhänger eingeführt.

Zu einer Zeit, Anfang 1921, da Adolf Hitler knapp neunhundert Anhänger um sich versammeln kann, haben insgesamt 260 000 Berliner ihr Geld Max Klante anvertraut...

Der ehemalige Bürstenmacher ist der Held von Berlin. Monatelang geht alles gut, weil ihm das Glück hold ist auf den Rennplätzen und er tatsächlich die astronomischen Zinsen auszahlen kann. Er selber besitzt schließlich einige Villen, finanziert einen Stab von Klante-Jockeys, die blaue Jacken mit gelben Schnüren tragen, und er hält sich drei Autos, einen Kammerdiener und mehrere Geliebte. Sein Laden läuft auf jedem Gebiet...

Aber das Glück bleibt Klante auf die Dauer nicht treu. Er verliert viele Wetten, bei denen er hoch gesetzt hat. Die Zahl seiner Anhänger nimmt von diesem Augenblick an schon ab. Das Defizit wächst. Er versucht schließlich, die Gewinnquoten seiner Kunden zu verringern. Doch damit kommt er nicht durch, weil er sich schriftlich zu den 600 Prozent verpflichtet hat.

In den Monaten Mai bis August 1921 muß er ein Loch dadurch zustopfen, daß er ein anderes aufreißt. Wetteinsätzen von über fünf Millionen Mark stehen meist nur noch Gewinne von drei Millionen Mark gegenüber. Schließlich geben sich seine Kunden doch mit 300 Prozent zufrieden.

Aber der Zusammenbruch ist nicht mehr aufzuhalten.

Die ersten Anzeigen gegen ihn laufen ein. Schließlich wird er am 21. September 1921 verhaftet, und erst an diesem Tag meldet er offiziell den Konkurs seines Unternehmens an. Der große Traum von der Volksbeglückung ist ausgeträumt. 260 000 Menschen, die ihm blind vertraut haben, sind insgesamt um 92 Millionen Goldmark geschädigt.

Am 11. Dezember 1922 beginnt der Prozeß gegen Max Klante. Die Anklageschrift wirft ihm Betrug, gewerbsmäßiges Glücksspiel und Vergehen gegen die Konkursordnung vor. Auf einer Bahre wird er in den Gerichtssaal getragen. Ein junges Mädchen wirft sich weinend über ihn. Es muß gewaltsam von ihm getrennt werden.

Es kommt während des Prozesses oft zu Tumulten unter den Zuschauern, die fast ausschließlich Klante-Geschädigte sind. Nach einer Verhandlung, die mehrere Tage dauert, wird Klante zu drei Jahren Gefängnis verurteilt. Als das Urteil verkündet wird, gibt es unter denen, die um ihre Ersparnisse betrogen wurden, einen Sturm der Entrüstung. Es bleibt ihnen später nur der Trost, daß sie 1923, während der galoppierenden Inflation, ohnehin ihre gesamten Ersparnisse eingebüßt hätten.

Max Klante, der verhinderte Volksbeglücker, der auf dem Höhepunkt seines Rausches sogar Filialen in mehreren deutschen Großstädten gegründet und im Dresdner Polizeipräsidium eine spezielle Geldeinzahlstelle für Polizeibeamte eingerichtet hat, überlebt in Berlin den Zweiten Weltkrieg. An der Tür eines halbzerfallenen Zimmers in der Nähe des Alexanderplatzes hängt 1945 ein Pappschild mit der Aufschrift: »Max Klante, Bürstenmacher«. 1955 wird er tot aufgefunden. Er hat sich mit Gas vergiftet.

Viele andere haben bald nach Klantes erstem Erfolg versucht, etwas Ähnliches aufzuziehen. Aber sie blieben alle sehr schnell auf der Strecke.

☆

Ein Gaunertrio besonderer Art stellen die drei Brüder Leo, Max und Willi Sklarek dar, die es schaffen, in der Reichshauptstadt den größten kommunalen Skandal auszulösen, den es je gegeben hat.

Willi Sklarek besitzt am Hausvogteiplatz eine Textilfabrik, in die sich seine beiden Brüder in dem Augenblick einkaufen, da die Freundschaft mit dem Leiter einer städtischen Bekleidungsstelle in Neukölln so weit gediehen ist, daß sie ins Geschäft kommen und alleinige Lieferanten dieses amtlichen Kleidervertriebs werden, dem ein Mann namens Felix Kieburg vorsteht.

Als die reichshauptstädtische Bekleidungsstelle 1924 Pleite macht und die Sklareks als Hauptgläubiger auftreten, arrangiert sich der Magistrat mit den drei Brüdern, die ein Jahr später das Warenlager der Konkursgesellschaft in der Kommandantenstraße übernehmen und weiterführen. Sie sichern sich vertraglich eine Monopolstellung zu und werden künftig alle Berliner Beamten, soweit sie Uniform tragen oder Arbeitsanzüge bekommen, ausstaffieren.

Die Geschäfte laufen glänzend, die Sklareks erwerben Häuser und Grundstücke, ein Jagdschloß in Mecklenburg, in dem rauschende Feste gefeiert werden. In ihrer palastartigen Villa in Dahlem empfangen sie die Prominenz aus Künstlerkreisen. Sie unterhalten eigene Rennpferde, umgeben sich mit schönen Frauen, die sie großzügig verwöhnen. Es gibt keine glanzvolle Premiere, auf der die Sklareks nicht erscheinen und geziemend hofiert werden.

Niemand ahnt zu dieser Zeit, da sie so protzig leben, daß die Brüder zahllose Auftragsbelege von Helfershelfern fälschen lassen und aufgrund dieser Papiere hohe Kredite von der Stadtbank erhalten. Später stellt sich heraus, daß die Höhe der gefälschten Aufträge die echten Bestellungen um fast das Fünfzigfache übersteigt.

Der große Schwindel wird aufgedeckt durch eine Buchprüfung in der Stadtbank, und die ersten falschen Belege werden im Bezirksamt Spandau gefunden. Am 26. September 1929 werden die Brüder Leo und Willi Sklarek, die gefeierten und millionenschweren Playboys der Reichshauptstadt, verhaftet. Max entgeht diesem Schicksal, weil er sich rechtzeitig aus dem Unternehmen abgesetzt hat und im übrigen nicht haftfähig ist.

Berlin hat seine Sensation. Wochenlang beherrschen die Sklareks die ersten Seiten der Zeitungen. Stadträte und

Beamte haben sich von den Brüdern bestechen lassen, Politiker sind am Rande in den Fall verwickelt, weil sie von den Sklareks Kredite angenommen haben oder ihre Familien kostenlos bei ihnen haben einkleiden lassen.

Sogar Berlins Oberbürgermeister, der ehrenwerte und sehr beliebte Gustav Böß, läßt sich beurlauben, als die Öffentlichkeit erfährt, daß seine Frau für einen Pelzmantel im Werte von 6000 Mark den Sklareks nur 400 Mark bezahlt hat. Böß hört von diesem Fall zu einer Zeit, da er gerade in New York weilt und dort am 24. September 1929 Ehrenbürger der Stadt wird.

Zwei Jahre lang muß die Staatsanwaltschaft gegen die Brüder Sklarek und die zahllosen Personen, die in den Riesenskandal verwickelt sind, ermitteln. Die Richter müssen sich durch fünfhundert Ordner voller Akten wühlen, ehe der spektakulärste Prozeß der Weimarer Republik beginnen kann.

Neun Monate lang dauert die Verhandlung, in der vierzehn Angeklagte vor dem Moabiter Richter stehen. Es ist der bis dahin längste Prozeß der deutschen Rechtsgeschichte. 614 Zeugen werden vernommen, 23 Sachverständige gehört. Zwei Angeklagte sterben während der Verhandlung, einer der Verteidiger überlebt einen chirurgischen Eingriff nicht, ein Zeuge fühlt sich in seiner Ehre so verletzt, daß er Selbstmord begeht, ein weiterer stirbt während der Vernehmung an einem Herzschlag. Der Prozeß kostet über hunderttausend Mark (was der heutigen Kaufkraft von einer halben Million D-Mark entspricht).

Am 23. Juni 1932 wird das Urteil gesprochen. Leo und Willi Sklarek, die insgesamt zehn Millionen Reichsmark ergaunert haben, erhalten wegen Betrugs, schwerer Urkundenfälschung und aktiver Bestechung je vier Jahre Zuchthaus. Zwei Direktoren der Stadtbank, zwei Stadträte, ein Bezirksbürgermeister und der Buchhalter der Sklareks, der die Dokumente im Auftrag seines Chefs gefälscht hat, werden ins Gefängnis geschickt; einige andere Angeklagte kommen mit Geldstrafen davon.

☆

Außer dem für schwere Straftaten zuständigen Kriminalgericht in Moabit mit seinen drei Schwurgerichten gibt es (1932) in der Reichshauptstadt drei Landgerichte (mit einer Vielzahl von Zivil- und Strafkammern) und zehn Amtsgerichte (mit vielen Abteilungen, z. B. Einzelrichter, Schöffen- und Jugendgerichten). Sie alle zusammen verfügen über mehr als fünfhundert Verhandlungsräume. Oberste Instanz ist das Kammergericht als das für die Provinz Brandenburg (und in gewissen Sachen für ganz Preußen) zuständige Oberlandesgericht.

Den insgesamt 860 Richtern steht 1932 eine Phalanx von 7000 Anwälten gegenüber.

Zwei Anwälte, die damals die Stars der Reichshauptstadt und darüber hinaus bis 1933 zu den bedeutendsten Anwälten der Welt gehören, fehlen im Sklarek-Prozeß: Professor Dr. Dr. Erich Frey und Professor Dr. Max Alsberg. Die Bedeutung dieser Verteidiger und ihre Größenordnung unter ihren Kollegen geht schon daraus hervor, daß Alsberg am Nollendorfplatz eine Vierzehnzimmerpraxis unterhält, die alles übertrifft, was ein Anwalt normalerweise für seinen Beruf aufwendet. In der mit kostbaren Möbeln eingerichteten Kanzlei arbeitet Alsberg mit vier Soziussen, achtzehn Referendaren, sechs Assessoren, zwei Bürovorstehern, denen wiederum vier Gehilfen assistieren, fünfzehn Sekretärinnen und vier Boten.

Neben seiner umfangreichen Praxis findet der Virtuose Alsberg noch Zeit, juristische Bücher zu schreiben *(Justizirrtum und Wiederaufnahme)* und geistvolle Vorträge zu halten *(Das Weltbild des Strafrichters)*. Freys Kanzlei ist nicht ganz so groß, aber sein Ruhm ist deshalb nicht geringer als der seines Kollegen Alsberg.

Nach dem Sklarek- ist der Krantz-Prozeß der berühmteste geworden. Im Juni 1927 erschießt der Primaner Günther Scheller in der Wohnung seiner Eltern in Berlin-Steglitz den Kochlehrling Hans Stephan und tötet sich danach selbst mit einem Schuß. Der Primaner Paul Krantz wird als Augenzeuge der Tat nach einer alkoholisierten und romantischen Liebesnacht unter dem Verdacht der Mittäterschaft verhaftet. Er ist angeklagt, Stephan gemeinsam mit Günther Scheller ermordet zu haben. Der Revolver gehörte Paul Krantz...

Dieser Krantz-Prozeß bewegt die ganze Welt. Beobachter aus fast allen Ländern nehmen daran teil, sogar Richter aus dem fernen Japan sitzen als Zuhörer im größten Gerichtssaal von Moabit. Es geht um ein Problem, das alle interessiert: mißverstandene Jugend, ihre Sexualnot, mangelnde Elternaufsicht und viele andere Themen, die heute wie damals aktuell sind.

Frey erlebt in dem wochenlangen Prozeß seine Sternstunde und setzt es durch, daß Paul Krantz von der Anklage freigesprochen und nur wegen Waffenbesitzes zu drei Wochen Gefängnis verurteilt wird.

Der Sklarek-Prozeß ist eine Sensation, aber die Verhandlung gegen Krantz bewegt in einem noch nie dagewesenen Maße die Öffentlichkeit. Die Zahl der Artikel, die später als Resümee dieses Prozesses geschrieben werden, sind nur nach Tausenden zu zählen.

Von 1918 bis 1936 werden im Kriminalgericht Moabit rund 12 000 Verhandlungen geführt, kleine und große, gegen Totschläger und Hoteldiebe, gegen Mörder und Betrüger, gegen Fälscher und Einbrecher, gegen ausgekochte Ganoven und elegante Hochstapler und schließlich gegen die Sklareks. Fast alle sind längst vergessen.

Aber noch heute gehört der Krantz-Prozeß, der als »Schülertragödie von Steglitz« in die Kriminalgeschichte einging, zu den klassischen Fällen juristischen Lehrstoffes. Mancher Richter, der heute über Jugendliche zu urteilen hat, täte gut daran, nachzulesen, was Frey über den »Prozeß seines Lebens«, im Falle Krantz zu sagen hat.

Nachzutragen ist, daß Alsberg, der vor Hitler fliehen mußte, wenige Monate später, am 11. September 1933, in der Schweiz aus Heimweh nach Berlin den Freitod suchte. Frey starb 1968 in Santiago de Chile.

12. Kapitel

Schlager, Kabarett und große Oper

Lebensfreude nach Noten

Die Musikbegeisterung der Berliner

Wir machen Musik heißt ein Film, den Helmut Käutner 1942 dreht und in dem Ilse Werner und Victor de Kowa die Hauptrollen spielen. In diesem munteren Unterhaltungsstreifen wird viel gesungen, viel gepfiffen, viel musiziert.

Der Titel dieses Films charakterisiert die Situation in der alten Reichshauptstadt. Hier wird wirklich viel musiziert, viel gesungen und auch gepfiffen. Abgesehen von den großen Tanzkapellen, die schon in einem früheren Kapitel genannt wurden, und abgesehen von den großen klassischen Orchestern, die später noch ihre Würdigung finden werden, gibt es in Berlin (1927) über neunhundert Musikkapellen mit mehr als drei Mann. Die meisten, Berufsmusiker, spielen in Bars oder größeren Kneipen, die restlichen sind reine Amateure, die innerhalb ihrer Vereine für »Musik« sorgen und sich gerne zu Hochzeiten, Jubiläen und kleinen Festlichkeiten engagieren lassen. Und schließlich ist auch jeder Industriebetrieb stolz auf seine Werkskapelle.

Die meisten Komponisten – vor allem der heiteren Muse – haben ihr Domizil an der Spree aufgeschlagen, zusammen mit ihren Textdichtern. Neunzig Prozent aller deutschen Schlager, die in den zehn Jahren von 1919 bis 1929 (bis zu den ersten Tonfilmen also) von Baden bis Ostpreußen und von Schleswig-Holstein bis Bayern gesungen und gepfiffen werden, sind in Berlin entstanden, insgesamt etwa 2600. Rund hundert von diesen wurden das, was man heute einen »Hit« nennt.

Die Lieder der damaligen Zeit sind frech, manchmal aggressiv, und die Schnulzen heißen »Schmonzetten« (soweit sie sentimental sind) oder »Gassenhauer« (sofern sie sich volkstümlich-unbekümmert geben). Alle zusammen werden sie aber Schlager genannt. Das Wort kommt damals auf, es ist einprägsam und kurz, deutet Keßheit an und läßt gelegentlich sogar auf Härte schließen.

Kurt Tucholsky schreibt 1923, als die Inflation zu galoppieren beginnt, unter dem Pseudonym Peter Panter über den Schlager:

»Das kleine Lied enthält klipp und klar die augenblickliche volkswirtschaftliche Lage. Wir leben von der Substanz. Die alte Generation, die noch ein Häuschen hat, erworben von den emsig verdienten Spargroschen – und die neue Generation, die das Vermögen keck angreift und den sauren Schweiß der Voreltern durch die Gurgel jagt.«

Tucho, wie seine Freunde den großen Publizisten nennen, nimmt mit seinen Worten Bezug auf jenen Schlagertext, zu dessen Musik sich so herrlich unbekümmert tanzen läßt:

Wir versaufen unser Oma ihr klein Häuschen,
ihr klein Häuschen,
Wir versaufen unser Oma ihr klein Häuschen
und die erste und die zweite Hypothek!

Der Schlager der damaligen Zeit ist oft sehr aktuell. Als 1920 aus den Vereinigten Staaten der »Shimmy« als neuer Tanz eingeführt wird, ist wenige Wochen später schon der Text da, der den Tanz im Shimmy-Rhythmus verherrlicht: »Fräulein, bitte, woll'n Se Shimmy tanzen?«

Die Musik dazu schrieb übrigens der große Operettenkomponist Emmerich Kálmán. Diese Feststellung ist deshalb wichtig, weil sie beweist, daß sich auch die Großen der leichten Musik in die »Niederungen« des Schlagers begaben.

Der Shimmy... Es gibt sogar spitze Schuhe, die seinen Namen tragen – den Namen dieses verrückten Tanzes, der mit einer geradezu ekstatischen Begeisterung »aufs Parkett gelegt« wird.

Er heißt eigentlich »shimmy shiver«: »Hemdzitterer«.

262

Der Tanz ist – nicht angeblich, sondern verbürgt – dadurch entstanden, daß eine Farmerin im US-Staat Louisiana zu einer alten Negerin, die ihr Hemd niemals wusch, sagte:

»At least shake your shimmy!« (»Schüttle dein Hemd wenigstens aus!«)

Die Negerin aber zog ihr Hemd nicht aus; sie glaubte vielmehr, daß es schon genüge, sich selber einige Male zu schütteln. Und so wurde noch vor dem Ersten Weltkrieg jener ausgelassene Tanz geboren, der in den Jahren nach dem großen Sterben 1914–1918 nicht nur die Berliner verrückt macht.

»Fräulein, bitte, woll'n Se Shimmy tanzen?« Natürlich will sie. Alle tanzen ihn, die Jungen und die Alten.

Sofort in den ersten Monaten nach dem Waffenstillstand von 1918 kommt ein Schlager auf, der *Hiawatha* heißt und über Nacht berühmt wird, weil er in seiner ersten Strophe die damalige Zeit des Lebenwollens nach bitteren Jahren treffend umreißt:

> *Jeder tanzt, auch wenn er's nicht versteht;*
> *denn es sind ja alle noch verdreht.*
> *Alles schiebt und scherbelt spät und früh,*
> *schlottert mit die Knie:*
> *Kinder, Mutter, Vater.*
> *Es ist ein Theater!*

Ganz brutal reißt der Kehrreim dieses Schlagers (Musik und Text von Carl Urban) die Tänzer in die harte Wirklichkeit der Berliner Straßenkämpfe:

> *Licht aus,*
> *Messer raus!*
> *Haut ihn, daß die Fetzen fliegen!*
> *Straße frei,*
> *Fenster zu,*
> *runter vom Balkon!*

Ein Jahr später, 1920, wird der »Schieber« zur neuesten Mode auf dem Parkett oder den knarrenden Dielen. Der

Schlager, der prompt zur Stelle ist (Musik von Walter Kollo, Text von Hermann Frey), zeigt deutlich den Doppelsinn des Wortes »Schieber«: Man »schiebt« den Tanz oder – schiebt (mit Schwarzmarktwaren):

Max, du hast das Schieben raus,
Schieben raus, Schieben raus.
Ach, wie tanzt sich's gut,
tanzt du mit mir los!
Max, du hast das Schieben raus,
Schieben raus, Schieben raus.
Alles schreit Hurrah:
Schieber-Max ist da!

1920 bricht in Berlin auch die große »Telefonitis« aus. Noch ist das Selbstwählen nur geplant. Das »Fräulein vom Amt« muß vermitteln. Nach der Musik von Robert Stolz schreibt Artur Rebner einen Text, und schon singt zunächst ganz Berlin und bald darauf ganz Deutschland:

Hallo, du süße Klingelfee,
hallo, wenn ich so lang' hier steh',
dann frißt mich schier der Kummer:
Ich komm' zu keiner Nummer!
Wie gern wär' ich verbunden
auf Stunden
mit dir.
Hallo, du machst mich desperat,
hallo, bei mir, da streikst du grad',
laß mich hinein, du Schlanke, Schmale,
mal in die Zentrale.
Du, du, du – du hast mich am Draht.

Natürlich merken es alle sofort, daß dieses Lied sogar, dezent versteckt, erotische Anspielungen enthält.

1921 startet in Berlin ein Schlager zu einem bis dahin noch nie dagewesenen Welterfolg eines »Gassenhauers«. Den Text schreibt der schon erwähnte Hermann Frey, dem bereits vor dem Ersten Weltkrieg – mit der Musik von

264

Walter Kollo – der Wurf eines Weltschlagers gelungen ist, des ersten internationalen Erfolges eines Schlagers überhaupt:

Und dann schleich ich, still und leise,
immer an der Wand lang,
heimwärts von der Bummelreise,
immer an der Wand lang.
Schimpft zuhaus auch meine Olle,
immer an der Wand lang!
Ja, ich bin 'ne dolle Bolle,
immer an der Wand, an der Wand entlang.

In den Übersetzungen in viele Sprachen kommt manchmal ein völlig anderes Bild heraus, aber immerhin, der Sinn bleibt erhalten: Im Rausch immer an der Wand entlangtasten.

Die Musik zu einem anderen Lied, das *Bummel-Petrus* heißt, stammt von Werner Kersten, und der Text des Schlagers aus dem Jahre 1921 heißt im Refrain:

Petrus schließt den Himmel zu.
Alle Englein gehn zur Ruh.
Nur der schlaue Petrus wacht,
weil der alte Bengel
heut' mit einem Engel
einen kleinen Bummel macht.

Dieser Refrain wird in fast alle Sprachen der Welt übersetzt, sogar ins Chinesische, ins Arabische, in Hindu, obwohl die Menschen dort weder von den Engeln noch von Petrus eine rechte Vorstellung haben. Petrus bummelt im wahren Sinne des Wortes durch alle Erdteile.

In der Reichshauptstadt, dem Geburtsort des Liedes, kennt die Begeisterung keine Grenzen. Ein Rennstallbesitzer gibt seinem besten Pferd den Namen *Bummel-Petrus*, und er erzielt mit ihm die höchsten Gewinnquoten am Totalisator.

In Deutschland werden – nach der Ruhrbesetzung

durch die Franzosen – zwei weitere, wirklichkeitsbezogene Verse angehängt, die mit dem eigentlichen Lied überhaupt nichts zu tun haben:

Überall herrscht große Kohlennot,
selbst im Himmel ärgert man sich tot.

Anschließend an diese Zeilen wird dann wieder der Refrain vom *Bummel-Petrus* gesungen. Eigentlich ganz konsequent...

Wie doppeldeutig sehr viele und besonders populäre Schlager sind (die zu dieser Zeit noch nicht durch den Rundfunk, sondern ausschließlich durch Schallplatten und Musikkapellen verbreitet werden), beweist folgender Text (Richard Jolson), zu dem Willy Rosen eine fast zärtliche Melodie schreibt:

Ich kenne eine kleine Bar
nicht weit vom Knie,
wo ich schon öfter glücklich war,
nicht weit vom Knie.
Dort kann man für sein Geld was sehn,
nicht weit vom Knie.
Und wo sind alle Mädel schön?
Nicht weit vom Knie!

Für Nicht-Berliner muß festgestellt werden, was es mit dem »Knie« auf sich hat. Es ist der Name jenes Platzes, an dem die Bismarck-, Berliner, March-, Kurfürsten- und Hardenbergstraße zusammenstießen. Heute heißt das »Knie« Ernst-Reuter-Platz.

☆

1923 gibt es in Berlin die ersten Eintänzer, in der *Barberina* und in den Bars der Hotels *Adlon* und *Eden*. Diese »Gigolos« sind gutaussehende Männer, die sich zumeist aus ehemaligen jungen Berufsoffizieren rekrutieren und nach 1918 brotlos geworden sind. Prompt greift Anfang 1923 in Berlin

266

ein Schlager dieses Thema auf (Musik von L. Casucci, Text von Julius Brammer), der sich wehmütig in die Situation der ehemaligen Offiziere und jetzigen Eintänzer hineindenkt:

Schöner Gigolo, armer Gigolo,
denke nicht mehr an die Zeiten,
wo du als Husar,
goldverziert sogar,
konntest durch die Straßen reiten.
Uniform passé,
Liebchen sagt adieu,
schöne Welt, du gingst in Fransen.
Wenn das Herze dir auch bricht,
zeig' ein lachendes Gesicht,
man zahlt, und du mußt tanzen.

1923 wird jener Tanz besonders beliebt, der schon 1912 erste Anläufe in Deutschland gemacht hat, für Offiziere aber streng verboten war: der Tango. Zu seinem schmalzenden Rhythmus lassen sich besonders liebe Worte flüstern ...

Die Tango-Geiger haben die Pflicht, stets besonders feurig und liebeswillig auszusehen, und sie erregen oft genug die Eifersucht des Kavaliers, der seine »Puppe« ausführt.

Friedrich Hollaender behandelt das Thema dieses Tanzes aus Argentinien in Text und Musik auf seine Weise:

Guck doch nicht immer nach dem Tango-Geiger hin,
was ist schon dran an Argentinien!
Du siehst ja gar nicht mehr, daß ich noch bei dir bin,
ich hab' ja auch ganz schöne Linien.
Der Junge wirkt auf dich wohl spanisch,
jedoch aus dir macht er sich jarnischt.
Also, bitte, guck doch nicht immer nach dem Tango-
Geiger hin,
was ist schon dran an Argentinien!

Am 29. Oktober 1923 beginnt in der Reichshauptstadt die Geschichte des Rundfunks. An diesem Tage meldet sich zum ersten Male die »Sendestelle Berlin« aus dem Voxhaus. Immer mehr deutsche Sender entstehen. Durch den Rundfunk erreichen die Schlager eine noch größere Popularität. Die erste Sendung ist kaum verklungen, da stellt sich der Schlager vor, der sich der neuen Errungenschaft annimmt (Musik und Text von Hermann Leopoldi):

Die schöne Adrienne,
tschingderassa-sassa-sassa-Radio,
hat eine Hochantenne,
tschingderassa-sassa-sassa-Radio.
Aus aller Herren Länder,
tschingderassa-sassa-sassa-Radio,
empfängt sie von den Sendern.
Trara-trara-tra-Radio!

Als angesichts des immer dichter werdenden Verkehrs die ersten Berliner Verkehrsampeln installiert werden und immer neue hinzukommen, feiert ein Schlager das neue Verkehrserlebnis (Musik von F. Stafford, Text von Ch. Amberg):

Die Polizei, die regelt den Verkehr;
so wie das früher war,
geht das heut' nicht mehr.
Willst du über'n Damm,
stehst du erst mal stramm,
bis dir der Blaue* winkt
und der Verkehrsturm blinkt.
Die kleinen Mädelchen,
die freuen sich:
An jeder Straßenkreuzung ist ein Strich:
da mußt du langgehn, wie sich das gehört,
daß niemand mehr bei dem Verkehr
verkehrt verkehrt.

---

* Verkehrspolizist (der in Preußen eine blaue Uniform trug).

Damals bemühen sich die Schlager um größte Aktualitätsbezogenheit. Die meisten ihrer Melodien werden – vom Original auf Langspielplatten übertragen oder neu instrumentiert und aufgenommen – heute noch als Evergreens gespielt.

Freilich gibt es auch viel Unsinn, nicht melodiös, sondern textlich. Einige Beispiele: »Wer hat bloß den Käse zum Bahnhof gerollt?«, »Zeig' mir mal dein Muttermal«, »Meine Oma fährt im Hühnerstall Motorrad«, »Wer schmeißt denn da mit Lehm?«, »Ich laß mir meinen Körper schwarz bepinseln«, »Solang nicht die Hose am Kronleuchter hängt«.

Aber auch sehr viel Anzügliches: »Was guckst du mir denn immer in die Bluse?«, »Was machst du mit dem Knie, lieber Hans?«, »Wenn du nicht kannst, laß mich mal!«, »Am Sonntag will mein Süßer mit mir segeln gehn«. Das ist nur eine kleine Auswahl aus dem kecken Blütenkranz der Schlager.

Überhaupt war man damals in den zwanziger Jahren nicht so ›zugeknöpft‹, wie man heute manchmal lesen kann. Ein Automobil der Marke *Chandler* wurde von den erfindungsreichen Berlinern nicht umsonst ›Mädchenschändler‹ genannt. Und Max Colpet konnte 1928 im *Simplicissimus* folgendes Gedicht veröffentlichen:

Leerlauf der Gefühle

Man spricht sich an – man hat sich kaum gesehen.
Man hat am nächsten Tag ein Rendezvous.
Man läßt die erste laufen und die zweite stehen,
um mit der dritten gleich ins Bett zu gehen.
Sie fragt nicht lang: Wozu?

Man geht ins Bett – was soll man sonst auch machen?
Man kennt sich nicht, und das ist interessant.
Man sagt sich »Sie« und noch ganz andre Sachen.
Man denkt an die Eltern und muß lachen.
Die lieben sich noch heute. Allerhand!

Man geht ins Bett – das will noch nichts bedeuten.
Am nächsten Tag ist man sich wieder fremd.
Man trifft sich wie mit andern Bräuten.
Man grüßt sich wie mit allen Leuten.
Man ließ sich frei – und man ist ungehemmt.

Man spricht sich an – man hat sich kaum gesehen.
Man hofft vergebens, daß es einmal anders geht.
Man läßt die Liebe laufen, und das Herz bleibt stehen.
Man möcht am liebsten gleich ins Wasser gehen . . .
Doch man geht tanzen, und kein Mensch versteht,
wieso man traurig ist, wenn man zum Tanzen geht.

Einer ärgert sich über den Blödsinn mancher Schlager: Hermann Frey. Nicht nur die deutschen Gassenhauer provozieren ihn, auch viele Importe aus den USA, wie etwa »Ausgerechnet Bananen«.

1925 will Frey den Unsinn auf die Schippe nehmen und schreibt »Mein Papagei frißt keine harten Eier«. Walter Kollo gibt dem Text musikalischen Schwung. Frey erreicht genau das Gegenteil von dem, was er will. Er versteht die Welt nicht mehr . . . Was als Ironie und »Abrechnung« gedacht war, erweist sich als ein neuer Welterfolg. Sein Text wird wieder in fast alle Sprachen übersetzt, und der Papagei amüsiert die Leute in allen Erdteilen.

Der bunte Vogel, der keine harten Eier frißt, wird so volkstümlich, daß sich ein Gericht mit ihm in einem Fall beschäftigen muß. Das Dienstmädchen einer Dame im Berliner Westen hat dem Papagei ihrer Herrin hartgekochte Eier zu fressen gegeben, und der Vogel ist daran gestorben. Das Mädchen wird fristlos entlassen und geht deshalb vor das Arbeitsgericht. Dort argumentiert die Dame:

»Mein Papagei ist nur an den hartgekochten Eiern eingegangen. Dabei hätte das Mädchen doch den Schlager kennen und daraus wissen müssen, daß Papageien keine harten Eier fressen . . .«

Der Richter kann sich dieser Argumentation nicht anschließen und erklärt die Entlassung des Hausmädchens für ungesetzlich und unzulässig.

Die Zeitungen berichten natürlich über dieses etwas ausgefallene Verfahren. Und der Erfolg: Das Lied wird noch populärer. Frey möchte sich am liebsten die Haare raufen, weil seine ironische Attacke gegen den Blödsinn mancher Schlager völlig ins Auge gegangen ist:

Mein Papagei frißt keine harten Eier,
er ist ein selten dummes Vieh.
Er ist der schönste aller Papageier,
nur harte Eier, die frißt er nie!
Er ist ganz wild nach Brustbonbon und Kuchen,
er frißt selbst Kaviar und Sellerie.
Auch saure Gurken sah ich ihn versuchen,
doch harte Eier frißt er nie!

☆

1925 wird jener Tanz nach Berlin gebracht, der von hier aus das ganze Land erobert und zum Symbol der zwanziger Jahre geworden ist: der Charleston, den niemand den Berlinern so perfekt beigebracht hat wie seine Königin: Josephine Baker.

Ganz Berlin und ganz Deutschland singen bald die »Hymne« auf den Charleston, die Friedrich Hollaender, Altmeister seines Fachs (von dem auch, unter vielen anderen, das Lied stammt »Ich bin von Kopf bis Fuß auf Liebe eingestellt«), getextet und komponiert hat:

Ich tanz Charleston,
du tanzt Charleston,
er tanzt Charleston,
wir tanzen alle Charleston,
und was tun Sie?
Lerne Charleston;
denn wenn du'n kannst, dann kannst'n,
und wenn du'n kannst, dann tanzt'n bis morgen früh.
Papa tanzt'n,
Mama tanzt'n,

271

Tante tanzt'n,
selbst in der Küche tanzt ihn
schon die Marie.
Ich tanz Charleston,
du tanzt Charleston,
er tanzt Charleston,
wir alle tanzen Charleston,
und was tun Sie?

Dem Charleston folgt als neuester Tanz der Black Bottom. Auch er findet sofort seinen Verherrlicher: Fritz Rotter. Seinen Text setzt Ray Henderson in Töne:

Black Bottom, den liebt jeder,
den Black Bottom, den schiebt jeder.
Nur alte Leute tanzen heute noch Foxtrott.
Trotz Gattin, die sehr murrte,
erlernt hat ihn beim Fünf-Uhr-Tee
Herr Meier,
und er kommt sich vor wie ein Gott.
Mein süßes Mädi ruft begeistert
völlig und ganz:
Das ist ein Tanz!
Und sie träumt im seidnen Bettchen
von Hans:
Herrgott, der kann's!
Black Bottom, den liebt jeder,
den Black Bottom, den schiebt jeder.
Der letzte Clou, Black Bottom, bist ja nur du!

Über die Schlager der zwanziger Jahre, die viele aktuelle Themen aufgreifen, schreibt Kurt Tucholsky:
»So singt das Volk. Hier spricht die Seele deines Volkes. Hier ist es ganz. Es soll uns nicht Wunder nehmen, wenn nächstens in einem schlichten Volkslied das Wort ›Teuerungszulage‹ oder ›Weihnachtsgratifikation‹ vorkommt – denn dies allein ist heute echte, unverlogene Lyrik.«

Echt und unverlogen ist auch das Lied vom Nachtgespenst, das eine wahre Begebenheit aufspießt, die sich in
Berlin zugetragen hat. Die berühmten Fassadenkletterer
Wilhelm Kassner und Fritz Wald, die sich in den frühen
zwanziger Jahren auf vornehme Berliner Hotels spezialisiert, aber auch manche Villa heimgesucht und reiche
Beute gemacht haben, werden eines Tages trotz ihres Raffi-
nements erwischt. Als ihr »Nachfolger« macht ein Gentle-
man-Ganove von sich reden, den die Polizei für den
»König der Hoteldiebe« hält. Es ist der gescheiterte und auf
Abwege geratene Jurist Dr. Eugen Nieburg. In wenigen
Monaten erbeutet er fast zweihunderttausend Mark in bar
und außerdem erhebliche Mengen Schmuck.

Viele Frauen der höchsten Gesellschaftsschicht Berlins, so geht das Gerücht, warten geradezu auf einen
Besuch dieses glänzend aussehenden Diebes. Wen wundert
es noch, daß auch diese Geschichte in einem Schlager festgehalten ist (Nelson/Hollaender):

Ich bin das Nachtgespenst,
dein süßes Nachtgespenst.
Ich weck dich, wenn du pennst,
so oft, bis du mich Liebling nennst.
Sei bloß nicht so erschreckt,
du wirst nur aufgedeckt.
Und wenn du aufgedeckt,
dann wirst du wieder zugedeckt.
Steig ich durchs Fenster rein,
reizt mich kein Edelstein,
nein,
nur dein Elfenbein
reizt mich allein.
Ich nehm als Nachtgespenst
kein Steinchen mit, was glänzt;
ich brauche wirklich nur
Fahrgeld retour.

Der Berliner Publizist Arthur Kahane schreibt 1928 in einem Essay über den Gassenhauer:

»Der Gassenhauer, jetzt nur noch Schlager genannt (warum diese friedfertigste Volksbelustigung nicht aus dem Hauen und Schlagen herauskommt?), ist der entartete, jüngere, gröbere, plebejischere und, wenigstens in Berlin, unsentimentalere Bruder des Volkslieds. Die Brüder haben sich voneinander getrennt, der eine ist der einzelgängerische Landstreicher geblieben, Bruder Straubinger*, und hat noch immer seine Heimat auf der Landstraße und im Wald; der andere, Bruder Gassenhauer, ist in die Stadt gezogen, in die Weltstadt, dort wo sie am weltstädtischsten ist, und tobt sich laut in ihren lautesten Lokalen aus, auf dem Brettl der Volkssänger, auf der Bühne der Vorstadttheater, in der Operette, im Varieté, im Tingeltangel, in den Bars, in den Musikcafés, in den Kabaretts.

Wer ihn dichtet, ist nicht fahrendes Volk, nicht der wandernde Scholar und der walzende Handwerksgeselle, sondern es haben sich meist zwei Spießgesellen zu sträflichem Tun zusammengefunden, die ihn aushecken, und von denen der eine den Text begeht und der andere dazu die Musik verübt.«

☆

Als der Tonfilm seinen Siegeszug beginnt, nimmt ein Schlager (Musik von Fred Raymond, Text von Ch. Amberg) sofort Stellung zu der neuen Errungenschaft:

Mein Bruder macht im Tonfilm die Geräusche,
das hat er schon als Kind so gut gekonnt.
Er macht es so, daß ich mich selber täusche.
Es gibt nichts was mein Bruder nicht vertont.
Er macht das Waldesrauschen,
er macht den Wogenfall,
er macht das Küssetauschen
und den Revolverknall.
Mein Bruder macht im Tonfilm die Geräusche,
das hat er schon als Kind so gut gekonnt.

---

* Synonym für Landstreicher

274

Mit dem tönenden Film wandelt sich das Bild auf dem Schlagermarkt völlig. Der Schlager wird anspruchsvoller, einschmeichelnder und – noch volkstümlicher.

Den ersten deutschen Tonfilm-Schlager schenkt der Film *Melodie des Herzens* (mit Willi Fritsch und Dita Parlo, Regie: Hanns Schwarz): »Bin kein Hauptmann, bin kein großes Tier.« Die Melodie stammt von Werner Richard Heymann, dem der deutsche Tonfilm viele schöne Melodien verdankt, die heute zu den klassischen Evergreens zählen: »Das ist die Liebe der Matrosen« aus *Bomben auf Monte Carlo* (1930) und »Das gibt's nur einmal« und »Das muß ein Stück vom Himmel sein« aus *Der Kongreß tanzt* (1931).

Werner Richard Heymann gehört zu jenen Komponisten des Films, der Revue, der Operette und des Chansons, die 1933 Deutschland verlassen müssen: von Robert und Jean Gilbert, Emmerich Kálmán, Oscar Straus, Paul Abraham, Leo Fall, Friedrich und Victor Hollaender bis zu Rudolf Nelson, Mischa Spoliansky, Paul Dessau und Frederick Loewe (der später in den USA *My Fair Lady* komponiert).

Aber auch im Dritten Reich gibt es noch viele Komponisten, die mit immer neuen Liedern überraschen: Altmeister Paul Lincke (der – obwohl er alles andere als ein Nationalsozialist war – im Dritten Reich Ehrenbürger von Berlin und Professor wird, die Goethe-Medaille und von Goebbels einen brillantenbestückten goldenen Taktstock erhält), Peter Kreuder, Eduard Künneke, Franz Grothe, Gerhard Winkler, Willi Kollo (Walter Kollos Sohn), Ralph Maria Siegel, Lothar Brühne, Werner Eisbrenner, Michael Jary, Theo Mackeben, Ralph Benatzky, Peter Igelhoff und Werner Bochmann – um wieder nur einige zu nennen. Sie alle schrieben Melodien und Lieder, die auch heute nichts von ihrem Zauber oder ihrem Schwung verloren haben.

☆

Vom Schlager zum Kabarett ist es nur ein kurzer Weg. Es gibt sogar gewisse Beziehungen zwischen den beiden Töchtern der heiteren Muse; denn mancher anspruchsvolle Schlager hat seinen Weg in die Publikumsgunst von einem Berliner Kabarett aus angetreten.

Schon lange vor dem Ersten Weltkrieg beginnt in der Reichshauptstadt die große Zeit des Kabaretts. Vorher gibt es nur die sogenannten »Tingeltangel«, die sich »Singspiel-hallen« nennen.

Tingeltangel – das ist eine der zahlreichen Berliner Wortschöpfungen. Unter den Komikern der Singspielhallen heißt der beliebteste Heinrich Tange. Und da gibt es ein Etablissement in Berlin, das sich *Triangel* nennt. Als Tange dort zum erstenmal auftritt, überrascht er das Publikum mit einem eigens für dieses Engagement von ihm geschriebenen »Triangel-Lied«. Der Berliner zog die beiden Worte Triangel und Tange zusammen und machte ein neues daraus: Tingeltangel.

»In den Tingeltangels herrschte immer eine übermü-tige Stimmung. Hier verkehrten der kleine Handwerker, der Kaufmannsgehilfe, vorherrschend aber Studenten, junge und alte Semester. Die Bedienung war von zarter Hand, darum wurde der Tingeltangel fast ausnahmslos vom starken Geschlecht besucht.

Auf einem Podium, das keinerlei Dekoration aufwies, saßen auf Stühlen die Chansonetten, meist 10–20, und die Komiker. Immer eine oder einer von den Darstellern erhob sich, wenn die entsprechende Nummer dran war, und begann dann den meist sehr handfesten Vortrag, begleitet von einem Pianisten, der kurzweg ›Kapelle‹ genannt wurde. Die beliebtesten Lieder der damaligen Chansonet-ten waren: ›Ich laß mich nicht verführen, dazu bin ich zu schlau‹, ›Wenn so die Frauengarde einhermarschiert‹, die ›Gigerlkönigin‹, und »Ach, wenn das mein Männchen wüßt, was mir da passiert!‹ Der Klamottenkomiker sang Paukenverse, die an Paprika nichts zu wünschen übrig ließen; noch gepfefferter waren die Couplets der Herren Salonhumoristen. Am Anfang und zum Schluß wurde von diesen Künstlern ein gemeinsamer Chorgesang losgelassen, unter dessen Klängen sie einen Gänsemarsch auf dem Podium ausführten. Die begeisterten Zuhörer sandten den

Damen Porter, der aber meist nur durch billiges, dunkles Berliner Bier vorgetäuscht wurde, auf das Podium. Je mehr Porter eine Dame trank, desto beliebter war sie bei dem Tingeltangel-Besitzer, der nur mit Herr Direktor angesprochen wurde. Für jeden getrunkenen Porter erhielt die Chansonette 25 Pf. Korkengeld, der Porter kostete pro Glas eine Mark. In Berlin waren die bekanntesten Tingeltangel: *Moors Academy of Music* in der Friedrichstraße, Unter den Linden die *Gebirgshallen,* in der Kommandantenstraße die *Silberhallen* und das *Elysium,* in der Elsässerstraße der *Kuhstall,* am Alexanderplatz unter den Königskolonnaden das *Prisma,* in der Neuen Königstraße das *Klosterstübl* – der Berliner sagte nur: der Klosterstiebel, er leitete das von dem Wort Stiefel ab. Am Köllnischen Fischmarkt war Franz Würfels *Singspielhalle.* Direktor Franz Würfel wurde von seinen Stammgästen nur ›Affenfranz‹ genannt, er hatte früher eine Varieté-Nummer als Affendarsteller gehabt.« (Hermann Frey: *Immer an der Wand lang...,* S. 42/43.)

Den Anfang mit den Kabaretts macht Max Reinhardt vor 1914 mit einer Kleinkunstbühne, die er im Keller des Königlichen Schauspielhauses unterbringt und *Schall und Rauch* nennt (das übrigens nach dem Ersten Weltkrieg eine Auferstehung feiert). Die Schauspieler Rudolf Bernauer und Carl Meinhard eröffnen Unter den Linden ein Kabarett, das nur an Sonntagvormittagen spielt: *Böse Buben.*

Zu dieser Zeit macht schon ein Mann von sich reden, der später als Textdichter und Komponist, als Pianist und Direktor berühmt wird: Rudolf Nelson. Mit insgesamt viertausend Liedern, die er im Laufe seines langen Lebens schreibt, hält er einen einsamen Rekord. Er gründet in den letzten Jahren vor dem Ersten Weltkrieg das Kabarett *Chat Noir,* in dem Käthe Erlholz und der Schauspieler Paul Schneider-Dunker auftreten. Nelson sitzt stets selber am Flügel. 1914 eröffnet er sein Nelson-Theater, das bis 1927 existiert und viele erfolgreiche Kleinrevuen und publikumswirksame Operetten herausbringt.

Schneider-Dunker selbst macht sich bald zum Hausherrn eines eigenen Kabaretts, das er *Roland von Berlin* nennt. In seinem ersten Programm tritt jenes Mädchen auf, das später bestes Berlinertum repräsentiert: Claire Waldoff. Vom *Roland von Berlin* wechselt sie bald zum *Linden-Cabaret* über.

Außer den genannten Kleinbühnen gibt es noch das *Metropol-Cabaret*, im Café Kutschera am Kurfürstendamm *Nelsons Künstlerspiele* und einige andere, die meist nur kurze Zeit existieren.

Die eigentliche, die große Zeit des Berliner Kabaretts beginnt nach dem Ersten Weltkrieg, als es keine Zensur und keine Kandare mehr für alle Künstler und Kleinkünstler gibt.

Schall und Rauch erlebt seine Neuauflage. Als es im Herbst 1919 wieder an die Öffentlichkeit tritt, trägt Paul Graetz, der Kabarettist mit Berliner Schnauze, als »Zigaretten-Fritze« ein Couplet von Tucholsky vor:

> *Wenn der alte Motor wieder tackt.*
> *Die Räder roll'n, die Weiche knackt . . .*
> *Wenn die olle, gute Rolle* wieder wie gewöhnlich*
> *schnurrt,*
> *Sitzt die Neese wieder vorne, Marke »Neugeburt«.*

Viele andere Kabaretts öffnen ihre Tore, Türen oder Pforten. Die Kleinkunstbühnen werden jetzt aggressiv, üben Zeitkritik, nennen die Dinge beim Namen. In der *Wilden Bühne* von Trude Hesterberg, im Keller des Theaters des Westens, deklamiert, scharf akzentuierend, Kurt Gerron expressive Verse von Karl Megerle von Mühlfeld:

---

* Für alle Nicht-Berliner: Rolle = Mangel (für die Wäsche), Drehrolle, »Ich jeh uff de Rolle«, sagte die Berlinerin, wenn sie zum Mangeln ging. »Komm', hilf mir mal die Rolle drehn« heißt ein berühmter alter Schlager von Walter Kollo.

Friedrichstraße, dicke Luft, Quatsch mit Soße.
Die Sipo kommt, die Menge sich staut.
Tausend Menschen begaffen die Schose,
Einer Frau haben sie die Drüse geklaut.
Acht-Uhr-Abendblatt, Kampf gegen die Juden.
Kesse Raben, Zigarettenfritzen und Luden
Drängen und stoßen sich gesund.
Broschüre Kaiser Wilhelm, Neueste Nachrichten, Freie
Presse,
Pausierende Nutten rasen und toben.
Embryo bezahlt – Steuer, Hakenkreuz, Jazz, Foxtrott,
Erzberger,
Generalstreik. Halt die Fresse!
Der Berolina haben sie den Busen verschoben.
Deutschland über alles, ist die freieste Republik der
Welt.

Das Publikum ist keineswegs schockiert. Im Gegenteil: Es begeistert sich an dieser Offenheit, mit der Gerron weiter rezitiert:

Die Luft ist rein und klar,
Unten Dreck, oben ist Dreck und die übliche Menschen-
schar.
Friedrichstraße zum Markt, magere Knochen, kurzer
Rock, wiegender Gang,
Der Körper soll Freude spenden, das Fleisch stinkt,
ist faul und krank.
Kinder betteln um milde Gaben,
Frech geschminkte Lustknaben,
Nachtlokal, Nepptänze, Nackttänze,
Schnauze, sonst bestrahl' ick dir mit Höhensonne.
Das Leben ist wahrlich eine Wonne.
Heiße Würstchen, Rind-, Schweinefleisch, heiß, heiß,
heiß.
Streichhölzer, Streichhölzer, Streichhölzer,
Tzigarren, Tzigarren, Kokain,
Das ist Berlin.

Die Literaten schreiben Verse für das Kabarett: Alfred Henschke (der sich Klabund nennt), Walter Mehring, Kurt Tucholsky, später auch Erich Kästner, außerdem Joachim Ringelnatz, Hans Reimann und viele andere.

Friedrich Hollaender ist einer von denen, die zeitkritische Literatur vertonen. Gussy Holl, die spätere Frau von Emil Jannings, singt im *Schall und Rauch* eine Parodie von Walter Mehring auf die erotisch gewürzten Schlager der Zeit:

If the man in the moon
Wär a coon*
Und im Dunkeln lebten die Girls:
Schenkten alle weißen Ladies
Schwarze Babies
Schwarzen Kerls.
Please, küß mich rein –
Laß mich ein,
Black boy, o my black boy
In the nigger paradise, in the nigger paradise!

Neben Gussy Holl gehören Gertrud Eysoldt, Margo Lion, Else Eckersberg, Else Ward, Kate Kühl, Senta Sönelang und später Marlene Dietrich und Hilde Hildebrandt zu den Chansonetten des anspruchsvollen Berliner Kabaretts. Rosa Valetti (die später einem großen Publikum bekannt wird durch ihre Rolle in dem Film *Der blaue Engel)* unterhält in den Jahren 1924 bis 1925 ihr eigenes Kabarett: die *Rampe*.

»Eine Persönlichkeit eigener Prägung war ebenfalls Blandine Ebinger, die im *Cabaret Größenwahn* ihre große Karriere als Diseuse und Interpretin der ›Lieder eines armen Mädchens‹ begann. Tucholsky hat den denkwürdigen Tag festgehalten: Blandinchen, du hast bei mir auf dem Tisch gesessen und hast es vorgemacht, und der kluge Friedrich Hollaender hat es gleich gesagt: ›Sie hat ihren Stil gefunden.‹

Amerikanisches Wort für (verächtlich gemeint) Neger; im Slang auch Schwachkopf

Das erste ihrer Lieder in diesem Stil stammte von Klabund, Hollaender hat es mit einer zeitlos-schönen, klassischen Melodie versehen. Es hätte, auf Walzen geschlagen, für alle Leierkastenmänner Berlins einen Schlager abgegeben. Komisch von der ersten Zeile an, war der Volkston des Bänkellieds auf Anhieb getroffen:

Meine Mutter liegt im Bette,
denn sie kriegt das dritte Kind;
meine Schwester geht zur Mette,
weil wir so katholisch sind.
Manchmal troppt mir eine Träne,
und im Herzen puppert's schwer –
und ich baumle mit de Beene,
mit de Beene vor mich her.«

(Helga Bemmann in ihrer heiteren Chronik *Berliner Musenkinder-Memoiren*, Seite 92)

1919 heiraten Blandine Ebinger und Friedrich Hollaender, der die ernsthafte Schauspielerin einst überredet hatte, vom Theater zum Kabarett zu wechseln. In diesem Jahr brachte dann Blandine Ebinger zum erstenmal die »Lieder eines armen Mädchens« ihres Mannes zum Vortrag. Hollaender hatte Texte und Musik selbst geschrieben:

Wenn ick mal tot bin und im weißen Seidenkleid
in meinem Sarje lieje mit Bescheidenheit,
dann fällt de Schule aus,
dann jehts zum Kirchhof raus,
die janze Klasse kommt bei mir ins Trauerhaus,
die wolln mir alle sehn,
wenn ick mal tot bin. –
Wenn ick mal tot bin,
ach, det wird zu scheen!

Weitere Kabaretts sind (auch das nur eine Auswahl, weil sich einige von ihnen jeweils nur kurze Zeit halten): *Die Rakete, Die Rote Nachtigall, Faun, Wien – Berlin, Die Gute*

Stube, Türkisches Zelt, Larifari, Die Unmöglichen, das *Kabarett MA, Blauer Vogel, Corso-Kabarett, Charlott-Casino, Die Kurländische Diele, Die Gondel* und schließlich das *Kabarett der Siebzehnjährigen.*

Wilhelm Bendow (»Onkel Wilhelm«) hat für sein Kabarett *Tütü* einen Neuen engagiert: Es ist der Balte Mischa Spoliansky, der bald von sich reden macht.

Außer dem *Tütü* gibt es ein *Küka,* in dem Erich Weinert und Erich Mühsam ihre Kampfgedichte vortragen. Im *Karussell* dominieren die Feuilletonisten Roda Roda und Victor Auburtin, und Harry Lamberts-Paulsen führt die Conférence.

Das *Chat Noir,* das Nelson nach dem Kriegsausbruch 1914 in *Schwarzer Kater* umgetauft hat, hat längst Konkurrenz durch die *Weiße Maus* bekommen, die Peter Sachse gründet, der sich dort um hohes Niveau bemüht. Hier tritt auch der bis heute erfolgreichste »Blitzdichter« auf: Paul Steinnitz. Er läßt sich aus dem Publikum dreißig oder mehr Zitate zurufen und setzt sie blitzschnell zu einem von ihm improvisierten Gedicht zusammen.

Steinnitz behält nicht nur sämtliche Zitate im Kopf, es gelingt ihm auch, alle logisch zu ordnen, in einen richtigen Zusammenhang zu zwingen, und er bringt es darüber hinaus noch fertig, daß sich das Ganze nicht etwa krampfhaft, sondern kunstvoll reimt. Mehrere Intellektuelle versuchen, ihn zu verwirren – keinem gelingt es.

1930 eröffnet der später so berühmt gewordene Werner Finck seine *Katakombe,* in der er viele junge Leute auf die Bühne bringt, die später Karriere machen: Hans Deppe, Rudolf Platte, Dolly Haas, Inge Bartsch und Ursula Herking. Bei der Eröffnungsvorstellung sagt Werner Finck in seiner Conférence:

»Wie ich auf den Namen ›Katakombe‹ gekommen bin? Ganz einfach. Vor zweitausend Jahren war die Katakombe der Zufluchtsort der ersten Christen. Heute ist sie es der letzten.«

Die *Katakombe* gilt zu dieser Zeit als das lebendigste und auch beste Kabarett der Reichshauptstadt. Finck, der später so viel Ärger mit den Nationalsozialisten hat und schließlich »verboten« wird, führt in seinem Hause eine offene Sprache. Er widersetzt sich dem Rassendogma der laut posaunenden Nationalsozialisten und fühlt sich – das mag pathetisch klingen, ist aber eine ehrliche Maxime Fincks – dem Abendland verpflichtet: als einer der »letzten Christen«.

So bleibt es nicht aus, daß in der *Katakombe* gelegentlich Nationalsozialisten sitzen und durch provokante Bemerkungen die Vorstellung zu stören versuchen. Als einmal einer Finck während einer Conférence »Judenjunge!« zuruft, antwortet er schlagfertig:

»Sie irren! Ich sehe nur so intelligent aus ...«

Die großen Conférenciers jener Jahre vor 1933 sind Fritz Grünbaum, Paul Morgan (der nebenbei in zahlreichen Charell- und Haller-Revuen als Komiker auftritt), Willi Schaeffers (der 1931 ein eigenes *Kabarett für Alle* eröffnet, im Hause des Tanzpalastes *Femina)*, Helmuth Krüger, Paul Nikolaus, Willi Prager und Szöke Szakall. Schaeffers wird 1938 Direktor des KadeKo (als später Nachfolger von Kurt Robitschek, der 1933 Deutschland verlassen mußte, und Dr. Hans Schindler, der 1938 starb): des *Kabaretts der Komiker*.

Inmitten der Hochburg einiger Ringvereine von Neukölln eröffnet Wilhelm Bendow in einer Bretterbude *Bendows Bunte Bühne*. Hier singt Claire Waldoff zum ersten Male die berühmte Hymne auf Heinrich Zille: »Det war sein Milljöh«.

In einem seiner Programme erweist Bendow sogar den Ganoven seine Reverenz mit einem Sketsch, in dem es zum Schluß heißt:

Et jibt noch Richter in Berlin,
Die sich die schweren Jungens kaufen.
Und die Kleinen hängt man auf,
Und die Großen läßt man laufen.

Obwohl Bendow kein Nationalsozialist ist und den neuen Machthabern als »Lieschen« suspekt sein müßte, darf er zunächst weiter auftreten, und im *Kabarett der Komiker* (KadeKo) gehört er zu den beliebtesten Künstlern.

Doch Ilse Werner erinnert sich (in ihrem Buch *So wird's nie wieder sein,* Seite 136): »Bendow trat zuletzt in einer Revue auf, die auf einer Südseeinsel spielte. Da kam eine Szene mit Schiffbrüchigen vor. Einer von ihnen fragte Bendow: ›Können Sie uns retten?‹, worauf er irgendeine harmlose Antwort gab.

Doch in der letzten Vorstellung hatte Bendow einen Steinhäger gekippt und mochte nicht länger seine Zunge im Zaum halten.

Kaum war der Satz ›Können Sie uns retten?‹ gefallen, antwortete er ernst mit einem ›Nee‹, trat dann an die Rampe und rief in Anspielung auf die Kriegssituation ins Publikum: ›Ja, sind wir denn überhaupt noch zu retten?‹

Einen Augenblick lang war es so still, als habe das Publikum den Atem angehalten. Wilhelm Bendow hatte gewagt, das auszusprechen, was viele dachten – aber es offen zu sagen, das trauten sie sich nicht.

Als wir in der Pause hinter die Bühne gingen, um ihm zu seinem Mut zu gratulieren, war Bendow bereits verhaftet.

Daß Deutschlands Bühnen zumachen mußten (1944), wurde von den Berlinern übrigens sofort mit der bissigen Meldung ironisiert: ›Mein Führer! Deutschlands Theater stehen geschlossen hinter Ihnen.‹

Hut ab vor den Berlinern. Hut ab vor ihrem Herz, ihrer Schnauze und ihrer Unerschrockenheit, die sie gerade in jenen schrecklichen Jahren nicht verloren. Ich habe unzählige Beweise ihres Mutes erlebt. Daher auch meine Liebe zu dieser Stadt und ihren Bewohnern.«

Hier, im KadeKo, machen sich 1938 die Drei Rulands (Helmut Buth, Manfred Dlugi und Wilhelm Meissner) durch ihre Chansons unbeliebt und werden schließlich verboten. Auch der Autor hatte einigen Ärger mit dem Propagandaministerium, weil er wegen der Namensgleichheit ausführlich und positiv über die Drei Rulands in der *BZ am Mittag* berichtete.

Als im November 1944 das *Kabarett der Komiker* zerstört wird, ist zum dritten Male eine Epoche des Berliner Kabaretts abgeschlossen. Auf 1914 folgte 1933, und danach kam jenes Ende, in dem es zunächst endgültig mit dem Humor vorbei war und nur noch persönlicher Galgenhumor jeden aufrechterhielt.

☆

Über das Berliner Kabarett, dessen Geschichte hier nur kurz und stichwortartig wiedergegeben wurde, könnte ein umfangreiches Buch geschrieben werden. Es müßte nicht nur über zahllose Kabaretts ausführlich erzählen, sondern auch über Glanz und Ruhm und Ende der Künstler berichten. Die Geschichte eines der größten aller Kabarettisten, Otto Reutter, dem Berlin so oft zugejubelt hat, wäre ohnehin ein Thema für sich . . .

Wer erinnert sich, zum Beispiel, noch daran, daß Josephine Baker ihren größten Erfolg nicht etwa in Paris, sondern in Berlin in einer Nelson-Revue erlebte? Vor einem schwarzgelackten Vorhang tanzte sie in paradiesischer Nacktheit, nur mit einer Bananengirlande bedeckt, die wilden Tänze ihrer karibischen Heimat und machte jenen Begriff deutlich, der aus Amerika kam und auch in Deutschland ein Modewort wurde: Sex-Appeal.

Nach dem ersten Auftritt von Josephine Baker in Berlin (1924) wurden alle bisherigen Nackttänzerinnen – etwa Anita Berber oder Celly de Reydt – in das zweite Glied verbannt. Die Berliner Revue-Könige Erik Charell, James Klein und Hermann Haller hätten die kakaobraune Schönheit allzu gerne zu ihrem Star erkoren.

Damit ist wieder ein Stichwort gegeben: die großen Ausstattungsrevuen, die in den zwanziger Jahren große Mode sind. Auch das ist wieder ein Thema, das zu Berlin gehört: voller Geschichte und Geschichten und mit vielen interessanten Menschen. Auch hier müssen wieder einige Stichworte genügen.

Der Schlager »Ich bin die Marie von der Haller-Revue« erobert von Berlin aus ganz Deutschland. Wenn die Girls von Hermann Haller in preußischer Exerzierdis-

285

ziplin ihre nackten Beinchen über die Bühne des *Admirals-palastes* wirbeln, kann keiner still auf seinem Stuhl sitzen. Die sechs Titel der großen Haller-Revuen mögen die Erinnerung in denen wachrufen, die sie erlebt haben: *Drunter und Drüber, Noch und Noch, Achtung! Welle 505!, An und Aus, Wann und Wo* und *Schön und Schick.*

James Klein drillt seine Girls in der *Komischen Oper,* und einer seiner großen Erfolge heißt beziehungsreich: *Zieh dich aus!* Der Revue-Titel *Das hat die Welt noch nicht gesehn* wurde schon im ersten Kapitel erwähnt, und eine weitere Revue heißt: *Der Zug nach dem Westen.*

In einer dieser Revuen beginnt in den frühen zwanziger Jahren die Karriere eines jungen Mannes, der es später zu höchstem Filmruhm bringt. Ein eleganter Herr im Frack und mit Zylinder springt in *Tausend süße Beinchen* allabendlich von einem Kronleuchter in ein Bassin, in dem sich verführerische Nixen tummeln: Hans Albers.

Der Tänzer Erik Charell dagegen erhebt die Revue zum großen Theater und inszeniert Revuen, die an Ausstattung alles überbieten, was es bisher gegeben hat: *An Alle, Für Dich, Von Mund zu Mund* (in der Marlene Dietrich zum erstenmal eine winzige Rolle spielt) und viele andere.

Charell inszeniert außerdem mit größtem Aufwand klassische Operetten mit einer kaum wieder erreichten Lebendigkeit. Die einfallsreichste Inszenierung ist die Operette *Das Weiße Rößl* von Ralph Benatzky, die mit Melodien von Robert Stolz und Bruno Granichstaedten angereichert ist. Charell übertrifft sich selber mit seinen Regie-Einfällen, mit dem Farbenrausch seiner Ausstattung, mit Kostümen und Kulissen. Er erhebt die Operette zur Revue und macht daraus gewissermaßen das erste deutsche Musical. Das Publikum dankt mit einem Beifall, wie es das *Große Schauspielhaus,* in dem Charell Hausherr ist, noch nicht erlebt hat.

Max Hansen als Leopold erreicht in dieser Inszenierung den Höhepunkt seines Könnens. Camilla Spira bezaubert als »Rößl«-Wirtin Josepha. Paul Hörbiger spielt einen zu Tränen rührenden Kaiser Franz Joseph und Otto Wallburg den Berliner Urtyp des Giesecke mit umwerfender Komik. Siegfried Arno glänzt als Sigismund, Willi Schaeffers brilliert als Professor Hinzelmann.

Die Kritiker überschütten Charell mit Lob, und das Publikum applaudiert in zahlreichen Vorstellungen enthusiastisch. Charell hat mit seiner Inszenierung bewiesen, was aus einer Operette »gemacht« werden kann, wenn ein genialer Regisseur sie mit verschwenderischer Vielfalt von Einfällen auf die Bühne bringt.

Charells große Beweglichkeit spiegelt auch der Film *Der Kongreß tanzt* wider, für den die Ufa den bis dahin filmfremden Charell engagiert hat.

Namen und Ereignisse ... Sie waren einmal das Tagesgespräch der Reichshauptstadt. Wer sie selbst erlebt hat, wird sie nie vergessen können.

☆

Die freche Muse der Schlager und die kecke Muse des Kabaretts, soweit sie mit Musik verbunden ist, sind die »unartigen« Schwestern der Muse der klassischen Musik. Aber der souveräne Geist der Opern und Symphonien, der Klavier- und Violinkonzerte ist großmütig und schämt sich ihrer anspruchslosen Schwestern nicht.

Auch in Berlin leben sie friedlich nebeneinander, und viele Freunde der ernsten Musik sind zugleich aufgeschlossen gegenüber den heiteren und leichten Tönen, und es ist bekannt, daß mancher große Dirigent privat zur Entspannung Jazz oder Schlager spielt.

Berlin ist eine ungewöhnlich musikfreudige Stadt und blickt auf eine große Tradition zurück.

Der aus Zerbst stammende Komponist und Cembalist Friedrichs II., Carl Friedrich Fasch, gründet 1791 in Berlin die traditionsreiche *Sing-Akademie,* die bis auf den heutigen Tag ihren Ruf behalten konnte. Im Laufe ihrer Geschichte gehörten ihr viele prominente Berliner an: Johann Gottlieb Fichte sang in ihrem Chor jahrelang Tenor, der spätere Reichskanzler Otto von Bismarck Baß. Auch Georg W. F. Hegel, Wilhelm von Humboldt, Friedrich von Schlegel, Karl Friedrich Schinkel und seine Frau, Carl Maria von Weber und viele andere bedeutende Berliner Persönlichkeiten gehörten zu den aktiven Mitgliedern der *Sing-Akademie*. Fördernde Mitglieder waren Politiker, Künstler, Schriftsteller und Männer des öffentlichen Lebens.

In den Jahren von 1900 bis 1945 erlangen die traditionellen Konzerte zu bestimmten Feiertagen großen Ruhm. Am Gründonnerstag und Karfreitag werden die Passionen von Johann Sebastian Bach aufgeführt, am Bußtag eine h-Moll-Messe, kurz vor Weihnachten sein Weihnachtsoratorium. Auch Verdis Requiem gehört zum traditionellen Berliner Repertoire ernster Musik.

Zahlreiche Auslandsreisen des Chores in viele Städte der ganzen Welt machen die *Sing-Akademie* weltberühmt, und die Aufführungen sind – genau wie im heimatlichen Berlin – stets ausverkauft.

Das gesamte deutsche Chorwesen hat sich aus der Berliner *Sing-Akademie* entwickelt und nach ihr gerichtet.

Der ehemalige Maurermeister und spätere Komponist (Lieder, Chöre, Kantaten) und Duzfreund von Goethe, Carl Friedrich Zelter, ruft 1809 den ersten deutschen Männerchor ins Leben: die »Liedertafel«. In diesem Jahr wird Zelter Professor an der Preußischen Akademie der Künste.

Dreizehn Jahre später, 1822, gründet er das *Königliche Institut für Kirchenmusik,* aus dem 1869 die *Hochschule für Musik* hervorgeht. Carl Friedrich Zelter und seine musikalischen Initiativen machen ihn in Berlin ungewöhnlich populär. Er sorgt dafür, daß Musikkritiken, die bisher nur in Fachzeitschriften erschienen, auch in Tageszeitungen veröffentlicht werden.

Die Reichshauptstadt wird musikbegeistert. Als *Der Freischütz* von Carl Maria von Weber am 18. Februar 1821 in der Königlichen Oper Unter den Linden uraufgeführt wird, avancieren bald die schönsten Melodien zu populären Liedern. Der Beamte und der Schusterjunge, der Handwerksmeister und der Offizier – sie alle singen und pfeifen »Wir winden dir den Jungfernkranz«, »Durch die Wälder, durch die Auen« und viele andere *Freischütz*-Melodien.

Zelter, der 1882 stirbt, ist stolz auf seine vielen tüchti-

Sie waren »berüchtigte« Berliner: »Volksbeglücker« und Betrüger Max Klante (links, 54), dem 260 000 Berliner ihr Geld anvertrauten. Ein Gaunertrio besonderer Art bilden die drei Brüder Leo, Max und Willy Sklarek, die es fertigbringen, mit ihrer Kleider-Vertriebsgesellschaft (Bild oben rechts, 55) in der Reichshauptstadt den größten kommunalpolitischen Skandal auszulösen, den es je gegeben hat.

Willi Sklarek (Bild rechts, mit hellen Hut) sonnt sich im Ruhm, Rennstallbesitzer und Lebemann zu sein. (56)

»Imma rin ins Vajniejen!« Eiserner See im Lunapark Halensee. (57)

Die »Filmstadt« Babelsberg. (58)

Operettenseligkeit garantierten Franz Lehár (Bild links; mit Vera Schwarz und Richard Tauber) und METROPOL-Star Fritzi Massary (Bild rechts). (59, 60)

Filmereignisse schufen Marlene Dietrich und Emil Jannings in DER BLAUE ENGEL (Bild links) sowie Michael Bohnen und La Jana in CASANOVA (Bild rechts) (61, 62)

Der Schwarm einer Generation: Lilian Harvey. Ihre Tonfilme – darunteer LIEBESWAL
ZER, DIE DREI VON DER TANKSTELLE, DER KONGRESS TANZT, EIN BLON
DER TRAUM – sind bis heute unvergessen. Lilian Harvey und Willy Fritsch waren 12 Jahr
lang »das« Film-Liebespaar. – Zu den bedeutendsten Regisseuren der großen Zeit de
Berliner Films gehören (von oben nach unten): Fritz Lang, Ernst Lubitsch, Richard Oswal
und Georg Wilhelm Pabst. (63, 64, 65, 66, 67)

gen Schüler, von denen drei besonders bekannt geworden sind: Otto Nicolai, der Dirigent der *Berliner Oper* und Komponist von den *lustigen Weiber von Windsor;* Felix Mendelssohn-Bartholdy, der schon neunjährig als Pianist auftritt und ein umfangreiches musikalisches Werk hinterläßt; Giacomo Meyerbeer, dessen Opern *Die Hugenotten, Die Afrikanerin* noch heute zum klassischen Spielplan gehören.

In Berlin wird im Anfang des vorigen Jahrhunderts zum ersten Male die Bezeichnung »Generalmusikdirektor« geprägt, und Gaspare Spontini († 1851), musikalischer Chef der *Königlichen Oper,* ist ihr erster Träger. Sein Name und seine Opern *Olympia* (mit den Texten von E. T. A. Hoffmann) und *Die Vestalin* sind noch heute den Kennern geläufig.

In der zweiten Hälfte des vorigen Jahrhunderts wächst die Zahl der Berliner Gesangvereine von Jahr zu Jahr. Der größte von ihnen ist der *Arbeitergesangverein,* und der berühmteste deutsche Gesangverein wird später der 1902 gegründete *Lehrergesangverein,* der sich am Alexanderplatz einen eigenen Konzertsaal baut. Auch der *Sternsche Gesangverein* bemüht sich um höchstes Niveau.

Fast alle Berufsstände schaffen sich einen eigenen Gesangverein. Die Sänger unter den Buchdruckern haben sich im *Typographia* zusammengefunden, die Dachdecker im Verein *Frische Kehlen* – um nur wenige Beispiele zu nennen.

Berlin ist auch die Stadt, in der die Hausmusik besonders gepflegt wird. Es gibt vor dem Ersten Weltkrieg schon vierzig Laienorchester, die klassische Musik spielen. Zu ihnen gehören nach dem Ersten Weltkrieg vier große Symphonieorchester – von denen das *Ärzteorchester* das bekannteste ist.

Zu den Laienorchestern gesellen sich über dreihundert (1924) Musikvereine – von der Blaskapelle, die sich der Marschmusik verschrieben hat, über den Mandolinen-Klub bis zum Mundharmonika-Klub. Es gibt kaum ein Musikinstrument, das nicht von einem Verein besonders gepflegt wird.

1882 wird das *Philharmonische Orchester* gegründet, das jahrzehntelang als bestes Symphonieorchester der Welt gilt. Bis 1892 ist Hans von Bülow (verheiratet mit Cosima, der Tochter von Franz Liszt und späteren Frau von Richard Wagner) ihr Chef. Ihm folgt Arthur Nikisch, und nach seinem Tode leitet ab 1922 Wilhelm Furtwängler bis zum Ende der Reichshauptstadt die Philharmoniker.

Auch zahlreiche berühmte Musiker und Dirigenten haben die Philharmoniker als Gäste dirigiert: unter anderen Johannes Brahms, Edvard Grieg und Peter Tschaikowsky. Das *Berliner Philharmonische Orchester* hat im Laufe seiner Geschichte, auf seinen Gastspielreisen durch die ganze Welt, für das künstlerische Deutschland geworben. Als es, zum Beispiel, 1897 mit triumphalem Erfolg in Paris gastiert, wird endlich jenes Eis gebrochen, das nach dem Deutsch-Französischen Krieg 1870/71 zwischen Paris und Berlin die Beziehungen so stark einfrieren ließ.

Jahrzehntelang leben viele ausländische Komponisten in der musikbegeisterten deutschen Reichshauptstadt, wie etwa der Italiener Ferruccio Busoni *(Doktor Faust)*.

Eine nüchterne Feststellung macht diese echte Beziehung der Berliner zur Musik besonders deutlich. Die Zahl der großen Konzerte – Opernaufführungen und Singspiele selbstverständlich nicht mitgezählt – steigt in Berlin von jährlich 70 (1860) bis auf 300 (1895). Danach geht es immer weiter aufwärts – bis zu den zwanziger Jahren, da die Anzeigenteile der Zeitungen ganze Seiten mit Konzertanzeigen jeglicher Art füllen, vom Symphonie- über das Violin- bis zum Klavierkonzert.

Die Berliner und ihre Besucher haben die Wahl zwischen zahlreichen Konzerthäusern und -sälen. Es gibt: die Philharmonie in der Bernburgerstraße; den Konzertsaal in der *Hochschule für Musik* in der Hardenbergstraße; den Beethovensaal in der Köthenerstraße; den Bechsteinsaal in der Linkstraße; den Blüthnersaal in der Lützowstraße; den Klindworth-Scharwenkasaal, ebenfalls in der Lützowstraße; den Choralionsaal in der Bellevuestraße; den Harmoniumsaal in der Steglitzer Straße und schließlich die *Sing-Akademie* Am Kastanienwäldchen.

Hinzu kommen jene Säle, die sich die großen Gesangvereine – etwa der Männerchor des Berliner *Lehrergesang-
vereins* – mieten. Ferner gibt es viele geistliche Konzerte in
mehreren Kirchen, vor allem im Dom, dessen Orgelkon-
zerte beliebt sind, und in der Kaiser-Wilhelm-Gedächtniskirche; ferner in der Petri- und Jerusalemer-, in der
Marien- und Alten Garnisonskirche.

Wohlgemerkt: Bei allem bisher Erwähnten handelt es
sich nur um klassische Musik. Die Stätten, in denen man
Unterhaltungsmusik genießen kann, sind unzählbar.

In den zwanziger und bis hinein in die dreißiger Jahre
sind viele der berühmtesten Dirigenten der Welt ständig
oder als Gast in Berlin. Wilhelm Furtwängler wurde schon
erwähnt. Am Pult der Berliner Staatsoper steht als Chef
Generalmusikdirektor Erich Kleiber, andere Dirigenten in
dieser *Oper Unter den Linden* sind Clemens Krauß, Karl
Elmendorff, Leo Blech und (ab 1941) Herbert von Karajan.

Sein erstes Gastspiel gibt Karajan schon im Herbst
1938 in der Reichshauptstadt, von Aachen kommend. Er
dirigiert ein Konzert in der Philharmonie, in der Staatsoper
Fidelio und *Tristan*.

Karajan, 1938 noch ein junger Mann von 30 Jahren,
dirigiert ganz ohne Blatt – schon das bedeutet eine Überra-
schung für alle Musikkritiker, die sich in Lobeshymnen
buchstäblich überschlagen. Furtwängler allerdings kommentiert, als er dazu um seine Meinung gefragt wird, bissig:
»Warum sollte jemand auswendig dirigieren, wenn er
Noten lesen kann.«

Der Autor wird jenen frühen Morgen nie vergessen,
an dem sein Freund Dr. Edwin von der Nüll das gemein-
same Zimmer in der Redaktion der *BZ am Mittag* betritt
und noch vor der Begrüßung hinausposaunt:

»So etwas habe ich überhaupt noch nicht erlebt!
Dieser Karajan ist ein Phänomen!«

Von der Nüll läßt mich seine berühmt gewordene
Kritik lesen, ehe sie in Satz geht. Als ich das getan habe,
bemerke ich etwas ironisch:

»Jetzt fehlt nur noch, daß du behauptest, Karajan
habe den *Tristan* sogar selber geschrieben!«

»Red' keinen Unsinn und sag' mir lieber einen knalligen Titel!«

Ganz spontan sagt der Autor:

»Wenn wirklich alles so ist, wie du hier schreibst, dann gibt es nur eine Überschrift: ›Das Wunder Karajan‹.«

Damit ist jenes Schlagwort geboren, das noch heute gebraucht wird, wenn von Karajan die Rede ist, und das sogar einem Buch über den berühmten Dirigenten den Titel gab.

Die Überschrift erscheint über die ganze Zeitungsbreite im Feuilleton der *BZ*. An einer der Stellen der ausführlichen Kritik (ein Ausdruck freilich, der im Dritten Reich verpönt ist; es muß »Kunstbetrachtung« heißen) schreibt von der Nüll:

»Es ist nicht möglich, ihn (Karajan) in geläufige Vorstellungen einzuordnen. Er ist weder Rhythmiker noch auf Klang spezialisiert, weder typischer Operndirigent noch Symphoniker. Mehr kann man nicht über ein Genie sagen.«

Von der Nüll meint in seiner Kunstbetrachtung, Heinz Tietjen habe für seine Inszenierungen endlich den richtigen Dirigenten gefunden. Und weiter:

»Der Abend dürfte dem großen Künstler und Organisator Tietjen eine doppelte Genugtuung gebracht haben:

1. hat er einen kongenialen Partner für seine Inszenierungen an der Linden-Oper gefunden,

2. hat sich sein jahrelanges Warten, die Ausdauer, mit der Tietjen naheliegende Kompromißlösungen überstand, auf das herrlichste belohnt. Das (Karajan) ist der Mann, der schon heute alle Wünsche befriedigt, die man an einen Dirigenten von Weltruf stellen muß. Es hat keinen Sinn mehr, länger damit hinter dem Berg zu halten... Was Karajan gestern zeigte, grenzt ans Unbegreifliche.«

Tatsächlich legt Tietjen dem Gast aus Aachen ein glänzendes Angebot vor. Er soll praktisch den höchsten musikalischen Posten in Deutschland erhalten. Aber Karajan hat Zeit...

Erst 1941 übersiedelt er als Leiter der *Berliner Staatskapelle* ganz in die Reichshauptstadt. Sein Titel: Staatskapellmeister. Einer der ersten musikalischen Posten im damaligen Deutschland. Er war Opernchef und dirigierte die Symphoniekonzerte der *Staatskapelle*. Zum ersten Mal vereinte er vielerlei Macht in seiner Hand.

1954, nach Furtwänglers Tod am 30. November, folgte Herbert von Karajan wiederum einem Ruf nach Berlin. Die *Berliner Philharmoniker* hatten ihn zu ihrem Chefdirigenten erwählt. Eine »Ehe«, über die 1984 – nicht zum ersten Mal – Scheidungsgerüchte in der Presse kursierten, wobei die beiden Parteien in der Schuldzuweisung nicht eben pingelig verfuhren. Aber Tatsache ist: Die *Berliner Philharmoniker* wurden unter seiner Leitung das wohl erste Orchester der Welt, sie wurden auf Reisen mit Lob überschüttet, und die gemeinsam erarbeiteten Schallplatten erzielten Rekordumsätze.

Für die enthusiastische Kritik und die (so die Rüge des Propagandaministeriums) »bombastische Aufmachung«, die der Autor auf dem Gewissen hat, gibt es einigen Ärger mit der Reichsmusikkammer und dem Propagandaministerium. Aber gute Freunde im Hause, das seit 1937 nicht mehr Ullstein, sondern Deutscher Verlag heißt, glätten durch gute Beziehungen schnell wieder die Wogen.

In der *Staatlichen Oper Am Platz der Republik* (volkstümlich »Krolloper« genannt, weil es hier früher ein Tanzetablissement gleichen Namens gegeben hat) sorgt der Dirigent Otto Klemperer dafür, daß sein Haus schon bald als »wagefreudigstes Opernhaus der Welt« gilt.

Die *Tannhäuser*-Aufführung nimmt schon alles das an Neuem vorweg, was nach dem Zweiten Weltkrieg Wieland Wagner in Bayreuth einführt. Das gilt vor allem auch für den *Fliegenden Holländer*, über dessen Inszenierung Heinz Tietjen 35 Jahre später sagt:

»Die eigentliche Revolutionierung, die das neue Bayreuth heute für sich in Anspruch nimmt, hat schon Mitte der zwanziger Jahre zum ersten Male in Berlin stattgefunden. Das heutige Bayreuth hätte davon lernen können ...«

Die Krolloper, an der früher viele berühmte Dirigenten wirkten – um nur einen zu nennen: Albert Lortzing *(Zar und Zimmermann)* – wird nach dem Brand des

Reichstages zur »Singhalle der nationalsozialistischen Abgeordneten« umfunktioniert.

In der *Städtischen Oper Charlottenburg* in der Bismarckstraße (später *Deutsches Opernhaus*) ist Bruno Walter der große Zauberer. Was Walter hier mit seinem Bühnenbildner Preetorius und mit Heinz Tietjen als Regisseur bietet, ist in den Augen der Kritiker und der Zuschauer einfach phantastisch.

Unter den weiteren Dirigenten der Reichshauptstadt ist vor allem Robert Heger zu nennen. Und danach folgt die große Garde der Gastdirigenten, die hier die Philharmoniker oder eines der Opern-Orchester leiten. Aus Leipzig kommt der Gewandhauskapellmeister Hermann Abendroth immer wieder nach Berlin; aus Dresden Karl Böhm; aus Hamburg Eugen Jochum; aus München Hans Knappertsbusch und Hans Pfitzner (der von 1920 bis 1929 Professor an der Preußischen Akademie der Künste in Berlin war), aus Wien Richard Strauss (der schon einmal, von 1898 bis 1919, ständig in Berlin dirigierte) und Edmund Strauß.

Die berühmtesten ausländischen Dirigenten stehen ebenfalls regelmäßig an Berliner Orchesterpulten: der Italiener Arturo Toscanini aus New York, Victor de Sabata von der Mailänder Scala, Bernardino Molinari aus Rom, aus England Thomas Beecham mit den Londoner Philharmonikern, aus Amsterdam Willem Mengelberg vom Konzertgebouw-Orchester, aus Genf Ernest Ansermet.

Zahlreiche neue Opern werden in Berlin uraufgeführt. Um nur drei Beispiele zu nennen: am 14. Dezember 1925 *Wozzek* von Alban Berg; am 14. März 1935 *Prinz von Homburg* von Paul Graener; am 24. November 1938 *Peer Gynt* von Werner Egk.

☆

Die Sängerinnen, die Sänger, die großen Solisten, die Tänzerinnen – sie alle sind untrennbar mit der Geschichte des Berliner Musiklebens verbunden.

Jeder Name ein Begriff bis auf den heutigen Tag. Jeder Name ein Profil, ein Leben für die Kunst, ein Schicksal. Und doch müssen wir uns hier darauf beschränken, sie summarisch zu nennen.

Für viele der Leser werden die meisten der Namen Erinnerungen an unvergeßliche Abende und große künstlerische Erlebnisse wachrufen ...

Geben wir den Damen den Vortritt. Auf den Opernbühnen singen Erna Berger, Paula Buchner, Maria Cebotari, Maria Ivogün (Inge von Günther), Margarethe Klose, Lotte Lehmann, Frida Leider, Emmi Leisner, Tiana Lemnitz, Toti dal Monte, Maria Müller, Maria Olczewska, Sigrid Onégin, Elisabeth Rethberg, Erna Sack, Elisabeth Schwarzkopf, Louise Willer und als Gast aus Italien immer wieder Dusolina Giannini.

Unter den Sängern glänzen vor allem (auch hier wieder in alphabetischer Reihenfolge): Peter Anders, Georges Baklanoff, Rudolf Bockelmann, Michael Bohnen, Hans Heinz Bollmann, Willi Domgraf-Fassbaender, Fritz Krenn, Max Lorenz, Walter Ludwig, Lauritz Melchior, Jaro Prohaska, Wilhelm Rode (zugleich Intendant und Regisseur des *Deutschen Opernhauses in Charlottenburg),* Helge Roswaenge, Heinrich Schlusnus, Leo Schützendorf, Leo Slezak, Franz Völker, Ludwig Windisch, Marcel Wittrisch und Ludwig Wüllner.

Und als Gäste treten immer wieder in Berlin auf: Joseph Schmidt, der »deutsche Caruso«; Fedor Schaljapin, dessen Liederabende stets volle Häuser garantieren; Benjamino Gigli; Niels Kallmann und Hans Jenkner.

Von den Pianisten sind vor allem zu nennen: Wilhelm Backhaus, Edwin Fischer, Walter Gieseking, Wilhelm Kempff, Elly Ney und Michael Raucheisen. Als Gäste kommen nach Berlin: der Franzose Alfred Cortot, der Engländer Frederick Lamond, der Pole Raoul von Koczalski und der Chilene Claudio Arrau, der schon mit sechs Jahren als Wunderkind galt und in der deutschen Reichshauptstadt studiert hat.

Die fünf Violinisten, die vom Berliner Publikum immer wieder stürmisch gefeiert werden, sind: Mischa Elman, Leonid Kreutzer, Yehudi Menuhin, Jacques Thibaud und Georg Kulenkampff.

Wenn die spanischen Cellisten Gaspar Cassadó und Pablo Casals ihre Gastspiele in Berlin geben, sind die Eintrittskarten immer schnell ausverkauft. Und wenn gar, wie das oft geschieht, Gaspar Cassadó und Pablo Casals zusammen mit Jacques Thibaud als Trio spielen, erlebt die Berliner Musikwelt etwas, das nicht nur in der Reichshauptstadt eine besondere Sensation bedeutet.

Zu nennen sind schließlich noch der Bruno-Kittelsche-Chor und der Chor der Sing-Akademie, die ausländische Kritiker für die besten der Welt halten.

Und was wären die Berliner Bühnen ohne die großen Tänzerinnen und Tänzer? Auch hier können, exemplarisch, wieder nur die wichtigsten Namen aufgeführt werden: Manon Ehrfur, Hedi und Margot Hoepfner, Niddy Impekoven, Liselotte Köster, Lisa Kretschmar, Gret Palucca, Anna Pawlowa und Mary Wigman. Auch jene beiden bezaubernden und grazilen Geschöpfe sollen nicht vergessen werden, die mehr die heitere Seite der Tanzkunst demonstrieren: Maria Sazarina und die allzu früh verstorbene La Jana (Jenny Hibel).

Als die Theater im Winter 1944 schließen müssen, schweigen die Musen der Musik noch immer nicht. Das *Berliner Philharmonische Orchester* spielt noch am 14. April 1945 das Requiem von Johannes Brahms. Mit diesem letzten Konzert in der sterbenden Stadt wird zugleich ihr eigenes Requiem mit dem Kanonendonner der vorrückenden sowjetischen Armee zelebriert.

13. Kapitel

Bis aller Glanz erlosch . . .

Der Weg zum bitteren Ende

Die Reichshauptstadt ist tot, es lebe Berlin!

Lebendiges, hektisches, fleißiges, lebensbejahendes, nimmermüdes Berlin. Es wird in Schichten rund um die Uhr gearbeitet und, wo und wann immer sich Gelegenheit dazu bietet, gefeiert.

Wenn Berliner Besuch »aus der Provinz« bekommen, sind sie stolz darauf, Verwandten und Freunden »ihre« Stadt zeigen und sie am Abend dorthin führen zu können, wo etwas los ist.

»Den Berlinern erscheint der Tag offenbar zu kurz, sie müssen noch die Nacht dazunehmen.« Das stellt der geniale amerikanische Elektroingenieur Thomas Alfa Edison fest, als er in den zwanziger Jahren die deutsche Reichshauptstadt besucht.

Attraktionen gibt es mehr als genug, vor allem in den Jahren zwischen den beiden Weltkriegen. Statt eines der 49 Theater, 362 Kinos (von denen der Ufa-Palast am Zoo außer den hier gezeigten Spitzenfilmen mit seiner berühmten Wurlitzer-Orgel eine Hör- und Sehenswürdigkeit bildet) zu besuchen... Statt in eines der beiden Großvarietés *Scala* und *Wintergarten* zu gehen... Statt sich in den fast 30 Kabaretts (unterschiedlicher Größe und Ansprüche) aufmuntern zu lassen oder in einem der acht Konzertsäle klassische Musik zu erleben...

... stürzen wir uns in ein anderes der vielen Berliner Vergnügen.

Als Clou erweist sich für die meisten das *Haus Vaterland* am Potsdamer Platz, das eine ganze Palette von Überraschungen bietet, »die ganze Welt« unter einem Dach vereint und jährlich mehr als eine Million Gäste zählt.

Da gibt es im »Vaterland« Oberbayern mit Blick auf die Zugspitze und der dazugehörigen Blaskapelle. Auf der Rheinterrasse kann vor einem »echten« Rhein-Panorama mit Weinbergen und Burgen jeder gewünschte Wein getrunken und das Gewitter über dem Siebengebirge bewundert werden. Im maurischen Palast werden türkischer Mokka und orientalische Bauchtänzerinnen serviert.

Beim Laternentanz kredenzen Geishas aus dem fernen Japan Reisschnaps. In der Texas-Bar produzieren sich Pistolenschützen und Lassowerfer, während die Gäste harte Schnäpse »kippen«. Beim Kastagnetten-Geklapper in der spanischen Bodega wird Tarragona getrunken.

Im Ballhaus *Resi* und im Tanzpalast *Femina* mit ihren Telefonen von Tisch zu Tisch lassen sich schnell Kontakte schließen und mit kleinen Geschenken – durch die Rohrpost des Ballhauses an die Plätze der auserwählten Adressaten befördert – vertiefen.

Im *Delphi* zwingen die Rhythmen der Kapellen auch den schüchternsten Tänzer aufs Parkett.

Im Wellenbad des *Luna-Parks* in Halensee, das mehr als eine Million Mark gekostet hat, sind von morgens früh bis nach Mitternacht alle versammelt, die sich in der künstlichen Brandung tummeln wollen.

Wer schließlich nach dem Besuch des *Metropol-Theaters*, in dem es die neue Walter-Bromme-Operette mit dem Titel *Tausend süße Beinchen* gibt, im *El Dorado* – einer der 220 Bars Berlins – landet, kann eine Enttäuschung erleben; denn hier sind Damen meistens Herren, und Herren sehr oft Frauen.

Die großen Tanzorchester von Berlin, deren Namen ganz Deutschland durch den Rundfunk kennt, wetteifern in Klang und Rhythmus: Bernhard Etté, Oscar Joost, Will Glahé, Barnabas von Géczy, Adalbert Lutter, Kurt Hohenberger, Hans Carste, Hans Rehmstedt, Kurt Widmann, Ilja Livjakoff, George Boulanger, Dajos Bela, Marek Weber, Teddy Stauffer und Henry Hall (der oft mit seinem englischen Rundfunk-Tanzorchester in der Reichshauptstadt weilt).

Die Mädchen sind nicht zimperlich. Die Männer, alt

und jung, lassen sich becircen. Die Nacht nimmt erst ein Ende, wenn der Morgen graut. Das Geld sitzt locker, und überhaupt: die reichshauptstädtischen Nächte sind – so Filmzar Louis B. Mayer, Berlin-Besucher aus Hollywood – »die schönsten und abwechslungsreichsten der ganzen Welt«.

Aber ...

Aber die Reichshauptstadt hat auch eine finstere Kehrseite, die sich nicht verbergen läßt.

Es gibt noch ein anderes Gesicht Berlins: eine lichtlose Seite, auf der jeder Tag zur Nacht wird.

☆

Die alte Reichshauptstadt – das ist nicht nur eine Weltmetropole des Geistes, der Wissenschaft, der Industrie, des Theaters, des Films und der übrigen Künste auf vielen Gebieten; das ist nicht nur die Lichterstadt an der Spree mit ihren vielen Vergnügungs- und Sportmöglichkeiten und einem pikanten Nachtleben, das buchstäblich jeden Wunsch erfüllt und in den zwanziger Jahren Paris weit überbietet.

Berlin – das ist auch die Stadt der düsteren Wohnviertel im Norden und Nordosten, der trostlosen Mietskasernen mit ihren dunklen Hinterhöfen, wie sie Käthe Kollwitz und Heinrich Zille so realistisch dargestellt haben, der politischen Kämpfe, der Straßenschlachten zwischen Kommunisten und Nationalsozialisten und die Stadt des Hungerns.

Und Berlin ist vor allem die Stadt der Inflation, in deren Verlauf viele Berliner Geschäfte Schilder in ihre Auslagen hängen mit der galgenhumorigen Aufschrift: »Auf Preiserhöhung kann gewartet werden.« Das geschieht im Jahre 1923.

Die Reichshauptstadt stöhnt besonders unter der Arbeitslosigkeit, zunächst während der ersten drei Jahre nach dem Ende des Ersten Weltkrieges und dann vor allem wieder seit Beginn der weltweiten Wirtschaftskrise 1928.

In diesem Jahr, 1928, da bei den Reichstagswahlen am 20. Mai über 42 Prozent aller Mandate der SPD und der

KPD zufallen und die deutsche Auslandsverschuldung 25 Milliarden Reichsmark beträgt, gibt es in der »Lichterstadt« Berlin auch jene drohenden Schatten, unter denen zu dieser Zeit schon zweihunderttausend Arbeitslose leben.

Am 1. Mai 1928 kommt es zu schweren Zusammenstößen zwischen demonstrierenden Arbeitslosen und der Polizei, die ein solches Ausmaß annehmen, daß schließlich Panzer auffahren und neunzehn Menschen getötet werden. Über die Arbeiterviertel wird der Ausnahmezustand verhängt – eine Situation, die vor allem von den Kommunisten, dann aber auch von den wenigen Nationalsozialisten, die es zu jener Zeit in Berlin gibt, ausgenutzt wird.

Die Kommunistische Partei Deutschlands wird während der Wirtschaftskrise die größte KP außerhalb der UdSSR. Bei den letzten Reichstagswahlen der Weimarer Republik, am 6. November 1932, erhalten die Kommunisten als stärkste Partei der Reichshauptstadt mehr als 37 Prozent aller Berliner Stimmen, während die Nationalsozialisten 26 Prozent auf sich vereinen können.

In diesem Jahr, 1932, erreicht die Arbeitslosigkeit in Deutschland mit fast sieben Millionen ihren Höhepunkt. Allein in Berlin müssen im November 1932 652 358 Menschen »stempeln« und von einer Unterstützung leben, die knapp das Existenzminimum sichert: wöchentlich 16,50 Mark für eine dreiköpfige Familie.

Unterstellt, daß von jedem dieser 652 358 Arbeitslosen mindestens zwei Angehörige abhängig sind (Ehefrau und ein Kind), dann kommen wir auf eine Zahl von fast zwei Millionen Berlinern, die in bitterster Not leben und bereit sind, ohne Rücksicht auf ihren eigentlichen Beruf jede Arbeit anzunehmen. Sieben Selbstmorde aus Verzweiflung täglich gelten in Berlin 1931 und 1932 als statistischer Durchschnitt.

Auch viele Geistesarbeiter leiden Not. Das Wort vom »akademischen Proletariat« erhält ein erschreckendes Gewicht. Eine Scherzfrage jener Jahre lautet: »Was, Sie sind Akademiker? Und wovon leben Sie?«

In der Tat gibt es – um nur ein Beispiel zu nennen – viele Anwälte, die ihre Praxis aufgeben müssen und in ihrer

Verzweiflung versuchen, einen Posten als Laufbote oder Zeitungsausfahrer zu bekommen.

Töchtern aus besten Familien bleibt oft kein anderer Weg, als den Lebensunterhalt für die Angehörigen auf der Straße zu »verdienen«. Für bestimmte Lebemänner, an denen die Not vorübergeht, gilt ein bisher unberührtes Bürgermädchen als besondere Delikatesse... Und eines Tages tauchen jene Zwanzig-Reichsmark-Scheine trauriger Berühmtheit auf, die das handschriftlich dokumentierte bittere Bekenntnis tragen: »Für dich gab ich die Unschuld!«

Viele Kinos müssen schließen, die Bars sind kaum noch besucht, an den Theaterkassen fehlt auf dem Höhepunkt der Arbeitslosigkeit meistens das Schild »Ausverkauft«.

☆

Zu der Schicht, die sich immer noch alles leisten kann, gehören die vielen Schieber, die in der Inflation, in Zusammenarbeit mit Ausländern, riesige Vermögen verdient haben durch den Schleichhandel mit Lebensmitteln und Kohlen oder Dingen des täglichen Bedarfs – jene Leute, über die Reichspräsident Friedrich Ebert im Februar 1922 in der *Deutschen Allgemeinen Zeitung* wettert:

»Lärmende Genußsucht und sittenloses Vergnügungstreiben machen sich vielfach aufdringlich und rücksichtslos in der Öffentlichkeit breit«, und Ebert attackiert das Treiben »gewissenloser Kreise, die skrupellos Vermögen raffen, während andere um ihre letzten Spargroschen gebracht werden«.

Walther Rathenau, Industrieller (AEG) und späterer deutscher Außenminister, findet geradezu prophetische Worte, als er schon 1912 schreibt:

»Ich sehe Schatten aufsteigen, wohin ich mich wende. Ich sehe sie, wenn ich abends durch die gellenden Straßen von Berlin gehe; wenn ich die Insolenz unseres wahnsinnig gewordenen Reichtums erblicke; wenn ich die Nichtigkeit kraftstrotzender Worte vernehme und von pseudogermanischer Exklusivität berichten höre...«

Er kann freilich nicht ahnen, daß 21 Jahre später das Germanentum zur Weltanschauung erhoben wird.

In der Zeit der größten Arbeitslosigkeit ist es für den Gauleiter von Berlin, Dr. Joseph Goebbels, sehr leicht, Anhänger für die Nationalsozialisten zu gewinnen. Ohne die Massen, die ohne Existenz und Verdienst waren und daher leicht Versprechungen erlagen, wäre das Anschwellen des Nationalsozialismus kaum denkbar gewesen.

Auch viele der führenden Nationalsozialisten haben zwar als Politiker, die zur Macht streben, alle Hände voll zu tun, aber in ihrer bürgerlichen Existenz sind auch sie arbeitslos. Hermann Göring, zum Beispiel, der spätere preußische Ministerpräsident und schließlich auf dem Höhepunkt seiner Macht »Reichsmarschall«, kann meist in der Majowski-Bar seine Zeche nicht bezahlen. Oft muß sich Göring, der sich gerne mit »Herr Hauptmann« anreden läßt, von einer Nackttänzerin Geld leihen. Er hat es allerdings später, nach der Machtübernahme der Nationalsozialisten, auf Heller und Pfennig zurückgezahlt.

Andere prominente »Braunhemden« jener Zeit vor 1933 lassen sich aushalten von dem berühmt-berüchtigten Hellseher Jan Erik Hanussen, einem »Nichtarier«, der im Frühjahr 1933 unter mysteriösen und bis heute nicht eindeutig geklärten Umständen erschossen wird.

☆

Am 2. Dezember 1932 wird der General von Schleicher Reichskanzler. Sein Versuch, zusammen mit dem »Reichsorganisationsleiter der NSDAP«, Gregor Strasser, den Nationalsozialismus zu spalten, scheitert, da es Hitler mit Hilfe von Goebbels gelingt, Strasser zu isolieren.

Am 4. Januar 1933 treffen sich Hitler und Franz von Papen, der Vorgänger Schleichers als Reichskanzler, im Hause des Bankiers Schroeder in Köln. Großindustrie und Hochfinanz setzen auf Hitler . . .

Am 28. Januar 1933 feiert Berlin wieder das glanzvollste Ereignis der Saison: den Presseball, veranstaltet vom *Verein Berliner Presse*. Es ist das bedeutendste gesellschaftliche Ereignis des Deutschen Reiches und soll der letzte »Hofball« der Weimarer Republik werden.

In den sieben Festsälen am Zoologischen Garten, die sich zum schönsten und größten Ballhaus Berlins vereinigen, spielen acht Tanzorchester bis in den Morgen des 29. Januar hinein.

Unvergessene Nacht: die gesamte Hautevolee der Reichshauptstadt – sämtliche Herren im Frack, die Damen in kostbaren Abendroben – schiebt sich in endloser Prozession an den Ehrenlogen der Reichsregierung, des Diplomatischen Corps, der Heeresleitung, des Films und des Theaters vorbei; andere drängen sich vor den Stars der Konzertsäle und der Oper.

Erst am späten Abend, kurz nach 23 Uhr, betritt Reichskanzler Schleicher mit seinem engsten politischen Vertrauten, Oberst von Bredow, die Regierungsloge. Die beiden Herren sind am Eingang zu den Marmorsälen, in der Budapester Straße, von einer großen Zuschauermenge mit unfreundlichen Rufen empfangen worden: »Nieder mit Schleicher!«

Die Demonstranten kennen noch nicht die neueste politische Entwicklung. In den letzten Nachrichten des Rundfunks ist gemeldet worden: »Reichskanzler Kurt von Schleicher ist um die Mittagszeit *(des 28. Januar 1933)* nach nur 58 Tagen seiner Regierungszeit mit seinem gesamten Kabinett zurückgetreten.«

Vor Schleichers Ankunft ist diese Meldung im Saal bekanntgegeben worden und hat großes Aufsehen erregt. Jedermann ist gespannt, was Schleicher dazu sagen wird.

Als die Kapelle im größten der Säle den Tanz beendet, die Paare stehen bleiben und das Lichtbündel des Scheinwerfers Schleicher und Bredow in der Regierungsloge erfaßt, erhebt sich Schleicher langsam, hebt sein Sektglas und sagt: »Na, denn man Prost, meine Damen und Herren!«

In diesem eigentlich nichts-, zugleich aber vielsagenden und zynischen »Na, denn man Prost!« liegt das Ende jenes Zeitabschnitts der jüngeren Geschichte Deutschlands beschlossen, den man die Weimarer Republik nennt.

Das Fest der Presse geht weiter, ausgelassener und fröhlicher denn je ...

Als Reichspräsident von Hindenburg am 30. Januar Adolf Hitler zum Reichskanzler beruft, wiederholen Millionen Menschen im Deutschen Reich, die mit äußerster Skepsis einer Ära Hitler entgegensehen: »Na, denn man Prost!«

Und bald wird sich auch das Wort des Publizisten Carl von Ossietzky erfüllen, der Ende 1931 in seiner *Weltbühne* geschrieben hat: »Allmählich verblassen die Unterschiede zwischen Eingesperrten und Nichteingesperrten.«

☆

Am 3. März 1933 verkündet Göring auf einer Wahlversammlung über seine Aufgaben als neuer preußischer Ministerpräsident gegenüber den Juden und Feinden des neuen Regimes: »Meine Maßnahmen, die werden nicht angekränkelt werden durch irgendwelche juristische Bedenken. Hier habe ich keine Gerechtigkeit zu üben. Hier habe ich nur zu vernichten und auszurotten, weiter nichts!«

Bei den Reichstagswahlen am 5. März 1933, der letzten nichtmanipulierten Wahl nach Hitlers Machtergreifung, erhalten die Linksparteien zusammen noch 53 Prozent aller Berliner Wählerstimmen, obwohl vor allem die Kommunisten (nach dem ihnen in die Schuhe geschobenen Reichstagsbrand am 27. Februar 1933) keinen Wahlkampf mehr führen konnten.

Alles, was die Nationalsozialisten – um Görings und später Hitlers Lieblingswort zu gebrauchen – »ausrotten« wollen, ist in Berlin konzentriert: von der «Asphaltliteratur«, die der Welt viele die Zeiten überdauernde Meisterwerke geschenkt hat, bis zu der »Judenverseuchung« an den Hochschulen.

Mehr als die Hälfte der 134 Schriftsteller, Dramatiker und Kritiker, deren Bücher am 10. Mai 1933 in einer makaber-spektakulären »Kundgebung« verbrannt werden, stammt aus Berlin und lebte dort bis 1933. Viele der Maler, deren Werke als »entartet« gelten, wohnten und wirkten in der Reichshauptstadt.

Der große Exodus beginnt. Allein rund 250 deutsche Schriftsteller emigrieren – auch viele von denen, die nicht verboten werden. Regisseure, Komponisten, Maler, Schauspieler, Universitätsprofessoren und Dirigenten, Anwälte und Ärzte, Künstler und Kunsthändler wandern aus – die meisten von ihnen ausgerechnet aus jener Stadt, die durch viele Jahrhunderte hindurch der Zufluchtsort von Verfolgten gewesen ist: Berlin.

Und doch: Berlin verliert auch im Nationalsozialismus nicht den Charakter einer Weltstadt. In Berlin ist während des Dritten Reiches vieles möglich, was in der »Provinz« undenkbar wäre. Sogar das *Berliner Tageblatt* aus dem Mosse-Verlag darf noch bis zum 1. Januar 1939 erscheinen, und selbst nach dem Abwandern vieler bedeutender Schauspieler demonstrieren das Berliner Theater, die Staatsoper, die Musiksäle und auch die Filmateliers weiter höchstes Niveau.

☆

Zum gesellschaftlichen Abgesang des Dritten Reiches wird der *Berliner Presseball* am Sonnabend, dem 28. Januar 1939. Mehr als sechstausend Menschen haben sich zu einer festlichen Nacht in den Zoo-Sälen zusammengefunden. Niemand ahnt, daß es keine Wiederholung geben wird . . .

Frack, Abendkleid, gelegentlich Festuniform. Musik, betäubender Duft von Blumen und Parfüms. Bilder der Eleganz, Szenen der Lebensfreude – *Berliner Presseball.*

Die Reichsregierung und die wichtigsten Männer des öffentlichen Lebens flanieren durch die Räume oder sitzen in ihren Logen – von Reichspropagandaminister Dr. Goebbels bis zum Oberbefehlshaber des Heeres, Walther von Brauchitsch, von Reichsminister Dr. Lammers bis zum General der Flieger, Kesselring. Repräsentanten von Oper, Bühne und Film: Namen, die in der ganzen Welt bekannt sind. Das gesamte Diplomatische Corps ist erschienen – die Vertreter von 52 Nationen, vom französischen Botschafter Robert Coulondre (der wenige Monate zuvor André François-Poncet abgelöst hat) bis zum afghanischen Gesandten

Heuf Fitso. Die Rektoren aller deutschen Universitäten fehlen ebensowenig wie die Magnaten der Wirtschaft.

Ein erlesenes Programm wird geboten von Spitzenkräften der Oper, des Tanzes, des Kabaretts. Zarah Leander, auf dem Höhepunkt ihres Ruhms, singt ihre schönsten Lieder. Das Füllhorn einer großen Tombola schüttet viele und wertvolle Gewinne aus.

Wirbelnde, heitere Nacht voll herzlicher Fröhlichkeit. Musik beschwingt das Gewoge festlich gestimmter Menschen in allen Sälen und Gängen der Festsäle am Zoo. Feuriger Rhythmus der Tanzmusik ... Im Marmorsaal spielt Emanuel Rambour, im Kaisersaal steht Corny Ostermann vor seinen Mannen, Otto Kermbach bittet im Gartensaal zum Tanz, Gerd Gerald lädt in den Bankettsaal, in der Gelben Veranda hält Hermann Wipper die Tanzpaare in Atem, in der Grünen Veranda Walter Meißner.

Der Autor schrieb damals in der *BZ am Mittag* über diesen Presseball:

»Man müßte Maler sein und die Farben einfangen können, müßte Dichter sein, um das Märchen aus Glanz und Farbe aus bedrucktem Zeitungspapier sprechen lassen zu können. Blumenduft liegt im Raum. Duft, der aus Azaleen und Alpenveilchen steigt. Weiß-goldene Stoffe schmükken die Brüstungen der Logen, weiß-goldene Tuchbahnen schwingen sich von Kronleuchter zu Kronleuchter, finden sich zur großen Kuppel dort über der gewaltigen Treppe, die aus dem Saal emporsteigt zum Rang. Die beiden Architekten der Ufa, Hunte und Vollbrecht, haben hier eine Wirkung hervorgezaubert, die einzigartig-faszinierend ist ...«

Vorbei, versunken, verrauscht.

Gab es damals Vorahnungen, welche Flammenhöllen dem festlichen Lichterglanz folgen sollten?

Der Autor erinnert sich eines seiner letzten Gespräche jener Nacht. Er saß mit dem Theater- und Filmkomiker Ralph Arthur Roberts *(Engel mit kleinen Fehlern, Der Maulkorb)* an einer der vielen Bars. Beim Abschied sagte Roberts:

»Ich fürchte, junger Freund, daß es viele Jahre lang

keinen Presseball mehr geben wird – vielleicht überhaupt keinen mehr!«

Na, denn Prost! Wie sechs Jahre zuvor ...

Wenige Wochen später wird Roberts (Jahrgang 1884) zu einer kurzen Übung als Reserveoffizier eingezogen. 1940 stirbt er.

Vorbei, versunken, verrauscht.

Was sich heute in der Bundesrepublik *Presseball* nennt, kann nicht einmal als kümmerlicher Abglanz der Berliner Journalisten-Bälle von einst gelten.

☆

Die Reichshauptstadt bleibt, freilich sehr relativ gesehen, nach dem 30. Januar 1933 die »freieste« Stadt Deutschlands. Das Nachtleben geht weiter, keine Bar braucht zu schließen. Hier darf sogar der im übrigen Reich verpönte Jazz gespielt werden.

Berlin muß das internationale Schaufenster des Deutschen Reiches bleiben. Hier ist die Auslandspresse besonders stark vertreten; hier residiert das gesamte Diplomatische Korps, und wenn ein Ausländer Deutschland besucht, reist er zuerst in die Reichshauptstadt. Goebbels ist sehr darauf bedacht, deshalb in Berlin eine freundliche Optik zu wahren.

Es erweist sich außerdem als völlig unmöglich, mehr als viereinhalb Millionen Einwohner so zu kontrollieren, wie das in kleinen Städten üblich ist. Selbst in den letzten Jahren des Nationalsozialismus können viele in der Reichshauptstadt untertauchen und überleben.

Hitler hat Berlin nie gemocht. Schon 1924 schreibt er in seinem Buch *Mein Kampf:* »Würde das Schicksal Roms Berlin treffen, so könnten die Nachkommen als gewaltigste Werke unserer Zeit dereinst die Warenhäuser einiger Juden ... als charakteristischen Ausdruck der Kultur unserer Tage bewundern.«

Er haßt Berlin, weil es dort für ihn besonders schwer war, Fuß zu fassen. Nach einer monströsen Neugestaltung Berlins mit fundamentalen Bauten von einer nie dagewesenen Größe möchte er die Reichshauptstadt sogar in »Germania« umtaufen, um den alten Namen auszulöschen.

Hitler ist oft unzufrieden mit den Berlinern – etwa nach dem Einmarsch in das Sudetenland (1. Oktober 1938). Bei der anschließenden »Jubelparade« beklagt er sich über die mangelnden Zuschauer und das »Desinteresse«, und überhaupt: die Reichshauptstadt bedeutet ihm immer die deutsche »Metropole der Juden«.

Nirgendwo werden während des Dritten Reiches so viele Witze »gemacht« wie in Berlin. Hier wird manche »Lippe riskiert«. Spezialisten haben ermittelt, daß mindestens 80 Prozent aller politischen Witze aus der Reichshauptstadt stammen, der Rest verteilt sich auf Köln, das Rheinland und München.

Göring ist schon 1933 für die Berliner ein »Quellgermane«, Goebbels dagegen ein »Schrumpfgermane«. Schon im März 1933 wird ein »alter Kämpfer« der NSDAP mit einem Roastbeef verglichen: »außen braun, innen rot«.

Wenige Wochen später tauchen die ersten Straßenbahn-Witze auf: »Fortdauernd heißt es: zusammenrücken. Fortwährend wird kassiert. Lebensgefahr bei Berührung der Oberleitung! Die Unterhaltung mit dem Führer ist verboten!« – um nur einen jener Zeit zu nennen.

Gleich nach Ausbruch des Krieges wird wieder ein Straßenbahnbild gebraucht: »Abspringen während der Fahrt verboten!« Als Rudolf Heß über England mit dem Fallschirm abgesprungen ist, wird eine andere Straßenbahn-Mahnung populär: »Der Platz neben dem Führer ist freizuhalten!«

Und das ist der letzte Berliner Witz aus dem Dritten Reich: »Ein Berliner Volkssturmmann fragt seinen Kameraden: ›Was machst du nach dem Krieg?‹ Antwort: ›Eine Radtour durch Deutschland!‹ Gegenfrage: ›Und was machst du am Nachmittag?‹«

☆

Berlin war bis 1933 immer eine kosmopolitische Stadt: weltoffen, allem Neuen aufgeschlossen; bereit, alles Gute zu akzeptieren; jedem, gleich welcher Religion, welcher Hautfarbe, welcher Rasse, eine Chance zu geben.

Die Hinrichtungsstätte der Strafanstalt Plötzensee dokumentiert vor allem in den beiden letzten Jahren des Krieges in einem besonders makabren und schrecklichen Sinne, daß mit dieser Tradition gebrochen wurde.

In der Gründungsurkunde für die Gedenkstätte Plötzensee, 1952 als eindrucksvolles Mahnmal errichtet, heißt es:

»An dieser Stelle sind in den Jahren der Hitlerdiktatur von 1933 bis 1945 Hunderte von Menschen wegen ihres Kampfes gegen die Diktatur für Menschenrechte und politische Freiheit durch Justizmord ums Leben gekommen *(insgesamt 1800)*. Unter diesen befanden sich Angehörige aller Gesellschaftsschichten und fast aller Nationen. Berlin ehrt durch diese Gedenkstätte die Millionen Opfer des Dritten Reiches, die wegen ihrer politischen Überzeugung, ihres religiösen Bekenntnisses oder ihrer rassischen Abstammung diffamiert, mißhandelt, ihrer Freiheit beraubt oder ermordet worden sind.«

In einer großen Steinurne wird Erde aus allen von den Nationalsozialisten errichteten Konzentrationslagern aufbewahrt...

☆

Berlin versinkt im Dunkel erloschener Lichter. Bomben fallen. Die Stadt wird zerschlagen. Allein 504 000 Berliner Wohnungen – das sind 32 Prozent aller Wohnungen der Reichshauptstadt – werden total zerstört, und 15 Prozent aller deutschen Kriegstrümmer türmen sich an der Spree.

Not und Tod beherrschen die Stadt. Die Vitalität erlahmt. Doch der Lebenswille triumphiert über alle Schrecknisse, mit denen eine erbarmungslose Furie die deutsche Metropole völlig auszulöschen droht.

Als sowjetische Soldaten schließlich am 1. Mai 1945 die Flagge ihres Landes auf dem Brandenburger Tor und auf dem zerschundenen Reichstag heissen, beginnt ein neues Kapitel Berliner Geschichte. Ein wiederum leidvolles und kämpferisches. Gezeichnet von Drohungen, erschüttert

von politischen Straßenschlachten, geschüttelt von Krisen –
doch stets geprägt von dem unerschütterlichen Überlebens-
und Durchhaltewillen der Berliner, die sich bewußt sind,
daß sie weltweit als ›Bollwerk der Freiheit‹ gelten.

Das zweigeteilte Berlin hätte vielleicht eine Stadt
werden können, von der aus viele Wege zum Frieden
führen: ein Ort der Begegnungen zwischen West und Ost,
eine Stätte der Verständigung, ein Podium der Diskussionen ohne den Ballast von Emotionen und Vorurteilen, eine
Stadt der Kunst und der Wissenschaft, dazu ein Fanal, das
ständig zur Eintracht mahnt.

Doch der Wille der Politiker erzwang immer wieder
die Konfrontation. Und manchmal fragten sich auch die
Berliner, ob es Zukunft habe, die vielen Prüfungen auf sich
zu nehmen.

Bis dann Präsident John F. Kennedy nach Berlin flog,
um das Bekenntnis des Westens zum freien Berlin persönlich zu verkünden. Alt-Bundeskanzler Willy Brandt hat
dieses denkwürdige Ereignis geschildert *(Meine Begegnungen mit Kennedy).*

»Es ist nicht leicht, jene Stunden des 26. Juni 1963 zu
beschreiben, da sich Millionen zu Präsident John F. Kennedy bekannten, da ein Strom sich durch die alte Hauptstadt schob – ein Strom der Begeisterung und Dankbarkeit.

Was die Deutschen vor allem auch in der Zone erhoff-
ten, ist in Berlin wahr geworden: Kennedys Aufenthalt in
der deutschen Hauptstadt wurde zum unbestrittenen Höhepunkt seiner Reise überhaupt. Begeisterungsstürme von un-
gewöhnlicher Herzlichkeit, Freude und Wärme nahmen
den Präsidenten gefangen und ließen ihn mitunter ungläu-
big in die Menge starren. Die Berliner rissen ihn mit. Tief
beeindruckt von dem Erlebnis des ersten Teils seiner Fahrt
erreichte John F. Kennedy die Kongreßhalle, wo er vor
den Delegierten der Industriegewerkschaft Bau, Steine,
Erden unter ihrem Vorsitzenden Georg Leber sprechen
sollte. Dies war ein Programmpunkt besonderer Art, den
manche für überflüssig gehalten hatten. Aber sie hatten die
Rechnung ohne Kennedy gemacht.

Er sagte, daß er bei Gewerkschaftsveranstaltungen

kein Fremder sei. Und es beeindruckt uns alle, wie der erste
Mann der freien Welt – gerade in Berlin – den Vertretern
der Arbeitnehmer seinen Respekt bezeugte. Er sprach von
den Leistungen der amerikanischen Gewerkschaften. Von
dem System der Verantwortung in einer freien Gesellschaft
als bester Lebensform für die Menschen. Von der Freiheit
als Mittel, vorwärtszukommen. Von der Verantwortung
gegenüber anderen Völkern. ›Und wenn ich heute abend
abreise, dann verlasse ich zwar diese Stadt, aber die Vereinigten Staaten bleiben hier.‹

Wenige Minuten später ging die Fahrt durch das ju-
belnde Berlin schon weiter. Ich erklärte unserem Gast die
Route und die Gebäude, aber meist verstand man sein eigenes Wort nicht mehr. Als wir am Brandenburger Tor
vorüberfuhren, fanden wir es durch riesige rote Tücher verhängt, zum erstenmal in der Geschichte Berlins. Das war
Ulbrichts Antwort auf den Besuch des Mannes, nach
dessen Ermordung er sich später in heuchlerischen Nach-
rufen erging. An der Friedrichstraße angekommen, am
›Checkpoint Charlie‹, wo sich in den Monaten der Krisen
gefährliche Momente des kalten Krieges abgespielt haben,
blickte Kennedy nachdenklich in den Ostsektor hinein und
entdeckte weit hinten auf der anderen Seite die anderen
Berliner, die eingemauerten Männer und Frauen, die zu
Hunderten dort standen und ihren stillen Gruß entboten,
belauert und bewacht von Polizisten und Soldaten. Als der
Präsident vom Podest heruntersteig, drängte es ihn, zur
nächsten Publikumsabsperrung zu gehen und Westberli-
nern die Hand zu drücken. Im Taumel der Begeisterung
umringten ihn die Menschen, und Kennedys Bewacher
hatten beträchtliche Mühe, ihn wieder in den Wagen zu
bringen. Vor dem Rathaus Schöneberg brach dann der
Sturm erst richtig los.

In meinem Zimmer gab es so etwas wie die Andeu-
tung einer Verschnaufpause. Dann mußten wir hinunter
auf den Platz, der heute seinen Namen trägt. Die Menge
bereitete ihm einen Empfang, wie wir ihn noch nie gesehen
hatten und von dem die Amerikaner sagten, so etwas habe
auch Kennedy noch nicht erlebt.

Und als wir hinausgingen: Sprechchöre, nicht enden-
wollender Jubel, Tücher- und Fahnenschwenken von Dächern, Balkons, Bäumen und Laternenmasten ließen den
Präsidenten mit dem Ausdruck einer gewissen Fassungs-
losigkeit in das wogende Feld der Hunderttausende, in das
aufgewühlte Berlin blicken. Politik darf man nicht durch
Emotionen ersetzen wollen, aber Emotionen können die
Politik bestätigen.

Die größte Kundgebung des freien Berlin, die je auf
dem Rudolph-Wilde-Platz stattfand, wurde vom Präsidenten des Abgeordnetenhauses, Otto Bach, eingeleitet. Dann
nahm Bundeskanzler Adenauer das Wort: ›Ihr seid hier-
hergekommen, um Präsident Kennedy zu hören. Deswegen
werde ich mich auf ganz wenige Sätze beschränken. Heute
hat hier eine Volksabstimmung stattgefunden, die unüber-
hörbar ist in der ganzen Welt. Wir danken Präsident Kennedy für seine Reise nach Europa, für seine Reise in die
Bundesrepublik und besonders für seinen Besuch in diesem
Teil der Bundesrepublik.

Die Berliner haben sich in diesen vergangenen Jahren
ausgezeichnet durch Standhaftigkeit und Geduld. Heute
vor 15 Jahren, meine Freunde, auf den Tag am 26. Juni,
trafen die ersten Flugzeuge der Luftbrücke ein, die damals
Berlin gerettet hat. Ich möchte das gerade auch in Gegenwart von General Clay sagen. Und nun, meine Freunde,
vergleichen wir die Zeit vor 15 Jahren mit dem heutigen
Stand in der Welt, der Bundesrepublik und Berlins, das
dazu gehört, dann können wir sagen: Wir sind ein gutes
Stück weitergekommen, und wir werden noch weiter
kommen dank der Hilfe unserer Freunde, dank unserer
Standhaftigkeit und Geschlossenheit.‹

Als John F. Kennedy am Rednerpult erschien, schlugen abermals die Wogen der Berliner Sympathie über ihm
zusammen. Es vergingen Minuten, bis unser Gast sagen
konnte: ›Meine ·Berliner und Berlinerinnen, ich bin stolz,
heute in Ihre Stadt zu kommen als Gast Ihres hervorragenden Regierenden Bürgermeisters, der in allen Teilen der
Welt als Symbol für den Kampf- und Widerstandsgeist
West-Berlins gilt. Ich bin stolz, auf dieser Reise die Bundes-

republik Deutschland zusammen mit Ihrem hervorragenden Herrn Bundeskanzler besucht zu haben, der während so langer Jahre die Politik der Bundesregierung bestimmt hat nach den Richtlinien der Demokratie, der Freiheit und des Fortschritts.

Ich bin stolz darauf, heute in Ihre Stadt in der Gesellschaft eines amerikanischen Mitbürgers gekommen zu sein, General Clays, der hier in der Zeit der schwersten Krise tätig war, durch die diese Stadt gegangen ist, und der wieder nach Berlin kommen wird, wenn es notwendig werden sollte.

Vor zweitausend Jahren war der stolzeste Satz, den ein Mensch sagen konnte, der: Ich bin ein Bürger Roms. Heute ist der stolzeste Satz, den jemand in der freien Welt sagen kann: Ich bin ein Berliner...

Wenn es in der Welt Menschen geben sollte, die nicht verstehen oder nicht zu verstehen vorgeben, worum es heute in der Auseinandersetzung zwischen der freien Welt und dem Kommunismus geht, dann können wir ihnen nur sagen, sie sollen nach Berlin kommen. Es gibt Leute, die sagen, dem Kommunismus gehöre die Zukunft. Sie sollen nach Berlin kommen.

Und es gibt wieder andere in Europa und in anderen Teilen der Welt, die behaupten, man könne mit den Kommunisten zusammenarbeiten. Auch sie sollen nach Berlin kommen.

Und es gibt auch einige wenige, die sagen, es treffe zwar zu, daß der Kommunismus ein böses und ein schlechtes System sei, aber er gestatte es ihnen, wirtschaftlichen Fortschritt zu erreichen. Aber laßt auch sie nach Berlin kommen.

Ein Leben in Freiheit ist nicht leicht, und die Demokratie ist nicht vollkommen.

Aber wir hatten es nie nötig, eine Mauer aufzubauen, um unsere Leute bei uns zu halten und sie daran zu hindern, woanders hinzugehen.

Ich möchte Ihnen im Namen der Bevölkerung der Vereinigten Staaten, die viele tausend Kilometer von Ihnen entfernt lebt, auf der anderen Seite des Atlantiks, sagen, daß meine amerikanischen Mitbürger stolz, sehr stolz darauf sind, mit Ihnen zusammen selbst aus der Entfernung die Geschichte der letzten 18 Jahre teilen zu können. Denn ich weiß nicht, daß jemals eine Stadt 18 Jahre lang belagert wurde und dennoch lebte in ungebrochener Vitalität, mit einer unerschütterlichen Hoffnung, mit der gleichen Stärke und mit der gleichen Entschlossenheit wie heute West-Berlin.

Die Mauer ist die abscheulichste und stärkste Demonstration für das Versagen des kommunistischen Regimes.

Die ganze Welt sieht dieses Eingeständnis des Versagens. Wir sind darüber keineswegs glücklich; denn, wie Ihr Regierender Bürgermeister gesagt hat, die Mauer schlägt nicht nur der Geschichte ins Gesicht, sie schlägt der Menschlichkeit ins Gesicht. Durch die Mauer werden Familien getrennt, der Mann von der Frau, der Bruder von der Schwester, und Menschen werden mit Gewalt auseinandergehalten, die zusammenleben wollen.

Sie leben auf einer verteidigten Insel der Freiheit. Aber Ihr Leben ist mit dem des Festlandes verbunden, und deshalb fordere ich Sie zum Schluß auf, den Blick über die Gefahren des Heute hinweg auf die Hoffnung des Morgen zu richten, über die Freiheit dieser Stadt Berlin und über die Freiheit Ihres Landes hinweg auf den Vormarsch der Freiheit überall in der Welt, über die Mauer hinweg auf den Tag des Friedens mit Gerechtigkeit. Die Freiheit ist unteilbar, und wenn auch nur einer versklavt ist, dann sind wir alle nicht frei. Aber wenn der Tag gekommen sein wird, an dem alle die Freiheit haben und Ihre Stadt und Ihr Land wieder vereint sind, wenn Europa geeint ist und Bestandteil eines friedvollen und zu höchsten Hoffnungen berechtigten Erdteils, dann, wenn dieser Tag gekommen sein wird, können Sie mit Befriedigung von sich sagen, daß die Berliner und diese Stadt Berlin 20 Jahre die Front gehalten haben.

Alle freien Menschen, wo immer sie leben mögen, sind Bürger dieser Stadt West-Berlin, und deshalb bin ich als freier Mann stolz darauf, sagen zu können: Ich bin ein Berliner.‹

An den Präsidenten gewandt, sagte ich: ›Dies ist ein großer Tag in der Geschichte unserer Stadt. Wir haben Schweres hinter uns, und gerade deshalb werden wir niemals vergessen, Herr Präsident, daß Sie heute bei uns sind und hier heute zu uns gesprochen haben. Ich sage das nicht nur als der Bürgermeister dieser Stadt, ich sage es für alle Berliner und vor allem für die eineinviertel Millionen Berliner, die bis zu diesem Augenblick an der Huldigung und dem Treuebekenntnis und dem Freundschaftsbekenntnis für John F. Kennedy teilgenommen haben. Wir wären in diesen Jahren nicht durchgekommen ohne den Willen zur Selbstbehauptung, aber wir wären auch nicht durchgekommen ohne die guten Freunde in der Welt. Daß dies wieder eine große blühende Stadt ist, darauf können wir gemeinsam stolz sein.

Wir haben den ersten Mann der freien Welt gehört. Hier hat der junge unerschrockene und vorwärtsdrängende Staatsmann gesprochen. Wir wissen um die Last, die auf seinen Schultern ruht. Unsere Hoffnungen begleiten ihn. Sie sind nicht zuletzt gerichtet auf friedliche Veränderungen. Wir sehen die großen Erwartungen der Strategie des Friedens, wie sie der Präsident vor und während seiner Deutschlandreise entwickelt hat. Dazu und zum Bau des neuen Europa möchten wir unseren Beitrag leisten. Dies wird der Weg zur Selbstbestimmung sein. So werden wir auch zur Wiedervereinigung unseres Volkes gelangen. Und nun, meine Freunde, sind wir an einem wahrhaft bedeutsamen Augenblick in der Geschichte dieser Stadt, wir wollen ihn in feierlicher Stille miteinander erleben. Präsident Kennedy wird sich angesichts des Volkes von Berlin eintragen in unser Goldenes Buch. Und wir werden der Freiheitsglocke lauschen, auf der in Anlehnung an ein Wort Abraham Lincolns steht: Möge diese Welt mit Gottes Hilfe eine Wiedergeburt der Freiheit erleben.‹

Es war ganz still geworden. Die Stille war die äußerste Steigerung der Zustimmung und des Gefühls der Zusammengehörigkeit, die Berlin geben konnte. Wer dabei war, wird diese Augenblicke nie vergessen. Der Präsident trug sich in das Goldene Buch der deutschen Hauptstadt ein, die Freiheitsglocke ließ ihren dröhnend nachhallenden Klang über die ergriffene Menge hallen. Die Männer entblößten ihre Köpfe. Dann setzte wieder Jubel ein.

Bevor der Präsident ins Flugzeug stieg, hatte er General Clay gesagt, jetzt verstehe er ihn; bisher habe er ihn in Berliner Fragen für etwas gefühlsbetont gehalten. So wissen wir es auch aus dem, was Mrs. Shriver meiner Frau und was die Prinzessin Radziwill meinem Freund Nabokov sagte: Er hatte das so nicht erwartet – weder die Mauer noch die Menschen.«

Heute präsentiert sich West-Berlin wieder lebendig und liebenswert. Wieder als eine Stadt mit vielen Gesichtern. Eine Stadt ohne Sperrstunde, in der also immer etwas los ist, 24 Stunden am Tag. Mit dem Intendanten Götz Friedrich hat die *Deutsche Oper* einen weltbekannten »Magneten«, Peter Steins *Schaubühne* macht mit interessanten Inszenierungen von sich reden, das *Schillertheater* vereint hervorragende Schauspieler, und das *Theater des Westens* serviert mitreißende Musicals oder Operetten. Die *Philharmonie* bietet Klassik von Meistern interpretiert, und auch im *Internationalen Congress Center* (ICC), in der *Deutschlandhalle* oder in der *Waldbühne* findet jeder Erbauung oder Unterhaltung. Berlin macht Mode, Berlin gibt sich nobel und nostalgisch, traditionell und progressiv.

Auch Ost-Berlin hat seine Anziehungspunkte, die einen »Grenzübertritt« durchaus lohnen: Die *Staatsoper Unter den Linden* (die 1986, nach längerer Bauzeit, in neuem Glanz erstrahlen soll), das *Berliner Ensemble,* den *Friedrichstadt-Palast* (ehemals Schauspielhaus Friedrichstraße), das Zeughaus, den Gendarmenmarkt, das *Deutsche Theater* (ehemals Admiralspalast) und die Museumsinsel mit dem Pergamon-Museum.

Berlin ist also wieder eine Reise wert. Doch Berlin verkörpert nicht mehr den ›Weltstadt-Traum‹, dem noch viele, vor allem der älteren Generation, nachhängen, und der sich in dem Sehnsuchtslied ausdrückt: »Ich hab' noch einen Koffer in Berlin.« Geza von Cziffra bringt dies auf die knappe Aussage: »Leider ist nur der Koffer derselbe geblieben, nicht der Ort, an dem er steht.«

Fritz Kortner liebte es, nach der Rückkehr aus der Emigration an einem der Trottoirtische des Café *Bristol* auf dem Kurfürstendamm zu sitzen.

»Warum sitzen Sie eigentlich immer hier?« wurde er einmal gefragt.

»Weil«, antwortete Kortner in seiner direkten Art, »um genau 22 Uhr 15 die *Komödie* drüben aus ist – und fünf Minuten später nebenan das *Theater am Kurfürstendamm;* aus der *Komödie* kommen fünfhundert Menschen auf den Ku'damm – und aus dem anderen Theater rund siebenhundert. Und wenn das passiert, sieht für zehn Minuten der Kurfürstendamm so aus, als wäre er noch der Kurfürstendamm. Deshalb sitz' ich hier.«

Als Berlin noch Berlin war, ging Max Pallenberg einmal auf eine Weltreise. Da man damals noch per Schiff reisen mußte, war Pallenberg beinahe zwei Jahre unterwegs. Als er nach dieser langen Abwesenheit nach Berlin zurückkehrte, empfing ihn ein Journalist mit der Frage, welche Stadt ihn am meisten beeindruckt hätte. Pallenberg breitete glückstrahlend die Arme aus und rief:

»Berlin!«

Berlin-Chronologie
1918–1933

Politik und Zeitgeschehen	Wirtschaft und Finanzen	Wissenschaft und Technik

1918

Aufstand der Matrosen in Kiel, revolutionäre Unruhen in Hamburg, München, Berlin und zahlreichen anderen Städten. In der Nacht vom 7. zum 8. November wird der Fernsprech- und Telegraphenverkehr von und nach Berlin eingestellt, wenige Stunden später auch der Eisenbahnverkehr. Die Rüstungsbetriebe und Verkehrseinrichtungen der Stadt sowie alle öffentlichen Gebäude werden von Militär besetzt. Am 9. November kommt es in vielen Betrieben, vor allem in der Rüstungsindustrie, zu Arbeitsniederlegungen. Auf den wichtigsten Straßen und Plätzen der Stadt ballen sich Menschenmassen zusammen. Rote Fahnen werden geschwenkt. Revolutionäre Unruhe breitet sich aus. In den Betrieben, Kasernen und Lazaretten bilden sich Arbeiter- und Soldatenräte. Der Kaiser dankt ab. Von einem Fenster	Nachkriegselend, politischer und wirtschaftlicher Zusammenbruch, Inflation und Massenarbeitslosigkeit nehmen in Berlin katastrophale Ausmaße an. Die sozialen Spannungen verschärfen sich immer mehr und führen schließlich im November zu blutigen revolutionären Auseinandersetzungen.	Max Lenz veröffentlicht den letzten Band seiner vierbändigen *Geschichte der Universität zu Berlin.* Berlin erhält die erste Fernstromleitung.

Religion, Philosophie und Erziehung	Musik, Literatur, Theater und Film	Architektur und bildende Kunst
Die in Preußen bestehende geistliche Schulaufsicht der Kirche wird aufgehoben.	Die Theaterzensur wird in Deutschland aufgehoben, bleibt aber für Filme mit einer Zensurbehörde in Berlin erhalten. Friedrich Kayssler wird Direktor der Berliner Volksbühne. Richard Huelsenbeck, Mitbegründer der Zeitschrift *Dada*, bringt den Dadaismus als antibürgerliche Kunstrichtung nach Berlin. In den Berliner Ateliers der Ufa werden unter anderen die Stummfilme *Die Augen der Mumie Ma* mit Pola Negri, Emil Jannings und Harry Liedtke und *Carmen* mit Pola Negri und Harry Liedtke gedreht. In beiden Filmen führt Ernst Lubitsch Regie. Die Ufa richtet eine Kultur- und Lehrfilmabteilung ein.	Baubeginn für das Große Schauspielhaus in Berlin. Das frühere Gebäude der Zirkusse Renz und Schumann wird zu einem Theater für 5000 Besucher umgebaut. Verantwortlicher Architekt für dieses Projekt an der Weidendammbrücke ist Hans Poelzig. Der Architekt Walter Gropius findet am Anfang seiner Karriere in Berlin keine geeigneten Aufgaben. Um seine Vorstellungen von einer modernen sachbezogenen Architektur verwirklichen zu können, geht er von Berlin nach Weimar, wo er 1920 das *Bauhaus*, eine Hochschule für Bau und Gestaltung, gründet. Der dort entwickelte Bauhaus-Stil verzichtet auf dekorative Repräsentation und strebt eine zweckgerechte, technisch-geometrische Gestaltung an. Dieser Stil übt auf die Berliner Architektur großen Einfluß aus.

1918 Fortsetzung

des Reichstags aus spricht der sozialdemokratische Politiker Philipp Scheidemann zur erregten Menge und ruft die Republik aus. Der SPD-Politiker Friedrich Ebert, Vorsitzender der stärksten Partei des Reichstags, übernimmt die Regierungsgeschäfte. Der radikalsozialistische Spartakusbund um Karl Liebknecht und Rosa Luxemburg wünscht jedoch keine bürgerliche Demokratie, sondern ein Rätesystem nach sowjetischem Vorbild. Deshalb verkündet Karl Liebknecht einige Stunden später die Räterepublik Deutschland. Am 10. November versammeln sich die revolutionären Arbeiter- und Soldatenräte im Zirkus Busch, um eine provisorische Regierung zu wählen. Der gemäßigte Flügel der SPD um Friedrich Ebert kann sich durchsetzen, während das radikale politische Konzept der äußersten Linken um Karl Liebknecht scheitert. Trotzdem setzt der Spartakusbund seine revolutio-

Politik und Zeitgeschehen	Wirtschaft und Finanzen	Wissenschaft und Technik

1919

Friedrich Ebert wird erster Reichspräsident der Weimarer Republik (Wahl am 11. Februar in Weimar); Reichskanzler wird Philipp Scheidemann, der bald wieder zurücktritt, da er nicht bereit ist, den Versailler Friedensvertrag zu unterzeichnen. Reichswehrminister wird der Sozialdemokrat Gustav Noske.
Gleich zu Beginn des Jahres organisiert der kommunistische Spartakusbund unter der Führung von

Die junge deutsche Demokratie kann sich nur sehr langsam außen- und innenpolitisch durchsetzen. Auch der wirtschaftliche und finanzielle Stabilisierungsprozeß ist sehr langwierig, da die hohen Kriegsentschädigungskosten des Versailler Friedensvertrages kaum zu bewältigen sind. Trotzdem unternimmt der Magistrat von Berlin alle Anstrengungen, die Situation nicht völlig aus der Kontrolle zu verlieren.

Adalbert Czerny, Professor für Kinderheilkunde in Berlin, veröffentlicht das Buch *Des Kindes Ernährung*, das der Ernährungswissenschaft neue Impulse gibt und bahnbrechend für eine dem kindlichen Alter angemessene Ernährung wirkt.

In Berlin wird die erste deutsche Verwaltungsakademie eröffnet.

Der deutsche Rundfunkpionier Hans

nären Aktionen fort. Eine Gruppe von Spartakisten, die das Gebäude des Berliner Lokal-Anzeigers besetzt hält, gibt die erste Nummer der Kampfzeitung *Rote Fahne* heraus, aus der sich dann das spätere Zentralorgan der deutschen Kommunisten entwickelt. Im Dezember führen die fortgesetzten revolutionären Aktionen des Spartakusbundes zu blutigen Zusammenstößen mit dem auf der Seite der provisorischen Regierung Ebert stehenden Militär. Es gibt zahlreiche Tote.
Am 24. Dezember kommt es zum Kampf um das Berliner Schloß mit 67 Toten. Darauf gründen die Wortführer des Spartakusbundes auf einer gemeinsamen Tagung mit den Internationalen Kommunisten Deutschlands am 30. Dezember im Preußischen Abgeordnetenhaus die Kommunistische Partei Deutschlands.

Religion, Philosophie und Erziehung	Musik, Literatur, Theater und Film	Architektur und bildende Kunst
Adalbert Czerny, Professor für Kinderheilkunde in Berlin, veröffentlicht das vielbeachtete Buch *Der Arzt als Erzieher des Kindes* und ist damit wegweisend für eine schon beim Kind einsetzende hygienisch-medizinische Volkserziehung unter ärztlicher Anleitung und Aufsicht. Der Berliner Arzt und Pionier der Sexualwissenschaft Magnus Hirschfeld gründet das Institut für Sexualwissenschaft.	Der Theaterintendant und Regisseur Max Reinhardt eröffnet das Große Schauspielhaus in Berlin mit der *Orestie* von Äschylos. Das Bühnenwerk *Die Wupper* von Else Lasker-Schüler wird in einer nichtöffentlichen, privaten Vorstellung in Berlin uraufgeführt. Eine Neuinszenierung von Gerhart Hauptmanns bis dahin verkanntem Bühnenwerk *Und Pippa*	Das von Hans Poelzig gestaltete Große Schauspielhaus an der Weidendammbrücke wird mit einer glanzvollen Aufführung der *Orestie* von Äschylos eröffnet. Regie führt Max Reinhardt, die Hauptrollen spielen Alexander Moissi, Werner Krauß und Agnes Straub. Otto Bartning, der führende deutsche Architekt im modernen protestantischen Kirchenbau, veröffentlicht die Schrift

Politik und Zeitgeschehen	Wirtschaft und Finanzen	Wissenschaft und Technik

1919 Fortsetzung

Karl Liebknecht und Rosa Luxemburg einen Aufstand gegen die sozialdemokratische Regierung. Auf der Seite der Regierung stehende Truppeneinheiten schlagen den Aufstand nieder. Karl Liebknecht und Rosa Luxemburg werden nahe des Landwehrkanals ermordet. Im März kommt es erneut zu einem Aufstand der linksradikalen Kräfte gegen die Regierung. Der revolutionäre Arbeiterrat von Berlin ruft zum Generalstreik auf. Darauf verhängt Reichswehrminister Noske den Belagerungszustand und läßt Truppen gegen die Aufständischen vorgehen. Die Straßenkämpfe dauern eine ganze Woche.

Bei den Wahlen zur Berliner Stadtverordnetenversammlung erhalten die Sozialdemokraten 93 der 144 Sitze. Zum ersten Male gehören 25 Frauen dem Stadtparlament an. Oberbürgermeister ist Adolf Wermuth.

Die Stadt Berlin erwirbt die bisher in Privatbesitz befindlichen Straßenbahnen der Stadt. Damit wird das neben der S-Bahn wichtigste öffentliche Verkehrsmittel städtisches Eigentum.

Bredow hält in Berlin einen vielbeachteten Experimentalvortrag mit Übertragung von Sprache und Musik über Lautsprecher.

Zwischen Berlin und Weimar wird der erste regelmäßige Luftverkehr aufgenommen und die erste Luftpost befördert.

Religion, Philosophie und Erziehung	Musik, Literatur, Theater und Film	Architektur und bildende Kunst
Diese in Deutschland einmalige Einrichtung befaßt sich vor allem mit sexualwissenschaftlicher Forschung, ärztlicher Behandlung von Geschlechtskrankheiten, psychologischer Therapie und öffentlicher Information. Das Zentralinstitut für Erziehung und Unterricht in Berlin gründet eine Zentralbildstelle und fördert damit wesentlich die Entwicklung von Lehrfilmen.	*tanzt* im Deutschen Theater Berlin ist so erfolgreich, daß sich das Stück bald auch viele andere deutsche Bühnen erobert. Die Berliner Filmzensurbehörde gibt alle aus Kriegsgründen verbotenen Filme frei. In den Berliner Ateliers der Ufa wird der Stummfilm *Madame Dubarry* mit Pola Negri, Emil Jannings und Harry Liedtke gedreht, Regie führt Ernst Lubitsch. Mit der Uraufführung dieses Films wird der neue Ufa-Palast am Zoo, Berlins größtes Lichtspieltheater, festlich eröffnet. In verschiedenen Berliner Lichtspieltheatern läuft mit großem Erfolg ein Dokumentarfilm über die Berliner Revolutionsereignisse von 1918 an. Der erste Teil des Films trägt den Titel *Der Straßenkampf in Berlin*, der zweite Teil zeigt den *Terror in Berlin*.	*Neues Bauen* und entwirft für Berlin einen großen Kindergarten mit Spielgelände und modernen Sportanlagen.

Politik und Zeitgeschehen	Wirtschaft und Finanzen	Wissenschaft und Technik

1920

Rechtsradikale Kreise um den General-landschaftsdirektor Wolfgang Kapp und General von Lüttwitz versuchen, die Reichsregierung zu stürzen. Zentrum des sogenannten Kapp-Putsches ist Berlin. Der Umsturzversuch beginnt mit dem Einmarsch von Freikorpsverbänden. Die Regierung flüchtet nach Dresden. In Berlin kommt es zu Straßenkämpfen. Kapp bildet eine Regierung, kann sich aber gegen die Truppen der Reichswehr und gegen den von der Gewerkschaft ausgerufenen Generalstreik nur wenige Tage halten (März).	In Berlin erscheint die *Deutsche Industrie- und Handelszeitung.*	In Berlin wird die Chemisch-Technische Reichsanstalt gegründet.
	Die Berliner Müllabfuhr AG nimmt als städtischer Betrieb ihre Arbeit auf.	Für den dritten Hauptsatz der Thermodynamik über die Unerreichbarkeit des absoluten Nullpunktes erhält der in Berlin wirkende Physiker Walter Nernst den Nobelpreis für Chemie.
	Ein deutsches Lichtspielgesetz wird geschaffen. Danach unterliegt jeder Film einschließlich des Werbematerials der Zensur eines Reichsprüfungsrates. Der Sitz dieser Zensurbehörde ist Berlin.	
	Die in Berlin geschaffene Reichsfilmstelle wird dem Reichsinnenministerium unterstellt.	Die Arbeit des in Berlin wirkenden Chirurgen Ferdinand Sauerbruch ist bahnbrechend für die Chirurgie der Brustorgane und die Entwicklung beweglicher Kunstglieder (Prothesen).
Um die immer rascher wachsende Reichshauptstadt besser verwalten zu können, wird eine tiefgreifende Verwaltungsreform durchgeführt und die Stadtgemeinde Groß-Berlin gebildet. Allerdings kann das Gesetz zu dieser Verwaltungsreform nur gegen starke Widerstände mit knapper Mehrheit		In Berlin wird eine Hochschule für Politik gegründet, an der Theodor Heuss, der spätere erste Präsident der Bundesrepublik Deutschland, als Dozent wirkt.
		Die in Berlin noch im Einsatz befindlichen Pferdeomnibusse werden endgültig aus dem Verkehr gezogen.

Religion, Philosophie und Erziehung	Musik, Literatur, Theater und Film	Architektur und bildende Kunst
Eugenio Pacelli, der spätere Papst Pius XII., der seit 1917 als päpstlicher Nuntius in München wirkte, wird zum päpstlichen Nuntius beim Deutschen Reich ernannt und geht nach Berlin. Durch die Berliner Verwaltungsreform wird Groß-Berlin zu einer einheitlichen Gemeinde mit 1000 Schulen. Über eine halbe Million Schüler werden von 1600 festangestellten Lehrern unterrichtet. Die Berliner Stadtbibliothek bezieht ihren neuen Sitz im Marstallgebäude an der Breitenstraße. Zur Förderung einer umfassenden Volkshygiene und Volksgesundheit wird in Berlin ein Lehrstuhl für Naturheilkunde eingerichtet. Nach Plänen des Gartenbaumeisters Erwin Barth wird auf einem Bruch- und Waldgelände der Jungfernheide mit der Arbeit an einem Volkspark begonnen.	Wilhelm Furtwängler dirigiert zum ersten Male in Berlin und wird stürmisch gefeiert. Die Operette *Der letzte Walzer* von Oscar Straus wird mit großem Erfolg in Berlin uraufgeführt. Die Hauptrolle spielt der Berliner Operettenstar Fritzi Massary. An der Berliner Volksbühne inszeniert Jürgen Fehling die *Komödie der Irrungen* und wird damit über Nacht zu einem berühmten Regisseur. Der Berliner Schriftsteller Kurt Tucholsky veröffentlicht seine antinationalistischen Satiren *Träumereien an preußischen Kaminen*. In den Berliner Filmateliers entstehen unter anderen die Stummfilme *Das indische Grabmal* mit Mia May, Lya de Putti, Erna Morena und Conrad Veidt; *Danton* mit Emil Jannings, Werner Krauß und Eduard von Win-	Der bedeutende Berliner Maler Max Liebermann wird Präsident der Preußischen Akademie der Künste. Der Berliner Zeichner und Graphiker Georges Grosz nimmt in vielen Zeichnungen und Lithographien leidenschaftlich gegen Krieg, Nachkriegselend, Korruption und soziales Unrecht Stellung. Er veröffentlicht die *Kleine Groszmappe*. Eine moderne Kunstgalerie zeigt Graphiken von Max Pechstein, die große Beachtung finden. Als antibürgerliche Kunstbewegung setzt sich der Dadaismus langsam durch. In der Galerie von Dr. Otto Burkhard wird die »Erste internationale Dadamesse« veranstaltet.

1920 Fortsetzung

verabschiedet werden. Nach diesem Gesetz werden die Städte Charlottenburg, Köpenick, Lichtenberg, Neukölln, Schöneberg, Spandau und Wilmersdorf sowie 59 Landgemeinden in die Stadtgemeinde Berlin einbezogen. Dieses neue Groß-Berlin hat 3 858 000 Einwohner und einen Gebietsumfang von 878,35 qkm und ist damit rund dreizehnmal so groß wie das bisherige historische Berlin. Zur praktischen Durchführung der Verwaltung wird die Stadt in zwanzig Bezirke eingeteilt, in die sechs innerstädtischen Bezirke Mitte, Tiergarten, Wedding, Prenzlauer Tor (später in Prenzlauer Berg umbenannt), Friedrichshain und Hallisches Tor (später umbenannt in Kreuzberg umbenannt), in die aus den Städten Charlottenburg, Köpenick, Lichtenberg, Neukölln, Schöneberg, Spandau und Wilmersdorf gebildeten sieben Bezirke und in die sieben neugeschaffenen Bezirke, die jeweils nach dem Ortsteil mit der größten Einwohnerzahl benannt sind: Pankow, Reinickendorf, Steglitz, Tempelhof, Treptow, Weißensee und Zehlendorf. Zentralorgane der Verwaltung sind der Magistrat mit dem Oberbürgermeister an der Spitze und die Stadtverordnetenversammlung.

Politik und Zeitgeschehen	Wirtschaft und Finanzen	Wissenschaft und Technik
1921		
Nach dem Rücktritt von Adolf Wermuth wird der Stadtkämmerer Gustav Bös zum Oberbürgermeister von Berlin gewählt.	In Berlin wird ein Reichskuratorium für Wirtschaftlichkeit in Industrie und Handwerk gebildet.	In Berlin konstituiert sich die Deutsche Gesellschaft für Vererbungsforschung.
Die Sturmabteilung (SA) der NSDAP wird in Berlin erstmals eingesetzt. Angeblich soll sie die nationalsozialistischen Propagandaveranstal-	Die während des I. Weltkrieges eingeführte und danach aus Gründen der allgemeinen wirtschaftlichen Not beibehaltene Zwangsbewirtschaftung für Lebensmittel wird in Berlin	Der deutsche Physiker Albert Einstein, Leiter des Kaiser-Wilhelm-Instituts für Physik in Berlin, der die Lichtquanten in die Physik einführte sowie die spezielle und die allgemeine Relativi-

terstein; *Die Brüder Karamasoff* mit Emil Jannings, Werner Krauß und Fritz Kortner; *Das Cabinet des Dr. Caligari* mit Werner Krauß, Conrad Veidt und Lil Dagover; *Algol* mit Emil Jannings und Käthe Haack und *Der Golem* mit Paul Wegener, Albert Steinrück, Ernst Deutsch, Lothar Müthel und Lyda Salmanova. Ernst Lubitsch führt Regie in den Stummfilmen *Sumurun* mit Pola Negri, Harry Liedtke und Paul Wegener, *Anna Boleyn* mit Emil Jannings und Henny Porten und *Kohlhiesels Töchter* mit Henny Porten in einer Doppelrolle.

Religion, Philosophie und Erziehung	Musik, Literatur, Theater und Film	Architektur und bildende Kunst
Durch Nachkriegselend, Inflation und Massenarbeitslosigkeit bedingt, konzentrieren die christlichen Kirchen in Berlin ihre seelsorgerischen Bemühungen auf die Sozialarbeit. Zahlreiche evangelische und katholische Wohlfahrtseinrichtungen und Fürsorgeverbände werden geschaffen. Auch die	Im Berliner Thalia-Theater wird die Operette *Mascottchen* von Walter Bromme und im Theater am Nollendorfplatz die Operette *Der Vetter aus Dingsda* von Eduard Künneke uraufgeführt. *Mascottchen* erzielt einen großen Publikumserfolg, der jedoch nicht lange anhält, während sich *Der Vetter aus*	Aus der 1885 gegründeten deutschen Meßbildanstalt in Berlin entwickelt sich die neue Reichsbildstelle für Bau- und Kunstdenkmäler. In Berlin wird eine große Ausstellung moderner sowjetischer Kunst eröffnet, an der sich vor allem avantgardisti-

Politik und Zeitgeschehen	Wirtschaft und Finanzen	Wissenschaft und Technik

1921 Fortsetzung

tungen vor Störungen durch politische Gegner schützen, in Wahrheit dient sie der Terrorisierung Andersdenkender.

Der Zentrumspolitiker Matthias Erzberger wird am 26. 8. von zwei ehemaligen Offizieren in Berlin ermordet.

Der Naturheilapostel Joseph Weißenberg hat in Berlin großen Zulauf. Er behandelt die verschiedensten Krankheiten mit Quarkauflagen.

langsam abgebaut. Milch und Butter werden zum Verkauf freigegeben.

Im Rahmen der allgemeinen Wirtschaftsentwicklung zur Zentralisierung und internationalen Verflechtung werden viele kleine Filmfirmen von den führenden Filmgesellschaften übernommen oder zumindest in finanzielle Abhängigkeit gebracht. So gehen beispielsweise der Messter-Film-Konzern und Decla-Bioscop-Film in der Ufa auf, die bald die Spitzenposition der deutschen Filmindustrie einnimmt und ihren Sitz sowie ihre großen Filmateliers in Berlin hat. Das Ufa-Filmgelände in Berlin-Babelsberg entwickelt sich in den kommenden Jahren zu einem der größten und technisch modernsten der Welt.

In Berlin wird eine städtische Arbeitsvermittlung für Filmschaffende, insbesondere für Filmkomparsen, eingerichtet.

tätstheorie entwickelte, erhält den Nobelpreis für Physik.

An der Technischen Hochschule in Berlin-Charlottenburg wird ein Lehrstuhl für Kinotechnik eingerichtet.

Der österreichische Konstrukteur und Industrielle Edmund Rumpler, der in Berlin die erste deutsche Flugzeugfabrik gründete und nach Plänen des österreichischen Ingenieurs Ignaz Etrich die Rumpler-Taube baute, entwickelt im Kraftfahrzeugbau die Stromlinienform und verwendet als erster Vorderradantrieb und Schwingachse.

Die Automobil-Verkehrs- und Übungs-Straße zwischen Berlin-Grunewald und Nikolasee, kurz *Avus* genannt, wird als erste deutsche Autorennstrecke für den Verkehr freigegeben.

Religion, Philosophie und Erziehung	Musik, Literatur, Theater und Film	Architektur und bildende Kunst

Heilsarmee wird zunehmend aktiv.

Der deutsche Bund freireligiöser Gemeinschaften und der Freidenkerbund vereinigen sich zum Volksbund für Geistesfreiheit und schließen sich der Arbeitsgemeinschaft der freien geistigen Verbände des Deutschen Reichs in Berlin an.

Der Psychologe Kurt Koffka, Mitbegründer der sogenannten Berliner Schule der Psychologie, veröffentlicht das Werk *Die Grundlagen der psychischen Entwicklung. Eine Einführung in die Kinderpsychologie* und gibt damit der modernen Kindererziehung wichtige neue Impulse.

Dingsda zu einem Welterfolg entwickelt. Das Lied daraus *Ich bin nur ein armer Wandergesell. . .* wird zum Weltschlager.

Der Regisseur Max Reinhardt überträgt seine alte Inszenierung von Shakespeares *Sommernachtstraum* in das neue Große Berliner Schauspielhaus. Im Berliner Deutschen Theater wird das Lustspiel *Der Schwierige* von Hugo von Hofmannsthal uraufgeführt. Bei einer Aufführung von Arthur Schnitzlers erotischem Bühnenwerk *Der Reigen* kommt es zu Tumulten. In Berlin nehmen zwei neue Bühnen den Spielbetrieb auf: Das Kurfürstendamm-Theater und das Schloßtheater in Steglitz (heute Schloßpark-Theater).

In den Berliner Filmateliers entsteht unter anderen der Stummfilm *Die Bergkatze* mit Pola Negri und Emil Jannings, Regie führt Ernst Lubitsch.

sche sowjetrussische Bildhauer und Maler beteiligen. Diese Ausstellung trägt wesentlich dazu bei, die Kunstbewegung des Konstruktivismus in Deutschland populär zu machen.

In Berlin stirbt am 18. 10. der vorweigend durch Tierplastiken bekanntgewordene Bildhauer August Gaul.

Politik und Zeitgeschehen	Wirtschaft und Finanzen	Wissenschaft und Technik

1922

Der Jurist und Politiker Walter Simons, der bei den Versailler Vertragsverhandlungen engster Mitarbeiter des damaligen Außenministers Graf Brockdorff-Rantzau und anschließend selbst Außenminister war, wird Präsident des Reichsgerichts und des Staatsgerichtshofs in Berlin.

Der wegen seiner jüdischen Herkunft und seiner sogenannten Verzichtpolitik von nationalistischen Kreisen heftig angegriffene Reichsaußenminister Walter Rathenau wird in der Nähe seiner Wohnung in der Königsallee in Grunewald am 24. 6. von Rechtsradikalen erschossen.

Der Politiker Friedrich Adler beruft eine große Konferenz der Sozialisten, Unabhängigen Sozialisten und Kommunisten nach Berlin ein, um die politischen Meinungsverschiedenheiten und Gegensätze auszugleichen und ein Konzept gemeinsamen Handelns zu

Ein Streik der Eisenbahner und der Beschäftigten der Straßen- und U-Bahn sowie der Arbeiter vieler anderer städtischer Betriebe legt Verkehr und Versorgung der Stadt mit Gas, Strom und Wasser weitgehend lahm.

Durch Wirtschaftskrise und Inflation ist auch der Magistrat von Berlin zu Massenentlassungen gezwungen. Die Verkehrsangestellten und die Schauspieler treten in den Streik.

Die bekannte Schokoladenfabrik Sarotti in Berlin-Tempelhof wird durch Brand weitgehend vernichtet, jedoch bald wieder aufgebaut.

Die Firma Vereinigte Glanzstoff-Fabriken AG gründet mit 20 Millionen Mark Kapital die Glanzfilm-AG in Berlin-Köpenick, die sich mit der Herstellung von schwerbrennbaren Acetyl-Zellulose-Filmen befaßt.

Der Physiker, Nobelpreisträger und Leiter des Kaiser-Wilhelm-Instituts für Physik in Berlin, Albert Einstein, veröffentlicht das Buch *Über die spezielle und allgemeine Relativitätstheorie.*

Der zu den Mitbegründern der sogenannten Berliner Psychologischen Schule gehörende Psychologe Kurt Lewin läßt sich als Privatdozent in Berlin nieder und veröffentlicht das Buch *Der Begriff der Genese.*

Walter Nernst, Nobelpreisträger für Chemie, wird Präsident der Physikalisch-Technischen Reichsanstalt in Berlin und macht sich besonders um die Theorie der galvanischen Stromerzeugung verdient.

In Berlin wird das erste Fernsprech-Selbstanschlußamt eingerichtet.

Religion, Philosophie und Erziehung	Musik, Literatur, Theater und Film	Architektur und bildende Kunst
Die verschiedenen sozialen Hilfsorganisationen und Missionsvereine, die nach dem Krieg von der Evangelischen und Katholischen Kirche in Berlin gegründet oder zumindest gefördert und unterstützt wurden, werden immer mehr zusammengefaßt und zentralisiert. Zur besseren Ausbildung der Volksschullehrer wird in Berlin eine pädagogische Akademie geschaffen. Im Zusammenhang mit dieser Maßnahme zur Verbesserung des Erziehungswesens wird auch das Berufsschulwesen reformiert.	Nach dem Tode des Dirigenten Arthur Nikisch übernimmt Wilhelm Furtwängler die Leitung der Berliner Philharmonie. Der Dirigent Bruno Walter, bisher Generalmusikdirektor der Bayerischen Staatsoper in München, folgt einem Ruf an die Städtische Oper nach Berlin. Dem Berliner Revue- und Chansonkomponisten Rudolf Nelson gelingt mit der Vertonung des Gedichts *Tamerlan* von Kurt Tucholsky ein Meisterwerk des deutschen Chansons. In Saarow bei Berlin stirbt am 7. März der Arzt Carl Ludwig Schleich, dessen Autobiographie *Besonnte Vergangenheit* eines der erfolgreichsten deutschen Bücher der zwanziger Jahre ist. Heinrich George wird in Berlin als einer der bedeutendsten deutschen Charakterdarsteller gefeiert.	Der Architekt Erich Mendelsohn, der durch den sogenannten Einsteinturm in Potsdam, ein Observatorium mit astro-physikalischem Laboratorium, bekannt wurde, baut am Karolinger-Platz in Berlin eine große Doppelvilla. Der in Berlin wirkende Maler und Graphiker Max Pechstein wird zum Mitglied der Preußischen Akademie der Künste ernannt und schafft das Gemälde *Das Ruderboot*. Der Maler und Graphiker Max Beckmann schafft die gesellschaftskritischen graphischen Zyklen *Berlin* und *Stadtnacht* sowie das Gemälde *Vor dem Maskenball*. Der avantgardistische russische Bildhauer Naum Garbo, der sich mit dem Modell eines konstruktivistischen Denkmals für ein physikalisches Observatorium an einer

Politik und Zeitgeschehen	Wirtschaft und Finanzen	Wissenschaft und Technik

1922 Fortsetzung

entwerfen. Die Konferenz kann sich jedoch nicht einigen und bleibt ohne Wirkung.	Aus Protest gegen die hohe Vergnügungssteuer bleiben alle Berliner Lichtspieltheater einen Tag geschlossen.	Die Firma Rohrbach-Flugzeugbau entsteht in Berlin und spezialisiert sich auf die Entwicklung von Flugbooten. In Berlin werden die ersten Kurztonfilme nach dem Triergon-Verfahren öffentlich vorgeführt.

Politik und Zeitgeschehen	Wirtschaft und Finanzen	Wissenschaft und Technik

1923

Inflation und Massenarbeitslosigkeit haben in Berlin katastrophale Folgen. Auch der Magistrat ist gezwungen, immer	Mitte des Jahres erreicht die Inflation ihren Höhepunkt. Eine ehemalige Goldmark entspricht einer Billion Papiermark,	Der deutsche Volkswirtschaftler und Statistiker Ernst Wagemann wird Präsident des Statistischen Reichsamts.

Mit finanzieller Beteiligung der Gewerkschaften wird in Berlin eine *Volksfilmbühne* als Verein eingetragen. Der Zweck dieses Vereins ist es, seinen Mitgliedern in Sonderveranstaltungen Spitzenfilme zu verbilligten Eintrittspreisen zu zeigen. Der Stummfilm *Hanneles Himmelfahrt* nach Gerhart Hauptmanns gleichnamigem Drama erlebt seine festliche Premiere in der Berliner Staatsoper. Es ist das erste Mal, daß in Deutschland ein Opernhaus für eine Filmpremiere zur Verfügung steht.

In den Berliner Filmateliers entstehen unter anderen die Stummfilme *Luise*

Millerin nach Schillers Trauerspiel *Kabale und Liebe* mit Lil Dagover, Werner Krauß, Paul Hartmann, Fritz Kortner und Reinhold Schünzel; *Lucrezia Borgia* mit Liane Haid, Lyda Salmanova, Adele Sandrock, Albert Bassermann, Paul Wegener, Conrad Veidt, Heinrich George, Wilhelm Dieterle, Lothar Müthel und Alexander Granach und *Das Weib des Pharao* mit Emil Jannings, Harry Liedtke und Albert Bassermann. In *Das Weib des Pharao* führt Ernst Lubitsch Regie. Fritz Lang inszeniert den Film *Dr. Mabuse, der Spieler* und Friedrich Wilhelm Murnau die Dracula-Verfilmung *Nosferatu*.

Ausstellung moderner sowjetischer Kunst in Berlin beteiligt, kehrt danach nicht in seine Heimat zurück. Außer ihm nehmen unter anderem die jungen sowjetrussischen Bildhauer und Maler Lazar El Lissitzky, Antoine Pevsner, Alexander Rodtschenko und Wladimir Tatlin an der Ausstellung teil. Während dieses Berlin-Aufenthalts gibt El Lissitzky mit dem sowjetrussischen Schriftsteller Ilja Ehrenburg die konstruktivistische Zeitschrift »Gegenstand« heraus. Der Konstruktivismus wird zu einer europäischen Kunstbewegung.

Religion, Philosophie und Erziehung	Musik, Literatur, Theater und Film	Architektur und bildende Kunst
In Berlin stirbt am 1. 2. der deutsche evangelische Theologe und Philosoph Ernst Troeltsch, der einen undogmati-	Der Dirigent Erich Kleiber wird Generalmusikdirektor der Staatsoper Berlin. Im Berliner Metropol-Theater erlebt die	Für eine Berliner Ausstellung über modernes Bauen entwirft der Architekt Ludwig Mies van der Rohe einen

Politik und Zeitgeschehen	Wirtschaft und Finanzen	Wissenschaft und Technik

1923 Fortsetzung

mehr Arbeiter und Angestellte zu entlassen. So kommt es zu Massenverelendung, Ladenplünderungen, Demonstrationen und Streiks.

Der Dollar, die auch für die Berliner Wirtschaft maßgebliche internationale Leitwährung, entspricht im Januar rund 20 000 Mark, im Juli etwa 170 000 Mark. Deshalb muß die Reichsbank Anfang Juli die ersten Reichsbanknoten über 1 Million ausgeben. Ende Juli liegt der Dollarkurs bei 1 100 000 Mark, Ende August bei 12 Millionen, Mitte September bei 200 Millionen, am 19. Oktober bei 2500 Milliarden. Für Grundnahrungsmittel und Fahrten mit öffentlichen Verkehrsmitteln müssen Unsummen ausgegeben werden, die sich ständig erhöhen und vom Durchschnittsbürger nicht mehr aufgebracht werden können. So kostet beispielsweise im November 1 Pfund Butter 6 Billionen,

ein Dollar hat den Wert von 4,2 Billionen deutscher Papiermark. Gegen Ende des Jahres gelingt es durch Schaffung der Deutschen Rentenbank und Einführung der Rentenmark, die Währung zu stabilisieren und der Wirtschaft neuen Auftrieb zu geben.

In Berlin wird eine Reichskartellverordnung gegen den Mißbrauch wirtschaftlicher Macht erlassen und dem Reichswirtschaftsgericht ein Kartellgericht zugeordnet.

Der deutsche Volkswirtschaftler und Statistiker Ernst Wagemann, der spätere Leiter des Instituts für Konjunkturforschung in Berlin, wird Präsident des Statistischen Reichsamts und veröffentlicht das vielbeachtete Buch *Konjunkturlehre*.

Neben der Presse und dem Film entwickeln sich nun auch die Schallplatte und der Rundfunk zu Mas-

Der zu den Mitbegründern der sogenannten Berliner Psychologischen Schule gehörende Psychologe Max Wertheimer veröffentlicht die gestaltpsychologische Schrift *Untersuchungen zur Lehre von der Gestalt*.

Die Sternwarte in Berlin-Babelsberg erhält ein 1,25-m-Spiegelteleskop.

Der deutsche Physiker Arthur Korn, der unter anderem von München nach Berlin drahtlose Bilder übertrug, setzt seine Versuche drahtloser Bildtelegraphie erfolgreich fort.

Die Berliner Städtische Elektrizitätswerke AG wird gegründet.

Die Nord-Süd-Strecke der S-Bahn vom Hallischen Tor zum Stettiner Bahnhof wird eröffnet.

schen Christenglauben lehrte und geschichtsphilosophisch begründete.

In Berlin konstituiert sich ein internationaler Verband zur Verteidigung des Protestantismus.

Josef Deitmer wird als erster katholischer Bischof von Berlin geweiht. Damit hat die Stadt seit der Reformation erstmals wieder einen amtierenden katholischen Bischof.

In der deutschen Justiz setzt sich langsam die Ansicht durch, daß Jugendliche nicht durch harte Strafen zur Rechtlichkeit erzogen werden können. Man plädiert für milde erzieherische Strafmaßnahmen. Ein entsprechendes Reichsgesetz verfügt die Einrichtung spezieller Jugendgerichte.

Der von dem Gartenbaumeister Erwin Barth gestaltete neue Volkspark Jungfernheide wird der Öffentlichkeit überge-

Operette *Marietta* von Walter Kollo ihre Uraufführung. Die Lieder daraus *Was eine Frau im Frühling träumt . . .* und *Warte, warte nur ein Weilchen . . .* werden zu Evergreens.
Der Komponist Walter Kollo ist seit vielen Jahren mit Berliner Liedern, Revuen, Singspielen und Operetten erfolgreich. Die beliebte Berliner Volkssängerin und Kabarettistin Claire Waldoff trägt viel zur Popularisierung der Kollo-Lieder bei.

Der österreichische Dramatiker Ferdinand Bruckner gründet und leitet das Berliner Renaissance-Theater.

In der Inszenierung von Max Reinhardt kommt Ferdinand Bruckners expressionistisches Drama *Verbrecher* in Berlin zur erfolgreichen Uraufführung.

Der Universität Berlin wird ein theaterwissenschaftliches Institut angegliedert.

Glaswolkenkratzer. Eine große Ausstellung von Radierungen und Lithographien von Käthe Kollwitz findet starke Beachtung.

Anläßlich einer Ausstellung von Zeichnungen und Radierungen von Max Beckmann und Max Pechstein mit aggressiv-gesellschaftskritischer Thematik kommt es zu heftigen Protesten nationalistischer und konservativer Kreise.

Politik und Zeitgeschehen	Wirtschaft und Finanzen

1923 Fortsetzung

1 Pfund Kartoffeln 50 Milliarden, 1 Ei 80 Milliarden, 1 Glas Bier 150 Milliarden. In den meisten Berliner Haushalten herrscht Hunger.

Reichskanzler Wilhelm Marx hält über den noch im Aufbau befindlichen deutschen Rundfunk Berlin in drahtloser Relaisübertragung eine Weihnachtsansprache. Als erstes offizielles Rundfunkkonzert erklingt Ludwig van Beethovens Trio B-Dur op. II.

senmedien und zu einem beachtlichen Wirtschaftsfaktor. Von Berlin ausgehend, werden bald auch in anderen großen deutschen Städten Rundfunkstationen geschaffen. Das Rundfunkempfangsverbot für Privatpersonen wird auf-

gehoben. In Berlin erscheint die erste Nummer der Funkzeitschrift *Radio.* Gegen Ende des Jahres folgt die Zeitschrift *»Der deutsche Rundfunk«.* Im Dezember konstituiert sich der Reichsverband deutscher Rundfunkhändler.

Politik und Zeitgeschehen	Wirtschaft und Finanzen	Wissenschaft und Technik

1924

Durch großzügige Umschuldung und Umstellung der Währung von Reichsmark auf Rentenmark gelingt es im Dezember 1923, die Inflation zu stoppen. So bringt das Jahr 1924 eine spürbare Entspannung der wirtschaftlichen Lage. In seinem *Groß-Berliner Tagebuch 1920 – 1933*

Neben den Massenmedien Presse und Film entwickeln sich Schallplatte und Rundfunk immer mehr zu beachtlichen Wirtschaftsfaktoren. Am 15. September bringt der deutsche Rundfunk in Berlin die erste Werbesendung.

In Berlin wird das Deutsche Institut für Zeitungswissenschaft eröffnet.

Berlin organisiert die erste Automobilausstellung, und in Seddin bei Berlin wird eine große Eisenbahnausstellung eröffnet. Das Anwachsen des Verkehrs macht in ben, obwohl die Arbeiten zur Vergrößerung und Verschönerung des Geländes noch bis 1930 weitergehen.

Unter der Leitung der Gartenbaumeister Erwin Barth und Rudolf Germer wird in Berlin-Wedding mit der Arbeit an einem großen Volkspark begonnen.

Mit der Radiostunde und der Ansage: »Hier Sendestelle Berlin, Voxhaus, Welle 400« eröffnet am 29. Oktober um 20 Uhr der deutsche Unterhaltungsrundfunk seine Sendungen.

Die Ufa in Berlin bringt unter anderen die Stummfilme *Peter der Große* mit Emil Jannings, *Ein Glas Wasser* mit Hans Brausewetter und *Nora* mit Olga Tschechowa heraus. In *Nora* führt Berthold Viertel zum ersten

Male Regie.
Außerdem entstehen in den Berliner Filmateliers die Stummfilme *Die Straße* mit Eugen Klöpfer und Lucie Höflich; *I.N.R.I.* mit Asta Nielsen, Henny Porten, Werner Krauß und Alexander Granach; *Erdgeist* mit Asta Nielsen, Albert Bassermann, Rudolf Forster, Alexander Granach und Heinrich George und der Kriminalfilm *Haus ohne Lachen*. In dem Stummfilm *Sylvester* führt Lupu Pick Regie.

Religion, Philosophie und Erziehung	Musik, Literatur, Theater und Film	Architektur und bildende Kunst

Carl Diem, einer der führenden deutschen Sportfunktionäre, Mitbegründer der deutschen Hochschule für Leibesübungen und spätere Organisator der Olympischen Sommerspiele 1936 in Berlin, veröffentlicht das Buch *Persönlichkeit und Körpererziehung*. Damit leistet er

Im Berliner Schillertheater wird das musikalische Lustspiel *Die Frau ohne Kuß* von Walter Kollo uraufgeführt. Das Lied daraus *Das ist der Frühling von Berlin* wird zum Schlager.

Der erfolgreiche Berliner Revue- und Chansonkomponist

Der Architekt Peter Behrens, dessen moderner, zweckgebundener Baustil Walter Gropius, Ludwig Mies van der Rohe und Le Corbusier beeinflußt hat, baut das große Verwaltungsgebäude der Farbwerke Hoechst. Zuvor ist er durch den Bau der Turbinenfabrik der AEG

Politik und Zeitgeschehen	Wirtschaft und Finanzen	Wissenschaft und Technik

1924 Fortsetzung

vermerkt der Stadt-syndikus Friedrich Lange erleichtert: »Das Wunder der Rentenmark hat einen völligen Um-schwung der Gemein-dewirtschaft zur Folge gehabt. In wenigen Monaten hat die öffentliche Wirt-schaft wieder ein festes Verhältnis zwi-schen Einnahmen und Ausgaben ge-wonnen, und in der Stadtkasse macht sich zum erstenmal wieder eine gewisse Flüssig-keit bemerkbar. Trotzdem ist der vom Kämmerer aufge-stellte Haushalt für 1924, der in Ein-nahme und Ausgabe mit einem Betrage von 353 Millionen Goldmark abschließt, gegenüber dem Haus-halt von 1913 immer noch ein Haushalt der Not ... Immerhin – der Kämmerer kann endlich aufatmen, aber die Verwaltung wird noch einen schweren Stand haben.«

Im West-Sanatorium in Berlin-Charlotten-burg stirbt im Alter von 54 Jahren am 10. April Hugo Stin-nes, der Begründer des Stinnes-Kon-zerns, einer der reich-sten Männer der Welt.

Berlin die Einfüh-rung einer Verkehrs-polizei notwendig.

Der Flugplatz Ber-lin-Tempelhof wird in Betrieb genom-men.

Der Bahnhofsneu-bau Berlin-Fried-richstraße wird ein-geweiht.

Berlin beginnt mit der planmäßigen Elektrifizierung der S-Bahn, die jedoch erst Anfang der drei-ßiger Jahre abge-schlossen wird.

Im Marmorhaus am Kurfürstendamm, einem der führen-den Lichtspielthea-ter Berlins, wird der erste längere Ver-suchstonfilm nach dem Triergon-Ver-fahren *Ein Tag auf dem Bauernhof* ge-zeigt. Die Laufzeit beträgt knapp 20 Minuten.

Am 4. Dezember eröffnet Reichspräsi-dent Friedrich Ebert in Berlin die 1. Große Deutsche Funkausstellung.

Religion, Philosophie und Erziehung	Musik, Literatur, Theater und Film	Architektur und bildende Kunst

einen wesentlichen Beitrag zur Entwicklung der deutschen Sportbewegung im Sinne allgemeiner Volkserziehung zur Gesundheit und Hygiene.

Zur allgemeinen Verbesserung der Kinderfürsorge wird in Berlin die Reichsarbeitsgemeinschaft der Kinderfreunde gegründet.

Der in Berlin wirkende Psychologe und Pädagoge Eduard Spranger veröffentlicht das Werk *Psychologie des Jugendalters*, das der modernen Jugenderziehung neue Impulse gibt.

Rudolf Nelson macht unter anderem mit der Kabarettrevue *Der rote Faden* in Zusammenarbeit mit Friedrich Hollaender und Marcellus Schiffer deutsche Kabarettgeschichte. Es spielen und singen so hervorragende Kabarettisten und Schauspieler wie Margo Lion, Kurt Gerron, Wilhelm Bendow und Gustaf Gründgens. Einige Chansons dieser Revue, insbesondere *Das Nachtgespenst*, gehören seitdem zum klassischen Bestand des deutschen Chansons.

Das Große Schauspielhaus an der Weidendammbrücke wird in ein Revuetheater umgewandelt. Die eleganten Ausstattungsrevuen von Erik Charell werden Publikumserfolge und Touristenattraktionen. Bald folgen auch andere Berliner Theater dieser Mode und spielen Revuen.

Der Regisseur und Theaterleiter Max Reinhardt übernimmt erneut die Direktion

in Berlin und der deutschen Botschaft in Petersburg sowie durch große Geschäftshäuser und Wohnbauten bekannt geworden.

Der in Warschau und Berlin wirkende konstruktivistische Maler Henri Berlewi begründet in Berlin die konstruktivistische Malerei der Mechanofaktur.

In Berlin stirbt am 11. 8. der Architekt Franz Schwechten, Erbauer des Anhalter Bahnhofs und der Kaiser-Wilhelm-Gedächtniskirche.

1924 Fortsetzung

des Deutschen Theaters, der Kammerspiele und der Komödie in Berlin. Der Regisseur Erwin Piscator, der seit 1920 in Berlin proletarisch-politisches Theater zu verwirklichen versucht und dessen Inszenierungen heftig umstritten sind, übernimmt die Berliner Volksbühne.

In Berlin-Nikolasee stirbt am 12. 5. Hermann Kretzschmar, einer der namhaftesten deutschen

Musikwissenschaftler dieser Zeit. Am 27. 7. stirbt in Berlin der Komponist, Pianist und Musiktheoretiker Verruccio Busoni, dessen Gesamtpersönlichkeit die europäische Musikentwicklung wesentlich beeinflußt hat.

Kurt Robitschek gründet das Berliner *Kabarett der Komiker*.

Im Berliner Ullstein-Verlag erscheint das Kultur- und Unterhaltungsmagazin *Der Uhu*.

Am 20. 1. bringt der deutsche Rundfunk aus dem Thalia-Theater in Berlin versuchsweise die erste Direktübertragung einer Operette, am 5. 3. folgt die erste Direktsendung einer Reportage über ein aktuelles Berliner Ereignis, am 2. Oktober die erste Übertragung eines Berliner Konzerts und am 8. 10. aus der Berliner Staatsoper *Die Zauberflöte* von

Politik und Zeitgeschehen	Wirtschaft und Finanzen	Wissenschaft und Technik
1925		
Im West-Sanatorium Berlin-Charlottenburg stirbt am 28. 2. Reichspräsident Friedrich Ebert. Über die Trauerfeierlichkeiten stellen mehrere deutsche Filmfirmen in Gemeinschaftsproduktion einen Dokumentarfilm her.	Von den etwa 2,3 Millionen berufstätigen Berlinern sind rund 1 Million Arbeiter, 665 000 Angestellte und Beamte, 336 000 in selbständigen Berufen und 132 000 als Hausangestellte tätig. Die meisten Berliner sind in der Metallindustrie beschäftigt. Rund 15 000 Metallbetriebe haben etwa 400 000 Mitarbeiter. Es folgt	Der in Berlin wirkende Arzt und Sexualforscher Magnus Hirschfeld, der für sexuelle Toleranz, insbesondere aber für Straffreiheit bei Abtreibung und für Integration der männlichen Homosexualität eintritt, beginnt mit der Veröffentlichung seines fünfbändigen Werkes *Geschlechtskunde*.
Anläßlich der Reichspräsidentenwahl kommt es in Berlin zu blutigen Zusammen-		

Wolfgang Amadeus Mozart.
Am 18. 3. wird die Radiostunde in Berliner Funkstunde umbenannt.
Am 1. 11. bringt der Berliner Rundfunk als erstes Opernhörspiel *Figaros Hochzeit* von Wolfgang Amadeus Mozart.
Zu den Rundfunkpionieren dieser Zeit gehört vor allem Alfred Braun. Als erster deutscher Rundfunkreporter und erster Hörspielregisseur genießt er mit seiner

Ansage: »Achtung, Achtung, hier ist Berlin!« weltweite Popularität.

Die Berliner Ufa bringt die Stummfilme *Der letzte Mann* mit Emil Jannings in der Regie von Friedrich Wilhelm Murnau, *Die Nibelungen* in der Regie von Fritz Lang und *Das Wachsfigurenkabinett* mit Emil Jannings, Conrad Veidt, Wilhelm Dieterle und Werner Krauß.
Außerdem entsteht in

den Berliner Filmateliers der Stummfilm *Nju* mit Emil Jannings, Conrad Veidt und der berühmten Berliner Bühnenschauspielerin Elisabeth Bergner. Regie führt Paul Czinner.

Im Berliner Kiepenheuer Verlag erscheint das Drehbuch zu dem Film *Sylvester* in Buchform. Es ist das erste Mal, daß in Deutschland ein Filmmanuskript als Buch veröffentlicht wird.

Religion, Philosophie und Erziehung	Musik, Literatur, Theater und Film	Architektur und bildende Kunst
Der in Berlin wirkende Psychologe und Pädagoge Eduard Spranger, der sich besonders der Persönlichkeits- und Jugendforschung widmet, veröffentlicht das Werk *Kultur und Erziehung*.	Der Dirigent Bruno Walter wird als Generalmusikdirektor an die Berliner Staatsoper berufen. Der Dirigent Karl Elmendorff wird als erster Kapellmeister an die Staatsopern Berlin und München verpflichtet. Der österreichische Komponist und Begründer der Zwölfton-Technik Arnold	Der Architekt Hans Poelzig, der den Umbau des Großen Schauspielhauses an der Weidendammbrücke gestaltete, baut am Zoo das Lichtspielhaus Kapitol. Der Architekt Bruno Taut baut in Berlin-Britz die sogenannte Hufeisensiedlung in modern aufgelockerter Bauweise mit

Politik und Zeitgeschehen	Wirtschaft und Finanzen	Wissenschaft und Technik

1925 Fortsetzung

stößen zwischen Angehörigen der Rechtsparteien und Kommunisten.

Bei den Berliner Stadtverordnetenwahlen werden die Sozialdemokraten stärkste Partei.

Die Einwohnerzahl Berlins übersteigt die 4-Millionen-Grenze.

Der sich schnell entwickelnde deutsche Rundfunk mit seinem Zentrum in Berlin geht immer mehr dazu über, aktuelle Ereignisse, politisches Zeitgeschehen sowie sportliche Höhepunkte in Reportageform direkt zu vermitteln.

die Textilindustrie mit meist kleineren Betrieben, in denen mehr als 200 000 Männer und Frauen arbeiten. Auch in der Schuh-, Leder-, Möbel- und Filmbranche steht Berlin in der Wirtschaftsstatistik an der ersten Stelle der deutschen Städte.

Der deutsche Volkswirtschaftler und Statistiker Ernst Wagemann, der seit 1923 Präsident des Berliner Statistischen Reichsamtes ist, gründet und leitet in Berlin das Institut für Konjunkturforschung.

Als Tochtergesellschaft der Grammophone Company wird in Berlin die Schallplattenfirma Electrola gegründet.

Baubeginn des Berliner Funkturms.

In Berlin stirbt am 25. 10. der Psychologe und Neurologe Karl Abraham, der als Schüler und enger Mitarbeiter Sigmund Freuds theoretischer und organisatorischer Wegbereiter der Psychoanalyse in Deutschland war.

Die Ufa erhält von der Triergon AG Zürich eine Option auf die Weltrechte des Triergon-Tonfilmverfahrens und richtet in Berlin-Weißensee für die weitere Entwicklungsarbeit ein Tonfilmatelier ein. Die Entwicklung entsprechender Vorführapparate wollen beide Firmen gemeinsam finanzieren.
Nach Andersens Märchen *Das Mädchen mit den Schwefelhölzern* wird ein kurzer Triergon-Tonfilm vorbereitet. Der Berliner Autor Hans Kyser schreibt dazu das erste Tonfilm-Drehbuch und

Schönberg übernimmt eine Meisterklasse für Komposition an der Preußischen Akademie der Künste in Berlin.

Unter der Leitung von Generalmusikdirektor Erich Kleiber wird in Berlin die Oper *Wozzeck* von Alban Berg uraufgeführt. Das vorwiegend atonale Werk nach Georg Büchners gleichnamigem sozialem Drama gehört zu den bedeutendsten Opern der Neuen Musik.
Der später sehr erfolgreiche österreichische Operettenkomponist Nico Dostal arbeitet am Anfang seiner Karriere in Berlin als Theaterkapellmeister und Arrangeur.

Carl Zuckmayers Komödie *Der fröhliche Weinberg* im Theater am Schiffbauerdamm gehört zu den großen Berliner Theatererfolgen des Jahres.

Der völlig umgebaute und modernisierte Ufa-Palast am Zoo wird mit der Premiere des Films *Charlies Tante* eröffnet.

Die deutsche Ufa-Wochenschau beginnt regelmäßig zu erscheinen.
In Berlin wird ein Club der Kameraleute gegründet.

In Berlin kommen die Stummfilme *Die Verrufenen* mit Paul Bildt und Margarethe Kupfer, *Ein Walzertraum* mit Willy Fritsch, *Variete* mit Emil Jannings, Lya de Putti, Kurt Gerron und dem weltberühmten Jongleur Rastelli, *Die Blumenfrau vom Potsdamer Platz* mit Reinhold Schünzel, Wilhelm Dieterle, Rosa Valetti und der Berliner Kabarettistin Blandine Ebinger, *Die Elendsviertel von Berlin* und *Zur Chronik von Grieshuus* mit Lil Dagover, Paul Hartmann und Rudolf Forster heraus. In dem berühmten Stummfilm *Die freudlose Gasse* mit Asta Nielsen, Greta Garbo und Werner Krauß führt Georg Wilhelm Pabst Regie.

großzügigen Grünanlagen.

Eine neue Bauordnung strebt in Berlin eine Wohnbauweise nach modernen hygienischen und sozialen Erkenntnissen an. Der Bau von Mietskasernen mit Hinterhöfen wird untersagt. Die neue Bauordnung fördert vor allem die Bautätigkeit in den Stadtrandgebieten, wo es noch genügend Gelände für gesunde Wohnanlagen mit Grünflächen gibt.

In Zandvoort/Holland stirbt am 17. 7. der deutsche Maler Lovis Corinth. Er wird nach Berlin überführt und auf dem Waldfriedhof in Berlin-Stahnsdorf beigesetzt.

Der Architekt Otto Bartning, der neben modernen protestantischen Kirchen, so zum Beispiel die Gustav-Adolf-Kirche in Berlin-Charlottenburg, auch vorbildliche moderne Industrieanla-

1925 Fortsetzung

entwickelt die noch heute übliche Drehbuchform, indem er die optischen Angaben auf die linke und die Dialoge sowie alle akustischen Angaben auf die rechte Manuskriptseite setzt. Im Dezember läßt die Ufa ihre Option auf die Weltrechte des Triergon-Verfahrens ungenutzt verfallen und vergibt damit die Chance einer international führenden Position in der Tonfilmentwicklung.

Politik und Zeitgeschehen	Wirtschaft und Finanzen	Wissenschaft und Technik
1926		

Das Deutsche Reich wird einstimmig in den Völkerbund aufgenommen und erhält einen ständigen Ratssitz. Die Rede des Reichsaußenministers Gustav Stresemann wird im ersten zwischenstaatlichen Programmaustausch des deutschen Rundfunks Berlin aus Genf übertragen.

Die Politik der SPD wendet sich immer stärker gegen die deutsche Reichswehr. Schließlich hält der sozialdemokratische Abgeordnete Philipp Scheidemann im Berliner Reichstag eine große Rede gegen die Reichswehr. Das darauf folgende Mißtrauensvotum gegen

Auf dem Wege zur vollständigen Kommunalisierung des öffentlichen Verkehrswesens übernimmt die Stadt Berlin durch Kaufvertrag die Hochbahn und die oberirdischen Strecken der U-Bahn von der privaten Hochbahngesellschaft.

Berlin veranstaltet die erste *Grüne Woche.*

Als Messe- und Fremdenverkehrsstadt erlangt Berlin immer größere Bedeutung. Zur besseren Organisation der dabei anfallenden Aufgaben wird die gemeinnützige Berliner Ausstellungs-, Messe- und Fremden-

Der zu den führenden Vertretern der sogenannten Berliner Psychologischen Schule gehörende Psychologe Kurt Lewin veröffentlicht das Buch *Vorsatz, Wille und Bedürfnis.*

Das durch die Entwicklung der Rundfunktechnik entstandene elektrische Aufnahmeverfahren wird nun auch für die Schallplattentechnik eingesetzt. Das neue Verfahren steigert die Tonqualität erheblich und trägt wesentlich zur weiten Verbreitung der Schallplatte bei. Die Schallplattengesellschaft Electrola bringt die erste elektronisch aufgenom-

gen, Wohnsiedlun-
gen und Kranken-
häuser schafft, baut
für das Rote Kreuz
in Berlin ein großes

Verwaltungsgebäu-
de.

Der Berliner Maler
und Präsident der

Preußischen Akade-
mie der Künste,
Max Liebermann,
malt sein berühmtes
Selbstbildnis.

Religion, Philosophie und Erziehung	Musik, Literatur, Theater und Film	Architektur und bildende Kunst
In Berlin konstituiert sich der Reichsverband für Körperkultur, der die deutsche Sportbewegung entscheidend fördert. Außerdem wird ein Reichsausschuß für hygienische Volksbelehrung gegründet, der Richtlinien für moderne Volkshygiene entwickelt, Körperkultur und Gymnastik propagiert und damit die Bemühungen des Reichsverbandes für Körperkultur und anderer Sportverbände unterstützt.

Der Deutschlandsender in Berlin bringt die erste deutsche Schulfunkstunde. Zur Bewahrung der Jugend vor Schmutz | Der erfolgreiche Berliner Operettenkomponist Jean Gilbert gründet einen Operettenbühnen-Konzern, der jedoch schon nach wenigen Monaten zusammenbricht. Gegen den völlig ruinierten Komponisten wird ein Konkursverfahren eröffnet.

Der aus Amerika stammende schwarze Showstar Joséphine Baker kam 1925 erstmals nach Europa, entwickelte sich von Paris aus zum Weltstar des Chansons und der Revue und hat in Berlin mit der Revue *Turmhoch überragend* von Rudolf Nelson sensationellen Erfolg. | Um den wachsenden Aufgaben einer Messe- und Ausstellungsstadt von internationaler Bedeutung gerecht werden zu können, entsteht in Berlin ein modernes Messegelände mit drei großen Hallen für Fach- und Mustermessen. In den nächsten Jahren werden dann noch fünf weitere Hallen gebaut. Ludwig Mies van der Rohe, einer der führenden deutschen Architekten der Neuen Sachlichkeit, baut in der Afrikanischen Straße moderne Wohnhäuser.

Der in Berlin wirkende Maler und |

1926 Fortsetzung

die Regierung ist erfolgreich.

Dr. Joseph Goebbels wird nationalsozialistischer Gauleiter von Berlin, was den politischen Kampf der verschiedenen Parteien in der Reichshauptstadt erheblich radikalisiert. Vor allem zwischen Nationalsozialisten, Kommunisten und Polizei kommt es immer häufiger zu blutigen Zusammenstößen.

Die Spielvereinigung Fürth gewinnt 4:1 gegen Hertha BSC Berlin und wird damit Deutscher Fußballmeister.

verkehrs GmbH gegründet.

Der Luisenstädtische Kanal wird zugeschüttet, da er seine einstige wirtschaftliche Bedeutung verloren hat.

Die amerikanische Woolworth-Gesellschaft mit ihren Einheitspreisgeschäften gründet in Berlin eine deutsche Tochtergesellschaft und eröffnet dort ihr erstes Geschäft.

Die Ufa gerät in wirtschaftliche Schwierigkeiten. Den Gesamtverbindlichkeiten von rund 63 Millionen stehen nur 500 000 Mark an flüssigen Mitteln gegenüber. Um diese Finanzkrise zu bewältigen, muß die Ufa bei amerikanischen Filmfirmen Kredite aufnehmen.

mene Schallplatte auf den Markt.

Das von dem deutschen Pionier des Kraftwerkbaus, Georg Klingenberg, in Berlin-Rummelsburg erbaute Klingenberg-Kraftwerk wird mit modernsten Dampfturbinen für 270 000 kW Leistung ausgestattet.

Von den Carl-Zeiss-Werken in Jena erhält Berlin ein großes Planetarium.

Auf der Strecke Hamburg – Berlin richtet die Deutsche Reichsbahn versuchsweise die ersten Zugfunk-Telefone ein.

Anläßlich der 3. Großen Deutschen Funkausstellung in Berlin wird der von Heinrich Straumer erbaute Berliner Funkturm eingeweiht.

In Berlin wird versuchsweise die erste zentralgesteuerte »Grüne Welle« Deutschlands in Betrieb genommen.

Religion, Philosophie und Erziehung	Musik, Literatur, Theater und Film	Architektur und bildende Kunst
und Schund, insbesondere vor unzüchtigen Schriften, wird von der Reichsregierung in Berlin ein entsprechendes Gesetz erlassen.	In Berlin stirbt am 3. Dezember der deutsche Journalist Siegfried Jacobsohn. Er gründete 1905 die Theaterzeitschrift *Schaubühne* und gestaltete sie 1918 zur politisch-literarischen Wochenzeitschrift *Weltbühne* um. Die in Berlin erscheinende *Weltbühne* zählt viele namhafte Journalisten und politische Schriftsteller zu ihren Mitarbeitern und ist eine der führenden deutschen Zeitschriften. Nach Siegfried Jacobsohns Tod übernimmt zunächst Kurt Tucholsky und dann der pazifistische Schriftsteller Carl von Ossietzky die Hauptschriftleitung.

An der Preußischen Akademie der Künste in Berlin wird die Sektion Dichtung eingerichtet.

In Berlin inszeniert Friedrich Wilhelm Murnau die Stummfilme *Tartüff* mit Emil Jannings, Lil Dagover, Lucie Höflich und Werner Krauß und *Faust* mit Emil Jannings, Camilla | Graphiker Max Pechstein malt das Bild *Korngarben*.

Der Berliner Graphiker, Porträtist und Karikaturist Emil Orlik gibt eine Mappe mit hervorragenden Porträtzeichnungen berühmter Zeitgenossen, insbesondere bedeutender Berliner Bühnenkünstler, heraus. |

1926 Fortsetzung

Horn, Wilhelm Dieterle, Werner Fütterer, Hans Brausewetter und Lothar Müthel. Außerdem erscheinen die Stummfilme *Das gefährliche Alter* mit Asta Nielsen, Walter Rilla und der Berliner Kabarettistin Trude Hester-

berg, *Der Student von Prag* mit Conrad Veidt und Werner Krauß, *Manon Lescaut* mit Lya de Putti, Siegfried Arno und Theodor Loos, Marlene Dietrich und Trude Hesterberg, *Der Geiger von Florenz* in der Regie von

Paul Czinner mit Elisabeth Bergner, Conrad Veidt, Walter Rilla, Grete Mosheim und Claire Waldoff und *Die letzte Droschke von Berlin* mit Lupu Pick und Hedwig Wangel. Unter wissenschaftlicher Mitarbeit des

Politik und Zeitgeschehen	Wirtschaft und Finanzen	Wissenschaft und Technik

1927

Wegen katastrophaler Kursstürze an der Berliner Börse gilt der 13. Mai als Schwarzer Freitag.

Der Angriff, das Parteiorgan der Berliner NSDAP, beginnt als Wochenblatt zu erscheinen. Herausgeber ist Joseph Goebbels, der auch die meisten Leitartikel schreibt.

Im Spiel gegen Hertha BSC Berlin gewinnt der 1. FC Nürnberg 2:0 und holt sich damit die Deutsche Fußballmeisterschaft zurück.

Der Berliner Westhafen, dessen Bau kurz nach dem Weltkrieg begonnen wurde, nimmt nach Fertigstellung des 3. Beckens den vollen Betrieb auf. Es ist der größte Binnenhafen im Westen Berlins.

Die Siemens-Schuckert-Werke GmbH, die gemeinsam mit der Siemens und Halske AG das größte deutsche Unternehmen der elektrotechnischen Industrie mit weltweiter Wirksamkeit bilden, werden in eine AG umgewandelt und lassen sich in Berlin nieder.

In Berlin wird die Heinrich-Hertz-Studiengesellschaft für Schwingungsforschung gegründet und der erste öffentliche Bildtelegraph Berlin – Wien eingerichtet.

An der Technischen Hochschule in Berlin wird der Studienweg zum Wirtschaftsingenieur eröffnet.

Der in Berlin wirkende Arzt und Chirurg Ferdinand Sauerbruch wird zum Professor der Chirurgie und der als Privatdozent in Berlin wirkende und

Hoher Besuch im Ufa-Filmtheater von Babelsberg: Reichspräsident Friedrich Ebert (links) läßt sich 1920 die Hauptdarsteller des Prachtfilms ANNA BOLEYN vorstellen: Henny Porten und Emil Jannings. (68)

Der Tonfilm machte sie zu Stars: Hans Albers (links in MÜNCHHAUSEN; * 22. 9. 1892, † 24. 7. 1960) und Zarah Leander in PREMIERE (eigentl. Sara Hedberg; * 15, 3. 1902, † 23. 6. 1982). (69, 70)

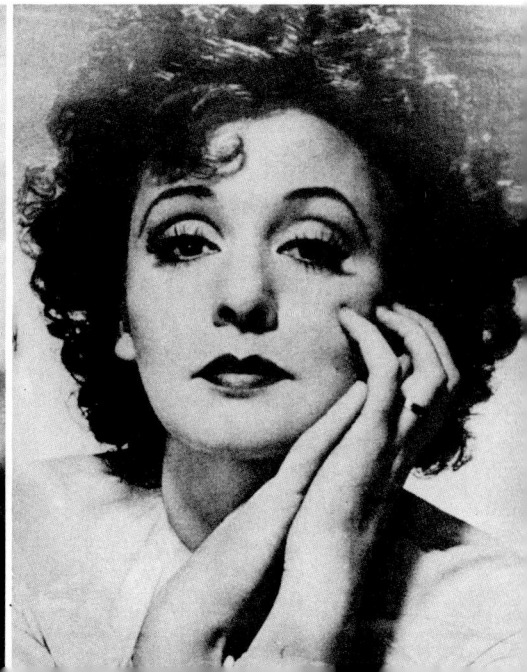

Stummfilm-Klassiker DIE FREUDLOSE GASSE. Greta Garbo (im Pelz) spielte darin neben Werner Krauß, Asta Nielsen und Valeska Gert (im Bild rechts) erstmals in einer deutschen Produktion, 1925. (71)

Erik Charell, Regisseur und Direktor des
Großen Schauspielhauses Berlin, 1930.
(72)

Der Paganini des 5-Uhr-Tees: Bernhard
Etté. (73)

Sylvesterfeier 1926: Schauspieler unter sich. Zweite von links ist Olga Tschechowa, die mit
ihren Füßen Willy Fritsch am Kinn streichelt. Neben ihm hat Max Hansen eine unbekannte
Schöne auf dem Schoß. Ganz rechts: Wilhelm Bendow. (74)

Bewegt dankt Berlins Bürgermeister Willy Brandt dem »Ersten Mann der freien Welt« für seine Worte (Bild oben, 75)

Als Berlin wieder zum Mittelpunkt der Welt wurde: John F. Kennedy am 26. Juni 1963 vor dem Schöneberger Rathaus bei seiner berühmten Ansprache, die er mit dem Bekenntnis schloß: »Ich bin ein Berliner« (Bild links, 76)

Psychoanalytikers Sigmund Freud inszeniert Georg Wilhelm Pabst den Stummfilm *Geheimnisse einer Seele* mit Werner Krauß und Ilka Grüning.
Lilian Harvey und Willy Fritsch, das später sehr populäre Liebespaar des deutschen Tonfilms, spielen in dem Stummfilm *Die keusche Susanne* erstmals zusammen.

Trotz großer wirtschaftlich-finanzieller Krise erweitert und modernisiert die Ufa ihre Ateliers in Berlin-Babelsberg.

Der Gloria-Filmpalast am Berliner Kurfürstendamm wird mit dem Film *Tartüff* festlich eröffnet.

Religion, Philosophie und Erziehung	Musik, Literatur, Theater und Film	Architektur und bildende Kunst
In Berlin werden die Rundfunkarbeitsgemeinschaft der deutschen Katholiken im Rahmen des Zentralbildungsausschusses der katholischen Verbände und die evangelische Arbeitsgemeinschaft für den Rundfunk geschaffen. Die Berliner Ausstellung *Das Wochenende* trägt wesentlich dazu bei, den Wert sinnvoll angewandter Freizeit für die allgemeine Volksgesundheit zu popularisieren.	Der Komponist Paul Hindemith wird als Professor für Komposition an das Berliner Konservatorium berufen und schreibt unter anderem die Kammermusik Nr. 5 für Bratsche und größeres Kammerorchester op. 36 Nr. 4, die kurz darauf in Berlin uraufgeführt wird. Von Alban Berg wird das Arnold Schönberg zum 50. Geburtstag gewidmete Kammerkonzert uraufgeführt. Von Kurt Weill wird die Oper *Royal Palace* uraufgeführt.	Der Architekt Bruno Taut, der in Berlin bereits mehrere moderne Siedlungsanlagen geschaffen hat, baut in Berlin-Zehlendorf eine neue Wohnsiedlung. Von dem Berliner Graphiker Heinrich Zille, der als sozialkritischer Chronist des Berliner Milieus der unteren Stände große Popularität besitzt und Berliner Hinterhofatmosphäre und proletarische Großstadttypen mit zeichnerischer Treffsicherheit, sozialer Anteilnahme und sarkastischem Humor schil-

Politik und Zeitgeschehen	Wirtschaft und Finanzen	Wissenschaft und Technik

1927 Fortsetzung

	Berlin eröffnet die erste große Schau alter und neuer Werkstoffe.	zu den Mitbegründern der sogenannten Berliner Psychologischen Schule gehörende Kurt Lewin zum Professor der Psychologie ernannt.
	Ludwig Klietsch wird Vorsitzender der Spitzenorganisation der deutschen Filmindustrie und Generaldirektor der Ufa. Er unternimmt eine Studienreise in die USA, prüft dort den Entwicklungsstand der Tonfilmtechnik und telegraphiert daraufhin der Ufa nach Berlin, die Dreharbeiten an dem schon weit fortgeschrittenen Stummfilm *Melodie des Herzens* sofort abzubrechen.	Der Anthropologe Eugen Fischer, der sich grundlegend mit der Erforschung menschlicher Rassenkreuzung beschäftigt, wird zum Leiter des Kaiser-Wilhelm-Instituts für Anthropologie, menschliche Erblehre und Eugenik in Berlin berufen.

Der bedeutende amerikanische Jazz-Schlagzeuger Dave Tough unternimmt eine große Europatournee und spielt mit sensationellem Erfolg in Berlin.

Der seit 1924 als Generalmusikdirektor in Wiesbaden wirkende Dirigent Otto Klemperer erhält eine Berufung an die Kroll-Oper nach Berlin.

Am Deutschen Künstlertheater in Berlin wird die Operette *Der Zarewitsch* von Franz Lehár uraufgeführt. Das Werk sichert sich in kurzer Zeit einen festen Platz im internationalen Operettenrepertoire. Viele Melodien daraus, besonders das *Wolgalied* und das Duett *Warum hat jeder Frühling, ach, nur einen Mai* ... werden zu Weltschlagern.
In der Schweiz stirbt am 30. 10. der Berliner Schriftsteller Maximilian Harden, Journalist und Herausgeber der Wochenzeitschrift *Die Zukunft*. In dieser

Zeitschrift bekämpfte er Kaiser Wilhelm II. und die preußische Hofclique in Berlin, was ihm mehrere Skandalprozesse einbrachte.

In Berlin erscheinen die Stummfilme *Die schönsten Beine von Berlin, Die raffinierteste Frau Berlins*, der Dokumentarfilm *Berlin, die Symphonie der Großstadt, Am Rande der Welt* mit Brigitte Helm, Albert Steinrück und Wilhelm Dieterle, *Die Liebe der Jeanne Ney* mit Brigitte Helm und Jack Trevor, *Die Hose* nach der gleichnamigen Komödie von Carl Sternheim mit Jenny Jugo, Werner Krauß, Rudolf Forster und Veit Harlan, *Die Weber* nach Gerhart Hauptmanns Drama mit Paul Wegener, Theodor Loos, Wilhelm Dieterle und Helene Wangel sowie *Dirnentragödie* mit Asta Nielsen und Oskar Homolka und *Metropolis* mit Brigitte Helm, Gustav Fröhlich, Theodor Loos und Heinrich George.

dert, erscheinen die Bildbände *Das große Zille-Album* und *Bilder vom alten und neuen Berlin*.

Die in Berlin wirkende Bildhauerin Renée Sintenis, die vor allem durch Kleinplastiken von Tieren bekannt wurde, aber auch Aktfiguren, Bildnisköpfe sowie Radierungen und Illustrationen schafft, modelliert mehrere Statuetten von Sportlern, so unter anderem einen Fußballspieler und den finnischen Läufer Paavo Nurmi.

Politik und Zeitgeschehen	Wirtschaft und Finanzen	Wissenschaft und Technik

1928

Während einer Europareise König Amanullahs von Afghanistan, der im Februar auch Berlin besucht, bricht in dem erst seit 1925 bestehenden Königreich ein von konservativen Fürsten und Geistlichen organisierter Aufstand aus, der sich vor allem gegen die Modernisierungsbestrebungen und Wirtschaftsreformen des Königs richtet. Amanullah kehrt sofort nach Afghanistan zurück, wird aber nicht mehr Herr der Lage.

Die Flieger Freiherr von Hünefeld, Köhl und Fitzmaurice, die zum erstenmal den Atlantik von Ost nach West überflogen haben, werden nach ihrer Rückkehr auf dem Tempelhofer Feld vom Magistrat und der Berliner Bevölkerung mit großer Begeisterung empfangen.

Der Eiserne Gustav, Berlins populärster Droschkenkutscher, kehrt von der Fahrt mit seiner Pferdekutsche von Berlin

Die Verkehrsmittel Straßenbahn, Omnibus und U-Bahn werden zu einem einzigen städtischen Unternehmen, der *Berliner Verkehrsaktiengesellschaft,* zusammengeschlossen. Dieses Unternehmen ist das größte Nahverkehrsunternehmen der Welt. Es beschäftigt rund 25 000 Mitarbeiter und verfügt über 5000 Fahrzeuge. Das Aktienkapital von 400 Millionen Mark befindet sich zu 100 % im Besitz der Stadt.

Berlin entwickelt sich immer mehr zu einem Zentrum vielbeachteter Ausstellungen. So finden in Berlin eine Internationale Luftfahrtausstellung und eine große Ausstellung zur Popularisierung gesunder Ernährung statt.

In Berlin wird die Tonbild-Syndikat AG Tobis gegründet, die alle deutschen und ausländischen Tonbildinteressen zusammenfaßt und die Patentstreitigkeiten schlichtet.

Das 1924 in Berlin gegründete Institut für Zeitungswissenschaft hat sich in kurzer Zeit bereits so hohes Ansehen erworben, daß Hochschulen und Universitäten verschiedener Länder ebenfalls wissenschaftliche Institute für Zeitungskunde und Journalistik gründen.

Der zu den führenden Vertretern der sogenannten Berliner Psychologischen Schule gehörende und in Berlin als Professor der Psychologie wirkende Kurt Lewin veröffentlicht vielbeachtete *Untersuchungen zur Handlungs- und Affektpsychologie.*

Die Sensation der 4. Großen Berliner Funkausstellung ist die Vorführung von drahtlosem Fernsehen.

Anläßlich einer großen Luftfahrtausstellung kreist am 3. 10. das Luftschiff Zeppelin über Berlin. Der Kapitän Hugo Eckener hält

Religion, Philosophie und Erziehung	Musik, Literatur, Theater und Film	Architektur und bildende Kunst
In Berlin wenden sich immer mehr Pädagogen und Jugendpsychologen gegen die Lern- und Lehrschule. Der Gedanke der Arbeits- und Gemeinschaftsschule gewinnt zunehmend Anhänger. Der in Berlin wirkende Psychologe und Pädagoge Eduard Spranger schreibt über *Das deutsche Bildungsideal der Gegenwart in geschichtsphilosophischer Beleuchtung.* Die Zahl der Volksbüchereien steigt in Berlin auf 100 Zweigstellen.	In der Berliner Philharmonie werden Arnold Schönbergs Variationen für Orchester op. 31 uraufgeführt. Das 1927 konzertant in Paris uraufgeführte szenische Oratorium *Oedipus Rex* von Igor Strawinsky erlebt in Berlin seine szenische Uraufführung. Im Berliner Metropol-Theater wird Franz Lehárs Singspiel *Friederike* über Goethes Jugendliebe zur Sesenheimer Pfarrerstochter Friederike Brion erfolgreich uraufgeführt. Die international gefeierte Ballettänzerin Tatjana Gsovsky eröffnet in Berlin eine Ballettschule. Berlin erlebt im Theater am Schiffbauerdamm die sensationelle Uraufführung der gesellschaftskritisch-satirischen *Dreigroschenoper* von Kurt Weill. Der Text nach John Gays *The beggar's opera* stammt von Bert Brecht. Das	Der deutsche Architekt Walter Gropius, einer der international führenden Vertreter der modernen Baukunst, verläßt das von ihm in Weimar gegründete Bauhaus, das 1926 nach Dessau übersiedelte. Sein Nachfolger ist zunächst Hannes Meyer und dann Ludwig Mies van der Rohe. Bis zu seiner Übersiedlung in die Vereinigten Staaten ist Walter Gropius in den folgenden Jahren vorwiegend in Berlin und London tätig. Der Bildhauer und Wachsbildner Josef Thorak, der sich immer mehr zur Monumentalgestaltung übergeht, schafft für Berlin ein Denkmal des Dichters Heinrich von Kleist und die Großplastik *Penthesilea.*

Politik und Zeitgeschehen	Wirtschaft und Finanzen	Wissenschaft und Technik

1928 Fortsetzung

nach Paris zurück. Von einer riesigen Menschenmenge wird er am Brandenburger Tor jubelnd empfangen. Die Presse hatte wochenlang über alle Einzelheiten der Frankreichfahrt des Eisernen Gustavs berichtet.

vom Luftschiff aus eine Ansprache an die Berliner.

Auf der Strecke Berlin – Buenos Aires wird eine regelmäßige Funksprechverbindung eingerichtet.

Werk ist eine Weltsensation. Die aus Elementen des Jazz, des Kabarettchansons, der modernen Ballade und der Moritat zu einer musikalisch-textlichen Einheit verschmolzenen Songs wie *Und der Haifisch, der hat Zähne* . . . werden Welthits und haben stilbildende Wirkung.

In Berlin wird die zeitkritische Revue *Es liegt in der Luft,* mit Margo Lion, Marlene Dietrich, Ida Wüst, Oscar Karlweis und Hubert von Meyerinck uraufgeführt. Die Musik stammt von dem in Berlin wirkenden Komponisten Mischa Spoliansky, der Text von dem Berliner Kabarettdichter Marcellus Schiffer. Das Werk findet großen Anklang und gilt heute als gelungene Frühform eines deutschen Musicals.

Höhepunkt der Friedrich-Hollaender-Revue *Bitte einsteigen* ist der aus Paris kommende

Chanson- und Showstar Joséphine Baker.

Das expressionistische Drama *Die Verbrecher* von Ferdinand Bruckner erlebt im Deutschen Theater seine erfolgreiche Uraufführung.

Das Berliner Lessingtheater bringt die Uraufführung von Carl Zuckmayers *Katharina Knie.*

In Berlin stirbt am 21. 11. der deutsche Dramatiker und Erzähler Hermann Sudermann.

Die Ära des Stummfilms geht zu Ende. In den Berliner Stummfilmateliers werden unter anderem noch die folgenden Filme gedreht: *Spione* mit Willy Fritsch, Paul Hörbiger, Lupu Pick und Fritz Rasp, *Heimkehr* mit Gustav Fröhlich und Theodor Loos, *Geschlecht in Fesseln* mit Wilhelm Dieterle, *Ihr dunkler Punkt* mit Lilian Harvey, Willy Fritsch, Siegfried Arno und Wilhelm Bendow, *Der Mann*

mit dem Laubfrosch mit Heinrich George, der Zirkusfilm *Die Todesschleife* mit Werner Krauß, Jenny Jugo und Siegfried Arno und *Ungarische Rhapsodie* mit Willy Fritsch und Lil Dagover.

In Berlin-Steglitz wird der Titania-Palast eröffnet, eines der größten Lichtspieltheater Deutschlands.

Politik und Zeitgeschehen	Wirtschaft und Finanzen	Wissenschaft und Technik

1929

In Berlin kommt es zum Tag der Arbeit am 1. Mai zu blutigen Zusammenstößen zwischen randalierenden Demonstranten und der Polizei.

Wegen eines Korruptionsskandals tritt Oberbürgermeister Gustav Bös zurück. Bei den Neuwahlen zur Stadtverordnetenversammlung bleiben die Sozialdemokraten stärkste Fraktion. Die Kommunisten erreichen 13 Sitze mehr als bei den Wahlen 1925. Die NSDAP zieht mit 13 Stadtverordneten zum erstenmal in das Berliner Parlament ein. Fraktionsvorsitzender ist Joseph Goebbels.

Gustav Stresemann stirbt am 3. Oktober in Berlin. Seit 1923 war er ununterbrochen Reichsaußenminister und gehörte mit seiner Politik der friedlichen Völkerverständigung zu den profiliertesten und international anerkanntesten Staatsmännern der Weimarer Republik. Von den Trauerfeierlichkeiten wird

In ganz Deutschland kündigt sich das Ende der kurzen Wirtschaftskonjunktur an, die vor allem durch hohe Kapitalzufuhr aus dem Ausland, insbesondere aus den USA, ermöglicht worden war. Im Winter 1928/29 steigt die Arbeitslosenziffer auf über 2 Millionen. Auch die Auslandsverschuldung nimmt immer bedenklichere Ausmaße an und erreicht schließlich rund 25 Milliarden Reichsmark, von denen 12 Milliarden kurzfristig sind. Die ersten politischen Auswirkungen sind kommunistische Unruhen in Berlin, Bauernunruhen in Schleswig-Holstein und ein bedrohliches Anwachsen der zuvor bedeutungslosen NSDAP.

Die Schallplatte entwickelt sich immer mehr zu einem bedeutenden Wirtschaftsfaktor. Zu den international führenden Firmen gehört die von dem schwedischen Mechaniker und Erfinder Lind-

Der deutsche Chemiker, Direktor des Kaiser-Wilhelm-Instituts für Biochemie in Berlin und spätere Nobelpreisträger, Adolf Friedrich Johann Butenandt, leistet bahnbrechende Forschungsarbeit über die Isolierung und Konstitutionsermittlung der Geschlechtshormone.

Die zur sogenannten Berliner Psychologischen Schule gehörenden und als Professoren in Berlin wirkenden Psychologen Wolfgang Köhler und Kurt Lewin sind mit gestaltpsychologischen Forschungsarbeiten erfolgreich. Wolfgang Köhler veröffentlicht das Buch *Die Gestaltpsychologie* und Kurt Lewin *Die Entwicklung der experimentellen Willenspsychologie und die Psychotherapie.*

Für das neue Berliner Funkhaus in der Masurenallee wird der Grundstein gelegt.

Religion, Philosophie und Erziehung	Musik, Literatur, Theater und Film	Architektur und bildende Kunst
Eugenio Pacelli, der spätere Papst Pius XII., der seit 1917 als päpstlicher Nuntius in München und seit 1920 als päpstlicher Nuntius in Berlin wirkte, wird zum Kardinal in Rom ernannt und verläßt Berlin. Nach rund sechsjähriger Arbeit wird die von den Gartenbaumeistern Erwin Barth und Rudolf Germer geleitete Gestaltung des großen Volksparks Rehberge in Berlin-Weddingen abgeschlossen.	Die Operette *Das Land des Lächelns* von Franz Lehár kommt mit sensationellem Erfolg zur Uraufführung. Von Berlin aus erobert das Werk die ganze Welt und gehört bald zu den meistgespielten Operetten der Zeit. Der Tenor Richard Tauber, der als Prinz Sou Chong fast achthundertmal in *Das Land des Lächelns* auftritt und das Lied *Dein ist mein ganzes Herz . . .* zu einem Weltschlager macht, hat an diesem Erfolg maßgeblichen Anteil. Das Revuestück *Zwei Krawatten* von Georg Kaiser mit der Musik von Mischa Spoliansky ist außerordentlich erfolgreich. Es spielen und singen unter anderen Rosa Valetti, Marlene Dietrich und Hans Albers. Im Berliner Großen Schauspielhaus wird das musikalische Spiel *Die drei Musketiere* von Ralph Benatzky uraufgeführt. Die deutsche Sopranistin Lilli Lehmann	Die Weltfirma Siemens projiziert in Berlin eine große Siedlung. Chefarchitekt des Projektes Siemensstadt ist Hans Scharoun. Außerdem sind die Architekten Otto Bartning, Walter Gropius, Hugo Häring, Fred Forbat und Rudolf Henning maßgeblich beteiligt. Der Architekt Erich Mendelsohn baut in Berlin das spätere Gewerkschaftshaus der IG Metall. In Berlin stirbt am 1. 3. der 1914 geadelte deutsche Kunsthistoriker Wilhelm von Bode, der am Aufbau und internationalen Rang der Berliner Museen maßgeblichen Anteil hatte. Als sein Nachfolger wird der Kunsthistoriker Wilhelm Waetzold Generaldirektor der Berliner Museen. Am 9. 8. stirbt der Graphiker und sarkastisch-humorvolle, sozialkritische Chronist des Berliner Proletarier-Milieus Heinrich Zille.

Politik und Zeitgeschehen	Wirtschaft und Finanzen	Wissenschaft und Technik

1929 Fortsetzung

ein Dokumentarfilm hergestellt. Es ist das erste Tonfilmdokument dieser Art in Deutschland.

Die Brüder Saß vollbringen den verwegensten Bankraub der Berliner Kriminalgeschichte und werden erst Jahre später in Dänemark gefaßt. Sie plündern eine Bank am Wittenbergplatz, indem sie durch einen in langer Vorarbeit gegrabenen unterirdischen Gang unter der Straße bis in die Tresorräume vordringen.

Die Spielvereinigung Fürth ist gegen Hertha BSC Berlin mit 3:2 erfolgreich und holt sich damit den deutschen Fußballmeistertitel zurück.

ström in Berlin gegründete Gesellschaft zur Herstellung und zum Vertrieb von Sprech- und Musikmaschinen. Sie errichtet in allen Hauptstädten Europas Aufnahme- und Verkaufsfilialen und beschäftigt allein in Berlin 3000 Angestellte.

In Berlin-Babelsberg wird Anfang Mai mit dem Bau großer Tonfilmateliers begonnen. In ununterbrochenen Tag- und Nachtschichten wird der Rohbau innerhalb drei Monaten fertiggestellt.

In Berlin wird die Vereinigte Elektrizitäts- und Bergwerke AG gegründet.

Am Hermannplatz wird das Warenhaus Karstadt eröffnet. Neben dem Kaufhaus Wertheim am Leipziger Platz und dem Kaufhaus des Westens am Wittenbergplatz ist es das größte Kaufhaus Berlins.

In Berlin verlaufen die ersten Test-Fernsehsendungen sehr erfolgreich und kündigen das Fernsehen als wichtiges Kommunikationsmittel der Zukunft an.

Das Reichspostamt in der Winterfeldstraße in Berlin-Schöneberg nimmt seinen Betrieb auf und entwickelt sich bald zum größten Fernamt Europas.

stirbt am 17. 5. in Berlin. Sie verfügte über ein nahezu unerschöpfliches Repertoire von Koloraturbis zu hochdramatischen Partien und war eine der bedeutendsten Sängerpersönlichkeiten ihrer Zeit.

Der Kabarettist Werner Finck gründet das Berliner Kabarett *Katakombe*.

Im Lessingtheater wird das Drama *Zyankali* von Friedrich Wolf uraufgeführt. Das Stück erhebt scharfe sozialkritische Anklage gegen das Verbot der Abtreibung und wird deshalb von den Rechtskonservativen heftig kritisiert.

Von Alfred Döblin erscheint der Roman *Berlin Alexanderplatz.*

In Berlin stirbt am 26. 10. der deutsche Dichter Arno Holz, der zu den Begründern und Theoretikern des Naturalismus zählt.

Zu den letzten Stummfilmen, die in den Berliner Ateliers der Ufa gedreht werden, gehören unter anderen *Der Sträfling aus Stambul* mit Heinrich George, Willi Forst, Paul Hörbiger und Trude Hesterberg, *Die Frau im Mond* mit Tilla Durieux, Margarethe Kupfer, Willy Fritsch, Gustav von Wangenheim und Fritz Rasp und *Die wunderbare Lüge der Nina Petrowna* mit Brigitte Helm.
Georg Wilhelm Pabst führt Regie in dem Film *Tagebuch einer Verlorenen* mit Louise Brooks, Fritz Rasp, Sybille Schmitz, Kurt Gerron und Siegfried Arno. Paul Czinner inszeniert für seine Frau, die berühmte Berliner Schauspielerin Elisabeth Bergner, *Fräulein Else* mit Albert Bassermann, Albert Steinrück, Jack Trevor und Adele Sandrock. Zu den ersten deutschsprachigen Tonfilmen gehören *Land ohne Frauen* mit Conrad Veidt und Mathias Wiemann,

Die Nacht gehört uns mit Hans Albers und die als Stummfilm begonnene Erich-Pommer-Produktion der Ufa *Melodie des Herzens* mit Willy Fritsch. Die Musik stammt von Werner Richard Heymann und dem später als Operettenkomponisten weltbekannten Paul Abraham. Außerdem sind in Berlin noch die Stummfilme *Durchs Brandenburger Tor* und *Menschen am Sonntag*, der ein Wochenendidyll am Berliner Wannsee zeigt, erfolgreich.

Politik und Zeitgeschehen	Wirtschaft und Finanzen	Wissenschaft und Technik

1930

Immer häufiger kommt es in Berlin zu blutigen Auseinandersetzungen zwischen Nationalsozialisten und Kommunisten. Wiederholt muß die Polizei eingreifen. Bei der Beerdigung des Berliner SA-Führers Horst Wessel, der von unbekannten Tätern erschossen wurde, kommt es zu einer Straßenschlacht zwischen Nationalsozialisten, Kommunisten und Polizei. Horst Wessel, Verfasser des SA-Kampfliedes *Die Fahne hoch*, wird von der nationalsozialistischen Propaganda zum Märtyrer des politischen Kampfes in Berlin gemacht.

Trotz der vielen in den letzten Jahren entstandenen Neubausiedlungen am Stadtrand von Berlin leben immer noch 3,7 Millionen Berliner, das sind rund 90% der Bevölkerung, in überbelegten Miethäusern, die nicht den Anforderungen an Hygiene und moderne Wohnkultur entsprechen.

Die Zahl der Arbeitslosen in Berlin beträgt 450 000. Wegen starker Lohnsenkungen treten über 130 000 Metallarbeiter aus 280 Berliner Betrieben in einen zweiwöchigen Streik.

Das am Rande von Siemensstadt an der Spree errichtete Berliner Großkraftwerk nimmt seinen Betrieb auf.

Der in Berlin wirkende Arzt und Sexualforscher Magnus Hirschfeld, der für sexuelle Toleranz, insbesondere aber für Straffreiheit bei Abtreibung und für Integration der männlichen Homosexualität eintritt, veröffentlicht den letzten Band seines fünfbändigen Werkes *Geschlechtskunde*.

In Berlin tagt die Weltkraftkonferenz für internationale Energieerzeugung und Energieverteilung.

Religion, Philosophie und Erziehung	Musik, Literatur, Theater und Film	Architektur und bildende Kunst
Als Nachfolger von Eugenio Pacelli wird Cesare Orsenigo zum päpstlichen Nuntius des Deutschen Reichs in Berlin ernannt. Das Bistum Berlin wird gegründet. Bischof ist Christian Schreiber. Die Arbeiten an dem 1920 begonnenen und 1923 teileröffneten großen Volkspark Jungfernheide sind abgeschlossen. Im Zusammenhang mit den allgemeinen Bemühungen um moderne Volkshygiene und Volksgesundheit erhöht der Magistrat den Freizeitwert für die Berliner Bevölkerung und schafft zahlreiche Volksparks, Kinderspielplätze, Sportanlagen und Schwimmbäder. So wird am Wannsee ein modernes Strandbad eröffnet, das über 60 000 Besucher faßt und sich schnell zu einem der beliebtesten Naherholungsgebiete Berlins entwickelt.	In Berlin wird das Operntriptychon *Christoph Columbus* des französischen Komponisten Darius Milhaud uraufgeführt und die deutsche Erstaufführung der Oper *Aus einem Totenhaus* des tschechischen Komponisten Leoš Janáček herausgebracht. Das Komödienhaus bringt die Uraufführung des musikalischen Lustspiels *Meine Schwester und ich* von Ralph Benatzky. Im Großen Schauspielhaus wird die Operette *Im weißen Rößl* von Ralph Benatzky uraufgeführt. Das Metropol-Theater bringt die Uraufführung der Operette *Schön ist die Welt* von Franz Lehár. Als bedeutendes Theaterereignis gilt die Berliner Uraufführung des Schauspiels *Elisabeth von England* von Ferdinand Bruckner.	Der Architekt Wilhelm Büning baut in Berlin-Reinickendorf die sogenannte Weiße Stadt, eine große Wohnsiedlung mit Fernheizung, Ladengeschäften, Wäscherei und Grünanlagen. Am Kleist-Park entsteht das erste Hochhaus Berlins, das Verwaltungsgebäude der Kathreiner-Werke. Der moderne Stahlskelettbau wurde von dem Architekten Bruno Paul entworfen. Das von Hans Poelzig geschaffene Haus des Rundfunks in der Masurenallee wird festlich eingeweiht. Der Architekt Ludwig Serlius baut in Berlin eine moderne Etagen-Großgarage mit vollständiger Glasfront. Der Architekt Emil Fahrenkamp entwirft ein modernes Shell-Hochhaus. Auf der Museumsinsel wird das Deut-

1930 Fortsetzung

Zur Zeit des Übergangs vom Stummfilm zum Tonfilm verfügen die Berliner Lichtspieltheater über eine Gesamtplatzzahl von 180 000 Sitzen. Im Vergleich dazu beträgt die Gesamtzahl der in den Berliner Bühnentheatern verfügbaren Sitze rund 75 000.

In Berlin demonstrieren die Nationalsozialisten gegen den Antikriegsfilm *Im Westen nichts Neues* nach dem gleichnamigen Roman von Erich Maria Remarque und die politische Linke gegen den Film *Das Flötenkonzert von Sanssouci* mit Otto Gebühr in der Rolle Friedrich des Großen.

Zu den ersten großen deutschen Tonfilmen gehören die Tonfilmoperette *Die drei von der Tankstelle* mit Lilian Harvey, Willy Fritsch und Heinz Rühmann und der Musik von Werner Richard Heymann und die Erich-Pommer-Produktion der Ufa *Der blaue Engel*. Das Drehbuch nach dem Heinrich-Mann-Roman *Professor Unrat* stammt von Carl Zuckmayer, die Musik von Friedrich Hollaender. Unter der Regie von Josef von Sternberg spielen Marlene Dietrich, der aus Amerika zurückgekehrte Emil Jannings, Hans Albers, Rosa Valetti und Kurt Gerron. Der Film wird ein Welterfolg.

Politik und Zeitgeschehen	Wirtschaft und Finanzen	Wissenschaft und Technik

1931

Heinrich Sahm wird neuer Oberbürgermeister von Berlin. Damit erhält die Stadt nach anderthalb Jahren wieder ein Oberhaupt, denn nach dem Rücktritt von Gustav Bös wurden die Geschäfte des Oberbürgermeisters interimistisch von dem Charlottenburger Bürgermeister	In Berlin sind rund 450 000 Arbeitslose amtlich gemeldet, darunter etwa 160 000 Empfänger von Wohlfahrtsunterstützung, die kein staatliches Arbeitslosengeld erhalten und deshalb von der Stadt ernährt werden müssen. Wegen der hohen Verschuldung der	Der Chemiker Friedrich Bergius, der für sein neuartiges Verfahren zur Herstellung flüssiger Kohlenwasserstoffe aus Kohle den Nobelpreis für Chemie erhält, wird zum Mitglied der Preußischen Akademie der Wissenschaften ernannt und hält kurz darauf in Berlin

Architektur und bildende Kunst		

sche Museum eröffnet, das Werke älterer deutscher und niederländischer Kunst zeigt, sowie das Pergamon-Museum fertiggestellt. Der Bau war 1912 begonnen, dann aber durch den I. Weltkrieg unterbrochen worden.

Von dem 1929 verstorbenen Kunsthistoriker und Generaldirektor der Berliner Museen Wilhelm von Bode erscheint postum eine Autobiographie in zwei Bänden.

Religion, Philosophie und Erziehung	Musik, Literatur, Theater und Film	Architektur und bildende Kunst
Der Magistrat von Berlin veranstaltet in den verschiedenen Bezirken mehrere öffentliche Anhörungen und eine Reihe pädagogischer Diskussionsabende über das seit Jahren heftig umstrittene Thema: Lern- und Lehrschule oder Arbeits- und Gemeinschaftsschule. Dabei kommt es zu	Der Pianist Edwin Fischer übernimmt an der Musikhochschule in Berlin eine Meisterklasse für Klavier. Der Berliner Rundfunk bringt die Uraufführung des »Concerto in D für Violine und Orchester« von Igor Strawinsky.	Der Berliner Rundfunk siedelt vom Voxhaus in der Potsdamer Straße in das von Hans Poelzig geschaffene neue Haus des Rundfunks in der Masurenallee um und nimmt dort seinen Betrieb auf. Die Großsiedlung *Siemensstadt* ist wohnfertig. Zu den

Politik und Zeitgeschehen	Wirtschaft und Finanzen	Wissenschaft und Technik

1931 Fortsetzung

Ernst Scholz wahrgenommen.
Bei der Amtsübernahme von Heinrich Sahm hat Berlin 450 000 Arbeitslose, darunter 160 000 Empfänger von Wohlfahrtsunterstützung, die kein staatliches Arbeitslosengeld erhalten und daher von der Stadt versorgt werden müssen.

Durch Gesetz werden die Befugnisse des Oberbürgermeisters erweitert, der als Gemeindevorstand anstelle des Magistrats die volle Exekutive übernimmt und für die Leitung und Ausführung der Verwaltungsgeschäfte alleinverantwortlich ist. Als Chef der Verwaltung erhält er zwei Bürgermeister als ständige Vertreter.

André François-Poncet wird französischer Botschafter in Berlin.

Stadt ist der Magistrat gezwungen, die städtischen Elektrizitätswerke zu verkaufen. Dadurch können wenigstens die kurzfristigen finanziellen Verpflichtungen abgedeckt werden. Sie belaufen sich auf über 450 Millionen Mark, die durch die Elektrizitätswerke-Transaktion auf 180 Millionen reduziert werden. An die Stelle der städtischen Elektrizitätswerke tritt die Berliner Kraft- und Licht-AG, ein von in- und ausländischen Interessengruppen finanziertes Unternehmen, dessen Aktien die Stadt Berlin im Verlaufe der kommenden Jahre langsam wieder zurückkauft.

Der Volkswirtschaftler und Statistiker Ernst Wagemann, Präsident des Statistischen Reichsamtes sowie Gründer und Leiter des Instituts für Konjunkturforschung in Berlin, veröffentlicht das Buch *Struktur und Rhythmus der Weltwirtschaft.*

einen Vortrag über Kohleverflüssigung.

In Berlin-Tegel wird ein neuer Großsender projektiert.

Religion, Philosophie und Erziehung	Musik, Literatur, Theater und Film	Architektur und bildende Kunst
tumultartigen Auseinandersetzungen, die nur mit Hilfe der Polizei geschlichtet werden können.	Berlin und München bringen die Uraufführung der Oper *Das Herz* von Hans Pfitzner. Im Deutschen Theater wird das Schauspiel *Der Hauptmann von Köpenick* von Carl Zuckmayer mit großem Erfolg uraufgeführt. Die Titelrolle spielt Werner Krauß. Erich Kästner veröffentlicht seinen in Berlin spielenden Roman *Fabian. Die Geschichte eines Moralisten.*	zahlreichen Architekten, die daran beteiligt waren, gehören neben dem Chefarchitekten Hans Scharoun vor allem Walter Gropius, Otto Bartning, Hugo Häring, Fred Forbat und Rudolf Henning. Es ist die größte moderne Siedlung Berlins zur Zeit der Weimarer Republik. Der Architekt Hermann Tessenow leitet die Umgestaltung der von Wilhelm Schinkel erbauten *Neuen Wache* zum Gefallenenehrenmal. Eine große Ausstellung, die moderne Bauformen aus Stahl, Eisenbeton und Glas vorstellt, findet internationale Beachtung.

Politik und Zeitgeschehen	Wirtschaft und Finanzen	Wissenschaft und Technik

1932

In Berlin sind rund 600 000 Arbeitslose amtlich gemeldet. Da es im ganzen Deutschen Reich über 6 Millionen Arbeitslose gibt, lebt jeder zehnte deutsche Arbeitslose in Berlin.

Kommunisten und Nationalsozialisten organisieren gemeinsam einen großen Verkehrsstreik in Berlin.

Die NSDAP befindet sich in einer innerparteilichen Krise taktisch-politischer Auseinandersetzungen und Führungsrivalitäten. In der Berliner SA brechen Unruhen aus, und es kommt zu mehreren Fememorden.

In Berlin sind über 600 000 Arbeitslose amtlich gemeldet. Mehr als 25 % der gesamten Bevölkerung der Reichshauptstadt muß aus öffentlichen Mitteln unterstützt werden.

Das Berliner Institut für Wirtschaftsbeobachtung veröffentlicht aufschlußreiche Marktanalysen und Marktbeobachtungen.

Die Arbeiter und Angestellten der Berliner städtischen Verkehrsgesellschaften treten in den Streik, um damit gegen weitere erhebliche Lohnsenkungen zu protestieren. Sie verhindern die Einrichtung eines Notverkehrs, den die Behörden durchsetzen wollen. Schließlich bricht jedoch die Streikleitung die Arbeitsniederlegung ergebnislos ab. Nach dem Streik werden 2500 Arbeiter und Angestellte entlassen.

Der deutsche Physiker Werner Heisenberg, dem für die Entwicklung der Quantenmechanik der Nobelpreis verliehen wird, hält in Berlin vielbeachtete Gastvorlesungen über Quantenmechanik und die sogenannte Heisenbergsche Unbestimmtheitsrelation.

Der neue Großsender in Berlin-Tegel mit einer Kapazität von 100 kW nimmt Ende des Jahres seinen Betrieb auf.

Religion, Philosophie und Erziehung	Musik, Literatur, Theater und Film	Architektur und bildende Kunst
In Berlin kommt es zu Protestaktionen und Ausschreitungen der Nationalsozialisten gegen die jüdischen Lehrer an den Berliner Schulen und Hochschulen und deren angeblich »antideutsche« Unterrichts- und Erziehungsmethoden. Verschiedenen angesehenen Pädagogen jüdischer Abstammung werden Gewaltmaßnahmen angekündigt oder sie erhalten sogar Morddrohungen für den Fall, daß sie ihre Ämter nicht zur Verfügung stellen.	Der Berliner Rundfunk bringt die Uraufführung des Violinkonzerts von Igor Strawinsky. Aus Anlaß ihres fünfzigjährigen Bestehens bringen die Berliner Philharmoniker unter der Leitung von Wilhelm Furtwängler das Philharmonische Konzert, Variationen für Orchester von Paul Hindemith zur Uraufführung. Bei der Berliner Uraufführung seines 5. Klavierkonzertes spielt der Komponist Sergej Prokofieff selbst den Klavierpart. In Berlin werden die Opern *Der Schmied von Gent* von Franz Schreker und *Die Bürgschaft* von Kurt Weill uraufgeführt. Mit der im Theater am Schiffbauerdamm uraufgeführten Operette *Glückliche Reise* gelingt dem Berliner Komponisten Eduard Künneke nach *Der Vetter aus Dingsda* noch einmal ein Welterfolg.	Die von dem Architekten Bruno Taut in Berlin-Zehlendorf geschaffene moderne Wohnsiedlung wird fertiggestellt. Der Architekt Ludwig Mies van der Rohe baut in Berlin-Wannsee das Haus Lemcke. Das von Emil Fahrenkamp entworfene Shell-Haus am Landwehrkanal wird seiner Bestimmung übergeben. Es ist ein modernes elfgeschossiges Hochhaus und gilt als vorbildlicher Bürobau im Stil der Neuen Sachlichkeit. Der Berliner Maler Max Liebermann tritt aus Altersgründen als Präsident der Preußischen Akademie der Künste zurück und malt das Porträt von Professor Sauerbruch.

1932 Fortsetzung

Im Großen Schauspielhaus Berlin wird die Operette *Ball im Savoy* von Paul Abraham erfolgreich uraufgeführt.

Der Schauspieler, Regisseur und Theaterleiter Heinz Hilpert übernimmt die Direktion der Volksbühne Berlin.
Im Berliner Deutschen Theater wird die Tragödie *Vor Sonnenuntergang* von Gerhart Hauptmann uraufgeführt. In der Hauptrolle brilliert Werner Krauß.

Der siebzigste Geburtstag des Dichters Gerhart Hauptmann am 15. November wird in Berlin, wo

Politik und Zeitgeschehen	Wirtschaft und Finanzen	Wissenschaft und Technik

1933

Nachdem Reichspräsident von Hindenburg den »Führer« Adolf Hitler zum Reichskanzler berufen hat (30. Januar), feiern die Nationalsozialisten ihre »Machtergreifung« in Berlin mit einem großen Fackelzug.

Auf dem Berliner Kongreß »Das freie Wort«, an dem zahlreiche namhafte Persönlichkeiten teilnehmen, verliest der ehemalige preußische Kultusminister Adolf Grimme eine Botschaft des Schriftstellers und Nobelpreisträgers Thomas Mann, in der dieser für eine deutsche Demokratie eintritt.

Der Höhepunkt der allgemeinen Weltwirtschaftskrise ist überschritten und damit verbessert sich auch in Berlin langsam die katastrophale wirtschaftliche Situation.

Die deutsche Reichsbank mit ihrem Sitz in Berlin erhält das Recht, gegen Wertpapiere Noten abzugeben. Diese Maßnahme dient zur Deckung des wachsenden Geldbedarfs der unter nationalsozialistischer Herrschaft rasch einsetzenden Rüstungskonjunktur.

Die »Machtübernahme« Adolf Hitlers und die Judenverfolgungen veranlassen viele deutsche Wissenschaftler und Techniker von internationaler Bedeutung, das Land zu verlassen und im Ausland zu wirken. Das schwächt die Entwicklung der deutschen Wissenschaft entscheidend. Lediglich auf dem Gebiet der Rüstungstechnik und aller damit zusammenhängenden Forschungen wird im nationalsozialistischen Deutschland weiter mit großem Nachdruck und sehr erfolgreich gearbeitet.

372

seine meisten Bühnenwerke uraufgeführt wurden, mit zahlreichen offiziellen Feierlichkeiten gewürdigt. In den Kroll-Sälen gibt man dem Dichter ein großes Festbankett, an dem namhafte Persönlichkeiten aus Politik, Wissenschaft, Kunst und Literatur teilnehmen. Auch das Staatliche Schauspielhaus ehrt Gerhart Hauptmann in einer Feierstunde.

Der im Berliner Arbeitermilieu spielende Tonfilm *Kuhle Wampe* gehört zu den ersten deutschen Tonfilmen mit betont klassenkämpferischen Tendenzen.

Religion, Philosophie und Erziehung	Musik, Literatur, Theater und Film	Architektur und bildende Kunst
Als Reaktion auf die immer stärker werdende Vorherrschaft der von den Nationalsozialisten unterstützten *Deutschen Christen* entsteht in Berlin der evangelische Pfarrernotbund, zu dessen führenden Persönlichkeiten der Dahlemer Pfarrer Martin Niemöller und der Berliner Studentenpfarrer Dietrich Bonhoeffer gehören. Die gegen die nationalsozialistisch unterwanderte Bewegung Deutscher Christen gerichtete evangelische Bekenntnisfront wählt Friedrich von Bodelschwingh zum Reichsbischof. Nach dessen Rücktritt wird	In Berlin wird die Oper *Der Silbersee* von Kurt Weill uraufgeführt. Kurz danach geht der Komponist in die Emigration nach Amerika. Die Städtische Oper in Berlin-Charlottenburg wird vom Staat übernommen und erhält den Namen Deutsches Opernhaus. Im Theater des Westens wird die Operette *Lockende Flamme* von Eduard Künneke uraufgeführt. Im Theater am Nollendorfplatz wird die Operette *Clivia* von Nico Dostal uraufge-	Die neue Kirche am Hohenzollernplatz in Berlin-Wilmersdorf wird vollendet. Das von dem Architekten Fritz Höger geschaffene Bauwerk gilt als Musterbeispiel moderner Sakralarchitektur. Der Berliner Maler Max Liebermann, der als Jude vom Antisemitismus der nationalsozialistischen Regierung besonders betroffen ist, erklärt seinen Austritt aus der Preußischen Akademie der Künste. Gegen die Künstlerkolonie am Laubenheimer Platz in Berlin-Wilmersdorf

1933 Fortsetzung

Die Polizei löst die Versammlung auf.

Der Brand des Reichstagsgebäudes in Berlin (27. Februar) liefert den Nationalsozialisten einen Vorwand, gegen ihre politischen Gegner vorzugehen. Noch in der Nacht nach dem Brand werden in Berlin zahlreiche Politiker verhaftet. Es kommt zu Zeitungsverboten und zur Entlassung vieler Beamter der Berliner Ministerien und städtischen Behörden. Eine von Hitler erlassene Notverordnung »zum Schutz von Volk und Staat« setzt die verfassungsmäßig garantierten Grundrechte wie Freiheit und Unverletzlichkeit der Person und Meinungs- und Versammlungsfreiheit außer Kraft (28. Februar). Am 23. März nimmt der Reichstag das Ermächtigungsgesetz an, das Hitler die Herrschaft vollends übergibt.

Julius Lippert, Fraktionschef der NSDAP in der Stadtverordnetenversammlung, wird zum Staatskommissar für die Hauptstadt Berlin ernannt. Damit ist der gewählte Oberbürgermeister Heinrich Sahm praktisch entmachtet, obwohl er noch einige Zeit in seinem Amt belassen wird.
Julius Lippert ordnet die Entlassung aller in städtischen Krankenhäusern beschäftigten jüdischen Ärzte an. Gleichzeitig kommt es zum Wirtschaftsboykott gegen jüdische Rechtsanwälte und jüdische Geschäfte. Die Berliner Bevölkerung wird aufgefordert, nicht bei Juden zu kaufen. SA-Männer postieren sich vor den Läden. Die Praxisschilder jüdischer Anwälte und Ärzte werden mit antisemitischen Parolen überklebt.

Der Reichskanzlerplatz in Berlin-Charlottenburg wird in Adolf-Hitler-Platz umbenannt. Damit wird der bisher in Berlin befolgte Grundsatz, Straßen und Plätze nicht nach lebenden Personen zu benennen, aufgehoben. Der Berliner Bezirk Friedrichshain, in dem der ermordete SA-Führer Horst Wessel gewohnt hatte, wird in Horst-Wessel-Stadt umbenannt.

Die Gewerkschaftshäuser in Berlin werden besetzt, die Gewerkschaften aufgelöst und die wichtigsten Funktionäre verhaftet. Das Gewerkschaftsvermögen wird beschlagnahmt.

Vom 21. bis 26. Juni kommt es zur sogenannten Köpenicker Blutwoche. SA und SS nehmen KPD- und SPD-Anhänger sowie andere politische Gegner fest. Dabei kommt es zu Prügeleien, Folterungen und Morden. Es gibt 91 Tote und Hunderte von Verletzten.

Religion, Philosophie und Erziehung	Musik, Literatur, Theater und Film	Architektur und bildende Kunst

Ludwig Müller Reichsbischof der Deutschen Evangelischen Kirche, aber in den kommenden Jahren vom Nationalsozialismus immer mehr in seinen Befugnissen eingeengt. Auch die Katholische Kirche wird im nationalsozialistischen Deutschland von Jahr zu Jahr stärker in ihrer Arbeit beschränkt.

führt. Das Werk gehört zu den letzten großen Erfolgswerken der Spätzeit der Operette. Das Komödienhaus bringt die Uraufführung der Posse mit Musik *Lieber reich – aber glücklich* von Walter Kollo.

Auf dem Platz neben der Staatsoper werden über 20 000 Bücher von Schriftstellern verbrannt, die im nationalsozialistischen Deutschland unerwünscht sind. Die *Vossische Zeitung*, Berlins älteste Tageszeitung, stellt ihr Erscheinen ein.

Die neugegründete Reichsschrifttumskammer führt die nationalsozialistische Gleichschaltung der deutschen Literatur durch. Viele namhafte Schriftsteller, Musiker, Schauspieler und Filmkünstler verlassen das nationalsozialistische Deutschland. Die Ära der Stadt Berlin als Kunstmetropole von internationaler Bedeutung geht damit zu Ende.

wird wiederholt von SA und Polizei vorgegangen. Es kommt zu Haussuchungen, Mißhandlungen und Verhaftungen.

Die drei international angesehenen Berliner Museumsleiter, der Generaldirektor der staatlichen Museen Waetzold, der Direktor des Kaiser-Friedrich-Museums Friedländer und der Direktor der Nationalgalerie Justi, werden entlassen.

Zugunsten eines oberflächlichen Realismus werden Architektur und bildende Kunst im nationalsozialistischen Deutschland staatlich gelenkt und alle avantgardistischen modernen Kunstrichtungen geächtet. Viele namhafte Architekten und bildenden Künstler gehen ins Ausland oder in die innere Emigration.

Namensregister

(Die kursiv gesetzten Zahlen betreffen den Bildteil)

Die Namen in Anführungszeichen (»Mollen-Orje«) sind – mit Ausnahme der Sportpalast-Originale »Krücke«, »Schüttel-Franz« und »Kurvenbaron« – Spitznamen von Mitgliedern berühmt-berüchtigter Berliner Ganoven-Organisationen (»Ringvereine«).

379

384

385

Sachregister

(Die kursiv gesetzten Zahlen betreffen den Bildteil)

Literaturnachweis

Es ist unmöglich, alle Veröffentlichungen anzuführen, die sich mit dem Berlin der 20er Jahre befassen. Deshalb hat sich der Verfasser darauf beschränkt, nachfolgend nur die Werke zu nennen, die den Themenkreis des vorliegenden Buches behandeln bzw. ihn inhaltlich erweitern.

In diesem Zusammenhang soll jedoch darauf hingewiesen werden, daß die Freie Universität Berlin eine spezielle Berlin-Bibliographie veröffentlicht hat.

Aufricht, Ernst Josef: *Erzähle, damit Du Dein Recht erweist.* Berlin

Bemmann, Helga: *Berliner Musenkinder-Memoiren.* Berlin 1981
Bergmann, Gustav von: *Rückschau auf mein Leben.* München 1954
Bergner, Elisabeth: *Bewundert viel und viel gescholten.* Unordentliche Erinnerungen. München 1978
Borgelt, Hans: *Das süßeste Mädel der Welt.* Bayreuth 1974
Brüning, Heinrich: *Memoiren.* 1918–1934. Stuttgart 1970

Cadenbach, Joachim: *Hans Albers.* München 1982
Colpet, Max: *Sag mir, wo die Jahre sind.* München 1981
Courtade, Francis und Cadars, Pierre: *Geschichte des Films im Dritten Reich.* München 1975
Cziffra, Géza von: *Der Kuh im Kaffeehaus.* Die Goldenen Zwanziger in Anekdoten. München 1970
Cziffra, Géza von: *Der Kuh im Kaffeehaus.* Die Goldenen Zwanziger in Anekdoten. München 1981
Cziffra, Géza von: *Kauf Dir einen bunten Luftballon.* München 1982

Dietrich, Marlene: *Nehmt nur mein Leben . . .* München 1979

Ehrenburg, Ilja: *Menschen, Jahre, Leben.* Autobiographie. München 1962
Ewen, Frederic: *Brecht.* Sein Leben – sein Werk – seine Zeit. Hamburg-Düsseldorf 1970
Eyck, Erich: *Geschichte der Weimarer Republik.* 2 Bde. Erlenbach-Zürich o. J.

Fernau, Rudolf: *Als Lied begann's.* Lebenstagebuch eines Schauspielers. München 1975

Fraenkel, Heinrich: *Unsterblicher Film.* Die große Chronik. 1: Von der Laterna Magica bis zum Tonfilm. München 1956

Frey, Erich: *Ich beantrage Freispruch.* Hamburg 1959

Gisevius, Hans Bernd: *Bis zum bitteren Ende.* Berlin 1964

Grossmann, Kurt R.: *Ossietzky.* Ein deutscher Patriot. München 1963

Grosz, George: *Ein kleines Ja und ein großes Nein.* Hamburg 1955

Hasse, Eduard Otto: *O. E.* Unvollendete Memoiren. München 1979

Harpprecht, Klaus: *Willy Brandt.* Portrait und Selbstportrait. München 1970

Holländer, Friedrich: *Von Kopf bis Fuß: Mein Leben mit Text und Musik.* München 1965

Ihering, Herbert: *Von Reinhardt bis Brecht.* Vier Jahrzehnte Theater und Film. 3 Bände. Berlin 1961

Ihering, Herbert: *Von Reinhardt bis Brecht.* Eine Auswahl der Theaterkritiken von 1909–1932. Hrsg. u. mit einem Vorwort v. Rolf Badenhausen. Hamburg 1967

Kessler, Harry Graf: *Walter Rathenau.* Sein Leben und sein Werk. Berlin 1928 und Wiesbaden 1962

Kessler, Harry Graf: *Tagebücher 1918–1937.* Politik, Kunst u. Gesellschaft der zwanziger Jahre. Hrsg. v. Wolfgang Pfeiffer-Belli. Frankfurt/M. 1961 (Eine gekürzte Fassung u. d. Titel »In the Twentieth«, New York 1971)

Kiaulehn, Walther: *Berlin.* Schicksal einer Weltstadt. München 1958

Kortner, Fritz: *Aller Tage Abend.* München 1959

Kortner, Fritz: *Letzten Endes.* Fragmente. München 1971

Kracauer, Siegfried: *Von Caligari bis Hitler.* Ein Beitrag zur Geschichte des deutschen Films. Hamburg 1958

Kreuder, Peter: *Nur Puppen haben keine Tränen.* Percha 1971

Krummacher, F. A. und Wucher, Albert (Hrsg.): *Die Weimarer Republik.* Ihre Geschichte in Texten, Bildern und Dokumenten. 1918–1933. Unter Mitwirkung von Karl Otmar Freiherr von Aretin. München 1965

Landsittel, Claus (Hrsg.): *Kortner Anekdotisch.* München 1967

Löbl, Karl: *Das Wunder Karajan.* München 1978

Masur, Gerhard: *Das kaiserliche Berlin.* Stuttgart 1971

Mehring, Walter: *Die verlorene Bibliothek.* Autobiographie einer Kultur. Hamburg 1952 und München 1964

Meissner, Otto: *Staatssekretär unter Ebert, Hindenburg, Hitler.* Der Schicksalsweg des deutschen Volkes von 1918 bis 1945, wie ich ihn erlebte. Hamburg 1950

Negri, Pola: *Memoirs of a star.* New York 1970

Nelson, Walter Henry: *The Berliners*. Their Saga and their City. New York 1969

Oertel, Rudolf: *Macht und Magie des Films*. Weltgeschichte einer Massensuggestion. Zürich 1959

Pem (Paul E. Marcus): *Heimweh nach dem Kurfürstendamm*. Berlin 1962
Piscator, Erwin: *Das politische Theater*. Unter der Mitarbeit von Gasbarra. Berlin 1929

Reinhardt, Gottfried: *Der Liebhaber*. München 1973
Rosenberg, Arthur: *Entstehung der Weimarer Republik*. 1917–1933. Im Spiegel der Kritik. Frankfurt/M. 1967

Salomon, Ernst von: *Die Geächteten*. Berlin 1930
Salomon, Ernst von: *Der Fragebogen*. Hamburg 1951
Schoenberner, Franz: *Bekenntnisse eines europäischen Intellektuellen*. München 1968
Schonberg, Harold: *Die großen Pianisten*. Bern 1967
Söderbaum, Kristina: *Nichts bleibt immer so*. Bayreuth 1983
Sternberg, Josef von: *Ich, Josef von Sternberg*. Velber 1967

Ullstein, Heinz: *Spielplatz meines Lebens*. Erinnerungen. München 1961
Ullstein, Hermann: *The rise and fall of the house of Ullstein*. New York 1943

Werner, Bruno E.: *Die zwanziger Jahre*. München 1962
Werner, Ilse: *So wird's nie wieder sein*. Bayreuth 1981

Zivier, Georg: *Das Romanische Café*. Erscheinungen und Randerscheinungen rund um die Gedächtniskirche. Berlin 1965
Zuckmayer, Carl: *Als wär's ein Stück von mir*. Erinnerungen. Frankfurt/M. 1966
Zweig, Stefan: *Die Welt von gestern*. Erinnerungen eines Europäers. Frankfurt/M. 1947

Bildquellennachweis